ŒUVRES COMPLÈTES

DE M. DE

LAMARTINE

TOME SEPTIÈME

VOYAGE EN ORIENT

PARIS

CHARLES GOSSELIN, FURNE ET Cie

ÉDITEURS

M. DCCC XLII

ŒUVRES COMPLÈTES

DE M. DE

LAMARTINE

IMPRIMERIE DE H. FOURNIER ET Cᵉ, 7 RUE SAINT-BENOIT.

SOUVENIRS

IMPRESSIONS

PENSÉES ET PAYSAGES.

JÉRICHO.

Après une heure de marche, nous nous trouvâmes, sans nous en douter, aux pieds des remparts de Jéricho ; ces remparts étaient de véritables murailles de vingt pieds d'élévation sur quinze à vingt pieds de largeur, formées de fagots d'épine accumulés les uns sur les autres et arrangés avec une admirable industrie pour empêcher le passage des bestiaux et des hommes, fortifications qui ne se seraient pas écroulées au son de la trompette, mais que l'étincelle du feu du pasteur ou le renard de Samson auraient embrasées. Cette forteresse d'épines sèches avait deux ou trois larges portes toujours ouvertes, et où les sentinelles arabes veillaient sans doute pendant la nuit. En passant devant ces portes, nous vîmes sur les larges toits de quelques huttes de boue, toutes les femmes et tous les enfans de la ville du désert, groupés dans les attitudes les plus pittoresques, qui se pressaient et se portaient les uns les autres pour nous voir passer. Ces femmes, dont les épaules et les jambes étaient nues, avaient pour tout vêtement un morceau de toile de coton bleu, serré au milieu du corps par une ceinture de cuir, les bras et les jambes entourés de plusieurs bracelets d'or et d'argent, les cheveux crépus et flottant sur le cou ; quelques-unes les avaient tressés et nattés avec des piastres et des sequins, en immense profusion, qui retombaient comme une cuirasse sur leur poitrine et sur leurs épaules. Il y en avait de remarquablement belles : elles n'ont point cet air de douceur, de modestie timide et de langueur voluptueuse des femmes arabes de la Syrie. Ce ne sont plus des femmes ; ce sont les femelles des barbares ; elles ont dans l'œil et dans l'attitude le même feu, la même audace, la même férocité que le Bédouin. Plusieurs négresses étaient au milieu d'elles, et ne semblaient point esclaves : les Bédouins épousent également les négresses ou les blanches, et la couleur n'établit pas les rangs. Ces femmes poussaient des cris sauvages et riaient en nous voyant passer ; les hommes, au contraire, semblaient réprouver leur indiscrète curiosité, et ne nous montraient que gravité et respect. Non loin des murs d'épines, nous passâmes près de deux ou trois maisons de scheiks ; elles sont bâties de boue desséchée au soleil ; elles n'ont que quelques pieds d'élévation ; la terrasse recouverte de nattes et de tapis en est le principal appartement ; la famille s'y tient presque jour et nuit. Devant la porte est un large banc de boue séchée où l'on étend un tapis pour le chef. Il s'y établit dès le matin, entouré de ses principaux esclaves et visité par ses amis. Le café et la pipe y fument sans cesse. Une grande cour remplie de chevaux, de chameaux, de chèvres et de vaches, entoure la maison. Il y a toujours deux ou trois belles jumens sellées et bridées pour les courses du maître.

Nous ne nous arrêtâmes que quelques momens près du palais de boue du scheik, qui nous offrit de l'eau, du café, la pipe, et fit égorger un veau et plusieurs moutons pour notre caravane. Nous reçûmes aussi en présent des grains de doura grillés, des poulets et des pastèques; nous repartîmes précédés du scheik et de quinze à vingt des principaux Arabes de la ville; nous trouvâmes quelques champs de maïs et de doura bien cultivés aux environs de Jéricho ; quelques jardins d'orangers et de grenadiers, quelques beaux palmiers entourent aussi les maisons éparses autour de la ville; puis tout redevient désert et sable. Ce désert est une immense plaine à plusieurs gradins qui vont en s'abaissant successivement jusqu'au fleuve du Jourdain par des degrés réguliers comme les marches d'un escalier naturel; l'œil ne voit qu'une plaine unie ; mais, après avoir marché une heure, on se trouve tout à coup au bord d'une de ces terrasses; on descend par une pente rapide; on marche une heure encore, puis une nouvelle descente, et ainsi de suite. Le sol est un sable blanc, solide et recouvert d'une croûte concrète et saline produite, sans doute, par les brouillards de la mer Morte, qui, en s'évaporant, laissent cette croûte de sel ; il n'y a ni pierre ni terre, excepté en approchant des bords du fleuve ou des montagnes ; on a partout un horizon assez vaste, et l'on peut distinguer de très-loin un Arabe galopant dans la plaine. Comme ce désert est le théâtre de leur brigandage, du pillage et du massacre des caravanes qui vont de Jérusalem à Damas, ou de la Mésopotamie en Égypte, les Arabes ont profité de quelques mamelons formés par le sable mouvant, et en ont aussi élevé eux-mêmes de factices pour se dérober aux regards des caravanes et les observer de plus loin ; ils creusent un trou dans le sable au sommet de ces mamelons, et s'y enterrent eux et leurs chevaux. Aussitôt qu'ils aperçoivent une proie, ils s'élancent avec la rapidité du faucon ; ils vont avertir leur tribu et reviennent ensemble à l'attaque : c'est là leur unique industrie, leur unique gloire ; leur civilisation à eux, c'est le meurtre et le pillage; et ils attachent autant d'estime à leurs succès dans ce genre d'exploits que nos conquérans à la conquête d'une province. Leurs poëtes, car ils en ont, célèbrent dans leurs vers ces scènes de barbarie, et font passer de générations en générations le souvenir honoré de leur courage et de leurs crimes. Les chevaux surtout ont leur part de gloire dans ces récits ; en voici un que le fils du scheik nous raconta chemin faisant :

« Un Arabe et sa tribu avaient attaqué dans le désert la caravane de Damas ; la victoire était complète, et les Arabes étaient déjà occupés à charger leur riche butin, quand les cavaliers du pacha d'Acre, qui venaient à la rencontre de cette caravane, fondirent à l'improviste sur les Arabes victorieux, en tuèrent un grand nombre, firent les autres prisonniers, et les ayant attachés avec des cordes, les emmenèrent à Acre pour en faire présent au pacha. Abou-el-Marsch, c'est le nom de l'Arabe dont il nous parlait, avait reçu une balle dans le bras pendant le combat ; comme sa blessure n'était pas mortelle, les Turcs l'avait attaché sur un chameau, et, s'étant emparés du cheval, emmenaient le cheval et le cavalier. Le soir du jour où ils devaient entrer à Acre, ils campèrent avec leurs prisonniers dans les montagnes de Saphadt ; l'Arabe blessé avait les jambes liées ensemble par une courroie de cuir, et était étendu près de la tente où couchaient les Turcs. Pendant la nuit, tenu éveillé par la douleur de sa blessure, il entendit hennir son cheval parmi les autres chevaux entravés autour des tentes, selon l'usage des Orientaux ; il reconnut sa voix, et ne pouvant résister au désir d'aller parler encore une fois au compagnon de sa vie, il se traîna péniblement sur la terre, à l'aide de ses mains et de ses genoux, et parvint jusqu'à son coursier. « Pauvre ami, lui dit-il, que feras-tu parmi les Turcs ? tu seras emprisonné sous les voûtes d'un kan avec les chevaux d'un aga ou d'un pacha ; les femmes et les enfans ne t'apporteront plus le lait de chameau, l'orge ou le doura dans le creux de la main ; tu ne courras plus libre dans le désert comme le vent d'Égypte, tu ne fendras plus du poitrail l'eau du Jourdain qui rafraîchissait ton poil aussi blanc que ton écume; qu'au moins, si je suis esclave, tu restes libre! Tiens, va, retourne à la tente que tu connais, va dire à ma femme qu'Abou-el-Marsch ne reviendra plus, et passe ta tête entre les rideaux de la tente pour lécher la main de mes petits enfans. » En parlant ainsi, Abou-el-Marsch avait rongé avec ses dents la corde de poil de chèvre qui sert d'entraves aux chevaux arabes, et l'animal était libre ; mais voyant son maître blessé et enchaîné à ses pieds, le fidèle et intelligent coursier comprit, avec son instinct, ce qu'aucune langue ne pouvait lui expliquer ; il baissa la tête, flaira son maître, et l'empoignant avec les dents par la ceinture de cuir qu'il avait autour du corps, il partit au galop et l'emporta jusqu'à ses tentes. En arrivant et en jetant son maître sur le sable aux pieds de sa femme et de ses enfans, le cheval expira de fatigue; toute la tribu l'a pleuré, les poëtes l'ont chanté, et son nom est constamment dans la bouche des Arabes de Jéricho. »

Nous n'avons nous-mêmes aucune idée du degré d'intelligence et d'attachement auquel l'habitude de vivre avec la famille, d'être caressé par les enfans, nourri par les femmes, réprimandé ou encouragé par la voix du maître, peut élever l'instinct du cheval arabe. L'animal est, par sa race même, plus intelligent et plus apprivoisé que les races de nos climats; il en est de même de tous les animaux en Arabie. La nature ou le ciel leur ont donné plus d'instinct, plus de fraternité pour l'homme que chez nous. Ils se souviennent mieux des jours d'Éden où ils étaient encore soumis volontairement à la domination du roi de la nature. J'ai vu moi-même fréquemment, en Syrie, des oiseaux, pris le matin par des enfans, et parfaitement apprivoisés le soir, n'ayant plus besoin ni de cage ni de fil aux pattes pour les retenir avec la famille qui les adopte, mais volant libres sur les orangers et les mûriers du jardin, et revenant à la voix se percher d'eux-mêmes sur le doigt des enfans ou sur la tête des jeunes filles.

Le cheval du scheik de Jéricho, que j'achetai et que je montai, me connaissait, au bout de peu de jours, pour son maître : il ne voulait plus se laisser monter par un autre, et franchissait toute la caravane pour venir à ma voix, bien que ma langue lui fût une langue étrangère. Doux et caressant pour moi, et accoutumé aux soins de mes Arabes il marchait paisible et sage à son rang, dans la caravane, tant que nous ne rencontrions que des Turcs, des Arabes, vêtus à la turque, ou des Syriens ; mais s'il venait, même un an après, à apercevoir un Bédouin, monté sur un cheval du désert, il devenait tout à coup un autre animal ; son œil s'allumait, son cou se gonflait, sa queue s'élevait et battait ses flancs comme un fouet ; il se dressait sur ses jarrets, et marchait ainsi long-temps sous le poids de sa selle et de son cavalier : il ne hennissait pas, mais il jetait un cri belliqueux, comme celui d'une trompette d'airain, un cri tel que tous les chevaux en étaient effrayés, et s'arrêtaient, en dressant les oreilles, pour l'écouter.

Même date.

Après cinq heures de marche, pendant lesquelles le fleuve semblait toujours s'éloigner de nous, nous arrivâmes au dernier plateau, au pied duquel il devait couler; mais bien que nous n'en fussions plus qu'à deux ou trois cents pas, nous n'apercevions toujours que la plaine et le désert devant nous, et aucune trace de vallée ni de fleuve. C'est, je pense, cette illusion du désert qui a fait dire et croire à quelques voyageurs que le Jourdain roulait ses eaux bourbeuses sur un lit de cailloux et entre des rivages de sable dans le désert de Jéricho. Ces voyageurs n'avaient pas pu parvenir jusqu'au fleuve, et voyant de loin une vaste mer de sable, ils n'ont pu s'imaginer qu'une oasis fraîche, profonde, ombreuse et délicieuse, était creusée entre les plateaux de ce désert monotone, et couvrait les flots à plein bord, et le lit murmurant du Jourdain, de rideaux de verdure que la Tamise même lui envierait : c'est là pourtant la vérité. Nous en restâmes confondus et charmés quand, arrivés nous-mêmes au bord du dernier plateau qui manque tout à coup sous les pas, et se creuse en vallée à pic, nous eûmes devant les yeux un des plus gracieux vallons où jamais nos regards se fussent reposés. Nous nous y précipitâmes au galop de nos chevaux, attirés par la nouveauté du spectacle et par l'attrait de la fraîcheur, de l'humidité et de l'ombre, dont cette vallée était toute pleine : ce n'était partout que pelouses du plus beau vert, où croisaient çà et là des touffes de joncs en fleurs, et des plantes bulbeuses dont les larges et éclatantes corolles semaient d'étoiles de toutes couleurs les gazons, et le pied des arbres; des bosquets d'arbustes aux longues tiges flexibles, retombant comme des panaches tout autour de leurs troncs multipliés; de grands peupliers de Perse, aux légers feuillages, non pas s'élevant en pyramides, comme nos peupliers taillés, mais jetant librement, de tous côtés, leurs membres nerveux comme ceux des chênes, et dont l'écorce, lisse et blanche, brillait aux rayons mobiles du soleil du matin; des forêts de saules de toute espèce; et de grands osiers, tellement touffus, qu'il était impossible d'y pénétrer, tant les arbres étaient pressés, et tant les innombrables lianes, qui serpentaient à leurs pieds et se tressaient d'une tige à l'autre, formaient entre eux un inextricable réseau. Ces forêts s'étendaient à perte de vue, des deux côtés, et sur les deux rives du fleuve. Il nous fallut descendre de cheval, et établir notre camp dans une des clairières de la forêt, pour pénétrer à pied jusqu'au cours du Jourdain, que nous entendions sans le voir. Nous avançâmes avec peine, tantôt dans le fourré du bois, tantôt dans les longues herbes, tantôt à travers les tiges hautes des joncs; enfin, nous trouvâmes un endroit où le gazon seul bordait les eaux, et nous trempâmes nos pieds et nos mains dans le fleuve. Il peut avoir cent à cent vingt pieds de largeur; sa profondeur paraît considérable, son cours est rapide comme celui du Rhône à Genève; ses eaux sont d'un bleu pâle, légèrement ternies par le mélange des terres grises qu'il traverse et qu'il creuse, et dont nous entendions, de momens en momens, d'énormes falaises qui s'écroulaient dans son cours : ses bords sont à pic, mais il les remplit jusqu'au pied des joncs et des arbres dont ils sont couverts. Ces arbres, à chaque instant minés par les eaux, y laissent pendre et traîner leurs racines ; souvent déracinés eux-mêmes, et manquant d'appui dans la terre qui s'éboule, ils penchent sur les eaux avec tous leurs rameaux et toutes leurs feuilles, qui y trempent et lancent comme des arches de verdure d'un bord à l'autre. De temps en temps un de ces arbres est emporté avec la portion du sol qui le soutient, et vogue tout feuillé sur le fleuve avec ses lianes arrachées et accrochées à ses branches, ses nids submergés, et ses oiseaux encore perchés sur ses rameaux : nous en vîmes passer plusieurs, pendant le peu d'heures que nous restâmes dans cette charmante oasis. La forêt suit toutes les sinuosités du Jourdain, et lui tresse partout une perpétuelle guirlande de rameaux et de feuilles qui trempent dans l'eau, et font murmurer ses vagues légères. Une innombrable quantité d'oiseaux habite ces forêts impénétrables. Les Arabes nous avertissent de ne pas marcher sans nos armes, et de ne nous avancer qu'avec précaution, parce que ces épais taillis sont le repaire de quelques lions, de panthères et de chats-tigres. Nous n'en vîmes aucun, mais nous entendîmes souvent dans l'ombre du fourré des rugissemens et des bruits semblables à ceux que font les grands animaux en perçant les profondeurs des bois. Nous parcourûmes, pendant une ou deux heures, les parties accessibles du rivage de ce beau fleuve. Dans quelques endroits, les Arabes des tribus sauvages des montagnes de l'Arabie Pétrée, au pied desquelles nous étions, avaient incendié la forêt, pour y pénétrer ou pour enlever du bois: il y restait une grande quantité de troncs, calcinés seulement par l'écorce; mais les jets nouveaux avaient poussé autour des arbres brûlés, et les plantes grimpantes de ce sol fertile avaient déjà tellement enlacé les arbres morts et les arbres jeunes, que la forêt en était plus étrange, sans en être moins vaste et moins luxuriante. Nous cueillîmes une ample provision de branches de saules, de peupliers, de tous les arbres à longue tige et à belle écorce, dont j'ignore les noms, pour en faire des présens à nos amis d'Europe, et nous rejoignîmes le camp que nos Arabes avaient changé de place pendant notre excursion au bord du fleuve.

Ils avaient découvert un site encore plus gracieux et plus propre à dresser nos tentes, que tous ceux que nous venions de parcourir : c'était une pelouse d'une herbe aussi fine et aussi touffue que si elle eût été broutée par un troupeau de moutons. Çà et là, disséminés sur cette pelouse, quelques arbustes à large feuille, quelques jeunes touffes de platanes et de sycomores jetaient une tache d'ombre sur l'herbe pour nous abriter et tenir les chevaux au frais. Le

Jourdain, dont le cours n'était qu'à vingt pas, avait creusé un petit golfe peu profond dans le milieu de la clairière, et ses eaux venaient y tournoyer aux pieds de deux ou trois grands peupliers. Une pente accessible menait jusqu'au fleuve et nous permettait d'y conduire un à un nos chevaux altérés, et d'aller nous y baigner nous-mêmes. Nous dressâmes là nos deux tentes, et nous y fîmes la halte du jour.

Le jour suivant, 2 novembre, nous continuâmes notre route, tirant vers les plus hautes montagnes de l'Arabie Pétrée, quittant et retrouvant le Jourdain, selon les sinuosités de son cours, et nous rapprochant de la mer Morte. Il y a, non loin du cours du fleuve, dans un endroit du désert que je ne saurais comment désigner, les restes encore imposans d'un château des croisés, bâti par eux, apparemment pour garder cette route. Cette masure est inhabitée, et peut servir au contraire à abriter les Arabes en embuscade pour dépouiller les caravanes. Elle produit, au milieu de ces vagues de sable, l'effet d'une carcasse de vaisseau, abandonnée sur l'horizon de la mer. En approchant de la mer Morte, les ondulations de terrain diminuent; la pente incline insensiblement vers le rivage; le sable devient spongieux, et les chevaux, enfonçant à chaque pas, avancent péniblement. Quand nous aperçûmes enfin la réverbération des flots, nous ne pûmes contenir notre impatience; nous partîmes au galop pour nous précipiter dans les premières vagues qui dormaient devant nous, brillantes comme du plomb fondu, sur le sable.

Le scheik de Jéricho et ses Arabes, qui nous suivaient toujours, croyant que nous voulions courir le djérid avec eux, partirent alors en même temps en tous sens dans la plaine, et, revenant sur nous en poussant des cris, brandissaient leurs longues lances de roseaux comme s'ils eussent voulu nous percer; puis arrêtant court leurs chevaux et les renversant sur leurs jarrets, ils nous laissaient passer et repartaient de nouveau pour revenir encore. J'arrivai le premier, grâce à la vitesse de mon cheval turcoman ; mais, à trente ou quarante pas des flots, le lit de sable mêlé de terre est tellement humide et d'un fond si marécageux, que mon cheval enfonçait jusqu'au ventre, et que je craignis d'être englouti. Je revins sur mes pas ; et descendant de cheval, nous nous approchâmes à pied du rivage. La mer Morte a été décrite par plusieurs voyageurs. Je n'ai noté ni son poids spécifique, ni la quantité de sel relative que ses eaux contiennent. Ce n'était pas de la science ou de la critique que je venais y chercher. J'y venais simplement parce qu'elle était sur ma route, parce qu'elle était au milieu d'un désert fameux, fameuse elle-même par l'engloutissement des villes qui s'élevèrent jadis là où je voyais s'étendre ses flots immobiles. Ses bords sont plats du côté du levant et du couchant ; au nord et au midi, les hautes montagnes de Judée et d'Arabie l'encadrent, et descendent presque jusqu'à ses flots. Celles d'Arabie cependant s'en éloignent un peu plus, surtout du côté de l'embouchure du Jourdain où nous étions alors. Ces bords sont entièrement déserts; l'air y est infect et malsain. Nous en éprouvâmes nous-mêmes l'influence pendant plusieurs jours que nous passâmes dans ce désert. Une grande pesanteur de tête et un sentiment fébrile nous atteignit tous et ne nous abandonna qu'en quittant cette atmosphère. On n'y aperçoit pas d'île. Cependant, au coucher du soleil, du haut d'un monticule de sable, je crus en distinguer deux à l'extrémité de l'horizon, du côté de l'Idumée. Les Arabes n'en savent rien. La mer a, dans cette partie, au moins trente lieues de long, et ils ne s'aventurent jamais à suivre si loin son rivage. Aucun voyageur n'a jamais pu tenter une circumnavigation de la mer Morte; elle n'a même jamais été vue par son autre extrémité, ni par ses deux rivages de Judée et d'Arabie. Nous sommes, je crois, les premiers qui ayons pu en toute liberté l'explorer sous les trois faces, et si nous avions eu à nous un peu plus de temps à dépenser, rien ne nous eût empêchés de faire venir des planches de sapin du Liban, de Jérusalem ou de Jaffa, de faire construire sur les lieux une chaloupe, et de visiter en paix toutes les côtes de cette méditerranée merveilleuse. Les Arabes, qui ne laissent pas ordinairement approcher les voyageurs, et dont les préjugés s'opposent à ce que personne tente de naviguer sur cette mer, étaient alors tellement dévoués à nos moindres volontés, qu'ils n'auraient mis nul obstacle à notre tentative. Je l'aurais certainement exécutée si j'avais pu prévoir l'accueil que ces Arabes nous firent. — Mais il était trop tard ; il aurait fallu renvoyer à Jérusalem, faire venir des charpentiers pour construire la barque ; tout cela nous eût pris, avec la navigation, au moins trois semaines, et nos jours étaient comptés. J'y renonçai donc, non sans peine. Un voyageur, dans les mêmes circonstances que moi, pourra facilement l'accomplir, et jeter sur ce phénomène naturel et sur cette question géographique, les lumières que la critique et la science sollicitent depuis si longtemps.

L'aspect de la mer Morte n'est ni triste ni funèbre, excepté à la pensée. A l'œil, c'est un lac éblouissant, dont la nappe immense et argentée répercute la lumière et le ciel, comme une glace de Venise ; des montagnes, aux belles coupes, jettent leur ombre jusque sur ses bords. On dit qu'il n'y a ni poissons dans son sein, ni oiseaux sur ses rives. Je n'en sais rien ; je n'y vis ni procellaria, ni mouettes, ni ces beaux oiseaux blancs, semblables à des colombes marines, qui nagent tout le jour sur les vagues de la mer de Syrie, et accompagnent les caïques sur le Bosphore ; mais à quelques centaines de pas de la mer Morte, je tirai et tuai des oiseaux semblables à des canards sauvages, qui se levaient des bords marécageux du Jourdain. Si l'air de la mer était mortel pour eux, ils ne viendraient pas si près affronter ses vapeurs méphitiques. Je n'aperçus pas non plus ces ruines de villes englouties que l'on voit, dit-on, à peu de profondeur sous les vagues. Les Arabes qui m'accompagnaient prétendent qu'on les découvre quelquefois. Je suivis longtemps les bords de cette mer, tantôt du côté de l'Arabie où est l'embouchure du Jourdain (ce fleuve est là, véritablement, comme les voyageurs le décrivent, une mare d'eau sale dans un lit de boue), tantôt du côté des montagnes de Judée, où les rivages s'élèvent et prennent quelquefois la forme des légères dunes de l'Océan. La nappe d'eau nous offrit partout le même aspect : éclat, azur et immobilité. Les hommes ont bien conservé la faculté que Dieu leur donna, dans la Genèse, d'appeler les choses par leurs noms. Cette mer est belle; elle étincelle, elle inonde, de la réflexion de ses eaux, l'immense désert qu'elle couvre; elle attire l'œil, elle émeut la pensée; mais elle est morte; le mouvement et le bruit n'y sont plus : ses ondes, trop lourdes pour le vent, ne se déroulent pas en vagues sonores, et jamais la blanche ceinture de son écume ne joue sur les cailloux de ses bords : c'est une mer pétrifiée. Comment s'est-elle formée? Apparemment comme dit la Bible et comme dit la vraisemblance; vaste centre de chaînes volcaniques qui s'étendent de Jérusalem en Mésopotamie, et du Liban à l'Idumée, un cratère se sera ouvert dans son sein, au temps où sept villes peuplaient sa plaine. Les villes auront été secouées par le tremblement de terre : le Jourdain qui, selon toute probabilité, courait alors à travers ces plaines, et allait se jeter dans la mer Rouge, arrêté tout à coup par les monticules volcaniques sortis de la terre, et s'engouffrant dans les cratères de Sodome et de Gomorre, aura formé cette mer corrompue par le sel, le soufre et le bitume, alimens ou produits ordinaires des volcans : voilà le fait et la vraisemblance. Cela n'ajoute ni ne retranche rien à l'action de cette souveraine et éternelle volonté, que les uns appellent miracle et que les autres appellent nature; nature et miracle n'est-ce pas tout un? et l'univers est-il autre chose que miracle éternel et de tous les momens?

Même date.

Nous revenons par le côté septentrional de la mer Morte, du côté de la vallée de Saint-Saba. Le désert est beaucoup plus accentué dans cette partie: il est labouré de vagues de terre et de sable énormes, qu'il nous faut à tout moment tourner ou franchir. La file de notre caravane se dessine onduleusement sur le dos de ses vagues, comme une longue flotte sur une grosse mer, dont on aperçoit tour à tour et dont on perd les différens bâtimens dans les plis de la vague. Après trois heures de route, quelquefois sur de petites plaines unies, où nous courons au galop, quelquefois sur le bord de profonds ravins de sable, où roulent quelques-uns de nos chevaux, nous apercevons devant nous la fumée des maisons de Jéricho. Les Arabes se détachent et s'enfuient vers cette fumée. Deux seulement restent avec nous pour nous montrer la route. En approchant de Jéricho, les principaux d'entre les Arabes reviennent au-devant de nous. Nous campons au milieu d'un champ ombragé de quelques palmiers, et où coule une petite rivière. Nos tentes sont promptement dressées, et nous trouvons un souper préparé, grâces aux présens de tout genre que les Arabes ont apportés à notre camp. L'Arabe qui montait le beau cheval que je désirais emmener, avait paru admirer lui-même le cheval turcoman que j'avais monté la veille. La conversation amenée habilement sur nos chevaux mutuels, il fait l'éloge de plusieurs des miens. Je lui propose de changer le sien contre le cheval turcoman ; nous débattons toute la soirée sur le surplus à donner par moi : rien ne se décide encore. A chaque fois que j'arrive à son prix, il témoigne une si grande douleur de se détacher de son cheval, que nous allons nous coucher sans conclure. Le lendemain, au moment du départ, tous les chevaux déjà bridés et montés, je lui fais encore quelques avances. Il se détermine enfin à monter lui-même mon cheval turcoman, il le galope à travers la plaine : séduit par les brillantes qualités de l'animal, il m'envoie le sien par son fils. Je lui remets neuf cents piastres, je monte le cheval, et je pars. Toute la tribu semblait le voir partir avec regret : les enfans lui parlaient, les femmes le montraient du doigt, le scheik revenait sans cesse le regarder et lui faire certains signes cabalistiques, que les Arabes ont toujours la précaution de faire aux chevaux qu'ils vendent ou qu'ils achètent. L'animal lui-même semblait comprendre la séparation, et baissait tristement sa tête ombragée d'une superbe crinière, en regardant à droite et à gauche le désert d'un œil triste et inquiet. L'œil des chevaux arabes est une langue tout entière.

Par leur bel œil, dont la prunelle de feu se détache du blanc large et marbré de sang de l'orbite, ils disent et comprennent tout.

J'avais cessé depuis quelques jours de monter celui de mes chevaux que je préférais à tous les autres. Par suite des innombrables superstitions arabes, il y a soixante et dix signes bons ou mauvais pour l'horoscope d'un cheval, et c'est une science que possèdent presque tous les hommes du désert. Le cheval dont je parle, et que j'avais appelé Liban, parce que je l'avais acheté dans ces montagnes, était un jeune et superbe étalon, grand, fort, courageux, infatigable et sage, et à qui je n'ai jamais reconnu l'ombre d'un vice pendant quinze mois que je l'ai monté; mais il avait sur le poitrail, dans la disposition accidentelle de son beau poil gris cendré, un de ces épis que les Arabes ont mis au nombre des signes funestes. J'en avais été prévenu en l'achetant, mais je l'avais acquis par ce raisonnement bien simple et à leur portée, qu'un signe funeste pour un mahométan était un signe favorable pour un chrétien. Ils n'avaient trouvé rien à répondre, et je montais Liban toutes les fois que j'avais à faire des journées de route plus longues ou plus mauvaises que les autres. Lorsque nous approchions d'une ville ou d'une tribu, et que l'on venait au-devant de la caravane, les Arabes ou les Turcs, frappés de la beauté et de la vigueur de Liban, commençaient par me faire compliment et par l'admirer avec l'œil de l'envie; mais, après quelques momens d'admiration, le signe fatal, qui était cependant un peu couvert par le collier de soie et l'amulette suspendus au cou, que tout cheval porte toujours, venait à se découvrir, et les Arabes, s'approchant de moi, changeaient de figure, prenaient l'air grave et affligé, et me faisaient signe de ne plus monter ce cheval. Cela était peu important en Syrie ; mais dans la Judée et dans les tribus du désert, je craignais que cela ne portât atteinte à ma considération et ne détruisît le respect et le prestige d'obéissance qui nous entouraient. Je cessai donc de le monter, et on le menait en main à ma suite. Je ne doute pas que nous n'ayons dû une grande part de la déférence et de la crainte dont nous fûmes environnés, à la beauté des douze ou quinze chevaux arabes que nous montions ou qui nous suivaient. Un cheval en Arabie, c'est la fortune d'un homme : cela suppose tout, cela tient lieu de tout : ils prenaient une haute idée d'un Franc qui possédait tant de chevaux, aussi beaux que ceux de leur scheik et que les chevaux du pacha.

Nous revenons à Jérusalem par cette même vallée que nous avons traversée de nuit en arrivant. Avant d'entrer dans la première gorge des montagnes, sur un beau et large plateau qui domine la plaine, nous voyons des traces évidentes d'antiques constructions, et nous supposons que c'est là le véritable emplacement de l'ancienne Jéricho. Il a fallu de grands progrès de civilisation pour bâtir les villes dans les plaines. On ne se trompe jamais en cherchant les villes antiques sur les hauteurs.

C'est dans cette gorge que la parabole touchante

du Samaritain place la scène du meurtre et de la charité. Il paraît que, dès le temps de l'Évangile, ces vallées étaient en mauvaise renommée.

Journée fatigante par la monotonie de quatorze heures de route et par l'excessive ardeur du soleil réverbéré par les flancs escarpés des vallées ; nous ne rencontrons personne dans ces quatorze heures, qu'un berger arabe qui paissait un innombrable troupeau de chèvres noires, sur la croupe d'une colline.

2 novembre 1832, campé auprès de la piscine de Salomon, sous les murs de Jérusalem.

Nous voulions consacrer une journée à la prière dans ce lieu vers lequel tous les chrétiens se tournent en priant, comme les mahométans se tournent vers la Mecke. Nous engageâmes le religieux qui faisait seul les fonctions de curé à Jérusalem, à célébrer, pour nos parens vivans et morts, pour nos amis de tous les temps et de tous les lieux, pour nous-mêmes enfin, la commémoration du grand et douloureux sacrifice qui avait arrosé cette terre du sang du juste pour y faire germer la charité et l'espérance ; nous y assistâmes tous dans les sentimens que nos souvenirs, nos douleurs, nos pertes, nos désirs et nos mesures diverses de piété et de croyance, nous inspiraient à chacun ; nous choisîmes pour temple et pour autel la grotte de Gethsemani, dans le creux de la vallée de Josaphat ; c'est dans cette caverne du pied du mont des Olives, que le Christ se retirait, suivant les traditions, pour échapper quelquefois à la persécution de ses ennemis et à l'importunité de ses disciples ; c'est là qu'il s'entretenait avec ses pensées célestes et qu'il demandait à son père que le calice trop amer qu'il avait rempli lui-même, comme nous remplissons tous le nôtre, passât loin de ses lèvres; c'est là qu'il dit à ses trois amis, la veille de sa mort, de rester à l'écart et de ne pas s'endormir, et qu'il fut obligé de les réveiller trois fois, tant le zèle de la charité humaine est prompt à s'assoupir; c'est là enfin qu'il passa ces heures terribles de l'agonie, lutte ineffable entre la vie et la mort, entre la volonté et l'instinct, entre l'âme qui veut s'affranchir et la matière qui résiste parce qu'elle est aveugle! c'est là qu'il sua le sang et l'eau, et que, las de combattre avec lui-même sans que la victoire de l'intelligence donnât la paix à ses pensées, il dit ces paroles finales, ces paroles qui résument tout l'homme et tout Dieu, ces paroles qui sont devenues la sagesse de tous les sages, et qui devraient être l'épitaphe de toutes les vies, et l'inscription unique de toutes les choses créées : Mon père! que votre volonté soit faite, et non la mienne!

Le site de cette grotte, creusée dans le rocher du Cédron, est un des sites les plus probables et les mieux justifiés par l'aspect des lieux, de tous ceux que la pieuse crédulité populaire a assignés à chacune des scènes du drame évangélique; c'est bien là la vallée assise à l'ombre de la mort, l'abîme caché sous les murs de la ville, le creux le plus profond et vraisemblablement alors le plus fui des hommes, où le Christ, qui devait avoir tous les hommes pour ennemis, parce qu'il venait attaquer tous leurs mensonges, dut chercher quelquefois un abri et se recueillir en lui-même pour méditer, pour prier et pour souffrir! Le torrent impur de Cédron coule à quelques pas. Ce n'était alors qu'un égout de Jérusalem; la colline des Oliviers s'y replie pour se joindre avec les collines qui portent le tombeau des rois, et forme là comme un coude enfoncé, où des masses d'oliviers, de térébinthes et de figuiers, et ces arbres fruitiers que le pauvre peuple cultive toujours, dans la poussière même du rocher, aux alentours d'une grande ville, devaient cacher l'entrée de la grotte; de plus ce site ne fut pas remué et rendu méconnaissable par les ruines qui ensevelirent Jérusalem. Des disciples qui avaient veillé et prié avec le Christ purent revenir et dire, en marquant le rocher et les arbres : C'était là! Une vallée ne s'efface pas comme une rue, et le moindre rocher dure plus que le plus magnifique des temples.

La grotte de Gethsemani et le rocher qui la couvre sont entourés maintenant des murs d'une petite chapelle fermée à clef, et dont la clef reste entre les mains des religieux latins de Jérusalem. Cette grotte et les sept oliviers du champ voisin leur appartiennent; la porte, taillée dans le roc, ouvre sur la cour d'un autre pieux sanctuaire, que l'on appelle le Tombeau de la Vierge; celle-ci appartient aux Grecs; la grotte est profonde et haute, et divisée en deux cavités qui communiquent par une espèce de portique souterrain. Il y a plusieurs autels taillés aussi dans la roche vive ; on n'a pas défiguré ce sanctuaire donné par la nature, par autant d'ornemens artificiels que tous les autres sanctuaires du Saint-Sépulcre; la voûte, le sol et les parois sont le rocher même, suintant encore, comme des larmes, l'humidité caverneuse de la terre qui l'enveloppe; on a seulement appliqué, au-dessus de chaque autel, une mauvaise représentation, en lames de cuivre peint de couleur chair, et de grandeur naturelle, de la scène de l'agonie du Christ, avec les anges qui lui présentent le calice de la mort ; si l'on arrachait ces mauvaises figures qui détruisent celles que l'imagination pieuse aime à se créer dans l'ombre de cette grotte vide; si on laissait les regards mouillés de larmes monter librement et sans images sensibles vers la pensée dont cette nuit est pleine, cette grotte serait la plus intacte et la plus religieuse relique des collines de Sion ; mais il faut que les hommes gâtent toujours un peu tout ce qu'ils touchent ! Hélas ! s'ils avaient altéré et gâté seulement les pierres et les ruines de ces scènes visibles ! Mais que n'ont-ils pas fait des dogmes, des doctrines, des exemples, de cette religion de raison, de simplicité, d'amour et d'humilité, que le fils de l'homme leur avait enseignée au prix de son sang? Quand Dieu permet qu'une vérité tombe sur la terre, les hommes commencent par maudire et par lapider celui qui l'apporte, puis ils s'emparent de cette vérité qu'ils n'ont pu tuer avec lui parce qu'elle est immortelle ; c'est sa dépouille, c'est leur héritage; mais comme la pierre précieuse que les malfaiteurs enlèvent au pèlerin céleste, ils l'enchâssent dans tant d'erreurs qu'elle devient méconnaissable, jusqu'à ce que le jour brille de nouveau sur elle, et que, séparant après des siècles le diamant de son entourage, la sagesse dise : Voilà le vrai, voilà le faux ; ceci est la vérité, ceci est l'erreur ! Voilà pourquoi toutes les religions ont deux natures dont l'association étonne les esprits ; une nature populaire : miracles, légendes, superstitions honteuses ; alliage impur dont les siècles d'ignorance et de ténèbres mêlent et ternissent la pensée du ciel ; une nature rationnelle et philosophique que l'on découvre éclatante et immuable en effaçant de la main la rouille humaine, et qui, présentée au jour éternel et incorruptible, qui est la raison, la réfléchit pure et entière, et éclaire toute chose et toute intelligence de cette lumière de vérité et d'amour au fond de laquelle on voit et l'on aime l'*Être évident*, Dieu !

Même date.

Il reste, non loin de la grotte de Gethsemani, un petit coin de terre ombragé encore par sept oliviers, que les traditions populaires assignent comme les mêmes arbres sous lesquels Jésus se coucha et pleura. Ces oliviers, en effet, portent réellement sur leurs troncs et sur leurs immenses racines la date des dix-huit siècles qui se sont écoulés depuis cette grande nuit. Ces troncs sont énormes et formés, comme tous ceux des vieux oliviers, d'un grand nombre de tiges qui semblent s'être incorporées à l'arbre, sous la même écorce, et forment comme un faisceau de colonnes accouplées. Leurs rameaux sont presque desséchés, mais portent cependant encore quelques olives. Nous cueillimes celles qui jonchaient le sol sous les arbres; nous en fimes tomber quelques-unes avec une pieuse discrétion, et nous en remplimes nos poches pour les apporter en reliques, de cette terre, à nos amis. Je conçois qu'il est doux pour l'âme chrétienne de prier, en roulant dans ses doigts les noyaux d'olives de ces arbres dont Jésus arrosa et féconda peut-être les racines de ses larmes, quand il pria lui-même, pour la dernière fois, sur la terre. Si ce ne sont pas les mêmes troncs, ce sont probablement les rejetons de ces arbres sacrés. Mais rien ne prouve que ce ne soient pas identiquement les mêmes souches. J'ai parcouru toutes les parties du monde où croît l'olivier; cet arbre vit des siècles, et nulle part je n'en ai trouvé de plus gros, quoique plantés dans un sol rocailleux et aride. J'ai bien vu, sur le sommet du Liban, des cèdres que les traditions arabes reportent aux années de Salomon. Il n'y a là rien d'impossible; la nature a donné à certains végétaux plus de durée qu'aux empires; certains chênes ont vu passer bien des dynasties, et le gland que nous foulons aux pieds, le noyau d'olive que je roule dans mes doigts, la pomme de cèdre que le vent balaie, se reproduiront, fleuriront et couvriront encore la terre de leur ombre, quand les centaines de générations qui nous suivent auront rendu à la terre

cette poignée de poussière qu'elles lui empruntent
tour à tour. Ceci n'est pas une marque de mépris de
la création pour nous. L'importance relative des
êtres ne se mesure pas à la durée, mais à l'intensité
de leur existence. Il y a plus de vie dans une heure
de pensée, de contemplation, de prière ou d'amour,
que dans une existence tout entière d'homme pure-
ment physique. Il y a plus de vie dans une pensée
qui parcourt le monde et monte au ciel dans un
espace de temps inappréciable, dans le millionième
d'une seconde, que dans les dix-huit siècles de végétation des oliviers que je touche, ou dans les deux
mille cinq cents ans des cèdres de Salomon.

Même date.

Déjeuné, assis sur les marches de la fontaine de
Siloé. Écrit quelques vers, déchiré et jeté les lambeaux dans la source. La parole est une arme ébré-
chée. Les plus beaux vers sont ceux qu'on ne peut
pas écrire. Les mots de toute langue sont incomplets,
et chaque jour le cœur de l'homme trouve, dans les
nuances de ses sentimens, et l'imagination dans les
impressions de la nature visible, des choses que la
bouche ne peut exprimer, faute de mots. Le cœur
et la pensée de l'homme sont un musicien forcé de
jouer une musique infinie sur un clavier qui n'a que
quelques notes. Il vaut mieux se taire. Le silence est
une belle poésie dans certains momens. L'esprit
l'entend et Dieu la comprend : c'est assez.

Même date.

En remontant la vallée de Josaphat, je passe auprès du sépulcre d'Absalon. C'est un bloc de rocher taillé dans le bloc même de la montagne de Silhoa, et qui n'est pas détaché du roc primitif qui lui sert de base. Il a environ trente pieds d'élévation, et vingt de large sur toutes ses faces. Je le dis au hasard, car je ne mesure rien : la toise ne sert qu'à l'architecte. La forme est une base carrée avec une porte grecque au milieu, corniche corinthienne, portant pyramide au sommet. Nul caractère romain ni grec. — Apparence grave, bizarre, monumentale et neuve comme les monumens égyptiens. Les Juifs n'eurent pas d'architecture propre. Ils empruntèrent à l'Égypte, à la Grèce, mais, je crois, surtout aux Indes ; la clef de tout est aux Indes ; la génération des pensées et des arts me semble remonter là. Elles ont enfanté l'Assyrie, la Chaldée, la Mésopotamie, la Syrie, les grandes villes du désert, comme Balbeck, puis l'Égypte, puis les îles, comme Crète et Chypre, puis l'Étrurie, puis Rome ; puis la nuit est venue, et le christianisme, couvé d'abord par la philosophie platonicienne, ensuite par la barbare ignorance du moyen-âge, a enfanté notre civilisation et nos arts modernes. Nous sommes jeunes, et nous passons à peine l'âge de la virilité. Un monde nouveau dans la pensée, dans les formes sociales et dans les arts, sortira, probablement avant peu de siècles, de la grande ruine du moyen-âge à laquelle nous assistons. On sent que le monde moral porte son fruit, dont l'enfantement se fera dans les convulsions et la douleur; la parole écrite et multipliée par la presse, en portant la discussion, la critique et l'examen sur tout, en appelant la lumière de toutes les intelligences sur chaque point de fait ou de contestation dans le monde, amène invinciblement l'âge de raison pour l'humanité. La révélation à tous par tous. — La réverbération de la lumière divine, qui est raison et religion, par tous les centres de l'humanité. — On ferait un beau livre de l'histoire de l'esprit divin dans les différentes phases de l'humanité ; de l'histoire de la divinité dans l'homme, où l'on trouverait ce principe religieux agissant d'abord dans les premiers temps connus de l'humanité par les instincts et par les impulsions aveugles; puis chantant par la voix des poëtes, *mens divinior;* puis se manifestant sur les tables des législateurs, ou dans les initiations mystérieuses des théocraties indiennes, égyptiennes, hébraïques. Lorsque ces formes mythologiques s'évanouissent de l'esprit humain, usées par le temps, épuisées par la crédulité des hommes, on le verrait disséminé et épars dans les grandes écoles philosophiques de la Grèce et de l'Asie mineure et dans les sectes pythagoriciennes, chercher en vain des symboles universels jusqu'à ce que le christianisme résumât toute vérité spéculative et contestée en ces deux grandes vérités pratiques et incontestables : adoration d'un Dieu unique ; charité et fraternité entre tous les hommes. Le christianisme lui-même, obscurci et mêlé d'erreurs comme toute doctrine devenue populaire, par les crédulités des siècles qu'il a traversés, paraît destiné à se transformer lui-même, à ressortir plus rationnel et plus pur des mystères surabondans dont on l'a enveloppé, et à confondre ses divines clartés avec celle de la religieuse raison qu'il a fait éclore le premier, et élevée si haut sur l'horizon de l'humanité.

Même date.

Un peu au-dessus de la naissance de la vallée du Cédron, au nord de Jérusalem, nous traversâmes quelques champs d'une terre rougeâtre et plus fertile, couverte d'un bois d'oliviers. A environ cinq cents pas de la ville, nous nous trouvâmes aux bords d'une profonde carrière ; nous y descendîmes. A gauche, un bloc de roche, richement sculpté, s'étendait dans toute la largeur de la carrière, et laissait voir au-dessous une étroite ouverture à demi fermée par la terre et les pierres éboulées. Un homme pouvait à peine s'y glisser en rampant. Nous y pénétrâmes, mais comme nous n'avions ni briquets ni torches, nous ressortîmes aussitôt, et ne visitâmes pas les chambres intérieures : c'étaient les sépulcres des rois. La frise magnifiquement sculptée et du plus beau travail grec, qui règne sur le rocher extérieur, assigne à cette décoration des monumens l'époque la plus florissante des arts dans la Grèce ; cependant elle date peut-être de Salomon, car qui peut savoir ce que ce grand prince avait emprunté au génie des Indes ou de l'Égypte?

3 novembre 1832.

La peste, qui ravage de plus en plus Jérusalem et les environs, ne nous permet pas d'entrer dans Bethléem dont le couvent et le sanctuaire sont fermés. Nous montons cependant à cheval dans la soirée, et après avoir traversé un plateau d'environ deux lieues, qui règne à l'orient de Jérusalem, nous arrivons sur une hauteur à peu de distance de Bethléem et d'où l'on découvre parfaitement toute cette petite ville. A peine y étions-nous assis, qu'une nombreuse cavalcade d'Arabes bethléémites arrive et demande à m'être présentée. Après les complimens d'usage, ils me disent qu'ils sont députés auprès de moi par la population de Bethléem pour me prier de faire diminuer l'impôt dont Ibrahim-Pacha a frappé leur ville ; qu'ils savent, par la renommée et par les Arabes d'Abougosh, leur chef, qu'Ibrahim-Pacha est mon ami et ne me refusera certainement pas, si je sollicite son indulgence pour eux. Comme les Arabes bethléémites sont la plus détestable race de ces contrées, toujours en guerre avec leurs voisins, toujours rançonnant le couvent latin de Bethléem, je leur réponds avec gravité, en leur faisant de sévères reproches sur leurs rapines, que j'aurai égard à leur requête et que je la présenterai au pacha, mais à condition qu'ils respecteront les Européens, les pèlerins, et surtout les couvens de Bethléem et du désert de Saint-Jean ; et que, s'ils se permettent la moindre violation de domicile à l'égard de ces pauvres religieux, la résolution d'Ibrahim est de les exterminer jusqu'au dernier, ou de les chasser dans les déserts de l'Arabie Pétrée. J'ajoute, et ceci semble leur faire une vive impression, que si les forces d'Ibrahim-Pacha ne suffisent pas, les pachas de l'Europe sont décidés à venir eux-mêmes, et à les mettre à la raison. En attendant, je les engage à payer le tribut. Depuis ce jour-là jusqu'au jour de mon départ, j'ai eu constamment à ma suite, malgré toutes mes instances pour les congédier, un certain nombre de scheiks bédouins de Bethléem, d'Hébron et du désert de Saint-Jean, qui ne cessaient de m'implorer pour la réduction du tribut. Rentré au camp dans la vallée de la piscine de Salomon, sous les murs de Sion, je reçois la visite d'Abougosh, qui vient avec son oncle et son frère s'informer de nos nouvelles. Je lui donne le café et la pipe, et nous causons une heure à la porte de ma tente, assis chacun sous un olivier.

Même date.

Un courrier de Jaffa m'apporte des lettres d'Europe et de Bayruth, et me les remet sous les remparts de Jérusalem. Ces lettres me rassurent sur la santé de ma fille ; mais comme elle ajoute au bas de la lettre de sa mère qu'elle ne veut pas absolument que j'aille en

Égypte en ce moment, je change ma marche; je contremande ma caravane de chameaux à El-Arisch, et je me détermine à revenir par la côte de Syrie. Nous levons nos tentes; j'envoie un présent de cinq cents piastres au couvent, en outre de quinze cents piastres que j'ai payées pour chapelets, reliques, crucifix, etc., et nous prenons de nouveau la route du désert de Saint-Jean.

L'aspect général des environs de Jérusalem peut se peindre en peu de mots : montagnes sans ombre, vallées sans eau, terre sans verdure, rochers sans terreur et sans grandiose; quelques blocs de pierre grise perçant la terre friable et crevassée; de temps en temps un figuier auprès, une gazelle ou un chacal se glissant furtivement entre les brisures de la roche; quelques plants de vigne rampant sur la cendre grise ou rougeâtre du sol; de loin en loin un bouquet de pâles oliviers jetant une petite tache d'ombre sur les flancs escarpés d'une colline; à l'horizon, un térébinthe ou un noir caroubier se détachant triste et seul du bleu du ciel; les murs et les tours grises des fortifications de la ville apparaissant de loin sur la crête de Sion; voilà la terre. Un ciel élevé, pur, net, profond, où jamais le moindre nuage ne flotte et ne se colore de la pourpre du soir et du matin. Du côté de l'Arabie, un large gouffre descendant entre les montagnes noires, et conduisant les regards jusqu'aux flots éblouissans de la mer Morte et à l'horizon violet des cimes des montagnes de Moab.

Pas un souffle de vent murmurant dans les créneaux ou entre les branches sèches des oliviers ; pas un oiseau chantant ni un grillon criant dans le sillon sans herbe : un silence complet, éternel, dans la ville, sur les chemins, dans la campagne. Telle était Jérusalem pendant tous les jours que nous passâmes sous ses murailles. Je n'y ai entendu que le hennissement de mes chevaux qui s'impatientaient au soleil, autour de notre camp, et qui creusaient du pied le sol en poussière, et d'heure en heure le chant mélancolique du muetzlin criant l'heure du haut des minarets, ou les lamentations cadencées des pleureurs turcs, accompagnant en longues files les pestiférés aux différens cimetières qui entourent les murs. Jérusalem, où l'on veut visiter un sépulcre, est bien elle-même le tombeau d'un peuple, mais tombeau sans cyprès, sans inscriptions, sans monumens, dont on a brisé la pierre, et dont les cendres semblent recouvrir la terre qui l'entoure de deuil, de silence et de stérilité. Nous y jetâmes plusieurs fois nos regards, en la quittant, du haut de chaque colline d'où nous pouvions l'apercevoir encore, et enfin nous vîmes, pour la dernière fois, la couronne d'oliviers qui domine la montagne de ce nom, et qui surnage longtemps dans l'horizon, après qu'on a perdu la ville de l'œil, s'abaisser elle-même dans le ciel, et disparaître comme ces couronnes de fleurs pâles que l'on jette dans un sépulcre.

Nous devions cependant y revenir encore, mais

hélas! non plus dans les mêmes sentimens; non plus pour y pleurer sur les misères des autres, mais pour y gémir sur nos propres misères, et pour y faire boire nos propres larmes à cette terre qui en a tant bu et tant séché.

Hier j'avais planté ma tente dans un champ rocailleux, où croissaient quelques troncs d'oliviers noueux ou rabougris, sous les murs de Jérusalem, à quelques centaines de pas de la tour de David; un peu au-dessus de la fontaine de Siloé qui coule encore sur les dalles usées de sa grotte, non loin du tombeau du poëte-roi qui l'a si souvent chantée. Les hautes et noires terrasses qui portaient jadis le temple de Salomon s'élevaient à ma gauche, couronnées par les trois coupoles bleues et par les colonnettes légères et aériennes de la mosquée d'Omar, qui plane aujourd'hui sur les ruines de la maison de Jéhovah. — La ville de Jérusalem, ravagée par la peste, était tout inondée des rayons d'un soleil éblouissant répercutés sur ses mille dômes, sur ses marbres blancs, sur ses tours de pierre dorée, sur ses murailles polies par les siècles et par les vents salins du lac Asphaltite; aucun bruit ne montait de son enceinte muette et morte comme la couche d'un agonisant : ses larges portes étaient ouvertes, et l'on apercevait de temps en temps le turban blanc et le manteau rouge du soldat arabe, gardien inutile de ces portes abandonnées : rien ne venait, rien ne sortait ; l'air du matin soulevait seul la poudre ondoyante des chemins, et faisait un moment l'illusion d'une caravane; mais quand la bouffée de vent avait passé, quand elle était venue mourir en sifflant sur les créneaux de la tour des Pisans ou sur les trois palmiers de la maison de Caïphe, la poussière retombait, le désert apparaissait de nouveau, et le pas d'aucun chameau, d'aucun mulet, ne retentissait sur les pavés de la route; seulement, de quart d'heure en quart d'heure, les deux battans ferrés de toutes les portes de Jérusalem s'ouvraient, et nous voyions passer les morts que la peste venait d'achever, et que deux esclaves nus portaient sur un brancard, aux tombes répandues tout autour de nous. Quelquefois un long cortége de Turcs, d'Arabes, d'Arméniens, de Juifs, accompagnait le mort et défilait en chantant, entre les troncs d'oliviers, puis rentrait à pas lents et silencieusement dans la ville; plus souvent les morts étaient seuls; et quand les deux esclaves avaient creusé de quelques palmes le sable ou la terre de la colline, et couché le pestiféré dans son dernier lit, ils s'asseyaient sur le tertre même qu'ils venaient d'élever, se partageaient les vêtemens du mort, et, allumant leurs longues pipes, ils fumaient en silence, et regardaient la fumée de leurs chibouks monter en légère colonne bleue, et se perdre gracieusement dans l'air limpide, vif et transparent, de ces journées d'automne.

À mes pieds, la vallée de Josaphat s'étendait comme un vaste sépulcre; le Cédron tari la sillonnait d'une déchirure blanchâtre, toute semée de gros cailloux, et les flancs des deux collines qui la cernent étaient tout blancs de tombes et de turbans sculptés, monument banal des Osmanlis : un peu sur la droite, la colline des Oliviers s'affaissait et laissait, entre les chaînes éparses des cônes volcaniques des montagnes nues de Jéricho et de Saint-Saba, l'horizon s'étendre et se prolonger, comme une avenue lumineuse, entre des cimes de cyprès inégaux : le regard s'y jetait de lui-même, attiré par l'éclat azuré et plombé de la mer Morte, qui luisait aux pieds des degrés de ces montagnes; et derrière, la chaîne bleue des montagnes de l'Arabie Pétrée bornait l'horizon. Mais borner n'est pas le mot, car ces montagnes semblaient transparentes comme le cristal, et l'on voyait, ou l'on croyait voir au-delà un horizon vague et indéfini s'étendre encore, et nager dans les vapeurs ambiantes d'un air teint de pourpre et de céruse.

C'était l'heure de midi, l'heure où le muetzlin épie le soleil sur la plus haute galerie du minaret, et chante l'heure et la prière de toutes les heures; voix vivante, animée, qui sait ce qu'elle dit et ce qu'elle chante, bien supérieure, à mon avis, à la voix sans conscience de la cloche de nos cathédrales. Mes Arabes avaient donné l'orge, dans le sac de poil de chèvre, à mes chevaux attachés çà et là autour de ma tente, les pieds enchaînés à des anneaux de fer : ces beaux et doux animaux étaient immobiles, leur tête penchée et ombragée par leur longue crinière éparse, leur poil gris, luisant et fumant sous les rayons d'un soleil de plomb. Les hommes s'étaient rassemblés à l'ombre du plus large des oliviers ; ils avaient étendu sur la terre leurs nattes de Damas, et ils fumaient, en se contant des histoires du désert, ou en chantant des vers d'Antar.

Antar, ce type de l'Arabe errant, à la fois pasteur, guerrier et poëte, qui a écrit le désert tout entier dans ses poésies nationales, épique comme Homère, plaintif comme Job, amoureux comme Théocrite, philosophe comme Salomon ; ses vers, qui endorment ou exaltent l'imagination de l'Arabe autant que la fumée du tombach dans le narguilé, retentissaient en sons gutturaux dans le groupe animé de mes Saïs ; et quand le poëte avait touché plus juste ou plus fort la corde sensible de ces hommes sauvages, mais impressionnables, on entendait un léger murmure de leurs lèvres ; ils joignaient leurs mains, les élevaient au-dessus de leurs oreilles, et, inclinant la tête, ils s'écriaient : *Allah! Allah! Allah!*

Plus tard, le souvenir de ces heures passées ainsi à écouter ces vers, que je ne pouvais comprendre, me fit rechercher avec soin quelques fragmens de poésies arabes populaires, et surtout du poëme héroïque d'Antar. Je parvins à m'en procurer un certain nombre, et je me les faisais traduire par mon drogman pendant les soirées d'hiver que je passai dans le Liban. Je commençais moi-même à entendre un peu d'arabe, mais pas assez pour le lire ; mon interprète traduisait les morceaux du poëme en italien vulgaire, et je les traduisais ensuite mot à mot en français. Je conserve ces essais poétiques inconnus en Europe et je les fais insérer à la fin de ce volume. On verra que la poésie est de tous les lieux, de tous les temps et de toutes les civilisations.

Le poëme d'Antar est, comme je viens de le dire, la poésie nationale de l'Arabe errant; ce sont les livres saints de son imagination. Combien d'autres fois encore n'ai-je pas vu des groupes de mes Arabes, accroupis le soir autour du feu de mon bivouac, tendre le cou, prêter l'oreille, diriger leurs regards de feu vers un de leurs compagnons qui leur récitait quelques passages de ces admirables poésies, tandis qu'un nuage de fumée, s'élevant de leurs pipes, formait au-dessus de leurs têtes l'atmosphère fantastique des songes, et que nos chevaux, la tête penchée sur eux, semblaient eux-mêmes attentifs à la voix monotone de leurs maîtres. Je m'asseyais non loin du cercle et j'écoutais aussi, bien que je ne comprisse pas; mais je comprenais le son de la voix, le jeu des physionomies, les frémissemens des auditeurs; je savais que c'était de la poésie et je me figurais des récits touchans, dramatiques, merveilleux, que je me récitais à moi-même. C'est ainsi qu'en écoutant de la musique mélodieuse ou passionnée, je crois entendre les paroles, et que la poésie de la langue chantée me révèle et me parle la poésie de la langue écrite; faut-il même tout dire : je n'ai jamais lu de poésie comparable à cette poésie que j'entendais dans la langue inintelligible pour moi de ces Arabes; l'imagination dépassant toujours la réalité, je croyais comprendre la poésie primitive et patriarcale du désert ; je voyais le chameau, le cheval, la gazelle ; je voyais l'oasis dressant ses têtes de palmiers d'un vert jaune au-dessus des dunes immenses de sable rouge, les combats des guerriers et les jeunes beautés arabes enlevées et reprises parmi la mêlée et reconnaissant leurs amans dans leurs libérateurs. Cela me rappelle que j'ai eu toujours plus de plaisir à lire un poëte étranger dans une détestable et plate traduction que dans l'original même ; c'est que l'original le plus beau laisse toujours quelque chose à désirer dans l'expression, et que la mauvaise traduction ne fait qu'indiquer la pensée, le motif poétique ; que l'imagination, brodant elle-même ce motif avec des paroles qu'elle suppose aussi transparentes que l'idée, jouit d'un plaisir complet et qu'elle se crée à elle-même. L'infini étant dans la pensée, elle le suppose dans l'expression ; le plaisir est ainsi infini. Il faut, pour se donner ce plaisir, être jusqu'à un certain point musicien ou poëte ; mais qui ne l'est pas ?

Antar, à la fois le héros et le poëte de l'Arabe errant, est peu connu de nous ; nous savons mal son histoire ; nous ignorons même la date précise de son existence. Quelques savans prétendent qu'il vivait dans le sixième siècle de notre ère. Les traditions locales reportent sa vie bien plus haut. Antar, selon ces traditions empruntées en partie à son poëme, était un esclave nègre qui conquit sa liberté par ses exploits et ses vertus, et obtint sa maîtresse Abla à force d'amour et d'héroïsme. Le poëme d'Antar n'est pas, comme celui d'Homère, écrit entièrement en vers ; il est en prose poétique de l'arabe le plus pur et le plus classique, entrecoupée de vers. Ce qu'il y a de singulier dans ce poëme, c'est que la partie du récit écrite en prose est infiniment supérieure aux fragmens lyriques qui y sont intercalés. La partie poétique y sent la recherche, l'affectation et la manière des littératures en décadence ; rien au contraire n'est plus simple, plus naturel, plus véritablement passionné, que le récitatif. Tout ce que j'ai lu de poésies arabes, antiques ou modernes, participe plus ou moins de cette malheureuse recherche de la poésie d'Antar : ce sont, sinon des jeux de mots, du moins des jeux d'idées, des jeux d'images, plutôt faits pour amuser l'esprit que pour toucher le cœur. Il faut des siècles à l'art pour arriver à l'expression simple et sublime de la nature. Pour les Arabes, les vers ne sont encore qu'un ingénieux mode de badiner avec leur esprit ou avec leurs sentimens. J'excepte quelques poésies religieuses, écrites, il y a environ trente ans, par un évêque maronite du mont Liban : j'en rapporte quelques fragmens dignes des lieux qui les ont inspirées et des sujets sacrés auxquels ce pieux cénobite avait exclusivement consacré son mâle génie. Ces poésies religieuses sont plus solennelles et plus intimes qu'aucune de celles que je connaisse en Europe ; il y reste quelque chose de l'accent de Job, de la grandeur de Salomon et de la mélancolie de David.

Je regrette qu'un orientaliste exercé ne traduise

pas pour nous Antar tout entier; cela vaudrait mieux qu'un voyage, car rien ne réfléchit autant les mœurs qu'un poëme; cela rajeunirait aussi nos propres inspirations par les couleurs si neuves qu'Antar a puisées dans ses solitudes; cela serait, de plus, amusant comme l'Arioste, touchant comme le Tasse. Je ne puis douter que la poésie italienne de l'Arioste et du Tasse ne soit sœur des poésies arabes : la même alliance d'idées qui produisit l'Alhambra, Séville, Grenade, et quelques-unes de nos cathédrales, a produit la *Jérusalem* et les drames charmans du poëte de Reggio. Antar est plus intéressant que les *Mille et une Nuits,* parce qu'il est moins merveilleux. Tout l'intérêt est puisé dans le cœur de l'homme et dans les aventures vraies ou vraisemblables du héros et de son amante. Les Anglais ont une traduction presque complète de ce délicieux poëme; nous n'en possédons que quelques beaux fragmens disséminés dans nos revues littéraires. Le lecteur pourra à peine entrevoir, à travers les imperfections des morceaux placés à la fin de ce volume, les admirables beautés de l'original.

A quelques pas de moi, une jeune femme turque pleurait son mari, sur un de ces petits monumens de pierre blanche, dont toutes les collines, autour de Jérusalem, sont parsemées : elle paraissait à peine avoir dix-huit à vingt ans, et je ne vis jamais une si ravissante image de la douleur. Son profil, que son voile rejeté en arrière me laissait entrevoir, avait la

pureté de lignes des plus belles têtes du Parthénon ;
mais en même temps la mollesse, la suavité et la gracieuse langueur des femmes de l'Asie, beauté bien
plus féminine, bien plus amoureuse, bien plus fascinante pour le cœur que la beauté sévère et mâle des
statues grecques ; ses cheveux d'un blond bronzé et
doré comme le cuivre des statues antiques, couleur
très-estimée dans ce pays du soleil, dont elle est
comme un reflet permanent ; ses cheveux, détachés
de sa tête, tombaient autour d'elle, et balayaient littéralement le sol ; sa poitrine était entièrement découverte, selon la coutume des femmes de cette partie
de l'Arabie, et quand elle se baissait pour embrasser
la pierre du turban, ou pour coller son oreille à la
tombe, ses deux seins nus touchaient la terre, et
creusaient leur moule dans la poussière, comme ce
moule du beau sein d'Atala ensevelie, que le sable
du sépulcre dessinait encore dans l'admirable épopée
de M. de Chateaubriand. Elle avait jonché de toutes
sortes de fleurs le tombeau et la terre à l'entour ; un
beau tapis de Damas était étendu sous ses genoux ;
sur le tapis, il y avait quelques vases de fleurs, et
une corbeille pleine de figues et de galettes d'orge ;
car cette femme devait passer la journée entière à
pleurer ainsi. Un trou, creusé dans la terre, et qui
était censé correspondre à l'oreille du mort, lui servait de porte-voix vers cet autre monde où dormait
celui qu'elle venait visiter. Elle se penchait de momens en momens vers cette ouverture ; elle y chantait
des choses entremêlées de sanglots, elle y collait

ensuite l'oreille, comme si elle eût attendu la réponse; puis elle se remettait à chanter en pleurant encore. J'essayai de comprendre les paroles qu'elle murmurait ainsi, et qui venaient jusqu'à moi; mais mon drogman arabe ne put les saisir ou les rendre. Combien je les regrette ! Que de secrets de l'amour ou de la douleur ! Que de soupirs animés de toute la vie de deux âmes arrachées l'une à l'autre, ces paroles confuses et noyées de larmes devaient contenir ! Oh ! si quelque chose pouvait jamais réveiller un mort, c'étaient de pareilles paroles, murmurées par une pareille bouche.

A deux pas de cette femme, sous un morceau de toile noire soutenue par deux roseaux fichés en terre, pour servir de parasol, ses deux petits enfans jouaient avec trois esclaves noires d'Abyssinie, accroupies comme leurs maîtresses sur le sable que recouvrait un tapis. Ces trois femmes, toutes les trois jeunes et belles aussi, aux formes sveltes et au profil aquilin des nègres de l'Abyssinie, étaient groupées dans des attitudes diverses, comme trois statues tirées d'un seul bloc. L'une avait un genou en terre, et tenait sur l'autre genou un des enfans qui tendait ses bras du côté où pleurait sa mère; l'autre avait ses deux jambes repliées sous elle et ses deux mains jointes, comme la Madeleine de Canova, sur son tablier de toile bleue; la troisième était debout, un peu penchée sur ses deux compagnes, et, se balançant à droite et à gauche, berçait contre son sein, à peine dessiné, le plus petit des enfans qu'elle essayait en vain d'endormir. Quand les sanglots de la jeune veuve arrivaient jusqu'aux enfans, ceux-ci se prenaient à pleurer, et les trois esclaves noires, après avoir répondu par un sanglot à celui de leur maîtresse, se mettaient à chanter des airs assoupissans et des paroles enfantines de leur pays, pour apaiser les deux enfans.

C'était un dimanche; à deux cents pas de moi, derrière les murailles épaisses et hautes de Jérusalèm, j'entendais sortir par bouffées, de la noire coupole du couvent grec, les échos éloignés et affaiblis de l'office des vêpres. Les hymnes et les psaumes de David s'élevaient après trois mille ans, rapportés par des voix étrangères et dans une langue nouvelle, sur ces mêmes collines qui les avaient inspirés; et je voyais sur les terrasses du couvent quelques figures de vieux moines de Terre-Sainte, aller et venir, leur bréviaire à la main, et murmurant ces prières murmurées déjà par tant de siècles dans des langues et dans des rhythmes divers.

Et moi, j'étais là aussi pour chanter toutes ces choses; pour étudier les siècles à leur berceau; pour remonter, jusqu'à sa source, le cours inconnu d'une civilisation, d'une religion; pour m'inspirer de l'esprit des lieux et du sens caché des histoires et des monumens, sur ces bords qui furent le point de départ du monde moderne, et pour nourrir, d'une sagesse plus réelle, et d'une philosophie plus vraie, la poésie grave et pensée de l'époque où nous vivons!

Cette scène, jetée par hasard sous mes yeux, et

recueillie dans un de mes mille souvenirs de voyages, me présenta les destinées et les phases presque complètes de toute poésie : les trois esclaves noires berçant les enfans avec les chansons naïves et sans pensée de leur pays, la poésie pastorale et instructive de l'enfance des nations ; la jeune veuve turque pleurant son mari en chantant ses sanglots à la terre, la poésie élégiaque et passionnée, la poésie du cœur ; les soldats et les moukres arabes récitant des fragmens belliqueux, amoureux et merveilleux d'Antar, la poésie épique et guerrière des peuples nomades ou conquérans ; les moines grecs chantant les psaumes sur leurs terrasses solitaires, la poésie sacrée et lyrique des âges d'enthousiasme et de rénovation religieuse ; et moi, méditant sous ma tente et recueillant des vérités historiques ou des pensées sur toute la terre, la poésie de philosophie et de méditations, fille d'une époque où l'humanité s'étudie et se résume elle-même jusque dans les chants dont elle amuse ses loisirs.

Voilà la poésie tout entière dans le passé ; mais dans l'avenir, que sera-t-elle ?. . . . .
. . . .
. . . .

GETHSEMANI,

OU LA MORT DE JULIA.

NOTE DE L'ÉDITEUR.

Nous plaçons ici, avant que l'auteur quitte Jérusalem et les grottes de Gethsemani, qu'il vient de décrire, des vers qu'il écrivit quatorze mois après la perte de son unique enfant, vers dont la scène et les images se rapportent aux lieux qu'il vient de visiter. Ces vers, qu'il a bien voulu nous permettre d'insérer dans ce volume, n'ont jamais été publiés, ni même lus par lui à aucun de ses amis les plus intimes. On le comprendra en les lisant.

Je fus dès la mamelle un homme de douleur ;
Mon cœur, au lieu de sang, ne roule que des larmes,
Ou plutôt, de ces pleurs Dieu m'a ravi les charmes,
Il a pétrifié les larmes dans mon cœur.
L'amertume est mon miel, la tristesse est ma joie ;
Un instinct fraternel m'attache à tout cercueil,
Nul chemin ne m'arrête, à moins que je n'y voie
  Quelque ruine ou quelque deuil !

Si je vois des champs verts qu'un ciel pur entretienne,
De doux vallons s'ouvrant pour embrasser la mer,
Je passe, et je me dis avec un rire amer :
Place pour le bonheur, hélas ! et non la mienne !
Mon esprit n'a d'écho qu'où l'on entend gémir,

Partout où l'on pleura mon âme a sa patrie,
Une terre de cendre et de larmes pétrie
    Est le lit où j'aime à dormir.

Demandez-vous pourquoi? je ne pourrais le dire;
De cet abîme amer je remûrais les flots,
Ma bouche, pour parler n'aurait que des sanglots;
Mais déchirez ce cœur si vous voulez y lire.
La mort dans chaque fibre a plongé le couteau,
Ses battemens ne sont que lentes agonies,
Il n'est plein que de morts comme des gémonies;
    Toute mon âme est un tombeau!

Or, quand je fus aux bords où le Christ voulut naître,
Je ne demandai pas les lieux sanctifiés
Où les pauvres jetaient les palmes sous ses piés,
Où le Verbe à sa voix se faisait reconnaître,
Où l'Hosanna courait sur ses pas triomphans,
Où sa main, qu'arrosaient les pleurs des saintes femmes,
Essuyant de son front la sueur et les flammes,
    Caressait les petits enfans;

Conduisez-moi, mon père, à la place où l'on pleure!
A ce jardin funèbre où l'homme de salut,
Abandonné du père et des hommes, voulut
Suer le sang et l'eau qu'on sue avant qu'on meure;
Laissez-moi seul, allez, j'y veux sentir aussi
Ce qu'il tient de douleur dans une heure infinie :
Homme de désespoir, mon culte est l'agonie,
    Mon autel à moi, c'est ici !

Il est aux pieds poudreux du jardin des Olives,
Sous l'ombre des remparts d'où s'écroula Sion,
Un lieu d'où le soleil écarte tout rayon,
Où le Cédron tari filtre entre ses deux rives ;

Josaphat en sépulcre y creuse ses coteaux ;
Au lieu d'herbe, la terre y germe des ruines,
Et des vieux troncs minés les traînantes racines
    Fendent les pierres des tombeaux.

Là, s'ouvre entre deux rocs la grotte ténébreuse
Où l'homme de douleur vint savourer la mort,
Quand réveillant trois fois l'amitié qui s'endort,
Il dit à ses amis : Veillez, l'heure est affreuse !
La lèvre, en frémissant, croit encore étancher
Sur le pavé sanglant les gouttes du calice,
Et la moite sueur du fatal sacrifice,
    Sue encore aux flancs du rocher.

Le front dans mes deux mains, je m'assis sur la pierre,
Pensant à ce qu'avait pensé ce front divin,
Et repassant en moi, de leur source à leur fin,
Ces larmes dont le cours a creusé ma carrière ;
Je repris mes fardeaux et je les soulevai,
Je comptai mes douleurs, mort à mort, vie à vie,
Puis, dans un songe enfin mon âme fut ravie.
    Quel rêve, grand Dieu ! je rêvai !

J'avais laissé non loin, sous l'aile maternelle,
Ma fille, mon enfant, mon souci, mon trésor ;
Son front à chaque été s'accomplissait encor ;
Mais son âme avait l'âge où le ciel les rappelle,
Son image de l'œil ne pouvait s'effacer,
Partout à son rayon sa trace était suivie,
Et sans se retourner pour me porter envie,
    Nul père ne la vit passer.

C'était le seul débris de ma longue tempête,
Seul fruit de tant de fleurs, seul vestige d'amour,
Une larme au départ, un baiser au retour,

Pour mes foyers errans une éternelle fête ;
C'était sur ma fenêtre un rayon de soleil,
Un oiseau gazouillant qui buvait sur ma bouche,
Un souffle harmonieux la nuit près de ma couche,
    Une caresse à mon réveil !

C'était plus : de ma mère, hélas ! c'était l'image ;
Son regard par ses yeux semblait me revenir,
Par elle mon passé renaissait avenir,
Mon bonheur n'avait fait que changer de visage ;
Sa voix était l'écho de dix ans de bonheur,
Son pas dans la maison remplissait l'air de charmes,
Son regard dans mes yeux faisait monter les larmes,
    Son sourire éclairait mon cœur.

Son front se nuançait à ma moindre pensée,
Toujours son bel œil bleu réfléchissait le mien,
Je voyais mes soucis teindre et mouiller le sien,
Comme dans une eau claire une ombre est retracée :
Mais tout ce qui montait de son cœur était doux,
Et sa lèvre jamais n'avait un pli sévère
Qu'en joignant ses deux mains dans les mains de sa mère,
    Pour prier Dieu sur ses genoux !

Je rêvais qu'en ces lieux je l'avais amenée,
Et que je la tenais belle sur mon genou ;
L'un de mes bras portant ses pieds, l'autre son cou,
Ma tête sur son front tendrement inclinée ;
Ce front se renversant sur le bras paternel,
Secouait l'air bruni de ses tresses soyeuses,
Ses dents blanches brillaient sous ses lèvres rieuses
    Qu'entr'ouvrait leur rire éternel !

Pour me darder son cœur et pour puiser mon âme,
Toujours vers moi, toujours ses regards se levaient,

Et dans le doux rayon dont mes yeux la couvraient,
Dieu seul peut mesurer ce qu'il brillait de flamme ;
Mes lèvres ne savaient d'amour où se poser,
Elle les appelait comme un enfant qui joue,
Et les faisait flotter de sa bouche à sa joue
     Qu'elle dérobait au baiser !

Et je disais à Dieu dans ce cœur qu'elle enivre :
Mon Dieu ! tant que ces yeux luiront autour de moi,
Je n'aurai que des chants et des grâces pour toi,
Dans cette vie en fleurs c'est assez de revivre.
Va ! donne-lui ma part de tes dons les plus doux,
Effeuille sous mes pas ses jours en espérance,
Prépare-lui sa couche, entr'ouvre-lui d'avance
     Les bras enchaînés d'un époux !

Et tout en m'enivrant de joie et de prière,
Mes regards et mon cœur ne s'apercevaient pas
Que ce front devenait plus pesant sur mon bras,
Que ses pieds me glaçaient les mains, comme la pierre.
Julia ! Julia ! d'où vient que tu pâlis ?
Pourquoi ce front mouillé, cette couleur qui change ?
Parle-moi ! souris-moi ! Pas de ces jeux, mon ange !
     Rouvre-moi ces yeux où je lis !

Mais le bleu du trépas cernait sa lèvre rose,
Le sourire y mourait à peine commencé,
Son souffle raccourci devenait plus pressé,
Comme les battemens d'une aile qui se pose ;
L'oreille sur son cœur, j'attendais ses élans,
Et quand le dernier souffle eut enlevé son âme,
Mon cœur mourut en moi comme un fruit que la femme
     Porte mort et froid dans ses flancs !

Et sur mes bras raidis, portant plus que ma vie,

Tel qu'un homme qui marche après le coup mortel,
Je me levai debout, je marchai vers l'autel
Et j'étendis l'enfant sur la pierre attiédie,
Et ma lèvre à ses yeux fermés vint se coller,
Et ce front déjà marbre était tout tiède encore,
Comme la place au nid d'où l'oiseau d'une aurore
  Vient à peine de s'envoler !

Et je sentis ainsi, dans une heure éternelle,
Passer des mers d'angoisse et des siècles d'horreur,
Et la douleur combla la place où fut mon cœur
Et je dis à mon Dieu : Mon Dieu ! je n'avais qu'elle !
Tous mes amours s'étaient noyés dans cet amour,
Elle avait remplacé ceux que la mort retranche ;
C'était l'unique fruit demeuré sur la branche
  Après les vents d'un mauvais jour.

C'était le seul anneau de ma chaîne brisée,
Le seul coin pur et bleu dans tout mon horizon ;
Pour que son nom sonnât plus doux dans la maison,
D'un nom mélodieux nous l'avions baptisée.
C'était mon univers, mon mouvement, mon bruit,
La voix qui m'enchantait dans toutes mes demeures,
Le charme ou le souci de mes yeux, de mes heures,
  Mon matin, mon soir et ma nuit ;

Le miroir où mon cœur s'aimait dans son image,
Le plus pur de mes jours sur ce front arrêté,
Un rayon permanent de ma félicité,
Tous tes dons rassemblés, Seigneur, sur un visage ;
Doux fardeau qu'à mon cou sa mère suspendait,
Yeux où brillaient mes yeux, âme à mon sein ravie,
Voix où vibrait ma voix, vie où vivait ma vie,
  Ciel vivant qui me regardait.

Eh bien! prends! assouvis, implacable justice,
D'agonie et de mort ce besoin immortel;
Moi-même, je l'étends sur ton funèbre autel ;
Si je l'ai tout vidé, brise enfin mon calice !
Ma fille ! mon enfant! mon souffle ! la voilà !
La voilà! j'ai coupé seulement ces deux tresses
Dont elle m'enchaînait hier dans ses caresses,
  Et je n'ai gardé que cela !

Un sanglot m'étouffa, je m'éveillai ; la pierre
Suintait sous mon corps d'une sueur de sang ;
Ma main froide glaçait mon front en y passant ;
L'horreur avait gelé deux pleurs sous ma paupière;
Je m'enfuis ; l'aigle au nid est moins prompt à courir.
Des sanglots étouffés sortaient de ma demeure,
L'amour seul suspendait pour moi sa dernière heure,
  Elle m'attendait pour mourir !

Maintenant, tout est mort dans ma maison aride,
Deux yeux toujours pleurant sont toujours devant moi ;
Je vais sans savoir où, j'attends sans savoir quoi ;
Mes bras s'ouvrent à rien et se ferment à vide.
Tous mes jours et mes nuits sont de même couleur,
La prière en mon sein avec l'espoir est morte,
Mais c'est Dieu qui t'écrase, ô mon âme! sois forte,
  Baise sa main sous la douleur !

4 novembre 1832.

Passé la soirée et la nuit au désert de Saint-Jean, à prendre congé de nos excellens religieux, dont la mémoire nous accompagnera toujours; le souvenir des vertus humbles et parfaites reste dans l'âme, comme le parfum des odeurs d'un temple que l'on a traversé; nous remîmes à ces bons pères une aumône à peine suffisante pour les indemniser des dépenses que nous leur avions occasionnées; ils comptèrent pour rien le péril que nous leur avions fait courir; ils me prièrent de les recommander à la protection terrible d'Abougosh, que je devais revoir à Jérémie. Nous partîmes avant le jour, pour éviter l'importunité de la poursuite des Bédouins de Bethléem et du désert de Saint-Jean, qui ne se lassaient pas de me suivre et commençaient même à me menacer. A huit heures du matin, nous avions franchi les hautes montagnes que couronne le tombeau des Machabées, et nous étions assis sous les figuiers de Jérémie, fumant la pipe et prenant le café avec Abougosh, son oncle et ses frères. Abougosh me combla de nouvelles marques d'égards et de bienveillance; il m'offrit un cheval que je refusai, ne voulant pas lui faire de cadeau moi-même, parce que ce cadeau aurait semblé une reconnaissance du tribut qu'il impose ordinairement aux pèlerins, tribut dont Ibrahim les a affranchis; je mis sous sa sauvegarde les religieux de Saint-Jean, de Bethléem et de Jérusalem. J'ai su depuis qu'il était allé en effet les délivrer de l'obsession des Bédouins du désert; il ne se doutait pas, sans doute, alors que je lui demandais sa protection pour de pauvres religieux francs exilés dans ses montagnes, que huit mois plus tard il enverrait implorer la mienne pour la délivrance de son propre frère, emmené prisonnier à Damas, et que je serais assez heureux pour lui être utile à mon tour. Le café

pris, nos chevaux rafraîchis, nous repartîmes, escortés par l'immense population de Jérémie, et nous allâmes camper au-delà de Ramla, dans un superbe bois d'oliviers qui entoure la ville. Accablés de lassitude et sans vivres, nous fîmes demander l'hospitalité aux religieux du couvent de Terre-Sainte ; ils nous la refusèrent comme à des pestiférés que nous pouvions bien être en effet; nous nous passâmes donc de souper et nous nous endormîmes au bruit du vent de mer jouant dans la cime des oliviers. C'est là que la Vierge, saint Joseph et l'Enfant passèrent la nuit dans la campagne en fuyant en Égypte. Ces pensées adoucirent notre couche.

Partis de Ramla, à six heures du matin, venus déjeuner à Jaffa chez M. Damiani ; — un jour passé à nous reposer et à préparer les provisions pour revenir en Syrie par la côte.

Rien de plus délicieux que ces voyages en caravane quand le pays est beau ; que les chevaux bien reposés marchent légèrement au lever du jour, sur un sol uni et sablonneux; que les sites se succèdent sans monotonie: que la mer surtout, qui nous envoie au visage la fraîche ondulation de l'air, produite par ses vagues souples et régulières, se déroule verte ou bleue aux pieds de votre cheval, et vous jette par momens les gouttes poudreuses de son écume : c'est le plaisir que nous éprouvions en longeant le charmant golfe qui sépare Caïpha de Saint-Jean-d'Acre. Le désert, formé par la plaine de Zabulon, est caché à droite par les hautes touffes de roseaux et par la cime des palmiers qui séparent la grève de la terre : on marche sur un lit de sable blanc et fin, continuellement arrosé par la vague qui s'y déplie et y répand ses nappes blanches et cannelées; le golfe, enfermé à l'orient par la haute pointe du cap Carmel, surmontée de son monastère, à l'occident, par les blanches murailles en lambeaux de Saint-Jean-d'Acre, ressemble à un vaste lac où les plus petites barques peuvent se faire bercer impunément par les flots : il n'en est rien cependant ; la côte de Syrie, partout dangereuse, l'est davantage encore dans le golfe de Caïpha : les navires qui s'y réfugient et y jettent l'ancre, pour éviter la tempête, sur un fond de sable peu solide, sont fréquemment jetés à la côte : de tristes et pittoresques débris l'attestaient trop à nos regards ; la plage entière est bordée de carcasses de vaisseaux naufragés à demi, ensevelis dans le sable ; quelques-unes montrent encore leur haute proue fracassée où les oiseaux de mer font leurs nids ; beaucoup ont seulement leurs mâts hors du sable : ces arbres immobiles et sans feuillage ressemblent à ces croix funèbres que nous plantons sur la cendre de ceux qui ne sont plus : il y en a qui ont encore leurs vergues et leurs cordages, rouillés par la vapeur saline de la mer, pendant autour des mâts. Les Arabes ne touchent pas à ces ruines de bâtimens naufragés ; il faut que le temps et les tempêtes d'hiver se chargent seuls d'accomplir leur dégradation, ou que le sable les ensevelisse jour à jour. Nous vîmes là, comme presque dans toutes les autres mers de Syrie, comment les Arabes pêchent le poisson. Un homme, tenant un petit filet replié, élevé au-dessus de sa tête et prêt à être lancé, s'avance à quelques pas dans la mer, et choisit l'heure et la place où le soleil est derrière lui, et illumine la vague sans l'éblouir. Il attend les vagues qui viennent, en s'amoncelant et en se dressant, fondre à ses pieds sur l'écueil ou sur le sable. Il plonge un regard perçant et exercé dans chaque écume, et s'il aperçoit qu'elle roule du poisson, il lance son filet au moment même où elle se brise et entraînerait ce qu'elle apporte avec son reflux : le filet tombe, la vague se retire et le poisson reste. Il faut un temps un peu gros pour que cette pêche ait lieu sur les côtes de Syrie ; quand la mer est calme, le pêcheur n'y découvre rien ; la vague ne devient transparente qu'en se dressant au soleil à la surface de la mer.

L'odeur infecte des champs de bataille nous annonçait le voisinage d'Acre ; nous n'étions plus qu'à un quart d'heure de ses murs. C'est un monceau de ruines ; les dômes des mosquées sont percés à jour, les murailles crénelées d'immenses brèches, les tours écroulées dans le port ; elle venait de subir un siége d'un an et d'être emportée d'assaut par les quarante mille héros d'Ibrahim.

On connaît mal en Europe la politique de l'Orient ; on lui suppose des desseins, elle n'a que des caprices ; des plans, elle n'a que des passions ; un avenir, elle n'a que le jour et le lendemain. On a vu dans l'agression de Méhémet-Ali la préméditation d'une longue et progressive ambition ; ce ne fut que l'entraînement de la fortune qui, d'un pas à l'autre, le mena presque involontairement jusqu'à ébranler le trône de son maître et à conquérir une moitié de l'empire : une chance nouvelle peut le conduire plus loin encore.

Voici comment la querelle naquit : Abdalla, pacha d'Acre, jeune homme inconsidéré, passé au gouvernement d'Acre par un jeu de la faveur et du hasard, s'était révolté contre le Grand-Seigneur; vaincu, il avait imploré la protection du pacha d'Égypte qui avait acheté sa grâce du divan. Abdalla, oubliant bientôt la reconnaissance qu'il devait à Méhémet, refusa de tenir certaines conditions jurées dans le temps de son infortune. Ibrahim marche pour l'y forcer; il éprouve à Acre une résistance imprévue; sa colère s'irrite; il demande à son maître des troupes nouvelles; elles arrivent, et sont de nouveau repoussées. Méhémet-Ali se lasse et rappelle son fils de tous ses vœux; l'amour-propre d'Ibrahim résiste : il veut mourir sous les murs d'Acre ou la soumettre à son père. Il enfonce enfin, à force d'hommes sacrifiés, les portes de cette ville. Abdalla, prisonnier, s'attend à la mort; Ibrahim le fait venir sous sa tente, lui adresse quelques sarcasmes amers, et l'expédie à Alexandrie. Au lieu du cordon ou du sabre, Méhémet-Ali lui envoie son cheval, le fait entrer en triomphe, le fait asseoir à ses côtés sur le divan, lui adresse des éloges sur sa bravoure et sa fidélité au sultan, lui donne un palais, des esclaves et d'immenses revenus.

Abdalla méritait ce traitement par sa bravoure : renfermé dans Acre avec trois mille osmanlis, il avait résisté un an à toutes les forces de l'Égypte par terre et par mer ; la fortune d'Ibrahim, comme celle de Napoléon, avait hésité devant cet écueil ; si le Grand-Seigneur, en vain sollicité par Abdalla, lui avait envoyé quelques mille hommes à propos, ou avait seulement lancé sur les mers de Syrie deux ou trois de ces belles frégates qui dorment inutilement sur leurs ancres devant les caïques du Bosphore, c'en était fait d'Ibrahim : il rentrait en Égypte avec la conviction de l'impuissance de sa colère ; mais la Porte fut fidèle à son système de fatalité ; elle laissa s'accomplir la ruine de son pacha. Le boulevard de la Syrie fut renversé, et le divan ne se réveilla que trop tard. Cependant Méhémet-Ali écrivait à son général de revenir ; mais celui-ci, homme de courage et d'aventures, voulut tâter jusqu'au bout la faiblesse du sultan et sa propre destinée : il avança. Deux victoires éclatantes et mal disputées, celle de Homs en Syrie et celle de Konia en Asie mineure, le rendirent maître absolu de l'Arabie, de la Syrie, et de tous ces royaumes de Pont, de Bithynie, de Cappadoce, qui sont aujourd'hui la Caramanie. La Porte pouvait encore lui couper la retraite, et, débarquant des troupes sur ses derrières, reprendre possession des villes et des provinces où il ne pouvait laisser des garnisons suffisantes ; un corps de six mille hommes, jeté par elle dans les défilés du Taurus et de la Syrie, faisant d'Ibrahim et de son armée une proie, l'emprisonnait dans ses victoires. La flotte turque était infiniment plus nombreuse que celle d'Ibrahim ; ou plutôt la Porte avait une flotte immense et magnifique; Ibrahim n'avait que deux ou trois frégates; mais, dès le commencement de la campagne, Kalil-Pacha, jeune homme aux mœurs élégantes, favori du Grand-Seigneur, et nommé par lui capitan-pacha, s'était retiré de la mer devant les faibles forces d'Ibrahim; je l'avais vu, de mes yeux, quitter la rade de Rhodes et s'enfermer dans la rade de Marmorizza sur la côte de Caramanie, au fond du golfe de Macri. Une fois avec ses vaisseaux dans ce port dont la passe est prodigieusement étroite, Ibrahim, avec deux bâtiments, pouvait l'empêcher d'en sortir. Il n'en sortit plus en effet, et tout l'hiver, où les opérations militaires furent les plus importantes et les plus décisives sur les côtes de Syrie, les vaisseaux d'Ibrahim parurent seuls sur ces mers, et lui transportèrent sans obstacles des renforts et des munitions; et cependant Kalil-Pacha n'était ni traître ni sans valeur ; mais ainsi vont les affaires d'un peuple qui demeure immobile quand tout marche autour de lui : la fortune des nations, c'est leur génie ; le génie des musulmans tremble maintenant devant celui du dernier de ses pachas; on sait le reste de cette campagne qui rappelle celle d'Alexandre; Ibrahim est incontestablement un héros, et Méhémet-Ali un grand homme ; mais toute leur fortune repose sur leurs deux têtes; ces deux hommes de moins, il n'y a plus d'Égypte, il n'y a plus d'empire arabe, il n'y a plus de Machabées pour l'islamisme, et l'Orient revient à l'Occident par cette invincible loi des choses qui porte l'empire là où est la lumière.

Même date.

Le sable qui borde le golfe de Saint-Jean-d'Acre devenait de plus en plus fétide. Nous commencions à apercevoir des ossemens d'hommes, de chevaux, de chameaux, roulés sur la grève et blanchissant au soleil, lavés par l'écume des vagues. A chaque pas, ces débris amoncelés se multipliaient à nos yeux. Bientôt toute la lisière, entre la terre et les falaises, en parut couverte, et le bruit des pas de nos chevaux faisait partir à tout moment des bandes de chiens sauvages, de hideux chacals, et d'oiseaux de proie, occupés depuis deux mois à ronger les restes d'un horrible festin que le canon d'Ibrahim et d'Abdalla leur avait fait. Les uns entraînaient en fuyant des membres d'hommes mal ensevelis, les autres des jambes de chevaux où la peau tenait encore; quelques aigles posés sur des têtes osseuses de chameaux, s'élevaient à notre approche avec des cris de colère, et revenaient planer, même à nos coups de fusil, sur leur horrible proie. Les hautes herbes, les joncs, les arbustes du rivage, étaient également jonchés de ces débris d'hommes ou d'animaux. Tout n'était pas le reste de la guerre. Le typhus, qui ravageait Acre depuis plusieurs mois, achevait ce que les armes avaient épargné; il restait à peine douze à quinze cents hommes dans une ville de douze à quinze mille âmes, et chaque jour on jetait hors des murs ou dans la mer les cadavres nouveaux que la mer rejetait au fond du golfe ou que les chacals déterraient dans les champs. Nous arrivâmes jusqu'à la porte orientale de cette malheureuse ville. L'air n'était plus respirable; nous n'entrâmes pas, mais tournant à droite, le long des murs écroulés où travaillaient quelques esclaves, nous traversâmes le champ de bataille dans toute son étendue, depuis les murs de la ville jusqu'à la maison de campagne des anciens pachas d'Acre, bâtie au milieu de la plaine, à une ou deux heures du bord de la mer. En approchant de cette maison de magnifique apparence et flanquée de kiosques élégans d'architecture indienne, nous vîmes de longs sillons un peu plus élevés que ceux que la charrue trace dans nos fortes terres. Ces sillons pouvaient avoir une demi-lieue de long sur à peu près autant de large; le dos du sillon s'élevait à un ou deux pieds au-dessus du sol : c'était la place du camp d'Ibrahim et la tombe de quinze mille hommes qu'il avait fait ensevelir dans ces tranchées sépulcrales; nous marchâmes longtemps avec difficulté sur ce sol qui recouvrait à peine tant de victimes de l'ambition et du caprice de ce qu'on appelle un héros.

Nous pressions le pas de nos chevaux dont les pieds heurtaient sans cesse contre les morts et brisaient les ossemens que les chacals avaient découverts, et nous allâmes camper à environ une heure de cet endroit funeste, dans un site charmant de cette plaine, tout arrosé d'eau courante, tout ombragé de palmes d'orangers et de limoniers doux, hors du vent de Saint-Jean-d'Acre dont les émanations nous poursuivaient. Ces jardins, jetés comme une oasis dans la nudité de la plaine d'Acre, avaient été plantés par l'avant-dernier pacha, successeur du fameux Djezzar-Pacha; quelques pauvres Arabes, réfugiés dans des huttes de terre et de boue, nous fournirent des oranges, des œufs et des poulets; nous dormîmes là.

Le lendemain, M. de Laroyère put à peine se lever de sa natte et monter à cheval; tous ses membres engourdis par la douleur se refusaient au moindre mouvement. Il sentit les premiers symptômes du typhus que sa science médicale lui apprenait à distinguer mieux que nous. Mais le lieu ne nous offrant ni abri ni ressources pour établir un malade, nous nous hâtâmes de nous en éloigner avant que la maladie fût devenue plus grave, et nous allâmes coucher à quinze lieues de là, dans la plaine de Tyr, aux bords d'un fleuve ombragé d'immenses roseaux, et non loin d'une ruine isolée qui semble avoir appartenu à l'époque des croisés. Le mouvement et la chaleur avaient ranimé M. de Laroyère. Nous le couchâmes sous la tente, et nous allâmes tuer des canards et des oies sauvages, qui s'élevaient, comme des nuages, des roseaux aux bords du fleuve. Ces oiseaux nourrirent ce jour-là toute notre caravane.

Le jour suivant, nous rencontrâmes, sur le bord

de la mer, dans un endroit délicieux, ombragé de cèdres maritimes et de magnifiques platanes, un aga turc qui revenait de la Mecke avec une suite nombreuse d'hommes et de chevaux. Nous nous établîmes sous un arbre auprès de la fontaine, non loin d'un autre arbre où l'aga déjeunait. Ses esclaves promenaient ses chevaux. Je fus frappé de la perfection de formes et de la légèreté d'un jeune étalon arabe de pur sang. Je chargeai mon drogman d'entrer en pourparler avec l'aga. Nous lui envoyâmes en présens quelques-unes de nos provisions de route et une paire de pistolets à piston ; il nous fit présent à son tour d'un yatagan de Perse. Je fis passer mes chevaux devant lui pour amener la conversation d'une manière naturelle sur ce sujet. Nous y parvînmes, mais la difficulté était de lui proposer de me vendre le sien. Mon drogman lui raconta qu'un de nos compagnons de route était si malade, qu'il ne pouvait trouver un cheval d'une allure assez douce pour le porter. L'aga alors dit qu'il en avait un sur le dos duquel on pouvait boire le café au galop sans qu'il en tombât une goutte de la tasse. C'était précisément le bel animal que j'avais admiré, et que je désirais si vivement posséder pour ma femme. Après de longues circonvolutions de paroles, nous finîmes par entrer en marché ; et j'emmenai le cheval, que j'appelai *El Kantara*, en mémoire du lieu et de la fontaine où je l'avais acheté. Je le montai à l'instant même pour achever la journée : je n'ai jamais monté un animal aussi léger. On ne sentait ni le mouvement élastique de ses épaules, ni la réaction de son sabot sur le rocher, ni le plus léger poids de sa tête sur le mors. L'encolure courte et élancée, relevant ses pieds comme une gazelle, on croyait monter un oiseau dont les ailes auraient soutenu la marche insensible. Il courait aussi mieux qu'aucun cheval arabe avec qui je l'aie essayé. Son poil était gris perlé. Je le donnai à ma femme, qui ne voulut plus en monter d'autre pendant tout notre séjour en Orient. Je regretterai toujours ce cheval accompli. Il était né dans le Khorassan et n'avait que cinq ans.

Le soir nous arrivâmes aux Puits de Salomon ; le lendemain, de bonne heure, nous entrions à Saïde, l'antique Sidon, escortés par les Francs du pays et par les fils de M. Giraudin, notre excellent vice-consul à Saïde. Nous trouvâmes aussi à Saïde M. Cattafago, que nous avions connu à Nazareth, et sa famille. Il venait de bâtir une maison dans cette ville, et s'occupait des préparatifs du mariage d'une de ses filles. L'antique Sidon n'offrant plus aucun vestige de sa grandeur passée, nous nous livrâmes tout entiers aux soins aimables de M. Giraudin, et au plaisir de causer de l'Europe et de l'Orient avec cet intéressant vieillard. Devenu patriarche dans la terre des patriarches, il nous présentait en lui et dans sa famille l'image de toutes les vertus patriarcales dont il nous rappelait les mœurs dans ses mœurs.

Le typhus se caractérise avec tous ses symptômes dans la maladie croissante de M. de Laroyère. Ne pouvant plus se lever pour monter à cheval, nous

affrétons une barque à Saïde pour le transporter par
mer à Bayruth ; nous repartons avec le reste de la
caravane ; j'envoie un courrier à lady Stanhope,
pour la remercier des obligeantes démarches qu'elle
a faites en ma faveur auprès du chef Abougosh, et la
prier de saisir les occasions qui se présenteraient
d'annoncer mon arrivée prochaine aux Arabes du
désert de Bkâ , de Balbek et de Palmyre.

3 novembre 1832.

Couché à une mauvaise masure antique, abandonnée sur les bords de la mer ; écrit quelques vers
pendant la nuit sur les pages de ma Bible ; joie
d'approcher de Bayruth après un voyage si heureusement accompli ; trouvé en route un cavalier arabe
porteur d'une lettre de ma femme ; tout va bien,
Julia est florissante de santé ; on m'attend pour aller
passer quelques jours au monastère d'Antoura, dans
le Liban, chez le patriarche catholique qui est venu
nous y inviter. A quatre heures après midi , orage
épouvantable ; la calotte des nuages semble tomber
tout à coup sur les montagnes qui sont à notre
droite ; le bruit du flux et du reflux de ces lourds
nuages contre les pics du Liban qui les déchirent,
se confond au bruit de la mer qui ressemble elle-
même à une plaine de neige remuée par un vent
furieux. La pluie ne tombe pas, comme en Occident,
par gouttes plus ou moins pressées , mais par ruisseaux continus et lourds qui frappent et pèsent sur

l'homme et le cheval comme la main de la tempête ; le jour a complètement disparu ; nos chevaux marchent dans des torrens mêlés de pierres roulantes, et sont à chaque instant près d'être entraînés dans la mer. Quand le ciel se relève et reparaît, nous nous trouvons aux bords du plateau des pins de Facardin, à une demi-lieue de la ville ; la patrie est quelque chose pour les animaux comme pour les hommes ; ceux de mes chevaux qui reconnaissent ce site pour nous y avoir portés souvent, quoique accablés de trois cents lieues de route, hennissent, dressent leurs oreilles et bondissent de joie sur le sable ; je laisse la caravane défiler lentement sous les pins ; je lance Liban au galop et j'arrive, le cœur tremblant d'inquiétude et de joie, dans les bras de ma femme : Julia était à s'amuser dans une maison voisine avec les filles du prince de la montagne, devenu gouverneur de Bayruth pendant mon absence ; elle m'a vu accourir du haut de la terrasse ; je l'entends qui accourt elle-même en disant : — Où est-il ? Est-ce bien lui ? — Elle entre ; elle se précipite dans mes bras, elle me couvre de caresses, puis elle court autour de la chambre, ses beaux yeux tout brillans de larmes de joie, élevant ses bras et répétant : — Oh ! que je suis contente ! oh ! que je suis contente ! et revient s'asseoir sur mes genoux et m'embrasser encore. Il y avait dans la chambre deux jeunes pères jésuites du Liban en visite chez ma femme ; je n'ai pu de longtemps leur adresser un mot de politesse : muets eux-mêmes devant cette expression naïve et passionnée de la tendresse d'âme d'un enfant pour son père, et devant l'éclat céleste que le bonheur ajoutait à la beauté de cette tête rayonnante, ils restaient debout, frappés de silence et d'admiration; nos amis et notre suite arrivent et remplissent les champs de mûriers, de nos chevaux et de nos tentes.

Plusieurs jours de repos et de bonheur passés à recevoir les visites de nos amis de Bayruth : les fils de l'émir Beschir, descendus des montagnes, par l'ordre d'Ibrahim, pour occuper le pays qui menace de se soulever en faveur des Turcs, sont campés dans la vallée de Nar-el-Kelb, à une heure environ de chez moi.

7 novembre 1832.

Le consul de Sardaigne, M. Bianco, lié depuis longues années avec ces princes, nous invite à un dîner qu'il leur donne. Ils arrivent vêtus de cafetans magnifiques, tissus en entier de fil d'or; leur turban est également composé des plus riches étoffes de Cachemire. L'aîné des princes, qui commande l'armée de son père, a un poignard dont le manche est entièrement incrusté de diamans d'un prix inestimable. Leur suite est nombreuse et singulière : au milieu d'un grand nombre de musulmans et d'esclaves noirs, il y a un poëte tout à fait semblable, par ses attributions, aux bardes du moyen-âge; ses fonctions consistent à chanter les vertus et les exploits de son maître, à lui composer des histoires

quand il l'appelle pour le désennuyer, à rester debout
derrière lui pendant les repas pour improviser des
vers, espèces de toasts politiques en son honneur ou
en l'honneur des convives que le prince veut distinguer. Il y a aussi un chapelain ou confesseur maronite catholique qui ne le quitte jamais, même à table,
et à qui seul l'entrée du harem est permise : c'est un
moine à figure joviale et guerrière, tout à fait semblable à ce que nous entendons par aumônier de
régiment. Le chapelain, à cause de son caractère
ecclésiastique, est assis à table, le poëte reste debout.
Ces princes, et surtout l'aîné, ne paraissent nullement embarrassés de nos usages ni de la présence
des femmes européennes. Il causent tour à tour avec
nous, avec la même grâce de manières, le même
à-propos, la même liberté d'esprit que, s'ils avaient
été nourris dans la cour la plus élégante de l'Europe.
La civilisation orientale est toujours au niveau de
notre civilisation, parce qu'elle est plus vieille, et
originairement plus pure et plus parfaite. A un œil
sans préjugé, il n'y a pas de comparaison entre la
noblesse, la décence, la grâce sévère des mœurs
arabes, turques, indiennes, persanes, et les nôtres.
On sent en nous les peuples jeunes, sortant à peine
de civilisations dures, grossières, incomplètes : on
sent en eux les enfans de bonne maison, les peuples
héritiers de la sagesse et de la vertu antiques. Leur
noblesse, qui n'est que la filiation des vertus primitives, est écrite sur leurs fronts, et empreinte dans
toutes leurs coutumes; et puis il n'y a pas de peuple

parmi eux. La civilisation morale, la seule dont je tienne compte, est partout de niveau. Le pasteur et l'émir sont de même famille, parlent la même langue, ont les mêmes usages et participent à la même sagesse, à la même grandeur de traditions, qui est l'atmosphère d'un peuple.

Au dessert, les vins de Chypre et du Liban circulent à grands flots; les Arabes chrétiens et la famille de l'émir Beschir qui est chrétienne, ou croit l'être, en boivent sans difficulté dans l'occasion. On porte des toasts à la victoire d'Ibrahim, à l'affranchissement du Liban, à l'amitié des Francs et des Arabes; puis enfin le prince en porte un aux dames présentes à cette fête : son barde alors se prit à improviser à l'ordre du prince, et chanta, en récitatif et à gorge déployée, des vers arabes, dont voici à peu près le sens :

« Buvons le jus d'Éden qui enivre et réjouit le cœur de l'esclave et du prince. C'est du vin de ces plants que Noé a plantés lui-même quand la colombe, au lieu du rameau d'olivier, lui rapporta du ciel le cep de la vigne. Par la vertu de ce vin, le poëte un instant devient prince, et le prince devient poëte.

« Buvons-le à l'honneur de ces jeunes et belles Franques qui viennent du pays où toute femme est reine. Les yeux des femmes de Syrie sont doux, mais ils sont voilés. Dans les yeux des filles d'Occident il y a plus d'ivresse que dans la coupe transparente que je bois.

« Boire le vin et contempler le visage des femmes, pour le musulman c'est pécher deux fois; pour l'Arabe c'est deux fois jouir et bénir Dieu de deux manières. »

Le chapelain parut lui-même enchanté de ces vers, et chantait les refrains du barde en riant et en vidant son verre ; le prince nous proposa le spectacle d'une chasse au faucon, divertissement habituel de tous les princes et scheiks de Syrie. C'est de là que les croisés rapportèrent cet usage en Europe.

9 novembre 1832.

Le climat, à l'exception de quelques coups de vent sur la mer et de quelques orages de pluie vers le milieu du jour, est aussi beau qu'au mois de mai en France. Aussitôt que les pluies ont commencé, c'est un printemps nouveau qui commence ; les murailles des terrasses qui soutiennent les pentes cultivées du Liban et les collines fertiles des environs de Bayruth se sont tellement couvertes de végétation en peu de jours, que la terre est entièrement cachée sous la mousse, l'herbe, les lianes et les fleurs; l'orge verte tapisse tous les champs qui n'étaient que poussière à notre arrivée ; les mûriers, qui poussent leurs secondes feuilles, forment, tout autour des maisons, des forêts impénétrables au soleil; on aperçoit, çà et là, les toits des maisons disséminées dans la plaine, qui sortent de cet océan de verdure, et les femmes grecques et syriennes dans leur riche et éclatant costume, semblables à des reines qui prennent l'air sur les pavillons de leurs jardins ; de petits sentiers encaissés dans le sable conduisent de maisons en maisons, d'une colline à l'autre, à travers ces jardins continus qui vont de la mer jusqu'aux pieds du Liban ; en les suivant, on trouve tout à coup, sur le seuil de ces petites maisons, les scènes les plus ravissantes de la vie patriarcale ; ce sont les femmes et les jeunes filles accroupies sous le mûrier ou le figuier, à leur porte, qui brodent les riches tapis de laines aux couleurs heurtées et éclatantes ; d'autres, attachant les bouts de fil de soie à des arbres éloignés, les dévident en marchant lentement et en chantant d'un arbre à l'autre ; des hommes marchant, au contraire, en reculant d'arbre en arbre, occupés à faire des étoffes de soie, et jetant la navette qu'un autre homme leur renvoie ; les enfans sont couchés dans des berceaux de jonc ou sur des nattes à l'ombre ; quelques-uns sont suspendus aux branches des orangers ; les gros moutons de Syrie, à la queue immense et traînante, trop lourds pour pouvoir se remuer, sont couchés dans des trous qu'on creuse exprès dans la terre fraîche devant la porte ; une ou deux belles chèvres à longues oreilles, pendantes comme celles de nos chiens de chasse, et quelquefois une vache, complètent le tableau champêtre ; le cheval du maître est toujours là aussi, couvert de son harnais magnifique, et prêt à être monté ; il fait partie de la famille et semble prendre intérêt à tout ce qui se fait, à tout ce qui se dit autour de lui; sa physionomie s'anime comme celle d'un visage humain : quand l'étranger paraît et lui parle, il dresse ses oreilles, il relève ses lèvres, ride ses naseaux, tend sa tête au vent et flaire l'inconnu qui le flatte; ses yeux doux, mais profonds et pensifs, brillent, comme deux charbons, sous la belle et longue crinière de son front. Les familles grecques, syriennes et arabes de cultivateurs, qui habitent ces maisons aux pieds du Liban, n'ont rien de sauvage ni rien de barbare; plus instruits que les paysans de nos provinces, ils savent tous lire, entendent tous deux langues, l'arabe et le grec; ils sont doux, paisibles, laborieux et sobres; occupés toute la semaine des travaux de la terre ou de la soie, ils se délassent le dimanche en assistant avec leurs familles aux longs et spectaculeux offices du culte grec ou syriaque; ils rentrent ensuite à la maison pour prendre un repas un peu plus recherché que les jours ordinaires; les femmes et les jeunes filles, parées de leurs plus riches habits et les cheveux tressés, et tout parsemés de fleurs d'oranger, de giroflée-ponceau et d'œillets, restent assises sur des nattes, à la porte de la maison, avec leurs voisines et leurs amies. Il serait impossible de peindre avec la plume les groupes admirables de pittoresque, de richesse de costume et de beauté que ces femmes forment alors dans la campagne. Je vois là tous les jours des visages de jeunes femmes ou de jeunes filles que Raphaël n'avait pas entrevus, même dans ses songes d'artiste. C'est bien plus que la beauté italienne et que la beauté grecque ; c'est la pureté de formes, la délicatesse de contours, en un mot, tout ce que l'art grec et romain nous ont laissé de plus accompli ; mais cela est rendu plus enivrant encore par une naïveté primitive et simple d'expression, par une langueur sereine et voluptueuse, par un jour céleste que le regard des yeux bleus bordés de cils noirs répand sur les traits, et par une finesse de sourire, une harmonie de proportions, une blancheur animée de la peau, une transparence indescriptible du teint, un vernis métallique des cheveux, une grâce de mouvemens, une étrangeté d'attitudes et un son perlé et vibrant de la voix, qui font de la jeune Syrienne la houris du paradis des yeux. Ces beautés admirables et variées sont aussi extrêmement communes ; je ne marche jamais une heure dans la campagne sans en rencontrer plusieurs allant aux fontaines ou revenant avec leurs urnes étrusques sur l'épaule, et leurs jambes nues entourées de bracelets d'argent ; les hommes et les jeunes garçons vont le dimanche s'asseoir, pour tout délassement, sur des nattes étendues au pied de quelque grand sycomore, non loin d'une fontaine ; ils restent là immobiles tout le jour, à conter des histoires merveilleuses, buvant de temps en temps une tasse de café ou une tasse d'eau fraîche ; les autres vont sur le haut des collines, et vous les voyez là paisiblement groupés sous leurs vignes ou leurs oliviers, paraissant jouir avec délices de la vue de la mer que ces coteaux dominent, de la limpidité du ciel, du chant des oiseaux et de toutes ces voluptés instinctives de l'homme pur et simple, que nos populations ont perdues pour l'ivresse bruyante du cabaret ou les fumées de l'orgie. Jamais plus belles scènes de la création ne furent peuplées et animées de plus pures et plus belles impressions ; la nature ici est véritablement un hymne perpétuel à la bonté du Créateur, et aucun ton faux, aucun spectacle de misère ou de vice, ne trouble, pour l'étranger, la ravissante harmonie de cet hymne ; — hommes, femmes, oiseaux, animaux, arbres, montagnes, mer, ciel, climat, tout est beau, tout est pur, tout est splendide et religieux.

10 novembre 1832.

Ce matin, je suis allé errer de bonne heure avec Julia sur la colline que les Grecs nomment San-Dimitri, à une lieue environ de Bayruth, en se rapprochant du Liban et en suivant obliquement la courbe de la ligne de la mer. Deux de mes Arabes nous accompagnaient, l'un pour nous guider, l'autre pour se tenir à la tête du cheval de Julia et la recevoir dans ses bras si le cheval s'animait trop. Quand les sentiers devenaient trop rapides, nous laissions nos montures un moment, et nous parcourions à pied les terrasses naturelles ou artificielles qui forment des gradins de verdure de toute la colline de San-Dimitri. Dans mon enfance je me suis représenté souvent ce paradis terrestre, cet Éden que toutes les nations ont dans leurs souvenirs, soit comme un beau rêve, soit comme une tradition d'un temps et d'un séjour plus parfait ; j'ai suivi Milton dans ses délicieuses descriptions de ce séjour enchanté de nos premiers parens ; mais ici, comme en toutes choses, la nature surpasse infiniment l'imagination. Dieu n'a pas donné à l'homme de rêver aussi beau qu'il a fait. J'avais rêvé Éden, je puis dire que je l'ai vu.

Quand nous eûmes marché une demi-heure sous les arceaux de nopals qui encaissent tous les sentiers de la plaine, nous commençâmes à monter par de petits chemins plus étroits et plus escarpés qui arrivent tous à des plateaux successifs, d'où l'horizon de la campagne, de la mer et du Liban, se découvre successivement davantage. Ces plateaux, d'une médiocre largeur, sont tous entourés d'arbres forestiers inconnus à nos climats, et dont j'ignore malheureusement la nomenclature ; mais leur tronc, le port de leurs branches, les formes neuves et étranges de leurs cimes coniques, échevelées, pyramidales, ou s'étendant comme des ailes, donnent à cette bordure de végétation une grâce et une nouveauté d'aspect qui signalent assez l'Asie. Leurs feuillages aussi ont toutes les formes et toutes les teintes, depuis la noire verdure du cyprès jusqu'au vert gris de l'olivier, jusqu'au jaune du citronnier et de l'oranger ; depuis les larges feuilles du mûrier de la Chine, dont chacune suffirait pour cacher le soleil au front d'un enfant, jusqu'aux légères découpures de l'arbre à thé, du grenadier et d'autres innombrables arbustes dont les feuilles ressemblent aux feuilles du persil, et jettent comme de légères draperies de dentelles végétales entre l'horizon et vous. Le long de ces lisières de bois règne une lisière de verdure qui se couvre de fleurs à leur ombre. L'intérieur des plateaux est semé d'orge, et, à un angle quelconque, deux ou trois têtes de palmiers, ou le dôme sombre et arrondi du caroubier colossal, indiquent la place où un cultivateur arabe a bâti sa cabane, entourée de quelques plants de vignes, d'un fossé défendu par des palissades vertes de figuiers d'Inde, couverts de leurs fruits épineux, et d'un petit jardin d'orangers semé d'œillets et de giroflées pour l'ornement des cheveux de ses filles. Quand par hasard le sentier nous conduisait à la porte de ces maisons enfoncées, comme des nids humains, dans ces vagues de verdure, nous ne voyions sur la physionomie de ses heureux et bons habitans, ni surprise, ni humeur, ni colère. Ils nous saluaient, en souriant à la beauté de Julia, du salut pieux des Orientaux : *Saba el Kaïr*, que le jour soit béni pour vous. Quelques-uns nous priaient de nous arrêter sous leur palmier ; ils apportaient, selon leur richesse, ou une natte ou un tapis, et nous offraient des fruits, du lait, ou des fleurs de leur jardin. Nous acceptions quelquefois, et nous leur promettions de revenir leur apporter à notre tour quelque chose d'Europe. Mais leur politesse et leur hospitalité n'étaient nullement intéressées. Ils aiment les Francs, qui savent guérir de toutes les maladies, qui connaissent les vertus de toutes les plantes, et qui adorent le même Dieu qu'eux.

D'un de ces plateaux nous montions à un autre ; mêmes scènes, mêmes enceintes d'arbres, même mosaïque de végétation sur le terrain qu'elles entourent ; seulement, de plateaux en plateaux, le magnifique horizon s'élargissait ; les plateaux inférieurs s'étendaient comme un damier de toutes couleurs où les haies d'arbustes, rapprochées et groupées par l'optique, formaient des bois et des taches sombres sous nos pieds. Nous suivîmes ces plateaux de collines en collines, redescendant de temps en temps dans les vallons qui les séparent : vallons mille fois plus ombragés, plus délicieux encore que les collines ; tous voilés par les rideaux d'arbres des terrasses qui les dominent, tous ensevelis dans ces vagues de végétation odorante, mais ayant tous cependant à leur embouchure une étroite échappée de vue sur la plaine et sur la mer. Comme la plaine disparaît à cause de l'élévation de ces vallées, elles semblent déboucher immédiatement sur la plage ; leurs arbres se détachent en noir sur le bleu des vagues, et nous nous amusions quelquefois, assis au pied d'un palmier, à voir les voiles des vaisseaux, qui étaient en réalité à quatre ou cinq lieues de nous, glisser lentement d'un arbre à l'autre comme s'ils eussent navigué sur un lac, dont ces vallons étaient immédiatement le rivage.

Nous arrivâmes enfin, par le seul hasard de nos pas, au plus complet et au plus enchanté de ces paysages. J'y reviendrai souvent.

C'est une vallée supérieure, ouverte de l'orient à l'occident, et encaissée dans les plis de la dernière chaîne de collines qui s'avance sur la grande vallée où coule le Narh-Bayruth. Rien ne peut décrire la prodigieuse végétation qui tapisse son lit et ses flancs ; bien que des deux côtés ses parois soient de rocher, elles sont tellement revêtues de lichens de toute espèce, si suintantes de l'humidité qui s'y distille goutte à goutte, si revêtues de grappes de bruyères, de fougères, d'herbes odoriférantes, de lianes, de lierres et d'arbustes enracinés dans leurs fentes imperceptibles, qu'il est impossible de se douter que ce soit la roche vive qui végète ainsi. C'est un tapis touffu d'un ou deux pieds d'épaisseur ; un velours de végétation serré, nuancé de teintes et de couleurs, semé partout de bouquets de fleurs inconnues, aux mille formes, aux mille odeurs, qui tantôt dorment immobiles comme les fleurs peintes sur une étoffe tendue dans nos salons ; tantôt, quand la brise de la mer vient à glisser sur elles, se relèvent avec les herbes et les rameaux, d'où elles s'échappent comme la soie d'un animal qu'on caresse à rebrousse-poil, se nuancent de teintes ondoyantes, et ressemblent à un fleuve de verdure et de fleurs qui ruissellerait à vagues parfumées. Ils s'en échappe alors des bouffées d'odeurs enivrantes, des multitudes d'insectes aux ailes colorées, des oiseaux innombrables qui vont se percher sur les arbres voisins ; l'air est rempli de leurs voix qui se répondent, du bourdonnement des essaims de guêpes et d'abeilles, et de ce sourd murmure de la terre au printemps, que l'on prend, avec raison peut-être, pour le bruit sensible des mille végétations de sa surface. Les gouttes de rosée de la nuit tombent de chaque feuille, brillent sur chaque brin d'herbe et rafraîchissent le lit de cette petite vallée à mesure que le soleil s'élève et commence à faire glisser ses rayons au-dessus des hautes cimes d'arbres et des rochers qui l'enveloppent.

Nous déjeunâmes là, sur une pierre, au bord d'une caverne où deux gazelles s'étaient réfugiées au bruit de nos pas. Nous nous gardâmes bien de troubler l'asile de ces charmans animaux, qui sont à ces déserts ce que l'agneau est à nos prés, ce que les colombes apprivoisées sont aux toits ou aux cours de nos cabanes.

Toute la vallée était tendue des mêmes rideaux mobiles de feuillage, de mousse, de végétation; nous ne pouvions retenir une exclamation à chaque pas; je ne me souviens pas d'avoir jamais vu tant de vie dans la nature, accumulée et débordant dans un si petit espace. Nous suivîmes cette vallée dans toute sa longueur, nous asseyant de temps en temps là où l'ombre était la plus fraîche, et donnant çà et là un coup dans l'herbe avec la main pour en faire jaillir les gouttes de rosée, les bouffées d'odeurs et les nuages d'insectes qui s'élevaient de son sein comme de la poussière d'or. Que Dieu est grand! que la source d'où toutes ces vies et ces beautés et ces bontés découlent, doit être profonde et infinie! s'il y a tant à voir, à admirer, à s'étonner, à se confondre dans un seul petit coin de la nature, que sera-ce quand le rideau des mondes sera levé pour nous et que nous contemplerons l'ensemble de l'œuvre sans fin ! Il est impossible de voir et de réfléchir sans être inondé de l'évidence intérieure où se réfléchit l'idée de Dieu. Toute la nature est semée de fragmens étincelans de ce miroir où Dieu se peint !

En arrivant vers l'embouchure occidentale de la vallée, le ciel s'élargit ; ses parois s'abaissent, sa pente incline légèrement sous les pas ; les cimes brillantes de neige du Liban se dressent dans le ciel ondoyant de vapeurs brûlantes : on descend avec le regard, de ces neiges éternelles à ces noires taches de pins, de cyprès ou de cèdres, puis à ces ravines profondes où l'ombre repose comme dans son nid ; puis, enfin, à ces pics de rochers couleur d'or, au pied desquels s'étendent les hauts Maronites, et les villages des Druzes ; tout finit par une bordure de forêts d'oliviers qui meurent sur les bords de la plaine. La plaine elle-même, qui s'étend entre les collines où nous étions et ces racines du haut Liban, peut avoir une lieue de large. Elle est sinueuse, et nous n'embrassions de l'œil qu'environ deux lieues de sa longueur ; le reste nous était caché par des mamelons couverts de noires forêts de pins. Le Narh-Bayruth, ou fleuve de Bayruth, qui s'échappe, à quelques milles de là, d'une des gorges les plus profondes et les plus rocheuses du Liban, partage la plaine en deux. Il court gracieusement à pleins bords, tantôt resserré dans ses rives bordées de joncs, semblables à des champs de sucre, tantôt extravasé dans les pelouses verdoyantes, ou sous les lentisques, et jetant çà et là comme de petits lacs brillans dans la plaine. Tous ses bords sont couverts de végétation, et nous distinguions des ânes, des chevaux, des chèvres, des buffles noirs et des vaches blanches, répandus en troupeaux le long du fleuve, et des bergers arabes qui passaient le fleuve à gué sur le dos de leurs chameaux. On voyait aussi plus loin, sur les premières falaises de la montagne, des moines maronites, vêtus de leur robe noire à capuchon de matelot, qui conduisaient silencieusement la charrue sous les oliviers de leur champ. On entendait la cloche des couvens qui les rappelait de temps en temps à la prière. Alors ils arrêtaient leurs bœufs, appuyaient la perche contre le manche de la charrue, et se mettant à genoux quelques minutes, ils laissaient souffler leur attelage tandis qu'eux-mêmes aspiraient un moment au ciel. En avançant davantage encore, en commençant à descendre vers le fleuve, nous découvrîmes tout à coup la mer que les parois de la vallée nous cachaient jusque-là, et l'embouchure plus large du Narh-Bayruth qui s'y perdait. Non loin de cette embouchure, un pont romain presqu'en ruines, à arches très-élevées et sans parapets, traverse le fleuve; une longue caravane de Damas, allant à Alep, y passait dans ce moment même; on les voyait un à un, ceux-ci sur un dromadaire, ceux-là sur un cheval, sortir des roseaux qui ombragent les culées du pont, gravir lentement le sommet des arches, se dessiner là un moment sur le bleu de la mer avec leur monture et leur costume

éclatant et bizarre, puis redescendre de cette cime de
ruines et disparaître avec leur longue file d'ânes et
de chameaux sous les touffes de roseaux, de lauriers-
roses et de platanes, qui ombragent l'autre rive du
fleuve. Un peu plus loin on les voyait reparaître sur
la grève de sable où les hautes vagues venaient rouler
leur frange d'écume jusque sous les pieds des montures. D'immenses rochers à pic d'un cap avancé les
cachaient enfin, et, se prolongeant dans la mer, bornaient l'horizon de ce côté. A l'embouchure du fleuve,
la mer était de deux couleurs, bleue et verte au large,
et étincelante de diamans mobiles; jaune et terne à
l'endroit où les eaux du fleuve luttaient avec ses
vagues et les teignaient de leur sable d'or qu'elles
entraînent sans cesse dans cette rade. Dix-sept navires, à l'ancre dans ce golfe, se balançaient pesam-
ment sur les grosses lames qui le sillonnent toujours,
et leurs mâts s'élevaient et s'abaissaient comme de
longs roseaux au souffle du vent. Les uns avaient
leurs mâts nus comme des arbres d'hiver; les autres,
étendant leurs voiles pour les faire sécher au soleil,
ressemblaient à ces grands oiseaux blancs de ces mers,
qui planent sans qu'on voie trembler leurs ailes. Le
golfe, plus éclatant que le ciel qui le couvre, réfléchissait une partie des neiges du Liban, et les monastères aux murs crénelés, debout sur les pics avancés.
Quelques barques de pêcheurs passaient à pleines
voiles, et venaient s'abriter dans le fleuve. La vallée
sous nos pas, les pentes vers la plaine, le fleuve sous
les arches pyramidales, la mer avec ses anses dans les

rochers, l'immense bloc du Liban avec les innombrables accidens de sa structure ; ces pyramides de neige allant s'enfoncer, comme des cônes d'argent, dans les profondeurs du ciel où l'œil les cherchait comme des étoiles; les bruits insensibles des insectes autour de nous, le chant des mille oiseaux sur les arbres, les mugissemens des buffles ou les plaintes presque humaines du chameau des caravanes; le retentissement sourd et périodique des larges lames brisant sur le sable à l'embouchure du fleuve, l'horizon sans fin de la Méditerranée; l'horizon serpentant et vert du lit du Narh-Bayruth à droite; la muraille crénelée et gigantesque du Liban en face; le dôme rayonnant et serein du ciel échancré seulement par les cimes des monts ou par les têtes aux formes coniques des grands arbres; la tiédeur, le parfum de l'air où tout cela semblait nager, comme une image dans l'eau transparente d'un lac de la Suisse : tous ces aspects, tous ces bruits, toutes ces ombres, toute cette lumière, toutes ces impressions, formaient, de cette scène, le plus sublime et le plus gracieux paysage dont mes yeux se fussent enivrés jamais. Qu'était-ce donc pour Julia ! Elle était tout émue, toute rayonnante, toute tremblante de saisissement et de volupté intérieure ; et moi, j'aimais à graver de tels spectacles dans son imagination d'enfant! Dieu s'y peint mieux que dans les lignes d'un catéchisme : il s'y peint en traits dignes de lui ; la souveraine beauté, l'immense bonté d'une nature accomplie, le révèlent, tel qu'il est, à l'âme de l'enfant; cette beauté physique et matérielle se traduit pour elle en sentiment de beauté morale. On fait voir à l'artiste les statues de la Grèce pour lui inspirer l'instinct du beau. Il faut faire voir à l'âme jeune les grandes et belles scènes de la nature, pour que l'image qu'elle se forme de son auteur soit digne d'elle et de lui !

Nous remontâmes à cheval au pied de la colline, dans la plaine au bord du fleuve; nous traversâmes le pont, nous gravîmes quelques coteaux boisés du Liban, jusqu'au premier monastère qui s'élevait comme un château fort, sur un piédestal de granit. Les moines me connaissaient par les rapports de leurs Arabes, et me reçurent dans le couvent. Je parcourus les cellules, le réfectoire, les chapelles. Les moines, rentrant du travail, étaient occupés dans la vaste cour à dételer les bœufs et les buffles : cette cour avait l'aspect d'une cour de grande ferme; elle était encombrée de charrues, de bétail, de fumiers, de volailles, de tous les instrumens de la vie rustique. Le travail se faisait sans bruit, sans cris, mais sans affectation de silence et comme par des hommes animés d'une décence naturelle, mais non commandés par une règle sévère et inflexible. Les figures de ces hommes étaient douces, sereines, respirant la paix et le contentement : aspect d'une communauté de laboureurs. Quand l'heure du repas eut sonné, ils entrèrent au réfectoire, non pas tous ensemble, mais un à un, ou deux à deux, selon qu'ils avaient terminé plus tôt ou plus tard leur travail du moment. Ce repas consistait, comme tous les jours, en deux ou trois galettes de farine pétrie et séchée plutôt que cuite sur la pierre chaude; de l'eau, et cinq olives confites dans l'huile : on y ajoute quelquefois un peu de fromage ou de lait aigri; voilà toute la nourriture de ces cénobites : ils la prennent debout ou assis sur la terre. Tous les meubles de nos contrées leur sont inconnus. Après avoir assisté à leur dîner et mangé nous-mêmes un morceau de galette et bu un verre d'excellent vin du Liban que le supérieur nous fit apporter, nous visitâmes quelques-unes des cellules : elles sont toutes semblables. Une petite chambre de cinq ou six pieds carrés avec une natte de jonc et un tapis : voilà tous les meubles; quelques images de saints, clouées contre la muraille, une Bible arabe, quelques manuscrits syriaques : voilà toute la décoration. Une longue galerie intérieure, couverte en chaume, sert d'avenue à toutes ces chambres. La vue dont on jouit des fenêtres du monastère, et de presque tous ces monastères, est admirable; les premières pentes du Liban sous le regard, la plaine et le fleuve de Bayruth, les dômes aériens des forêts de pins, tranchant sur l'horizon rouge du désert de sable, puis la mer encadrée partout dans ses caps, ses golfes, ses anses, ses rochers, avec les voiles blanches qui la traversent en tous sens : voilà l'horizon sans cesse sous les yeux de ces moines. Ils nous firent plusieurs présens de fruits secs et d'outres de vin qui furent chargés sur des ânes, et nous les quittâmes pour revenir par un autre chemin à Bayruth. Je parlerai d'eux plus tard.

Nous descendîmes par des degrés escarpés taillés

dans les blocs détachés d'un grès jaune et tendre qui couvre tous les premiers plans du Liban. Le sentier circule à travers ces blocs; dans les interstices du rocher, quelques arbustes et quelques herbes s'enracinent. Il y a des fleurs admirables, pareilles aux tulipes de nos jardins, mais infiniment plus larges. Nous fîmes lever plusieurs gazelles et quelques chacals qui s'abritent dans les creux formés par ces rochers. Une grande quantité de perdrix, de cailles et de bécasses s'envolèrent au bruit des pas de nos chevaux. Arrivés à la plaine, nous retrouvâmes la culture de la vigne, de l'orge, du palmier; nous en traversâmes la moitié à peu près, au milieu de cette riche végétation, et nous nous trouvâmes bientôt au pied d'un large mamelon, couvert d'une forêt de pins d'Italie, avec de larges clairières où nous apercevions de loin des troupeaux de chameaux et de chèvres. Ce mamelon nous cachait le Narh-Bayruth que nous voulions traverser dans sa partie méridionale. Nous nous enfonçâmes sous les voûtes élevées de ces beaux pins parasols, et après avoir marché environ un quart d'heure à leur ombre, nous entendîmes tout à coup de grands cris, le bruit des pas d'une multitude d'hommes, de femmes et d'enfans, qui accouraient de notre côté, les roulemens de tambours, les sons de la musette et du fifre. En un instant nous fûmes cernés par cinq ou six cents Arabes d'un aspect étrange. Les chefs, revêtus de magnifiques costumes, mais sales et en lambeaux, s'avancèrent vers nous, à la tête de leur musique; ils s'inclinèrent et nous firent des complimens, en apparence très-respectueux, mais que nous ne pûmes comprendre. Leurs gestes et leurs clameurs, accompagnés des gestes et des clameurs de la tribu tout entière, nous aidèrent à interpréter leurs paroles. Ils nous priaient et nous forcèrent, pour ainsi dire, de les suivre dans l'intérieur de la forêt, où leur camp était tendu : c'était une des tribus de Kurdes qui viennent, des provinces voisines de la Perse, passer l'hiver, tantôt dans les plaines de la Mésopotamie, aux environs de Damas, tantôt dans celles de la Syrie, emmenant avec eux leurs familles et leurs troupeaux. Ils s'emparent d'un bois, d'une plaine, d'une colline abandonnés, et s'y établissent ainsi pour cinq ou six mois. Beaucoup plus barbares que les Arabes, on redoute en général leurs invasions et leur voisinage ; ce sont les Bohémiens armés de l'Orient.

Entourés de cette foule d'hommes, de femmes et d'enfans, nous marchâmes quelques minutes aux sons de cette musique sauvage, et aux cris de cette multitude qui nous regardait avec une curiosité, moitié rieuse, moitié féroce. Nous nous trouvâmes bientôt au milieu du camp, devant la porte de la tente d'un des scheiks de la tribu. Ils nous firent descendre de cheval, remirent nos chevaux, qu'ils admiraient beaucoup, à la garde de quelques jeunes Kurdes, et nous apportèrent des tapis de Caramanie, sur lesquels nous nous assîmes au pied d'un arbre. Les esclaves du scheik nous présentèrent les pipes et le café : les femmes de la tente apportèrent du lait de chamelle pour Julia. La vue de ce camp de barbares nomades, au milieu d'une sombre forêt de pins, mérite qu'on la décrive.

La forêt, dans cet endroit, était clairsemée et entrecoupée de larges clairières. Au pied de chaque arbre, une famille avait sa tente : ces tentes n'étaient, pour la plupart, qu'un morceau de toile noire, de poil de chèvre, attaché au tronc de l'arbre par une corde, et, de l'autre côté, supportée par deux piquets plantés en terre; la toile souvent n'entourait pas tout l'espace occupé par la famille; mais un lambeau seulement retombait du côté du vent ou du soleil, et abritait l'aire de la tente et le feu du foyer. On n'y voyait aucun meuble, si ce n'est des jarres de terre noirâtres, couchées sur le flanc, dans lesquelles les femmes vont puiser l'eau; quelques outres de peau de chèvre, des sabres et de longs fusils suspendus en faisceaux aux branches des arbres, les nattes, les tapis et quelques vêtemens d'hommes ou de femmes, jetés çà et là sur le sol. Quelques-uns de ces Arabes avaient deux ou trois coffres carrés, de bois peint en rouge, avec des dessins de clous à tête dorée, pour contenir leurs effets. Je ne vis que deux ou trois chevaux dans toute la tribu. Le plus grand nombre des familles n'avait autour de la tente qu'un chameau couché, ruminant avec sa haute tête intelligente, dressée et tendue vers la porte de la tente, quelques belles chèvres, aux longues soies noires et aux oreilles pendantes, des moutons et des buffles : presque tous avaient en outre un ou deux magnifiques chiens lévriers, de grande taille et à poil blanc. Ces chiens, contre la coutume des mahométans, étaient gras et bien soignés : ils semblaient reconnaître des maîtres, d'où je présume que ces tribus s'en servaient pour la chasse. Les scheiks paraissaient jouir d'une autorité absolue, et le moindre signe de leur part rétablissait l'ordre et le silence, que le tumulte de notre arrivée avait troublés. Quelques enfans ayant commis, par curiosité, de légères indiscrétions envers nous, ils les firent saisir à l'instant par les hommes qui nous entouraient, et chasser loin de nous, vers un autre quartier du camp. Les hommes étaient généralement grands, forts, beaux et bien faits; leurs habits n'annonçaient pas la pauvreté, mais la négligence. Plusieurs avaient des vestes de soie, mêlée de fils d'or ou d'argent, et des pelisses de soie bleue, doublées de riches fourrures. Leurs armes étaient également remarquables par les ciselures et les incrustations d'argent dont elles étaient ornées. Les femmes n'étaient ni renfermées, ni voilées; elles étaient même à demi nues, surtout les jeunes filles de dix à quinze ans. Tout leur vêtement consistait en un pantalon à larges plis, qui laissait les jambes et les pieds nus; elles avaient toutes des bracelets d'argent, au-dessus de la cheville du pied. Le haut du corps était couvert d'une chemise d'étoffe de coton ou de soie, serrée par une ceinture et laissant la poitrine et le cou découverts. Leurs cheveux, généralement très-noirs, étaient nattés en longues tresses pendantes jusque sur les talons, et ornés de pièces de monnaie enfilées : elles avaient aussi les reins et la gorge cuirassés d'un réseau de piastres enfilées, et résonnant à chaque pas qu'elles faisaient, comme les écailles d'un serpent. Ces femmes n'étaient ni grandes, ni blanches, ni modestes, ni gracieuses, comme les Arabes syriennes ; elles n'avaient pas non plus l'air féroce et craintif des Bédouines ; elles étaient en général petites, maigres, le teint hâlé par le soleil, mais gaies, vives, enjouées, lestes, dansant et chantant aux sons de leur musique, qui n'avait pas cessé un moment ses airs vifs et animés. Elles ne montraient aucun embarras de nos regards, aucune pudeur de leur presque nudité devant les hommes de la tribu : les hommes eux-mêmes ne paraissaient pas exercer d'autorité sur elles ; ils se contentaient de rire de leur curiosité indiscrète à notre égard, et les repoussaient avec douceur et en plaisantant. Quelques-unes des jeunes filles étaient extrêmement jolies et piquantes ; leurs yeux noirs étaient teints avec le henné sur le bord des paupières, ce qui donne beaucoup plus de vivacité au regard. Leurs jambes et leurs mains étaient également peintes d'une couleur d'acajou : leurs dents blanches comme l'ivoire, dont leurs lèvres tatouées de bleu et leur teint hâlé faisaient ressortir l'éclat, donnaient à leurs physionomies et à leurs rires un caractère sauvage, mais non pas féroce ; elles ressemblaient à de jeunes Provençales ou à des Napolitaines, avec le front plus haut, les allures plus libres, le sourire plus franc et les manières plus naturelles. Leur figure se grave profondément dans la mémoire, parce qu'on ne voit pas deux fois des figures de ce caractère.

Il y avait autour de nous un cercle de cent ou deux cents personnes de la tribu ; quand nous eûmes bien contemplé leur camp, leurs figures et leurs ouvrages, nous fîmes signe que nous désirions remonter à cheval. Aussitôt nos chevaux nous furent ramenés ; comme ils étaient effrayés par l'aspect étrange, les cris de cette foule et les sons des tambourins, le scheik fit prendre Julia par deux de ses femmes qui la portèrent jusqu'au bout de la forêt : la tribu entière nous accompagna jusque-là. Nous remontâmes à cheval, ils nous offrirent une chèvre et un jeune chameau en présent ; nous n'acceptâmes pas et nous leur donnâmes nous-mêmes une poignée de piastres turques que les jeunes filles se partagèrent pour ajouter à celles des colliers, et deux gazzis d'or aux femmes du scheik. A peu de distance de la forêt, nous retrouvâmes le fleuve ; nous le traversâmes à gué ; sous les lauriers-roses qui le bordent, nous rencontrâmes encore une centaine de jeunes filles de la tribu des Kurdes qui revenaient de Bayruth où elles étaient allées acheter des jarres de terre et quelques pièces d'étoffe pour une fiancée de leur tribu : elles s'étaient arrêtées là, et dansaient à l'ombre, tenant chacune à la main un des objets du ménage ou de la parure de leur compagne ; elles nous suivirent longtemps en poussant des cris sauvages et en s'attachant à la robe de Julia et à la crinière de nos chevaux pour obtenir quelques pièces de monnaie; nous leur en jetâmes; elles s'enfuirent et se précipitèrent toutes dans le fleuve pour regagner le camp.

Après avoir traversé le Narh-Bayruth et l'autre moitié de la plaine cultivée et ombragée de jeunes palmiers et de pins, nous entrâmes dans les collines de sable rouge qui s'étendent à l'orient de Bayruth entre la mer et la vallée du fleuve : c'est un morceau du désert d'Égypte, jeté au pied du Liban et entouré de magnifiques oasis; le sable en est rouge comme de l'ocre, et fin comme une poussière impalpable; les Arabes disent que ce désert de sable rouge n'est pas apporté là par les vents ni accumulé par les vagues, mais vomi par un torrent souterrain qui communique avec les déserts de Gaza et de El-Arish; ils prétendent qu'il existe des sources de sable comme des sources d'eau; ils montrent, pour confirmer leur opinion, la couleur et la forme du sable de la mer, qui ne ressemble en rien en effet à celui de ce désert. La couleur est aussi tranchée que celle d'une carrière de granit et d'une carrière de marbre. Quoi qu'il en soit, ce sable vomi par des fleuves souterrains, ou semé là par les grands vents d'hiver, s'y déroule en nappes de cinq à six lieues de tour, et élève des montagnes ou creuse des vallées qui changent de forme à chaque tempête; à peine a-t-on marché quelque temps dans ces labyrinthes ondoyans qu'il est impossible de savoir où l'on se trouve; les collines de sable vous cachent l'horizon de toutes parts ; aucun sentier ne subsiste sur la surface de ces vagues; le cheval et le chameau y passent sans y laisser plus de traces qu'une barque n'en laisse sur l'eau ; la moindre brise efface tout ; quelques-unes de ces dunes étaient si rapides que nos chevaux pouvaient à peine les gravir, et nous n'avancions qu'avec précaution, de peur d'être engloutis par les fondrières fréquentes dans ces mers de sable; on n'y découvre aucune trace de végétation, si ce n'est quelques gros oignons de plantes bulbeuses qui roulent de temps en temps sous les pieds des chevaux ; l'impression de ces solitudes mobiles est triste et morne : c'est une tempête sans bruit, mais avec toutes ses images de mort. Quand le simoun, vent du désert, se lève, ces collines ondoient comme les lames d'une mer, et, se repliant en silence sur leurs profondes vallées, engloutissent le chameau des caravanes; elles s'avancent tous les ans de quelques pas sur les parties de terre cultivées qui les environnent, et vous voyez sur leurs bords des têtes de palmiers ou de figuiers qui se dressent desséchés sur leur surface comme des mâts de navire engloutis sous les vagues : nous n'entendions aucun bruit que la chute lointaine et lourde des lames de la mer qui brisaient à une lieue de nous contre les écueils ; le soleil couchant teignait la crête de ces montagnes de poussière rouge, d'une couleur semblable au fer ardent qui sort des fournaises; ou, glissant dans ces vallées, il les inondait de feux, comme les avenues d'un édifice incendié; de temps en temps, en nous retrouvant au sommet d'une colline, nous découvrions les cimes blanches du Liban, ou la mer avec sa lisière d'écume bordant les longues côtes sinueuses du golfe de Saïde; puis nous replongions tout à coup dans les ravines de sable et nous ne voyions plus que le ciel sur nos têtes. Je suivais Julia, qui se retournait souvent vers moi avec son beau visage tout coloré d'émotions et de fatigue, et je lisais dans ses yeux, dont le regard semblait m'interroger, ses impressions mêlées de terreur, d'enthousiasme et de plaisir. Le bruit de la mer augmentait et nous annonçait le rivage; nous le découvrîmes tout à coup, élevé, escarpé à pic sous les pieds de nos chevaux : il dominait la Méditerranée de deux cents pieds au moins; le sol, solide et sonore sous nos pas, quoique recouvert encore d'une légère couche de sable blanc, nous indiquait le rocher succédant aux vagues de sable : c'était le rocher en effet qui borde toutes les côtes de Syrie; nous étions arrivés par hasard à un des points de cette côte où la lutte de la pierre et des eaux présente à l'œil le plus étrange spectacle; le choc répété des flots ou des tremblemens de terre ont détaché en cet endroit, du bloc continu de la côte, d'immenses collines de roches vives qui, roulées dans la mer et y ayant pris leur aplomb, ont été usées, polies, léchées, par les vagues depuis des siècles, et ont affecté les formes les plus bizarres; il y avait devant nous, à une distance d'environ cent pieds, un de ces rochers debout, sortant de la mer et dressant sa crête au-dessus du niveau du rivage; les vagues, en le frapant sans cesse, avaient fini par le fendre dans son milieu et par y former une arche gigantesque, semblable à l'ouverture d'un monument triomphal. Les parois intérieures de cette arche étaient polies et luisantes comme le marbre de Carrare; les vagues, en se retirant, laissaient voir ces parois à sec, toutes ruisselantes de l'écume qui retombait avec les flots; puis au retour de la lame elles s'engloutissaient, avec un bruit de tonnerre, dans l'arche qu'elles remplissaient jusqu'à la voûte, et, pressées par le choc, elles en jaillissaient en un torrent d'écume nouvelle qui se dressait comme des langues furieuses jusqu'au sommet du rocher, d'où elles retombaient en chevelures et en poussière d'eau. Nos chevaux frissonnaient d'horreur à chacun de ces retours de la vague, et nous ne pouvions arracher nos yeux de ce combat des deux élémens. Pendant une demi-heure de marche, la côte est inondée de ces jeux magnifiques de la nature : il y a des tours crénelées toutes couvertes de nids d'hirondelles de mer, des ponts naturels joignant le rivage et les écueils, et sous lesquels vous entendez, en passant, mugir les lames souterraines; il y a, dans certains endroits, des rochers percés par le refoulement des vagues, qui laissent jaillir l'écume de la mer sous nos pieds comme des tuyaux de jets d'eau; — l'eau s'élève à quelques pieds de terre en immense colonne, puis rentre en murmurant dans ses abîmes, lorsque le flot s'est retiré. La mer était forte en ce moment; elle arrivait en larges et hautes collines bleues, se dressait en crêtes transparentes en approchant des rochers, et y croulait avec un tel fracas que la rive en tremblait au loin, et que nous croyions voir vaciller l'arche marine que nous contemplions devant nous. Après les solitudes silencieuses et terribles que nous venions de traverser, l'aspect sans bornes d'une mer immense et vide de bâtimens, à l'heure du soir où les premières ombres commencent à brunir ses abîmes; ces cassures gigantesques de la côte, et ce bruit tumultueux des vagues qui roulaient des rochers énormes, comme les pattes de l'oiseau font rouler des grains de sable; ces coups de la brise sur nos fronts, sur la crinière de nos chevaux; ces immenses échos souterrains qui multipliaient les mugissemens sourds de la tempête, tout cela frappait nos âmes d'impressions si diverses, si solennelles, si fortes, que nous ne pouvions plus parler, et que des larmes d'émotion brillaient dans les yeux de Julia!

Nous rentrâmes en silence dans le désert de Sable-Rouge; nous le traversâmes dans sa partie la plus étroite, en nous rapprochant des collines de Bayruth, et nous nous retrouvâmes, au soleil couché, sous la grande forêt de pins de l'émir Fakar-el-Din. Là, Julia, retrouvant la voix, se tourna vers moi et me dit avec ivresse : — N'est-ce pas que j'ai fait la plus belle promenade qu'il soit possible de faire au monde? Oh! que Dieu est grand! et qu'il est bon pour moi, ajouta-t-elle, de m'avoir choisie pour me faire contempler si jeune de si belles choses!

Il était nuit quand nous descendîmes de cheval à la porte de la maison; nous projetâmes d'autres courses pour les jours qui nous restaient avant le voyage à Damas.

PEUPLADES DU LIBAN.

LES MARONITES.

Les Maronites, dont je viens de parler, ont des ténèbres autour de leur berceau. L'histoire, si incomplète et si fabuleuse en tout ce qui concerne les premiers siècles de notre ère, laisse planer le doute sur les différentes causes qu'on assigne à leurs institutions. Ils n'ont que peu de livres, sans critique et sans contrôle; cependant, comme il faut toujours s'en rapporter à ce qu'un peuple sait de lui-même plutôt qu'aux vaines spéculations du voyageur, voici ce qui résulte de leurs propres histoires. Un saint solitaire, nommé Marron, vivait environ vers l'année 400. Théodoric et saint Chrysostome en font mention. Marron habitait le désert, et ses disciples s'étant répandus dans les différentes régions de la Syrie, y bâtirent plusieurs monastères; le principal était aux environs d'Apamée, sur les bords fertiles de l'Oronte. Tous les chrétiens syriaques qui n'étaient pas alors infectés de l'hérésie des monothélites se réfugièrent autour de ces monastères, et de cette circonstance reçurent le nom de Maronites. Volney, qui a vécu quelques mois parmi eux, a recueilli les meilleurs renseignemens sur leur origine; ils se rapprochent de ceux-ci, que j'ai recueillis moi-même des traditions locales. Quoi qu'il en soit, les Maronites forment aujourd'hui un peuple gouverné par la plus pure théocratie qui ait résisté au temps : théocratie qui, menacée sans cesse par la tyrannie des musulmans, a été obligée de rester modérée et protectrice, et a laissé germer des principes de liberté civile prêts à se développer chez ce peuple. La nation des Maronites qui, selon Volney, était en 1784 de cent vingt mille âmes, en compte aujourd'hui plus de deux cent mille et s'accroît tous les jours. Son territoire est de cent cinquante lieues carrées; mais ce territoire n'a que des limites arbitraires; il s'étend sur les flancs du Liban, dans les vallées ou dans les plaines qui l'entourent, à mesure que les essaims de la population vont fonder de nouveaux villages. La ville de Zarklé, à l'embouchure de la vallée de Bkâ, vis-à-vis Balbek, qui comptait à peine mille à douze cents âmes, il y a vingt ans, en compte maintenant dix à douze mille, et tend à s'augmenter tous les jours.

Les Maronites sont soumis à l'émir Beschir et forment, avec les Druzes et les Métualis, une espèce de confédération despotique sous le gouvernement de cet émir. Bien que les membres de ces trois nations diffèrent d'origine, de religion et de mœurs, qu'ils ne se confondent presque jamais dans les mêmes villages, l'intérêt de la défense d'une liberté commune et la main forte et politique de l'émir Beschir les retiennent en un seul faisceau. Ils couvrent de leurs nombreuses habitations l'espace compris entre Latakié et Saint-Jean-d'Acre d'un côté, Damas et Bayruth de l'autre. Je dirai un mot à part des Druzes et des Métualis.

Les Maronites occupent les vallées les plus centrales et les chaînes les plus élevées du groupe principal du mont Liban, depuis les environs de Bayruth jusqu'à Tripoli de Syrie. Les pentes de ces montagnes, qui versent vers la mer, sont fertiles, arrosées de fleuves nombreux et de cascades intarissables; ils y récoltent la soie, l'huile, l'orge et le blé; les hauteurs sont presque inaccessibles, et le rocher nu perce partout les flancs de ces montagnes; mais l'infatigable activité de ce peuple qui n'avait d'asile sûr pour sa religion que derrière ces pics et ces précipices, a rendu le rocher même fertile; il a élevé d'étage en étage, jusqu'aux dernières crêtes, jusqu'aux neiges éternelles, des murs de terrasses formées avec des blocs de roche roulante; sur ces terrasses il a porté le peu de terre végétale que les eaux entraînaient dans les ravines, il a pilé la pierre même pour rendre sa poussière féconde en la mêlant à ce peu de terre, et il a fait du Liban tout entier un jardin couvert de mûriers, de figuiers, d'oliviers et de céréales; le voyageur ne peut revenir de son étonnement quand, après avoir gravi pendant des journées entières sur les parois à pic des montagnes, qui ne sont qu'un bloc de rocher, il trouve tout à coup, dans les enfoncemens d'une gorge élevée ou sur le plateau d'une pyramide de montagnes, un beau village bâti de pierres blanches, peuplé d'une nombreuse et riche population, avec un château moresque au milieu, un monastère dans le lointain, un torrent qui roule son écume au pied du village, et tout autour un horizon de végétation et de verdure où les pins, les châtaigniers, les mûriers, ombragent la vigne ou les champs de maïs et de blé. Ces villages sont suspendus quelquefois les uns sur les autres, presque perpendiculairement ; on peut jeter une pierre d'un village dans l'autre ; on peut s'entendre avec la voix, et la déclivité de la montagne exige cependant tant de sinuosités et de détours pour y tracer le sentier de communication, qu'il faut une heure ou deux pour passer d'un hameau à l'autre.

Dans chacun de ces villages vous trouvez un scheik, espèce de seigneur féodal qui a l'administration et la justice du pays. Mais cette administration et cette justice, rendues sommairement et dans de simples attributions de police par les scheiks, ne sont ni absolues ni sans appel. La haute administration appartient à l'émir et à son divan. La justice relève en partie de l'émir, en parties des évêques. Il y a conflit de juridiction entre l'émir et l'autorité ecclésiastique. Le patriarche des Maronites conserve seul la décision de tous les cas où la loi civile est en conflit avec la loi religieuse, comme les mariages, dispenses, séparations. Le prince a les plus grands ménagemens à garder envers le patriarche et les évêques, car l'autorité du clergé sur les esprits est

immense et incontestée. Ce clergé se compose du
patriarche élu par les évêques, confirmé par le pape,
et d'un légat du pape envoyé de Rome, et résidant au
monastère d'Antoura ou de Kanoubin, des évêques,
des supérieurs des monastères et des curés. Bien que
l'église romaine ait sévèrement maintenu la loi du
célibat des prêtres en Europe, et que plusieurs de
ses écrivains affectent de voir une loi de dogme dans
ce règlement de sa discipline; elle a été obligée de
céder sur ce point en Orient; et, quoique fervens et
dévoués catholiques, les prêtres sont mariés chez
les Maronites. Cette faculté du mariage ne s'étend ni
aux moines qui vivent en communauté, ni aux
évêques. Le clergé séculier et les curés usent seuls
de ce privilége. La réclusion dans laquelle vivent les
femmes arabes, la simplicité des mœurs patriarcales
de ce peuple, et l'habitude, ôtent tout inconvénient
à cet usage du clergé maronite. Et bien loin qu'il ait
nui, comme on affecte de nous le dire, à la pureté
des mœurs sacerdotales, au respect des populations
pour le ministre du culte, ou au précepte de la con-
fession, on peut dire avec vérité que, dans aucune
contrée de l'Europe, le clergé n'est aussi pur, aussi
exclusivement renfermé dans ses pieux ministères,
aussi vénérable et aussi puissant sur le peuple qu'il
l'est ici. Si l'on veut avoir sous les yeux ce que l'imagination se figure du temps du christianisme naissant et pur, si l'on veut voir la simplicité et la ferveur
de la foi primitive, la pureté des mœurs, le désinté-
ressement des ministres de la charité, l'influence sa-

cerdotale sans abus, l'autorité sans domination, la pauvreté sans mendicité, la dignité sans orgueil, la prière, les veilles, la sobriété, la chasteté, le travail des mains, il faut venir chez les Maronites. Le philosophe le plus rigide ne trouvera pas une réforme à faire dans l'existence publique et privée de ces prêtres qui sont restés les modèles, les conseillers et les serviteurs du peuple.

Il existe environ deux cents monastères maronites, de différens ordres, sur la surface du Liban. Ces monastères sont peuplés de vingt à vingt-cinq mille moines. Mais ces moines ne sont ni riches ni mendians, ni oppresseurs, ni sangsues du peuple. Ce sont des réunions d'hommes simples et laborieux qui, voulant se consacrer à une vie de prière et de liberté d'esprit, renoncent aux soucis d'une famille à élever, et se consacrent à Dieu et à la terre dans une de ces retraites. Leur vie, comme je l'ai raconté tout à l'heure, est la vie d'un paysan laborieux. Ils soignent le bétail ou les vers à soie, ils fendent le rocher, ils bâtissent de leurs mains les murs de terrassement de leurs champs, ils bêchent, ils labourent, ils moissonnent. Les monastères possèdent peu de terrain et ne reçoivent de moines qu'autant qu'ils en peuvent nourrir. J'ai habité longtemps parmi ce peuple, j'ai fréquenté plusieurs de ces monastères, et je n'ai jamais entendu parler d'un scandale quelconque donné par ces moines. Il n'y a pas un murmure contre eux ; chaque monastère n'est qu'une pauvre ferme dont les serviteurs sont volontaires, et ne reçoivent pour tout salaire que le toit, une nourriture d'anachorète et les prières de leur église. Le travail utile est tellement la loi de l'homme, il est tellement la condition du bonheur et de la vertu ici-bas, que je n'ai pas vu un seul de ces solitaires qui ne portât sur ses traits l'empreinte de la paix de l'âme, du contentement et de la santé. Les évêques ont une autorité absolue sur les monastères qui se trouvent dans leurs juridictions. Ces juridictions sont très-restreintes. Chaque grand village a son évêque.

Le peuple maronite, soit qu'il descende des Arabes ou des Syriens, participe de toutes les vertus de son clergé, et forme un peuple à part dans tout l'Orient; on dirait d'une colonie européenne jetée par le hasard au milieu des tribus du désert; sa physionomie cependant est arabe; les hommes sont grands, beaux, au regard franc et fier, au sourire spirituel et doux; les yeux bleus, le nez aquilin, la barbe blonde, le geste noble, la voix grave et gutturale, les manières polies sans bassesse, le costume splendide et les armes éclatantes; quand vous traversez un village et que vous voyez le scheik assis à la porte de son manoir crénelé, ses beaux chevaux entravés dans sa cour, et les principaux du village vêtus de leurs riches pelisses, avec leurs ceintures de soie rouges remplies de yatagans et de kandgiars aux manches d'argent, coiffés d'un immense turban composé d'étoffes de diverses couleurs, avec un large pan de soie pourpre retombant sur l'épaule, vous croiriez voir un peuple de rois. Ils aiment les Européens comme des frères; ils sont liés à nous par ce lien de la communauté de religion, le plus fort de tous; ils croient que nous les protégeons par nos consuls et nos ambassadeurs contre les Turcs; ils reçoivent dans leurs villages nos voyageurs, nos missionnaires, nos jeunes interprètes, qui vont s'instruire dans la langue arabe, comme on reçoit des parens éloignés dans une famille; le voyageur, le missionnaire, le jeune interprète, deviennent l'hôte chéri de toute la contrée. On le loge dans le monastère ou chez le scheik; on lui fournit abondamment tout ce que le pays produit; on le mène à la chasse du faucon; on l'introduit avec confiance dans la société même des femmes; on lui parle avec respect; on forme avec lui des liens d'amitié qui ne se brisent plus et dont les chefs de la famille conservent le souvenir à leurs enfans. Je ne doute pas que si ce peuple était plus connu, si la magnifique contrée qu'il habite était plus souvent visitée, beaucoup d'Européens n'allassent s'établir parmi les Maronites : beauté de sites, admirable perfection du climat, modicité des prix de toutes choses, analogie de religion, hospitalité de mœurs, sûreté et tranquillité individuelle, tout concourt à faire désirer l'habitation parmi ce peuple; et quant à moi, si l'homme pouvait se déraciner tout à fait; s'il ne devait pas vivre là où la Providence lui a indiqué son berceau et sa tombe, pour servir et aimer ses compatriotes; si l'exil involontaire s'ouvrait jamais pour moi, je ne le trouverais nulle part plus doux que dans un de ces paisibles villages de Maronites, au pied ou sur les flancs du

Liban, au sein d'une population simple, religieuse, bienveillante, avec la vue de la mer et des hautes neiges, sous le palmier et sous l'oranger d'un des jardins de ces monastères. La plus admirable police, résultat de la religion et des mœurs bien plus que d'aucune législation, règne dans toute l'étendue du pays habité par les Maronites ; vous y voyagez seul et sans guide, le jour ou la nuit, sans craindre ni vol ni violence ; les crimes y sont presque inconnus ; l'étranger est sacré pour l'Arabe mahométan, mais plus sacré encore pour l'Arabe chrétien ; sa porte lui est ouverte à toute heure ; il tue son chevreau pour lui faire honneur ; il abandonne sa natte de joncs pour lui faire place.

Il y a dans tous les villages une église ou une chapelle dans laquelle les cérémonies du culte catholique sont célébrées dans la forme et dans la langue syriaque. A l'évangile le prêtre se retourne vers les assistans et leur lit l'évangile du jour en arabe. Les religions, qui durent plus que les races humaines, conservent leur langue sacrée quand les peuples ont perdu les leurs.

Les Maronites sont braves et naturellement guerriers comme tous les montagnards ; ils se lèvent, au nombre de trente à quarante mille hommes, à la voix de l'émir Beschir, soit pour défendre les routes inaccessibles de leurs montagnes, soit pour fondre dans la plaine, et faire trembler Damas ou les villes de Syrie. Les Turcs n'osent jamais pénétrer dans le Liban, quand ces peuples sont en paix entre eux ; les

pachas d'Acre et de Damas n'y sont jamais venus que
lorsque des discussions intestines les appelaient au
secours de l'un ou de l'autre parti. Je ne sais si je
me trompe, mais je crois que de grandes destinées
peuvent être réservées à ce peuple maronite, peuple
vierge et primitif par ses mœurs, sa religion et son
courage; peuple qui a les vertus traditionnelles des
patriarches, la propriété, un peu de liberté, beaucoup de patriotisme, et qui, par la similitude de religion et les relations de commerce et de culte, s'im-
prègne de jour en jour davantage de la civilisation
occidentale. Pendant que tout périt autour de lui
d'impuissance ou de vieillesse, lui seul semble rajeunir et prendre de nouvelles forces; à mesure que la
Syrie se dépeuplera, il descendra de ses montagnes,
fondera des villes de commerce aux bords de la mer,
cultivera les plaines fertiles qui ne sont plus aujour-
d'hui qu'aux chacals et aux gazelles, et établira une
domination nouvelle dans ces contrées où les vieilles
dominations expirent : si dès aujourd'hui un homme
de tête s'élevait parmi eux, soit des rangs du clergé
tout-puissant, soit du sein d'une de ces familles d'émirs
ou de scheiks qu'ils vénèrent; s'il comprenait l'avenir, et faisait alliance avec une des puissances de
l'Europe, il renouvellerait facilement les merveilles de
Méhémet-Ali, pacha d'Égypte, et laisserait après lui
le véritable germe d'un empire d'Arabie. L'Europe
est intéressée à ce que ce vœu se réalise : c'est une
colonie toute faite qu'elle aurait sur ces beaux rivages;
et la Syrie, en se repeuplant d'une nation chrétienne,

industrieuse, enrichirait la Méditerranée d'un commerce qui languit, ouvrirait la route des Indes, refoulerait les tribus nomades et barbares du désert, et raviverait l'Orient : il y a plus d'avenir là qu'en Egypte. L'Égypte n'a qu'un homme, le Liban a un peuple.

LES DRUZES.

Les Druzes, qui, avec les Métualis et les Maronites, forment la principale population du Liban, ont passé longtemps pour une colonie européenne laissée en Orient par les croisés. Rien de plus absurde. Ce qui se conserve le plus longtemps parmi les peuples, c'est la religion et la langue : les Druzes sont idolâtres et parlent arabe; ils ne descendent donc pas d'un peuple franc et chrétien; ce qu'il y a de plus probable, c'est qu'ils sont, comme les Maronites, une tribu arabe du désert, qui, ayant refusé d'adopter la religion du prophète et persécutée par les nouveaux croyans, se sera réfugiée dans les solitudes inaccessibles du haut Liban pour y défendre ses dieux et sa liberté. Ils ont prospéré; ils ont eu souvent la prédominance sur les peuplades qui habitent avec eux la Syrie, et l'histoire de leur principal chef, l'émir Fakar-el-Din, dont nous avons fait Facardin, les a rendus célèbres, même en Europe. C'est au commencement du dix-septième siècle que ce prince apparaît dans l'histoire. Nommé gouverneur des Druzes, il gagne la confiance de la Porte. Il repousse les tribus féroces de Balbek, délivre Tyr et Saint-Jean-d'Acre des incursions des Arabes bédouins, chasse l'aga de Bayruth, et établit sa capitale dans cette ville. En vain les pachas d'Alep et de Damas le menacent ou le dénoncent au divan; il corrompt ses juges et triomphe, par la ruse ou la force, de tous ses ennemis. Cependant la Porte, tant de fois avertie des progrès des Druzes, prend la résolution de les combattre, et prépare une expédition formidable. L'émir Fakar-el-Din veut temporiser. Il avait formé des alliances et conclu des traités de commerce avec des princes d'Italie : il va lui-même solliciter les secours que ces princes lui ont promis. Il laisse le gouvernement à son fils Ali, s'embarque à Bayruth, et se réfugie à la cour des Médicis, à Florence. L'arrivée d'un prince mahométan en Europe éveille l'attention. On répand le bruit que Fakar-el-Din est un descendant des princes de la maison de Lorraine; que les Druzes tirent leur origine des compagnons d'un comte de Dreux, restés dans le Liban après les croisades. En vain l'historien Benjamin de Tudèle fait mention des Druzes avant l'époque des croisades : l'habile aventurier propage lui-même cette opinion pour intéresser à son sort les souverains de l'Europe. Après neuf ans de séjour à Florence, l'émir Fakar-el-Din retourne en Syrie. Son fils Ali avait repoussé les Turcs et conservé intactes les provinces conquises par son père. Il lui remet le commandement. L'émir, corrompu par les arts et les délices de Florence, oublie qu'il règne à condition d'inspirer le respect et la terreur à ses ennemis. Il bâtit à Bayruth des palais magnifiques et ornés, comme les palais d'Italie, de statues et de peintures qui blessent les préjugés des Orientaux. Ses sujets s'aigrissent ; le sultan Amurath IV s'irrite, et envoie de nouveau le pacha de Damas avec une puissante armée contre Fakar-el-Din. Pendant que le pacha descend du Liban, une flotte turque bloque le port de Bayruth. Ali, fils aîné de l'émir, et gouverneur de Saphad, est tué en combattant l'armée du pacha de Damas. Fakar-el-Din envoie son second fils implorer la paix à bord du vaisseau amiral. L'amiral retient cet enfant prisonnier, et se refuse à toute négociation. L'émir consterné s'enfuit, et se renferme avec un petit nombre d'amis dévoués dans l'inaccessible rocher de Nilka. Les Turcs, après l'avoir vainement assiégé pendant une année entière, se retirent. Fakarel-Din est libre et reprend le chemin de sa montagne; mais, trahi par quelques-uns des compagnons de sa fortune, il est livré aux Turcs et conduit à Constantinople. Prosterné aux pieds d'Amurath, ce prince lui témoigne d'abord de la générosité et de la bienveillance. Il lui donne un palais et des esclaves; mais peu de temps après, sur des soupçons d'Amurath, le brave et infortuné Fakar-el-Din est étranglé. Les Turcs qui se contentent, dans leur politique, d'écarter du pied l'ennemi qui leur fait ombrage, mais qui respectent du reste les habitudes des peuples et les légitimités traditionnelles des familles, laissèrent régner la postérité de Fakar-el-Din ; il n'y a qu'une centaine d'années que le dernier descendant du célèbre émir a laissé par sa mort le sceptre du Liban passer à une autre famille, la famille Chab, originaire de la Mecke et dont le chef actuel, le vieux émir Beschir, gouverne aujourd'hui ces contrées.

La religion des Druzes est un mystère que nul voyageur n'a jamais pu percer. J'ai connu plusieurs Européens, vivant depuis de nombreuses années au milieu de ce peuple, et qui m'ont confessé leur ignorance à cet égard. Lady Stanhope elle-même, qui fait exception, par sa résidence habituelle au milieu des Arabes de cette tribu et par le dévouement qu'elle inspire à ces hommes dont elle parle la langue et suit les mœurs, m'a dit que pour elle aussi la religion des Druzes était un mystère. La plupart des voyageurs qui ont écrit sur eux, prétendent que ce culte n'est qu'un schisme du mahométisme. J'ai la conviction que ces voyageurs se trompent. Un fait certain, c'est que la religion des Druzes leur permet d'affecter tous les cultes des peuples avec lesquels ils communiquent ; de là est venue l'opinion qu'ils étaient des mahométans schismatiques. Cela n'est point. Ils adorent le veau, c'est le seul fait constaté. Ils ont des institutions comme les peuples de l'antiquité. Ils sont divisés en deux castes, les *akkals* ou *ceux qui savent*, les *djahels* ou *ceux qui ignorent;* et selon qu'un Druze est d'une de ces deux castes, il pratique telle ou telle forme de culte. Moïse, Mahomet, Jésus, sont des noms qu'ils ont en vénération. Ils s'assemblent un jour de la semaine, chacun dans le lieu consacré au degré d'initiation auquel il est parvenu, et accomplissent leurs rites. Des gardes veillent, pendant les cérémonies, à ce qu'aucun profane ne puisse approcher des initiés. La mort punit à l'instant le téméraire. Les femmes sont admises à ces mystères. Les prêtres ou akkals sont mariés. Ils ont une hiérarchie sacerdotale. Le chef des akkals, ou le souverain pontife des Druzes, réside au village de *El-Mutna*. Après la mort d'un Druze, on se réunit autour du tombeau, on reçoit des témoignages sur sa vie ; si ces témoignages sont favorables, l'akkal s'écrie : Que le Tout-Puissant te soit miséricordieux ! Si les témoignages sont mauvais, le prêtre et les assistans gardent le silence. Le peuple en général croit à la transmigration des âmes ; si la vie du Druze a été pure, il revivra dans un homme favorisé de la fortune, brave et aimé de ses compatriotes ; s'il a été vil ou lâche, il reviendra sous la forme d'un chameau ou d'un chien.

Les écoles pour les enfans sont nombreuses ; les akkals les dirigent. On apprend à lire dans le Koran. Quelquefois, quand les Druzes sont peu nombreux dans un village, et que les écoles manquent, ils laissent instruire leurs enfans avec ceux des chrétiens ; lorsqu'ils les initient plus tard à leurs rites mystérieux, ils effacent de leur esprit les traces du christianisme. Les femmes sont admises au sacerdoce comme les hommes ; le divorce est fréquent ; l'adultère se rachète ; l'hospitalité est sacrée, et aucune menace ou aucune promesse ne forcerait jamais un Druze à livrer, même au prince, l'hôte qui se serait confié à son seuil. A l'époque de la bataille de Navarin, les Européens habitant des villes de Syrie, et redoutant la vengeance des Turcs, se retirèrent pendant plusieurs mois parmi les Druzes, et y vécurent en parfaite sûreté. Tous les hommes sont frères, est leur morale proverbiale comme celle de l'évangile, mais ils l'observent mieux que nous. Nos paroles sont évangéliques, et nos lois sont païennes.

Dans mon opinion, les Druzes sont un de ces peuples dont la source s'est perdue dans la nuit des temps, mais qui remontent à l'antiquité la plus reculée; leur race, au physique, a beaucoup de rapport avec la race juive, et l'adoration du veau me porterait à croire qu'ils descendent de ces peuples de l'Arabie Pétrée qui avaient poussé les Juifs à ce genre d'idolâtrie, ou qu'ils sont d'origine samaritaine. Accoutumés maintenant à une sorte de fraternité avec les chrétiens maronites, et détestant le joug des mahométans, nombreux, riches, disciplinables, aimant l'agriculture et le commerce, ils feront aisément corps avec le peuple maronite, et avanceront du même pas dans la civilisation, pourvu qu'on respecte leurs rites religieux.

LES MÉTUALIS.

Les Métualis, qui forment le tiers environ de la population du bas Liban, sont des mahométans de la secte d'Ali, secte dominante en Perse; les Turcs au contraire sont de la secte d'Omar: ce schisme s'opéra dans l'islamisme, la 36ᵉ année de l'hégyre; les partisans d'Ali maudissent Omar comme usurpateur du caliphat; Hussein et Ali sont leurs saints; comme les Persans, ils ne boivent ni ne mangent avec les sectateurs d'une autre religion que la leur, et brisent le verre ou le plat qui a servi à l'étranger; ils se considèrent comme souillés si leurs vêtemens touchent les nôtres; cependant, comme ils sont généralement faibles et méprisés dans la Syrie, ils s'accommodent au temps, et j'en ai eu plusieurs à mon service qui n'observaient pas rigoureusement ces préceptes de leur intolérance. Leur origine est connue; ils étaient maîtres de Balbeck vers le seizième siècle; leur tribu, en grandissant, s'étendit d'abord sur les flancs de l'Anti-Liban, autour du désert de Bkâ; ils le traversèrent plus tard, et se mêlèrent aux Druzes dans cette partie de montagnes qui règne entre Tyr et Saïde; l'émir Yousef, inquiet de leur voisinage, arma les Druzes contre eux, et les repoussa du côté de Saphadt et des montagnes de Galilée; Daher, pacha d'Acre, les accueillit et fit alliance avec eux en 1760; ils étaient déjà assez nombreux pour lui fournir dix mille cavaliers; à cette époque, ils s'emparèrent des ruines de Tyr, village au bord de la mer, appelé maintenant Sour; ils combattirent vaillamment les Druzes et défirent complètement l'armée de l'émir Yousef, forte de vingt-cinq mille hommes; ils n'étaient eux-mêmes que cinq cents, mais la rage et la vengeance en firent autant de héros, et les querelles intestines qui divisaient les Druzes entre l'émir Mansour et l'émir Yousef contribuèrent aux succès des Métualis; ils abandonnèrent Daher, pacha d'Acre, et leur abandon causa sa perte et sa mort; Djezzar-Pacha, son successeur, s'en vengea cruellement sur eux. Depuis l'année 1777, Djezzar-Pacha, maître de Saïde et d'Acre, travailla sans relâche à la destruction de ce peuple; ces persécutions les contraignirent à se réconcilier avec les Druzes; ils rentrèrent dans le parti de l'émir Yousef, et, quoique réduits à sept ou huit cents combattans, ils firent plus dans cette campagne, pour la cause commune, que les vingt mille Druzes et Maronites réunis à Deir-el-Kamar; ils s'emparèrent seuls de la forteresse de Mar-Djebba, et passèrent huit cents Arnautes au fil de l'épée; chassés de Balbeck l'année suivante, après une résistance désespérée, ils se réfugièrent, au nombre de cinq à six cents familles, parmi les Druzes et les Maronites; ils redescendirent plus tard dans cette vallée, et occupent encore aujourd'hui les magnifiques ruines d'Héliopolis; mais la plus grande partie de la nation est restée sur les pentes et dans les vallées du Liban, du côté de Sour; la principauté de Balbeck a été dans ces derniers temps le sujet d'une lutte acharnée entre deux frères de la famille Harfousch, Djadjha et Sultan; ils se sont dépossédés tour à tour de ce monceau de débris, et ont perdu dans cette guerre plus de quatre-vingts personnes de leur propre famille. Depuis 1810, l'émir Djadjha a régné définitivement sur Balbek.

LES ANSARIÉS.

Volney a donné sur la nation des Ansariés, qui occupe la partie occidentale de la chaîne du Liban et les plaines de Latakié, les plus judicieuses informations. Je ne saurais rien y ajouter. Idolâtres comme les Druzes, ils couvrent comme eux leurs rites religieux des ténèbres de l'initiation, mais ils sont plus barbares. Je m'occuperai seulement de cette partie de leur histoire qui remonte à l'année 1807.

A cette époque, une tribu d'Ansariés, ayant feint une querelle avec leur chef, quitta son territoire dans les montagnes, et vint demander asile et protection à l'émir de Maszyad. L'émir, profitant avec empressement d'une occasion si favorable d'affaiblir ses ennemis en les divisant, accueillit les Ansariés ainsi que leur scheik Mahmoud, dans les murs de Maszyad, et poussa l'hospitalité jusqu'à déloger une partie des habitans pour faire place aux fugitifs. Pendant plusieurs mois tout fut tranquille; mais un jour, où le plus grand nombre des Ismaéliens de Maszyad étaient sortis de leur ville pour aller travailler dans les champs, à un signal donné, les Ansariés se jettent sur l'émir et sur son fils, les poignardent, s'emparent du château, massacrent tous les Ismaéliens qui se trouvent dans la ville, et y mettent le feu. Le lendemain un grand nombre d'Ansariés vient rejoindre à Maszyad les exécuteurs de cet abominable complot, dont un peuple tout entier avait gardé le secret pendant quatre ou cinq mois. Environ trois cents Ismaéliens avaient péri. Le reste s'était réfugié à Hama, à Homs ou à Tripoli.

Les pratiques pieuses et les mœurs des Ansariés ont fait penser à Burckhardt qu'ils étaient une tribu dépaysée de l'Indoustan ; ce qu'il y a de certain, c'est qu'ils étaient établis en Syrie longtemps avant la conquête des Ottomans ; quelques-uns d'entre eux sont encore idolâtres. Le culte du chien, qui paraît avoir été en honneur chez les anciens Syriens et avoir donné son nom au fleuve du Chien, *Nahr-el-Kelb*, près de l'ancienne Beryte, s'est, dit-on, conservé parmi quelques familles d'Ansariés. Ce peuple est en décadence, et serait aisément refoulé ou asservi par les Druzes et les Maronites.

18 novembre.

J'arrive d'une excursion au monastère d'Antoura, un des plus beaux et des plus célèbres du Liban. En quittant Bayruth, on marche pendant une heure le long du rivage de la mer, sous une voûte d'arbres de tous les feuillages et de toutes les formes. La plupart sont des arbres fruitiers, figuiers, grenadiers, orangers, aloès, figuiers sycomores, arbre gigantesque dont les fruits innombrables, pareils à de petites figues, ne poussent pas à l'extrémité des rameaux, mais sont attachés au tronc et aux branches comme des mousses. Après avoir traversé le fleuve sur le pont romain dont j'ai décrit l'aspect plus haut, on suit une plage sablonneuse jusqu'au cap Batroûne, formé par un bras du Liban, projeté dans la mer. Ce bras n'est qu'un rocher dans lequel on a taillé, dans l'antiquité, une route en corniche d'où la vue est magnifique. Les flancs du rocher sont couverts, en plusieurs endroits, d'inscriptions grecques, latines et syriaques, et de figures sculptées dans le roc même, dont les symboles et les significations sont perdus. Il est vraisemblable qu'ils se rapportent au culte d'Adonis pratiqué jadis dans ces contrées; il avait, selon les traditions, des temples et des cérémonies funèbres près du lieu où il périt. On croit que c'est au bord du fleuve que nous venions de traverser. En redescendant de cette haute et pittoresque corniche, le pays change tout à coup de caractère. Le regard s'engouffre dans une gorge étroite, profonde, toute remplie par un autre fleuve, Nahr-el-Kelb, le fleuve du Chien. Il coule silencieusement entre deux parois de rochers perpendiculaires, de deux ou trois cents pieds d'élévation. Il remplit toute la vallée dans certains endroits; dans d'autres, il laisse seulement une marge étroite entre ses ondes et le rocher. Cette marge est couverte d'arbres, de cannes à sucre, de roseaux et de lianes, qui forment une voûte verte et épaisse sur les rives et quelquefois sur le lit entier du fleuve. Un kan ruiné est jeté sur le roc, au bord de l'eau, vis-à-vis d'un pont à arche élancée, sur lequel on passe en tremblant. Dans les flancs des rochers qui forment cette vallée, la patience des Arabes a creusé quelques sentiers en gradins de pierre, qui pendent presque à pic sur le fleuve, et qu'il faut cependant gravir et descendre à cheval. Nous nous abandonnâmes à l'instinct et aux pieds de biche de nos chevaux ; mais il était impossible de ne pas fermer les yeux dans certains passages, pour ne pas voir la hauteur des degrés, le poli des pierres, l'inclinaison du sentier, et la profondeur du précipice. C'est là que le dernier légat du pape auprès des Maronites fut précipité par un faux pas de son cheval et périt il y a quelques années. A l'issue de ce sentier on se trouve sur des plateaux élevés, couverts de cultures, de vignes, et de petits villages maronites. On aperçoit sur un mamelon, devant soi, une jolie maison neuve, d'architecture italienne, avec portique, terrasses et balustrades. C'est la demeure que monsignor Lozanna, évêque d'Abydos, et légat actuel du saint-siége en Syrie, s'est fait construire pour passer les hivers. Il habite l'été le monastère de Kanobin, résidence du patriarche, et capitale ecclésiastique des Maronites. Ce couvent, beaucoup plus élevé dans la montagne, est presque inaccessible, et enseveli l'hiver dans les neiges. Monsignor Lozanna, homme de mœurs élégantes, de manières romaines, d'esprit orné, d'érudition profonde, et d'intelligence ferme et rapide, a été heureusement choisi par la cour de Rome pour aller représenter la politique et ménager l'influence catholique auprès du haut clergé maronite. Il serait fait pour les représenter à Vienne ou à Paris : c'est le type d'un de ces prélats romains héritiers des grandes et nobles traditions diplomatiques de ce gouvernement où la force n'est rien, où l'habileté et la dignité personnelles sont tout. Monsignor Lozanna est Piémontais ; il ne restera sans doute pas longtemps dans ces solitudes, Rome l'emploiera plus utilement sur un plus orageux théâtre. Il est un de ces hommes qui justifient la fortune, et dont la fortune est écrite d'avance sur un front actif et intelligent. Il affecte avec raison, parmi ces peuples, un luxe oriental et une solennité de costume et de manières sans lesquels les hommes de l'Asie ne reconnaissent ni la sainteté ni la puissance. Il a pris le costume arabe; sa barbe immense, et soigneusement peignée, descend à flots d'or sur sa robe de pourpre, et sa jument arabe de pur sang, brillante et docile dans sa main, défie la plus belle jument des scheiks du désert. Nous l'aperçûmes bientôt, venant au-devant de nous, suivi d'une escorte nombreuse, et caracolant sur des précipices de rocher où nous n'avancions qu'avec précaution. Après les premières paroles de compliment, il nous conduisit à sa charmante villa, où une collation nous attendait, et nous accompagna bientôt après au monastère d'Antoura, où il résidait provisoirement. Deux jeunes prêtres lazaristes, venus de France après la révolution de juillet, occupent maintenant seuls ce beau et vaste couvent bâti jadis par les jésuites; les jésuites ont essayé plusieurs fois d'établir leur mission et leur influence parmi les Arabes; ils n'ont jamais réussi, et ne paraissent pas destinés à plus de succès de nos jours. La raison en est simple : il n'y a point de politique dans la religion des hommes de l'Orient; complètement séparée de la puissance civile, elle ne donne ni influence ni action dans l'état; l'état est mahométan, le catholicisme est libre, mais il n'a aucun moyen humain de domination; or, c'est surtout par les moyens humains que le système des jésuites a essayé d'agir et agit religieusement : ce pays ne leur convenait pas. La religion y est divisée en communions orthodoxes ou schismatiques, dont les croyances font partie du sang et de l'esprit héréditaire des familles. Il y a repoussement et haine irréconciliables entre les diverses communions chrétiennes, bien plus qu'entre les Turcs et les chrétiens. Les conversions sont impossibles là où le changement de communion serait un opprobre qui flétrirait, et que punirait souvent de mort une tribu, un village, une famille ; quant aux mahométans, il est inouï qu'on en ait jamais converti. Leur religion est un déisme pratique, dont la morale est la même en principe que celle du christianisme, moins le dogme de la divinité de l'homme. Le dogme du mahométisme n'est que la croyance dans l'inspiration divine, manifestée par un homme plus sage et plus favorisé de l'émanation céleste que le reste de ses semblables ; on a mêlé plus tard quelques faits miraculeux à la mission de Mahomet ; mais ces miracles des légendes islamiques ne sont pas le fond de la religion, et ne sont pas admis par les Turcs éclairés. Toutes les religions ont leurs légendes, leurs traditions absurdes, leur côté populaire ; le côté philosophique du mahométisme est pur de ces grossiers mélanges. Il n'est que résignation à la volonté de Dieu, et charité envers les hommes. J'ai vu un grand nombre de Turcs et d'Arabes profondément religieux, qui n'admettaient de leur religion que ce qu'elle a de raisonnable et d'humain. Leur raison n'avait pas d'effort à faire pour admettre des dogmes qui la révoltent. C'est le théisme pratique et contemplatif. On ne convertit guère de pareils hommes : on descend du dogme merveilleux au dogme simple ; on ne remonte pas du dogme simple au dogme merveilleux.

L'intervention des jésuites avait un autre inconvénient parmi les Maronites. Par la nature même de leur institution, ils créent facilement des partis, des factions pieuses dans le clergé et dans la population ; ils inspirent, par l'ardeur même de leur zèle, ou l'enthousiasme, ou la haine. Rien ne reste tiède autour d'eux : le haut clergé maronite, quoique simple et bon, ne pouvait voir d'un œil bienveillant l'établissement parmi eux d'un corps religieux qui aurait enlevé une partie des populations catholiques à leur domination spirituelle. Les jésuites n'existent donc plus en Syrie. Ces dernières années seulement il y est arrivé deux jeunes pères, l'un Français, l'autre Allemand, qu'un évêque maronite a fait venir pour professer dans l'école maronite qu'il fonde. J'ai connu ces deux excellens jeunes gens, tous les deux pleins de foi et consumés d'un zèle désintéressé. Ils ne négligeaient rien pour propager parmi les Druzes, leurs voisins, quelques idées de christianisme ; mais l'effet de leurs démarches se bornait à baptiser en secret, à l'insu des parens, de petits enfans dans les familles où ils s'introduisaient sous prétexte d'y donner des conseils médicaux. Ils me parurent peu disposés à se soumettre aux habitudes un peu ignorantes des évêques maronites en matière d'instruction, et je crois qu'ils reviendront en Europe sans avoir réussi à naturaliser le goût d'une plus haute instruction. Le père français était digne de professer à Rome et à Paris.

Le couvent d'Antoura a passé aux lazaristes après l'extinction de l'ordre des jésuites. Les deux jeunes pères qui l'habitaient étaient venus souvent nous rendre visite à Bayruth. Nous avions trouvé en eux une société aussi aimable qu'inattendue : bons, simples, modestes, uniquement occupés d'études sévères et élevées, au courant de toutes les choses de l'Europe, et participant au mouvement d'esprit qui nous emporte, leur conversation universelle et savante nous avait d'autant plus charmés, que les occasions en sont plus rares dans ces déserts. Quand nous passions une soirée avec eux, parlant des événemens politiques de notre patrie, des partis intellectuels qui tombaient ou de ceux qui se reformaient en France, des écrivains qui se disputaient la presse, des orateurs qui conquéraient tour à tour la tribune, des doctrines de l'avenir, ou de celles des saints-simoniens, nous aurions pu nous croire à deux lieues de la rue du Bac, causant avec des hommes sortant de Paris le matin pour y rentrer le soir. Ces deux lazaristes étaient en même temps des modèles de sainteté et de ferveur simple et pieuse. L'un d'eux était très-souffrant : l'air vif du Liban rongeait sa poitrine, et raccourcissait le nombre de ses années. Il n'avait qu'un mot à écrire à ses supérieurs pour obtenir son rappel en France; il ne voulait pas le prendre sur sa conscience. Il vint consulter M. de Laroyère, que j'avais auprès de moi, et lui demanda si, en sa qualité de médecin, il pouvait lui donner l'avis formel et consciencieux que l'air de Syrie était mortel pour sa constitution. M. de Laroyère, dont la conscience est aussi sévèrement scrupuleuse que celle du jeune prêtre, n'osa pas lui dire aussi explicitement sa pensée, et le bon religieux se tut et resta.

Ces ecclésiastiques, perdus dans ce vaste monastère où ils n'ont qu'un seul Arabe pour les servir, nous reçurent avec cette cordialité que le nom de la patrie inspire à ceux qui se rencontrent loin d'elle. Nous passâmes deux jours avec eux : nous avions chacun une assez grande cellule avec un lit et des chaises, meubles inusités dans ces montagnes. Le couvent est situé dans le creux d'un vallon, au pied d'un bois de pins ; mais ce vallon lui-même, à mi-hauteur du Liban, a, par une gorge, une échappée de vue sans bornes sur les côtes et sur la mer de Syrie; le reste de l'horizon se compose de sommets et d'aiguilles de roches grises, couronnés de villages ou de grands monastères maronites. Quelques sapins, des orangers et des figuiers, croissent çà et là dans les abris de roc, et aux environs des torrens et des sources : c'est un site digne de Naples et du golfe de Gênes.

Le couvent d'Antoura est voisin d'un couvent de femmes maronites, dont les religieuses appartiennent aux principales familles du Liban. Des fenêtres de nos cellules nous voyions celles de ces jeunes Syriennes, que l'arrivée d'une compagnie d'étrangers dans leur voisinage semblait vivement préoccuper. Ces couvens de femmes n'ont ici aucune utilité sociale. Volney parle, dans son Voyage en Syrie, de ce couvent près d'Antoura, où une femme, nommée Hindia, exerçait, dit-on, d'horribles atrocités sur ses novices. Le nom et l'histoire de cette Hindia sont encore très-présens dans ces montagnes. Emprisonnée pendant longues années par ordre du patriarche maronite, son repentir et sa bonne conduite lui obtinrent sa liberté. Elle est morte, il y a peu de temps, en renommée de sainteté parmi quelques chrétiens de sa secte. C'était une femme fanatisée par sa volonté ou par son imagination, et qui avait réussi à fanatiser un certain nombre d'imaginations simples et crédules. Cette terre arabe est la terre des prodiges; tout y germe, et tout homme crédule ou fanatique peut y devenir prophète à son tour : lady Stanhope en sera une preuve de plus. Cette disposition au merveilleux tient à deux causes, à un sentiment religieux très-développé, et à un défaut d'équilibre entre l'imagination et la raison. Les fantômes ne paraissent que la nuit ; toute terre ignorante est miraculeuse.

La terrasse du couvent d'Antoura, où nous nous promenions une partie du jour, est ombragée d'orangers magnifiques, cités déjà par Volney comme les plus beaux et les plus anciens de la Syrie : ils n'ont point péri; semblables à des noyers de cinquante ans dans nos pays, ils ombragent le jardin et le toit du couvent de leur ombre épaisse et embaumée, et portent sur leurs troncs les noms de Volney et de voyageurs anglais qui avaient, comme nous, passé quelques momens à leurs pieds.

Le groupe de montagnes, dans lequel se trouve

compris Antoura, est connu sous le nom de Kesrouan ou de la chaîne de Castravan : cette contrée s'étend du Nahr-el-Kébir au Nahr-el-Kelb. C'est le pays, proprement dit, des Maronites : cette terre leur appartient : c'est là seulement que leurs priviléges s'étendent, bien que de jour en jour ils se répandent dans le pays des Druzes, et y portent leurs lois et leurs mœurs. Le principal produit de ces montagnes est la soie. Le miri, ou l'impôt territorial, est fixé d'après le nombre des mûriers que chacun possède. Les Turcs exigent de l'émir Beschir un ou deux miris par an comme tribut, et l'émir en perçoit souvent en outre plusieurs pour son propre compte : néanmoins, et malgré les plaintes des Maronites sur l'excès des taxes, ces impôts ne sont pas à comparer avec ce que nous payons en France ou en Angleterre. Ce n'est pas le taux de l'impôt, c'est son arbitraire, c'est son irrégularité qui opprime une nation. Si l'impôt en Turquie était légal et fixe, on ne le sentirait pas ; mais là où la taxe n'est pas déterminée par la loi, il n'y a pas de propriété, ou bien la propriété est incertaine et languissante ; la richesse d'un peuple, c'est la bonne constitution de la propriété. Chaque scheik de village répartit l'impôt et s'en attribue une portion à lui-même. Au fond ce peuple est heureux. Ses dominateurs le craignent, et n'osent s'établir dans ses provinces ; sa religion est libre et honorée ; ses couvens, ses églises couvrent les sommets de ses collines ; ses cloches, qu'il aime comme une voix de liberté et d'indépendance, sonnent nuit et jour la prière dans les vallées; il est gouverné par ses propres chefs, choisis par l'usage, ou donnés par l'hérédité parmi ses principales familles; une police rigoureuse, mais juste, maintient l'ordre et la sécurité dans les villages; la propriété est connue, garantie, transmissible du père au fils; le commerce est actif, les mœurs parfaitement simples et pures. Je n'ai vu aucune population au monde portant sur ses traits plus d'apparence de santé, de noblesse et de civilisation, que ces hommes du Liban. L'instruction du peuple, bien que bornée à la lecture, à l'écriture, au calcul, au catéchisme, y est universelle, et donne aux Maronites un ascendant légitime sur les autres populations syriennes. Je ne saurais les comparer qu'aux paysans de la Saxe et de l'Écosse.

Nous revînmes à Bayruth par le bord de la mer. Les montagnes qui bordent la côte sont couvertes de monastères construits dans le style des villas florentines du moyen-âge. Un village est planté sur chaque mamelon, couronné d'une forêt de pins parasols, et traversé par un torrent qui tombe en cascade brillante au fond d'un ravin. De petits ports de pêcheurs sont ouverts sur toute cette côte dentelée, et remplis de petites barques attachées aux môles ou aux rochers. De belles cultures de vigne, d'orge, de mûriers, descendent des villages à la mer. Les cloches des monastères et des églises s'élèvent au-dessus de la sombre verdure des figuiers ou des cyprès; une grève de sable blanc sépare le pied des montagnes de la vague limpide et bleue comme celle d'une rivière. Il y a là deux lieues de pays qui tromperaient l'œil du voyageur, s'il ne se souvenait qu'il est à huit cents lieues de l'Europe : il pourrait se croire sur les bords du lac de Genève, entre Lausanne et Vevay, ou sur les rives enchantées de la Saône, entre Mâcon et Lyon; seulement le cadre du tableau est plus majestueux à Antoura, et quand il lève les yeux, il voit les cimes de neige du Sannin, qui fendent le ciel comme des langues d'incendie............

Le journal de l'auteur fut interrompu ici. Au commencement de décembre il perdit sa fille unique ; elle fut emportée en deux jours, au moment où sa santé, altérée en France, paraissait complètement rétablie par l'air de l'Asie ; elle mourut entre les bras de son père et de sa mère, dans la maison de campagne où M. de Lamartine avait établi sa famille pour passer l'hiver, aux environs de Bayruth. Le vaisseau que M. de Lamartine avait renvoyé en Europe ne devait revenir qu'au mois de mai 1833, toucher aux côtes de Syrie et reprendre les voyageurs : ils restèrent six mois dans le Liban après cet affreux événement, atterrés du coup dont la Providence les avait frappés, et sans aucune diversion à leur douleur que les larmes de leurs compagnons de voyage et de leurs amis. Au mois de mai, le navire *l'Alceste* revint à Bayruth, comme il avait été convenu ; les voyageurs, pour épargner une douleur de plus à la malheureuse mère, ne remontèrent pas sur le même navire qui les avait apportés, heureux et confians, avec la charmante enfant qu'ils avaient perdue. M. de Lamartine avait fait embaumer le corps de sa fille pour le rapporter à Saint-Point, où, à ses derniers momens, elle avait témoigné le désir d'être ensevelie. Il confia ce dépôt sacré à *l'Alceste*, qui devait naviguer de conserve avec lui, et il affréta un second bâtiment, le brick *la Sophie*, capitaine Coulonne, pour s'y embarquer lui-même avec sa femme et ses amis.

Le journal de ses notes ne reprend que quatre mois après son malheur. — Avant de quitter la Syrie, il visita Damas, Balbek, et plusieurs autres points éloignés et remarquables : c'est le sujet des notes qui vont suivre. (*Note de l'Éditeur.*)

PAYSAGES ET PENSÉES

EN SYRIE.

Le 28 mars, je pars de Bayruth pour Balbek et Damas ; la caravane se compose de vingt-six chevaux, et huit ou dix Arabes à pied pour domestiques et escorte.

En quittant Bayruth, on monte par des chemins creux, dans un sable rouge, dont les bords sont festonnés de toutes les fleurs de l'Asie ; toutes les formes, tous les parfums du printemps : nopals, arbustes épineux, aux grappes de fleurs jaunes comme l'or, semblables au genêt de nos montagnes ; vignes se suspendant d'arbre en arbre, beaux caroubiers, arbres à la feuille d'un vert noir et bronzé, aux rameaux entrelacés, au tronc d'une écorce brune, polie, luisante, le plus bel arbre de ces climats. On arrive, après une demi-heure, au sommet de la presqu'île qui forme le cap de Bayruth ; elle se termine en pointe arrondie dans la mer, et sa base est formée par une belle et large plaine, traversée par le Nahr-Bayruth. Cette plaine, arrosée, cultivée, plantée partout de beaux palmiers, de verts mûriers, de pins à la cime large et touffue, vient mourir sous les premiers rochers du Liban. Au point culminant de la plaine de Bayruth s'étend la magnifique scène de Fakar-el-Din ou Facardin : c'est la promenade de Bayruth ; c'est là que les cavaliers turcs, arabes, et les Européens, vont exercer leurs chevaux et courir le djérid ; c'est là que j'allais tous les jours moi-même passer quelques heures à cheval, tantôt courant sur les sables déserts qui dominent l'horizon bleu et immense de la mer syrienne, tantôt, au pas, rêvant sous les allées des jeunes pins qui couvrent une partie de ce promontoire. C'est le plus beau lieu que je connaisse au monde : — des pins gigantesques, dont les troncs vigoureux, légèrement inclinés sous le vent de mer, portant comme des dômes leurs têtes larges et arrondies en parasols, sont jetés par groupes de deux ou de trois arbres, ou semés isolément de vingt pas en vingt pas, sur un sable d'or, que perce çà et là un léger duvet vert de gazon et d'anémones. Ils furent plantés par Fakar-el-Din, dont les merveilleuses aventures ont répandu la renommée en Europe : ils gardent encore son nom. Je voyais tous les jours avec douleur un héros plus moderne renverser ces arbres qu'un autre grand homme avait plantés. Ibrahim-Pacha en faisait couper quelques-uns pour sa marine ; mais il en reste assez pour signaler au loin le promontoire à l'œil du navigateur et à l'admiration de l'homme épris des plus belles scènes de la nature.

C'est de là qu'on a, selon moi, la plus splendide apparition du Liban : on est à ses pieds, mais assez éloigné cependant pour que son ombre ne soit pas sur vous, et pour que l'œil puisse l'embrasser dans toute sa hauteur, plonger dans l'obscurité de ses gorges, discerner l'écume de ses torrens et jouer librement autour des premiers cônes dont il est flanqué, et qui portent chacun un monastère de Maronites, au-dessus d'un bouquet de pins, de cèdres ou de noirs cyprès. — Le Sannin, la cime la plus élevée et la plus pyramidale du Liban, domine toutes les cimes inférieures, et forme, avec sa neige presque éternelle, le fond majestueux, doré, violet, rose, de l'horizon des montagnes, qui se noie dans le firmament, non comme un corps solide, mais comme une vapeur, une fumée transparente, à travers lesquelles on croit distinguer l'autre côté du ciel ; phénomène ravissant des montagnes d'Asie, que je n'ai vu nulle part ailleurs, et dont je jouis tous les soirs sans m'en rendre raison. — Du côté du midi, le Liban s'abaisse graduellement jusqu'au cap avancé de Saïde, autrefois Sidon ; ses cimes ne portent plus de neige que çà et là, sur deux ou trois cimes plus éloignées et plus élevées que les autres et que le reste de la chaîne libanienne : elles suivent, comme une muraille de ville ruinée, tantôt s'élevant, tantôt s'abaissant, la ligne de la plaine et de la mer, et vont mourir dans la vapeur de l'occident, vers les montagnes de la Galilée, aux bords de la mer de Génésareth, autrement le lac de Tibériade. Du côté du nord, vous apercevez un coin de la mer qui s'avance, comme un lac dormant, dans la plaine, cachée à demi par les verts massifs de la ravissante colline de San-Dimitri, la plus belle colline de la Syrie. Dans ce lac, dont vous n'apercevez pas la jonction avec la mer, quelques navires sont toujours à l'ancre, et se balancent gracieusement sur la vague, dont l'écume vient mouiller les lentisques, les lauriers-roses et les nopals. — De la rade, un pont construit par les Romains d'abord, et restauré par Fakar-el-Din, jette ses arches, élevées en ogives, sur la rivière de Bayruth, qui court à travers la plaine, où elle répand la vie et la verdure, et va se perdre, non loin, dans la rade.

Cette promenade est la dernière que je fis avec Julia. Elle montait pour la première fois un cheval du désert, que je lui avais ramené de la mer Morte, et dont un domestique arabe tenait la bride. Nous étions seuls; la journée, quoique nous fussions en novembre, était éclatante de lumière, de chaleur et de verdure. Jamais je n'avais vu cette admirable enfant dans une ivresse si complète de la nature, du mouvement, du bonheur d'exister, de voir et de sentir; elle se tournait à chaque instant vers moi, pour s'écrier; et quand nous eûmes fait le tour de la colline de San-Dimitri, traversé la plaine et gagné les pins, où nous nous arrêtâmes : — N'est-ce pas, me dit-elle, que c'est la plus longue, la plus belle et la plus délicieuse promenade que j'aie encore faite de ma vie?—Hélas oui! et c'était la dernière! — Quinze jours après, je me promenais seul et pleurant sous les mêmes arbres; n'ayant plus que dans le cœur cette ravissante image de la plus céleste créature que le ciel m'ait donnée à voir, à posséder et à pleurer.

— Je ne vis plus; — la nature n'est plus animée pour moi par tout ce qui me la faisait sentir double dans l'âme de mon enfant : — je la regarde encore; elle ravit toujours mes yeux; mais elle ne soulève plus mon cœur, ou si elle le soulève, à mon insu, par minutes, par instans, il retombe aussitôt, froid et brisé, sur le fond de tristesse désolante et d'amertume où la volonté de Dieu l'a placé par tant de pertes irréparables.

Du côté du couchant, l'œil est d'abord arrêté par de légères collines de sable, rouge comme la braise d'un incendie, et d'où s'élève une vapeur d'un blanc rose, semblable à la réverbération d'une gueule de four allumé; puis, en suivant la ligne de l'horizon, il passe par-dessus ce désert, et arrive à la ligne bleu foncé de la mer, qui termine tout, et se fond au loin, avec le ciel, dans une brume qui laisse leur limite indécise. Toutes ces collines, toute cette plaine, les flancs de toutes les montagnes, portent un nombre infini de jolies maisonnettes isolées, dont chacune a son verger de mûriers, son pin gigantesque, ses figuiers, et, çà et là, par groupes plus compactes et plus frappans pour l'œil, de beaux villages ou des groupes de monastères, qui s'élèvent sur leur piédestal de rochers, et répercutent au loin sur la mer les rayons jaunes du soleil d'Orient. — Deux à trois cents de ces monastères sont répandus sur toutes les crêtes, sur tous les promontoires, dans toutes les gorges du Liban : c'est le pays le plus religieux du monde, et le seul pays peut-être où l'existence du système monacal n'ait pas encore amené les abus qui l'ont fait détruire ailleurs. — Ces religieux, pauvres et utiles, vivent du travail de leurs mains, ne sont, à proprement parler, que des laboureurs pieux, et ne demandent au gouvernement et aux populations que le coin de rocher qu'ils cultivent, la solitude et la contemplation; ils expliquent parfaitement encore, par leur existence actuelle au milieu des contrées mahométanes, la création de ces premiers asiles du christianisme naissant, souffrant et persécuté, et la prodigieuse multiplication de ces asiles de la liberté religieuse, dans les temps de barbarie et de persécutions. Là, fut la raison de leur existence; là, elle est encore pour les Maronites : aussi ces moines sont-ils restés ce qu'ils ont dû être partout, et ce qu'ils ne peuvent plus être, que par exception, nulle part. — Si l'état actuel des sociétés et des religions comporte encore des ordres monastiques, ce n'est plus ceux qui sont nés dans une autre époque, pour d'autres besoins, d'autres nécessités : chaque temps doit porter ses créations sociales et religieuses; les besoins de ces temps-ci sont autres que les besoins des premiers siècles. — Les ordres monastiques modernes n'ont que deux choses qu'ils puissent faire mieux que les gouvernemens et les forces individuelles : instruire les hommes et les soulager dans leurs misères corporelles. Les écoles et les hôpitaux, voilà les deux seules places qui restent à prendre pour eux dans le mouvement du monde actuel; mais, pour prendre la première de ces places, il faut participer d'abord soi-même à la lumière qu'on veut répandre ; — il faut être plus instruit et plus véritablement moral que les populations qu'on veut instruire et améliorer. — Revenons au Liban. —

Nous commençons à le monter par des sentiers de roches jaunâtres et de grès légèrement tachés de rose, qui donnent de loin à la montagne cette couleur violette et rosée qui enchante le regard. Rien de remarquable jusqu'aux deux tiers de la montagne : là, le sommet d'un promontoire qui s'avance sur une profonde vallée. — Un des plus beaux coups d'œil qu'il soit donné à l'homme de jeter sur l'œuvre de Dieu, c'est la vallée d'Hammana : elle est sous vos pieds ; elle commence par une gorge noire et profonde, creusée presque comme une grotte dans les plus hauts rochers et sous les neiges du Liban le plus élevé : on ne la distingue d'abord que par le torrent d'écume qui descend avec elle des montagnes, et trace, dans son obscurité, un sillon mobile et lumineux : elle s'élargit insensiblement de degrés en degrés, comme son torrent de cascades en cascades ; puis, tout à coup, se détournant vers le couchant, et formant un cadre gracieux et souple, comme un ruisseau qui entre dans un fleuve, ou qui devient fleuve lui-même, elle entre dans une plus large vallée, et devient vallée elle-même ; elle s'étend dans une largeur moyenne d'une demi-lieue, entre deux chaînes de la montagne : elle se précipite vers la mer par une pente régulière et douce : elle se creuse ou s'élève en collines, selon les obstacles de rochers qu'elle rencontre dans sa course : sur ces collines, elle porte des villages séparés par des ravins, d'immenses plateaux entourés de noirs sapins, et dont les platesformes cultivées portent un beau monastère : dans ces ravins, elle répand toutes les eaux de ses mille cascades, et les roule en écume étincelante et bruyante. Les flancs des deux parois du Liban qui la ferment sont couverts eux-mêmes d'assez beaux groupes de sapins, et de couvents, et de hauts villages, dont la fumée bleue court sur leurs précipices. A l'heure où cette vallée m'apparut, le soleil se couchait sur la mer, et ses rayons, laissant les gorges et les ravins dans une obscurité mystérieuse, rasaient seulement les couvens, les toits des villages, les cimes des sapins, et les têtes les plus hautes des rochers qui sortent du niveau des montagnes; les eaux, étant grandes, tombaient de toutes les corniches des deux montagnes, et jaillissaient en écume de toutes les fentes des rochers, entourant de deux larges bras d'argent ou de neige la belle plate-forme qui soutient les villages, les couvens et les bois de sapins. Leur bruit, semblable à celui des tuyaux d'orgue dans une cathédrale, résonnait de partout, et assourdissait l'oreille. J'ai rarement senti aussi profondément la beauté spéciale des vues de montagnes; beauté triste, grave et douce, d'une tout autre nature que les beautés de la mer ou des plaines ; — beauté qui recueille le cœur, au lieu de l'ouvrir, et qui semble participer du sentiment religieux dans le malheur; — recueillement mélancolique, — au lieu du sentiment religieux dans le bonheur : expansion, amour et joie.

A chaque pas, sur les flancs de la corniche que

nous suivions, les cascades tombent sur la tête du
passant, ou glissent dans les interstices des roches
vives qu'elles ont creusées; gouttières de ce toit
sublime des montagnes, qui filtrent incessamment
le long de ses pentes. Le temps était brumeux; la
tempête mugissait dans les sapins, et apportait, de
momens en momens, des poussières de neige qui
perçaient en le colorant le rayon fugitif du soleil de
mars. Je me souviens de l'effet neuf et pittoresque
que faisait le passage de notre caravane sur un des
ravins de ces cascades. Les flancs des rochers du
Liban se creusaient tout à coup, comme une anse
profonde de la mer entre les rochers; un torrent,
retenu par quelques blocs de granit, remplissait de
ses bouillons rapides et bruyans cette déchirure de
la montagne; la poudre de la cascade, qui tombait à
quelques toises au-dessus, flottait au gré des vents
sur les deux promontoires de terre aride et grise qui
environnaient l'anse et qui, s'inclinant tout à coup
rapidement, descendaient au lit du torrent qu'il fallait passer; une corniche étroite, taillée dans le flanc
de ces mamelons, était le seul chemin par où l'on pût
descendre au torrent pour le traverser. On ne pouvait passer qu'un à un à la file sur cette corniche;
j'étais un des derniers de la caravane : la longue file
de chevaux, de bagages et de voyageurs descendait
successivement dans le fond de ce gouffre, tournant
et disparaissant complètement dans les ténèbres du
brouillard des eaux, et reparaissait par degrés de
l'autre côté et sur l'autre corniche du passage; d'abord

vêtue et voilée d'une vapeur sombre, pâle et jaunâtre comme la vapeur du soufre, puis d'une vapeur blanche et légère comme l'écume d'argent des eaux; puis enfin éclatante et colorée par les rayons du soleil qui commençait à l'éclairer davantage, à mesure qu'elle remontait sur les flancs opposés : c'était une scène de l'Enfer du Dante, réalisée à l'œil dans un des plus terribles cercles que son imagination eût pu inventer : mais qui est-ce qui est poëte devant la nature? qui est-ce qui invente après Dieu?

Le village d'Hammana, village druze où nous allions coucher, brillait déjà à l'ouverture supérieure de la vallée qui porte son nom. Jeté sur un pic de rochers aigus et concassés qui touchent à la neige éternelle, il est dominé par la maison du scheik, placée elle-même sur un pic plus élevé, au milieu du village. Deux profonds torrens encaissés dans les roches et obstrués de blocs qui brisent leur écume, cernent de toutes parts le village; on les passe sur quelques troncs de sapins où l'on a jeté un peu de terre, sans parapets, et l'on gravit aux maisons. Les maisons, comme toutes celles du Liban et de la Syrie, présentent au loin une apparence de régularité, de pittoresque et d'architecture qui trompe l'œil au premier regard, et les fait ressembler à des groupes de villas italiennes avec leurs toits en terrasses et leurs balcons décorés de balustrades. Mais le château du scheik d'Hammana surpasse en élégance, en grâce et en noblesse, tout ce que j'avais vu dans ce genre, depuis le palais de l'émir Beschir à Deir-el-Kamar. On ne peut le comparer qu'à un de nos plus merveilleux châteaux gothiques du moyen âge, tels du moins que leurs ruines nous les font concevoir, ou que la peinture nous les retrace. Des fenêtres en ogive décorées de balcons, une porte large et haute surmontée d'une arche en ogive aussi, qui s'avance comme un portique, au-dessus du seuil; deux bancs de pierre sculptés en arabesques et tenant aux deux montans de la porte, sept ou huit marches de pierre circulaire descendant en perron, jusque sur une large terrasse ombragée de deux ou trois sycomores immenses et où l'eau coule toujours dans une fontaine de marbre : voilà la scène. Sept ou huit Druzes armés, couverts de leur noble costume aux couleurs éclatantes, coiffés de leur turban gigantesque et dans des attitudes martiales, semblent attendre l'ordre de leur chef; un ou deux nègres, vêtus de vestes bleues, quelques jeunes esclaves ou pages assis ou jouant sur les marches du perron; et enfin plus haut, sous l'arche même de la grande porte, le scheik assis la pipe à la main, couvert d'une pelisse écarlate, et nous regardant passer dans l'attitude de la puissance et du repos : voilà les personnages. — Ajoutez-y deux jeunes et belles femmes, l'une accoudée à une fenêtre haute de l'édifice, l'autre debout sur un balcon au-dessus de la porte.

Nous couchons à Hammana dans une chambre qu'on nous avait préparée depuis quelques jours. — Nous nous levons avant le soleil, nous gravissons la dernière cime du Liban. La montée dure une heure et demie; on est enfin dans les neiges, et l'on suit ainsi dans une plaine élevée, légèrement diversifiée par les ondulations des collines, comme au sommet des Alpes, la gorge qui conduit de l'autre côté du Liban. — Après deux heures de marche pénible dans deux ou trois pieds de neige, on découvre d'abord les cimes élevées et neigeuses encore de l'Anti-Liban, puis ses flancs arides et nus, puis enfin la belle et large plaine du Bkà faisant suite à la vallée de Balbek à droite. Cette plaine commence au désert de Homs et de Hama et ne se termine qu'aux montagnes de Galilée vers Saphad; elle laisse seulement là un étroit passage au Jourdain, qui va se jeter dans la mer de Génésareth. — C'est une des plus belles et des plus fertiles plaines du monde, mais elle est à peine cultivée; toujours infestée par les Arabes errans, les habitans de Balbek, de Zaklé ou des autres villages du Liban, osent à peine l'ensemencer. Elle est arrosée par un grand nombre de torrens, des sources intarissables, et présentait à l'œil, quand nous la vîmes, plutôt l'aspect d'un marécage ou d'un lac mal desséché, que celui d'une terre.

En quatre heures nous descendons à la ville de Zaklé, et l'évêque grec, né à Alep, nous reçoit et nous donne quelques chambres. Nous repartons le 30 pour traverser la plaine de Bkà, et aller coucher à Balbek.

LES RUINES DE BALBEK.

En quittant Zaklé, jolie ville chrétienne au pied du Liban, aux bords de la plaine, en face de l'Anti-Liban, on suit d'abord les racines du Liban, en remontant vers le nord ; on passe auprès d'un édifice ruiné, sur les débris duquel les Turcs ont élevé une maison de derviche et une mosquée d'un effet grandiose et pittoresque. — C'est, disent les traditions arabes, le tombeau de Noé, dont l'arche toucha le sommet du Sanium, et qui habita la belle vallée de Balbek, où il mourut et fut enseveli. Quelques restes d'arches et de structures antiques, des temps grecs ou romains, confirment ici les traditions. On voit, du moins, que de tout temps ce lieu a été consacré par quelque grand souvenir ; la pierre est là, témoin de l'histoire. Nous passâmes, non sans reporter notre esprit à ces jours antiques où les enfans du patriarche, ces nouveaux hommes nés d'un seul homme, habitaient ces séjours primitifs, et fondaient des civilisations et des édifices qui sont restés des problèmes pour nous.

Nous employâmes sept heures à traverser obliquement la plaine qui conduit à Balbek. Au passage du fleuve qui partage la plaine, nos escortes arabes voulurent nous forcer à prendre à droite, et à coucher dans un village turc, à trois lieues de Balbek. Mon drogman ne put se faire obéir, et je fus forcé de pousser mon cheval au galop de l'autre côté du fleuve, pour forcer les deux chefs de la caravane à nous suivre. Je m'avançai sur eux la cravache à la main ; ils tombèrent de cheval à la seule menace, et nous accompagnèrent en murmurant.

En approchant de l'Anti-Liban, la plaine s'élève, devient plus sèche et plus rocailleuse. — Anémones et perce-neiges, aussi nombreuses que les cailloux sous nos pieds. Nous commençons à apercevoir une masse immense qui se détachait en noir sur les flancs blanchâtres de l'Anti-Liban. C'était Balbek ; mais nous ne distinguions rien encore. — Enfin, nous arrivâmes à la première ruine. C'est un petit temple octogone, porté sur des colonnes de granit rouge égyptien, colonnes évidemment coupées dans les colonnes plus élevées, dont les unes ont une volute au chapiteau, les autres aucune trace de volute, et qui furent, selon moi, transportées, coupées et dressées là dans des temps très-modernes, pour porter la calotte d'une mosquée turque ou le toit d'un santon : ce doit être du temps de Fakar-el-Din. — Les matériaux sont beaux ; il y a encore, dans ce travail de la corniche et de la voûte, la trace de quelques sentimens de l'art ; mais ces matériaux sont évidemment des fragmens de ruines, rajustés par une main plus faible et par un goût déjà corrompu. Ce temple est à un quart d'heure de marche de Balbek. Impatiens de voir ce que l'antiquité la plus reculée nous a laissé de beau, de grand, de mystérieux, nous pressions le pas de nos chevaux fatigués, dont les pieds commençaient à heurter çà et là les blocs de

RUINS OF BAALBEK.

marbre, les tronçons de colonnes, les chapiteaux renversés ; toutes les murailles d'enceinte des champs qui avoisinent Balbek sont construites de ces débris : nos antiquaires trouveraient une énigme à chaque pierre. Quelque culture commençait à reparaître, et de larges noyers, les premiers que j'eusse revus en Syrie, s'élevaient entre Balbek et nous, et poussaient jusque entre les ruines des temples, que leurs rameaux nous cachaient encore. Ils parurent enfin ; ce n'est pas, à proprement parler, un temple, un édifice, une ruine ; c'est une colline d'architecture qui sort tout à coup de la plaine, à quelque distance des collines véritables de l'Anti-Liban. On se traîne parmi les décombres, dans le village arabe ruiné qu'on appelle Balbek. Nous longeâmes un des côtés de cette colline de ruines, sur laquelle une forêt de gracieuses colonnes s'élevait, dorée par le soleil couchant, et jetait à l'œil les teintes jaunes et mattes du marbre du Parthénon ou du travertin du Colysée à Rome. Parmi ces colonnes, quelques-unes, en file élégante et prolongée, portent encore leurs chapiteaux intacts, leurs corniches richement sculptées, et bordent les murs de marbre qui servent à enclore les sanctuaires ; quelques autres sont couchées entières contre ces murs qui les soutiennent, comme un arbre dont la racine a manqué, mais dont le tronc est encore sain et vigoureux ; d'autres, en plus grand nombre, sont répandues çà et là en immenses morceaux de marbre ou de pierre, sur les pentes de la colline, dans les fossés profonds qui l'entourent, et jusque dans le lit de la rivière qui coule à ses pieds. Au sommet du plateau de la montagne de pierre, six colonnes d'une taille plus gigantesque s'élèvent isolées, non loin d'un temple inférieur, et portent encore leurs corniches colossales. Nous verrons plus tard ce qu'elles témoignent, dans cet isolement des autres édifices. En continuant à longer le pied des monumens, les colonnes et l'architecture finissent, et vous ne voyez plus que des murs gigantesques, bâtis de pierres énormes et presque toutes portant les traces de la sculpture ; débris d'une autre époque, dont on s'est servi à l'époque reculée où l'on a élevé les temples à présent ruinés.

Nous n'allâmes pas plus loin ce jour-là ; le chemin s'écartait des ruines et nous conduisait, parmi des ruines encore et sur des voûtes retentissantes du pas de nos chevaux, vers une maisonnette construite parmi les décombres : c'était le palais de l'évêque de Balbek, qui, revêtu de sa pelisse violette, et entouré de quelques paysans arabes, vint au-devant de nous et nous conduisit à son humble porte. La moindre chaumière de paysan de Bourgogne ou d'Auvergne a plus de luxe et d'élégance que le palais de l'évêque de Balbek : une masure sans fenêtres ni porte, mal jointe, et dont le toit, écroulé en partie, laisse ruisseler la pluie sur un pavé de boue, voilà l'édifice ; au fond de la cour cependant, un mur propre et neuf, construit de blocs de travertin ; une porte et une fenêtre en ogives, d'architecture moresque et dont les ogives étaient formées de pierres admirablement sculptées, attiraient mon œil : c'était l'église de Balbek, la cathédrale de cette ville, où d'autres dieux eurent de splendides asiles ; c'est la chapelle où le peu de chrétiens arabes qui vivent sur ces débris de tant de cultes viennent adorer, sous une forme plus pure, cette même Divinité dont la pensée a travaillé les hommes de tous les siècles, et leur a fait remuer tant de pierres et tant d'idées.

Nous déposâmes nos manteaux sous ce toit hospitalier, nous attachâmes nos chevaux au piquet, sur la vaste pelouse qui s'étend entre la maison du prêtre et les ruines ; nous allumâmes un feu de broussailles pour sécher nos habits mouillés par la pluie du jour, et nous soupâmes dans la petite cour de l'évêque, sur une table formée de quelques pierres des temples, pendant que, dans la chapelle voisine, les litanies de la prière du soir retentissaient en un chant plaintif, et que la voix grave et sonore de l'évêque murmurait les pieuses oraisons à son troupeau ; ce troupeau se composait de quelques bergers arabes et de quelques femmes. Quand ces paysans du désert sortirent de l'église et s'arrêtèrent autour de nous pour nous contempler, nous ne vîmes que des visages amis, des regards bienveillans ; nous n'entendîmes que des paroles obligeantes et affectueuses, ces touchans saluts, ces vœux prolongés et naïfs des peuples primitifs, qui n'ont pas fait encore une vaine formule du salut de l'homme à l'homme, mais qui ont concentré dans un petit nombre de paroles applicables aux diverses rencontres du matin, du midi ou du soir, tout ce que l'hospitalité peut souhaiter de plus touchant et de plus efficace à ses hôtes, tout ce qu'un voyageur peut souhaiter au voyageur pour le jour, la nuit, la route, le retour. Nous étions chrétiens ; — c'était assez pour eux : les religions communes sont la plus puissante sympathie des peuples ; — une idée commune entre les hommes est plus qu'une patrie commune! et les chrétiens de l'Orient, noyés dans le mahométisme qui les entoure, qui les menace, qui les persécuta souvent, voient toujours dans les chrétiens de l'Occident des protecteurs actuels et des libérateurs futurs! L'Europe ne sait pas assez quel puissant levier elle a, dans ces populations chrétiennes, pour remuer l'Orient, le jour où elle voudra y porter ses regards et rendre à ce pays, qui touche à une transformation nécessaire et inévitable, la liberté et la civilisation dont il est si capable et si digne. Il est temps, selon moi, de lancer une colonie européenne dans ce cœur de l'Asie, de reporter la civilisation moderne aux lieux d'où la civilisation antique est sortie, et de former un empire immense de ces grands lambeaux de l'empire turc, qui s'écroule sous sa propre masse, et qui n'a d'héritier que le désert et la poudre des ruines sur lesquelles il s'est abîmé. Rien n'est plus facile que d'élever un monument nouveau sur ces terrains déblayés, et de rouvrir à de fécondes races humaines ces sources intarissables de population que le mahométisme a taries par son exécrable administration : quand je dis exécrable, je n'entends pas inculper le caractère du mahométisme d'une férocité brutale qui n'est pas dans sa nature, mais d'une insouciance coupable, d'un fatalisme irrémédiable qui, sans rien détruire, laisse tout périr autour de lui. La population turque est saine, bonne et morale ; sa religion n'est ni aussi superstitieuse ni aussi exclusive qu'on nous la peint ; mais sa résignation passive, mais l'abus de sa foi dans le règne sensible de la Providence, tue les facultés de l'homme en remettant tout à Dieu : Dieu n'agit pas pour l'homme, chargé d'agir dans sa propre cause ; il est spectateur et juge de l'action humaine ; le mahométisme a pris le rôle divin ; il s'est constitué spectateur inactif de l'action divine ; il croise les bras à l'homme, et l'homme périt volontairement dans cette inaction. A cela près, il faut rendre justice au culte de Mahomet : ce n'est qu'un culte très-philosophique, qui n'a imposé que deux grands devoirs à l'homme : la prière et la charité. — Ces deux grandes idées sont en effet les deux plus hautes vérités de toute religion ; le mahométisme en fait découler sa tolérance, que d'autres cultes ont si cruellement exclue de leurs dogmes. Sous ce rapport, il est plus avancé sur la route de la perfection religieuse que beaucoup de religions qui l'insultent et le méconnaissent. Le mahométisme peut entrer, sans effort et sans peine, dans un système de liberté religieuse et civile, et former un des élémens d'une grande agglomération sociale en Asie ; il est moral, patient, résigné, charitable et tolérant de sa nature. Toutes ces qualités le rendent propre à une fusion nécessaire dans les pays qu'il occupe, et où il faut l'éclairer et non l'exterminer ; il a l'habitude de vivre en paix et en harmonie avec les cultes chrétiens qu'il a laissés subsister et agir librement au sein même de ses villes les plus saintes, comme Damas et Jérusalem ; l'empire lui importe peu : pourvu qu'il ait la prière, la justice et la paix, cela lui suffit. On peut, dans la civilisation européenne, tout humaine, toute politique, tout-ambitieuse, lui laisser aisément sa place à la mosquée et sa place à l'ombre ou au soleil !

Alexandre a conquis l'Asie avec trente mille soldats grecs et macédoniens ; — Ibrahim a renversé l'empire turc avec trente ou quarante mille enfans égyptiens, sachant seulement charger une arme et marcher au pas. Un aventurier européen, avec cinq ou six mille soldats d'Europe, peut aisément renverser Ibrahim, et conquérir l'Asie, de Smyrne à Bassora, et du Caire à Bagdad, en marchant pas à pas; en prenant les Maronites du Liban pour pivots de ses opérations ; en organisant derrière lui, à mesure qu'il avancerait, et en faisant des chrétiens de l'Orient son moyen d'action, d'administration et de recrutement ; les Arabes du désert même seront à lui, le jour où il les pourra solder : ceux-là n'ont d'autre culte que l'argent, leur divinité sera toujours le sabre et l'or : avec ce vice, on peut les tenir assez de temps pour que leur soumission devienne ensuite inévitable ; ils y serviront eux-mêmes ; après cela on repoussera leurs tentes plus loin dans le désert qui est leur seule patrie ; on les attirera peu à peu à une civilisation plus douce, dont ils n'ont pas eu l'exemple autour d'eux.

Nous nous levâmes avec le soleil, dont les premiers rayons frappaient sur les temples de Balbek, et donnaient à ces mystérieuses ruines cet éclat d'éternelle jeunesse que la nature sait rendre à son gré, même à ce que le temps a détruit. Après un court déjeuner, nous allâmes toucher de la main ce que nous n'avions encore touché que de l'œil; nous approchâmes lentement de la colline artificielle, pour bien embrasser du regard les différentes masses d'architecture qui la composent; nous arrivâmes bientôt, par la partie du nord, sous l'ombre même des murailles gigantesques qui, de ce côté, enveloppent les ruines : — un beau ruisseau, répandu hors de son lit de granit, courait sous nos pieds, et formait, çà et là, de petits lacs d'eau courante et limpide qui murmurait et écumait autour des énormes pierres tombées du haut des murailles, et des sculptures ensevelies dans le lit du ruisseau. Nous passâmes le torrent de Balbek, à l'aide de ces ponts que le temps y a jetés, et nous montâmes, par une brèche étroite et escarpée, jusqu'à la terrasse qui enveloppait ces murs : à chaque pas, à chaque pierre que nos mains touchaient, que nos regards mesuraient, notre admiration et notre étonnement nous arrachaient une exclamation de surprise et de merveille. Chacun des moellons de cette muraille d'enceinte avait au moins huit à dix pieds de longueur, sur cinq à six de largeur et autant de hauteur. Ces blocs, énormes pour la main de l'homme, reposent sans ciment l'un sur l'autre, et presque tous portent les traces de sculpture d'une époque indienne ou égyptienne. On voit, au premier coup d'œil, que ces pierres écroulées ou démolies ont servi primitivement à un tout autre usage qu'à former un mur de terrasse et d'enceinte, et qu'elles étaient les matériaux précieux des monumens primitifs, dont on s'est servi plus tard pour enceindre les monumens des temps grecs et romains. C'était un usage habituel, je crois même religieux, chez les anciens, lorsqu'un édifice sacré était renversé par la guerre ou par le temps, ou que les arts plus avancés voulaient le renouveler en le perfectionnant, de se servir des matériaux pour les constructions accessoires des monumens restaurés, afin de ne pas laisser profaner, sans doute, à des usages vulgaires, les pierres qu'avait touchées l'ombre des dieux; et aussi, peut-être, par respect pour les ancêtres, et afin que le travail humain des différentes époques ne fût pas enseveli sous la terre, mais portât encore le témoignage de la piété des hommes et des progrès successifs de l'art : il en est ainsi au Parthénon où les murs de l'Acropolis, réédifiés par Périclès, contiennent les matériaux travaillés du temple de Minerve. Beaucoup de voyageurs modernes ont été induits en erreur, faute de connaître ce pieux usage des anciens, et ont pris pour des constructions barbares des Turcs ou des croisés, des édifices ainsi construits dès la plus haute antiquité.

Quelques-unes des pierres de la muraille avaient jusqu'à vingt et trente pieds de longueur, sur sept et huit pieds de hauteur.

Arrivés au sommet de la brèche, nos yeux ne savaient où se poser : c'était partout des portes de marbre, d'une hauteur et d'une largeur prodigieuses; des fenêtres ou des niches bordées de sculptures les plus admirables, des cintres revêtus d'ornemens exquis; des morceaux de corniches, d'entablemens ou de chapiteaux, épais comme la poussière sous nos pieds; des voûtes à caissons sur nos têtes; tout mystère, confusion, désordre, chef-d'œuvre de l'art, débris du temps, inexplicables merveilles autour de nous : à peine avions-nous jeté un coup d'œil d'admiration d'un côté, qu'une merveille nouvelle nous attirait de l'autre. Chaque interprétation de la forme ou du sens religieux des monumens était détruite par une autre. Dans ce labyrinthe de conjectures, nous nous perdions inutilement : on ne peut reconstruire avec la pensée les édifices sacrés d'un temps ou d'un peuple dont on ne connaît à fond ni la religion ni les mœurs. Le temps emporte ses secrets avec lui, et laisse ses énigmes à la science humaine, pour la jouer et la tromper. Nous renonçâmes promptement à bâtir aucun système sur l'ensemble de ces ruines; nous nous résignâmes à regarder et à admirer, sans comprendre autre chose que la puissance colossale du génie de l'homme, et la force de l'idée religieuse, qui avaient pu remuer de telles masses, et accomplir tant de chefs-d'œuvre. — Nous étions séparés encore de la seconde scène des ruines par des constructions intérieures qui nous dérobaient la vue des temples. Nous n'étions, selon toute apparence, que dans les logemens des prêtres, ou sur le terrain de quelques chapelles particulières, consacrées à des usages inconnus. Nous franchîmes ces constructions monumentales, beaucoup plus riches que les murs d'enceinte, et la seconde scène des ruines fut sous nos yeux. Beaucoup plus large, beaucoup plus longue, beaucoup plus décorée encore que la première d'où nous sortions, elle offrait à nos regards une immense plate-forme, en carré long, dont le niveau était souvent interrompu par des restes de pavés plus élevés, et qui semblaient avoir appartenu à des temples tout entiers détruits, ou à des temples sans toits, sur lesquels le soleil, adoré à Balbek, pouvait voir son autel. Tout autour de cette plate-forme, règne une série de chapelles, décorées de niches, admirablement sculptées; de frises, de corniches, de caissons, du travail le plus achevé, mais du travail d'une époque déjà corrompue des arts : on y sent l'empreinte des goûts, surchargés d'ornemens, des époques de décadence des Grecs et des Romains. Mais pour éprouver cette impression, il faut avoir déjà l'œil exercé par la contemplation des monumens purs d'Athènes ou de Rome : tout autre œil serait fasciné par la splendeur des formes et par le fini des ornemens. Le seul vice ici, c'est trop de richesse : la pierre est écrasée sous son propre luxe, et les dentelles de marbre courent de toutes parts sur les murailles. Il existe, presque intactes encore, huit ou dix de ces chapelles qui semblent avoir existé toujours ainsi, ouvertes sur le carré long, qu'elles entourent, et où les mystères des cultes de Baal étaient sans doute accomplis au grand jour. Je n'essaierai pas de décrire les mille objets d'étonnement et d'admiration que chacun de ces temples, que chacune de ces pierres offrent à l'œil du spectateur. Je ne suis ni sculpteur ni architecte; j'ignore jusqu'au nom que la pierre affecte dans telle ou telle place, dans telle ou telle forme. Je parlerais mal une langue inconnue; — mais cette langue universelle que le beau parle à l'œil, même de l'ignorant, que le mystérieux et l'antique parlent à l'esprit et à l'âme du philosophe, je l'entends; et je ne l'entendis jamais aussi fortement que dans ce chaos de marbres, de formes, de mystères qui encombrent cette merveilleuse cour.

Et cependant ce n'était rien encore auprès de ce que nous allions découvrir tout à l'heure. — En multipliant par la pensée les restes des temples de Jupiter Stator à Rome, du Colysée, du Parthénon, on pourrait se représenter cette scène architecturale; il n'y avait encore de prodiges que la prodigieuse agglomération de tant de monumens, de tant de richesses et de tant de travail dans une seule enceinte et sous un seul regard, au milieu du désert, et sur les ruines d'une cité presque inconnue; nous nous arrachâmes lentement à ce spectacle, et nous marchâmes vers le midi, où la tête des six colonnes gigantesques s'élevait comme un phare au-dessus de cet horizon de débris; pour y parvenir, nous fûmes obligés de franchir encore des murs d'enceintes extérieures, de hauts parvis, des piédestaux et des fondations d'autels qui obstruaient partout l'espace entre ces colonnes et nous : nous arrivâmes enfin à leur pied. Le silence est le seul langage de l'homme, quand ce qu'il éprouve dépasse la mesure ordinaire de ses impressions ; nous restâmes muets à contempler ces six colonnes et à mesurer de l'œil leur diamètre, leur élévation, et l'admirable sculpture de leurs architraves et de leurs corniches; elles ont sept pieds de diamètre et plus de soixante-dix pieds de hauteur; elles sont composées de deux ou trois blocs seulement, si parfaitement joints ensemble qu'on peut à peine discerner les lignes de jonction ; leur matière est une pierre d'un jaune légèrement doré qui tient le milieu entre l'éclat du marbre et le mat du travertin ; le soleil les frappait alors d'un seul côté, et nous nous assîmes un moment à leur ombre ; de grands oiseaux, semblables à des aigles, volaient effrayés du bruit de nos pas, au-dessus de leurs chapiteaux où ils ont leurs nids, et revenant se poser sur les acanthes des corniches, les frappaient du bec et remuaient leurs ailes, comme des ornemens animés de ces restes merveilleux : ces colonnes, que quelques voyageurs ont prises pour les restes d'une avenue de cent quatre pieds de long et de cinquante-six pieds de large, conduisant autrefois à un temple, me paraissent évidemment avoir été la décoration extérieure du même temple. En examinant d'un œil attentif le temple plus petit qui existe dans son entier tout auprès, on reconnaît qu'il a été construit sur le même dessin. Ce qui me paraît probable, c'est

qu'après la ruine du premier par un tremblement de
terre, on construisit le second sur le même modèle ;
qu'on employa même à sa construction une partie
des matériaux conservés du premier temple ; qu'on
en diminua seulement les proportions trop gigantesques pour une époque décroissante; qu'on changea les colonnes brisées par leur chute ; qu'on laissa
subsister celles que le temps avait épargnées, comme
un souvenir sacré de l'ancien monument : s'il en
était autrement, il resterait d'autres débris de grandes
colonnes autour des six qui subsistent. Tout indique,
au contraire, que l'aire qui les environne était vide
et déblayée de débris dès les temps les plus reculés,
et qu'un riche parvis servait encore aux cérémonies
d'un culte autour d'elles.

Nous avions en face, du côté du midi, un autre
temple, placé sur le bord de la plate-forme, à environ quarante pas de nous ; c'est le monument le plus
entier et le plus magnifique de Balbek, et j'oserai dire
du monde entier ; si vous redressiez une ou deux colonnes du péristyle, roulées sur le flanc de la plate-
forme, et la tête encore appuyée sur les murs intacts
du temple ; si vous remettiez à leur place quelques-
uns des caissons énormes qui sont tombés du toit
dans le vestibule ; si vous releviez un ou deux blocs
sculptés de la porte intérieure, et que l'autel, recom-
posé avec les débris qui jonchent le parvis, reprît sa
forme et sa place, vous pourriez rappeler les dieux et
ramener les prêtres et le peuple ; ils reconnaîtraient
leur temple aussi complet, aussi intact, aussi brillant

du poli des pierres et de l'éclat de la lumière, que le jour où il sortit des mains de l'architecte. Ce temple a des proportions inférieures à celui que rappellent les six colonnes colossales; il est entouré d'un portique soutenu par des colonnes d'ordre corinthien; chacune de ces colonnes a environ cinq pieds de diamètre et quarante-cinq pieds de fût; les colonnes sont composées chacune de trois blocs superposés; elles sont à neuf pieds l'une de l'autre et à la même distance du mur intérieur du temple; sur les chapiteaux des colonnes s'étend une riche architrave et une corniche admirablement sculptée. Le toit de ce péristyle est formé de larges blocs de pierre concaves, découpés avec le ciseau, en caissons, dont chacun représente la figure d'un dieu, d'une déesse ou d'un héros : nous reconnûmes un Ganymède enlevé par l'aigle de Jupiter. Quelques-uns de ces blocs sont tombés à terre au pied des colonnes; nous les mesurâmes; ils ont seize pieds de largeur et cinq pieds à peu près d'épaisseur! ce sont là les tuiles de ces monumens. La porte intérieure du temple, formée de blocs aussi énormes, a vingt-deux pieds de large; nous ne pûmes mesurer sa hauteur parce que d'autres blocs sont écroulés en cet endroit, et la comblent à demi. L'aspect des pierres sculptées qui composent les faces de cette porte, et sa disproportion avec les restes de l'édifice, me font présumer que c'est la porte du grand temple écroulé qu'on a insérée dans celui-ci; les sculptures mystérieuses qui la décorent sont, à mon avis, d'une tout autre époque que l'époque antonine, et d'un travail infiniment moins pur; un aigle, tenant un caducée dans ses serres, étend ses ailes sur l'ouverture; de son bec s'échappent des festons de rubans ou de chaînes qui sont soutenus à leur extrémité par deux renommées. L'intérieur du monument est décoré de piliers et de niches de la sculpture la plus riche et la plus chargée; nous emportâmes quelques-uns des fragmens de sculpture qui parsemaient le parvis. Il y a des niches parfaitement intactes et qui semblent sortir de l'atelier du sculpteur. Non loin de l'entrée du temple, nous trouvâmes d'immenses ouvertures, et des escaliers souterrains qui nous conduisirent dans des constructions inférieures dont on ne peut assigner l'usage; tout y est également vaste et magnifique; c'étaient sans doute les demeures des pontifes, les colléges des prêtres, les salles des initiations, peut-être aussi des demeures royales; elles recevaient le jour d'en haut, ou par les flancs de la plate-forme auxquels ces chambres aboutissent. Craignant de nous égarer dans ces labyrinthes, nous n'en visitâmes qu'une petite partie; ils semblent régner sur toute l'étendue de ce mamelon. Le temple que je viens de décrire est placé à l'extrémité sud-ouest de la colline monumentale de Balbek; il forme l'angle même de la plate-forme. En sortant du péristyle, nous nous trouvâmes sur le bord du précipice; nous pûmes mesurer les pierres cyclopéennes qui forment le piédestal de ce groupe de monumens; ce piédestal a trente pieds environ au-dessus du niveau du sol de la plaine de Balbek; il est construit en pierres dont la dimension est tellement prodigieuse, que, si elle n'était attestée par des voyageurs dignes de foi, l'imagination des hommes de nos jours serait écrasée sous l'invraisemblance ; l'imagination des Arabes eux-mêmes, témoins journaliers de ces merveilles, ne les attribue pas à la puissance de l'homme, mais à celle des génies ou puissances surnaturelles. Quand on considère que ces blocs de granit taillé ont, quelques-uns, jusqu'à cinquante-six pieds de long sur quinze ou seize pieds de large, et une épaisseur inconnue, et que ces masses énormes sont élevées les unes sur les autres à vingt ou trente pieds du sol, qu'elles ont été tirées de carrières éloignées, apportées là, et hissées à une telle élévation pour former le pavé des temples, on recule devant une telle épreuve des forces humaines ; la science de nos jours n'a rien qui l'explique, et l'on ne doit pas être étonné qu'il faille alors recourir au surnaturel. Ces merveilles ne sont évidemment pas de la date des temples ; elles étaient mystère pour les anciens comme pour nous ; elles sont d'une époque inconnue, peut-être anté-diluvienne ; elles ont vraisemblablement porté beaucoup de temples consacrés à des cultes successifs et divers. A l'œil simple, on reconnaît cinq ou six générations de monumens, appartenant à des époques diverses, sur la colline des ruines de Balbek. Quelques voyageurs et quelques écrivains arabes attribuent ces constructions primitives à Salomon, trois mille ans avant notre âge. Il bâtit, dit-on, Tadmor et Balbek dans le désert. L'his-

toire de Salomon remplit l'imagination des Orientaux; mais cette supposition, en ce qui concerne au moins les constructions gigantesques d'Héliopolis, n'est nullement vraisemblable. Comment un roi d'Israël, qui ne possédait pas même un port de mer à dix lieues de ses montagnes, qui était obligé d'emprunter la marine d'Hiram, roi de Tyr, pour lui apporter les cèdres du Liban, aurait-il étendu sa domination au-delà de Damas et jusqu'à Balbek? comment un prince, qui, voulant élever le temple des temples, la maison du Dieu unique dans sa capitale, n'y employa que des matériaux fragiles et qui ne purent résister au temps, ni laisser aucune trace durable, aurait-il pu élever, à cent lieues de son peuple, dans des déserts inconnus, des monumens bâtis en matériaux impérissables? n'aurait-il pas plutôt employé sa force et sa richesse à Jérusalem? et que reste-t-il à Jérusalem qui indique des monumens semblables à ceux de Balbek? rien : ce ne peut donc être Salomon. Je crois plutôt que ces pierres gigantesques ont été remuées, soit par ces premières races d'hommes que toutes les histoires primitives appellent géans, soit par les hommes anté-diluviens. On assure que, non loin de là, dans une vallée de l'Anti-Liban, on découvre des ossemens humains d'une grandeur immense; ce bruit a une telle consistance parmi les Arabes voisins, que le consul général d'Angleterre en Syrie, M. Farren, homme d'une haute instruction, se propose d'aller incessamment visiter ces sépulcres mystérieux. Les traditions orientales, et le monument même élevé sur la soi-disant tombe de Noé; à peu de distance de Balbek, assignent ce séjour au patriarche. Les premiers hommes, sortis de lui, ont pu conserver longtemps encore la taille et les forces que l'humanité avait avant la submersion totale ou partielle du globe; ces monumens peuvent être leur ouvrage. A supposer même que la race humaine n'eût jamais excédé ses proportions actuelles, les proportions de l'intelligence humaine peuvent avoir changé : qui nous dit que cette intelligence plus jeune n'avait pas inventé des procédés mécaniques plus parfaits pour remuer, comme un grain de poussière, ces masses qu'une armée de cent mille hommes n'ébranlerait pas aujourd'hui? Quoi qu'il en soit, quelques-unes de ces pierres de Balbek, qui ont jusqu'à soixante-deux pieds de longueur et vingt de large sur quinze d'épaisseur, sont les masses les plus prodigieuses que l'humanité ait jamais remuées. Les plus grandes pierres des pyramides d'Égypte ne dépassent pas dix-huit pieds, et ne sont que des blocs exceptionnels placés pour une fin de solidité spéciale dans certaines parties de cet édifice.

En tournant l'angle nord de la plate-forme, les murailles qui la soutiennent sont d'une aussi belle conservation; mais la masse des matériaux qui la composent est moins étonnante. Les pierres cependant ont, en général, vingt à trente pieds de long sur huit à dix de large. Ces murailles, beaucoup plus antiques que les temples supérieurs, sont couvertes d'une teinte grise, et percées çà et là de trous à leurs angles de jonction. Ces ouvertures sont bordées de nids d'hirondelles, et laissent pendre des touffes d'arbustes et de fleurs pariétaires. La couleur grave et sombre des pierres de la base contraste avec la teinte splendide et dorée des murs des temples et des rangées de colonnes du sommet. Au coucher du soleil, quand ses rayons jouent entre les piliers et ruissellent en ondes de feu entre les volutes et les acanthes des chapiteaux, les temples resplendissent comme de l'or pur sur un piédestal de bronze. Nous descendîmes par une brèche formée à l'angle sud de la plate-forme. Là, quelques colonnes du petit temple ont roulé, avec leur architrave, dans le torrent qui coule le long des murs cyclopéens. Ces énormes tronçons de colonnes, groupés au hasard dans le lit du torrent et sur la pente rapide du fossé, sont restés et resteront sans doute éternellement où le temps les a secoués ; quelques noyers et d'autres arbres ont germé entre ces blocs, les couvrent de leurs rameaux et les embrassent de leurs larges racines. Les arbres les plus gigantesques ressemblent à des roseaux poussés d'hier, à côté de ces troncs de colonnes de vingt pieds de circonférence et de ces morceaux d'acanthe dont un seul couvre la moitié du lit du torrent. Non loin de là, du côté du nord, une immense gueule, dans les flancs de la plate-forme, s'ouvrait devant nous. Nous y descendîmes. Le jour extérieur qui y pénétrait par les deux extrémités l'éclairait suffisamment ; nous la suivîmes dans toute sa longueur de cinq cents pieds ; elle règne sous toute l'étendue des temples ; elle a une trentaine de pieds d'élévation, et les parois de la voûte sont formées de blocs qui nous étonnèrent par leur masse, même après ceux que nous venions de contempler. Ces blocs de pierre de travertin, taillée au ciseau, ont une grandeur inégale ; mais le plus grand nombre a de dix à vingt pieds de longueur ; la voûte est à plein cintre, les pierres jointes sans ciment : nous ne pûmes en deviner la destination. A l'extrémité occidentale, cette voûte a un embranchement plus élevé et plus vaste encore, qui se prolonge sur la plate-forme des petits temples que nous avions visités les premiers. Nous retrouvâmes là le grand jour, le torrent épars parmi d'innombrables morceaux d'architecture roulés des plates-formes, et de beaux noyers croissant dans la poussière de ces marbres. Les autres édifices antiques de Balbek, disséminés devant nous dans la plaine, attiraient nos regards ; mais rien n'avait la force de nous intéresser après ce que nous venions de parcourir. Nous jetâmes, en passant, un coup d'œil superficiel sur quatre temples qui seraient encore des merveilles à Rome, et qui ressemblent ici à des œuvres de nains. Ces temples, les uns de forme octogone, et très-élégans d'ornemens, les autres de forme carrée avec des péristyles de colonnes de granit égyptien, et même des colonnes de porphyre, me semblent d'époque romaine. L'un d'eux a servi d'église, dans les premiers temps du christianisme ; on distingue encore des symboles chrétiens ; il est découvert et ruiné maintenant ; les Arabes le dépouillent à mesure qu'ils ont besoin d'une pierre pour supporter leur toit, ou d'une auge pour abreuver leurs chameaux.

Un messager de l'émir des Arabes de Balbek nous cherchait et nous rencontra là. Il venait, de la part du prince, nous souhaiter une heureuse arrivée et nous prier de vouloir bien assister à une course de djérid, espèce de tournoi, qu'il donnerait en notre honneur, le lendemain matin, dans la plaine audessous des temples. Nous lui fîmes nos remerciemens, nous acceptâmes, et j'envoyai mon drogman, accompagné de quelques-uns de mes janissaires, faire, de ma part, une visite à l'émir. Nous rentrâmes chez l'évêque pour nous reposer de la journée ; mais à peine avions-nous mangé un morceau de galette et le mouton au riz préparé par nos moukres, que nous étions déjà tous à errer, sans guide et au hasard, autour de la colline des ruines ou dans les temples dont nous avions appris la route le matin. Chacun de nous s'attachait aux débris ou au point de vue qu'il venait de découvrir, et appelait de loin ses compagnons de recherche à venir en jouir avec lui ; mais on ne pouvait s'aracher à un objet sans en perdre un autre, et nous finîmes par nous abandonner, chacun de son côté, au hasard de nos découvertes. Les ombres du soir, qui descendaient lentement des montagnes de Balbek et ensevelissaient une à une les colonnes et les ruines dans leur obscurité, ajoutaient un mystère de plus et des effets plus pittoresques à cette œuvre magique et mystérieuse de l'homme et du temps; nous sentions là ce que nous sommes, comparés à la masse et à l'éternité de ces monumens, des hirondelles qui nichent une saison dans les interstices de ces pierres, sans savoir pour qui et par qui elles ont été rassemblées. Les idées qui ont remué ces masses, qui ont accumulé ces blocs, nous sont inconnues; la poussière de marbre que nous foulons en sait plus que nous, mais ne peut rien nous dire; et dans quelques siècles, les générations qui viendront visiter à leur tour les débris de nos monumens d'aujourd'hui se demanderont de même, sans pouvoir se répondre, pourquoi nous avons bâti et sculpté. Les œuvres de l'homme durent plus que sa pensée; le mouvement est la loi de l'esprit humain; le définitif est le rêve de son orgueil ou de son ignorance; Dieu est un but qui se pose sans cesse plus loin, à mesure que l'humanité s'en approche; nous avançons toujours, nous n'arrivons jamais; la grande figure divine, que l'homme cherche depuis son enfance à arrêter définitivement dans son imagination et à emprisonner dans ses temples, s'élargit, s'agrandit toujours, dépasse les pensées étroites et les temples limités, et laisse les temples vides et les autels s'écrouler, pour appeler l'homme à la chercher et à la voir où elle se manifeste de plus en plus, dans la pensée, dans l'intelligence, dans la vertu, dans la nature et dans l'infini!

Même date, le soir.

Heureux celui qui a des ailes pour planer sur les siècles écoulés, pour se poser sans vertiges sur ces monumens merveilleux des hommes, pour sonder de là les abîmes de la pensée, de la destinée humaine ; pour mesurer de l'œil la route de l'esprit humain, marchant pas à pas dans ce demi-jour des philosophies, des religions, des législations successives ; pour prendre hauteur, comme le navigateur sur des mers sans rivages visibles, et pour deviner à quel point des temps il vit lui-même, et à quelle manifestation de vérité et de divinité Dieu appelle la génération dont il fait partie !

Balbek, 29 mars, à minuit.

Je suis allé hier seul sur la colline des Temples, au clair de lune, penser, pleurer et prier. Dieu sait ce que je pleure et pleurerai tant qu'il me restera un souvenir, une larme. Après avoir prié pour moi et pour ceux qui sont partie de moi, j'ai prié pour tous les hommes. Cette grande tente renversée de l'humanité, sur les ruines de laquelle j'étais assis, m'a inspiré des sentimens si forts et si ardens, qu'ils se sont presque d'eux-mêmes échappés en vers, langage naturel de ma pensée, toutes les fois que ma pensée me domine.

Je les ai écrits ce matin, au lieu même et sur la pierre où je les ai sentis cette nuit :

VERS ÉCRITS A BALBEK.

Mystérieux déserts, dont les larges collines
Sont les os des cités dont le nom a péri;
Vastes blocs qu'a roulés le torrent des ruines;
Immense lit d'un peuple où la vague a tari;
Temples qui, pour porter vos fondemens de marbre,
Avez déraciné les grands monts comme un arbre;
Gouffres où rouleraient des fleuves tout entiers;
Colonnes où mon œil cherche en vain des sentiers;
De piliers et d'arceaux profondes avenues,
Où la lune s'égare ainsi qu'au sein des nues;
Chapiteaux que mon œil mêle en les regardant;
Sur l'écorce du globe, immenses caractères,
Pour vous toucher du doigt, pour sonder vos mystères,
    Un homme est venu d'Occident!

La route, sur les flots, que sa nef a suivie,
A déplié cent fois ses roulans horizons;
Aux gouffres de l'abîme il a jeté sa vie;
Ses pieds se sont usés sur les pointes des monts;
Les soleils ont brûlé la toile de sa tente;
Ses frères, ses amis ont séché dans l'attente;
Et s'il revient jamais, son chien même incertain
Ne reconnaîtra plus ni sa voix ni sa main :
Il a laissé tomber et perdu dans la route
L'étoile de son œil, l'enfant qui, sous sa voûte,
Répandait la lumière et l'immortalité :
Il mourra sans mémoire et sans postérité!
Et maintenant, assis sur la vaste ruine,
Il n'entend que le vent qui rend un son moqueur;
Un poids courbe son front, écrase sa poitrine :
    Plus de pensée et plus de cœur!

. . . .

Le reste est trop intime.

Même date.

J'avais traversé les sommets du Sannin, couverts de neiges éternelles, et j'étais redescendu du Liban, couronné de son diadème de cèdres, dans le désert nu et stérile d'Héliopolis, à la fin d'une journée pénible et longue. A l'horizon encore éloigné devant nous, sur les derniers degrés des montagnes noires de l'Anti-Liban, un groupe immense de ruines jaunes, doré par le soleil couchant, se détachait de l'ombre des montagnes, et se répercutait des rayons du soir. Nos guides nous le montraient du doigt, et s'écriaient : *Balbek ! Balbek!* C'était en effet la merveille du désert, la fabuleuse Balbek qui sortait tout éclatante de son sépulcre inconnu, pour nous raconter des âges dont l'histoire a perdu la mémoire. Nous avancions lentement aux pas de nos chevaux fatigués, les yeux attachés sur les murs gigantesques, sur les colonnes éblouissantes et colossales, qui semblaient s'étendre, grandir, s'allonger à mesure que nous approchions : un profond silence régnait dans toute notre caravane ; chacun aurait craint de perdre une impression de cette heure en communiquant celle qu'il venait d'avoir. Les Arabes mêmes se taisaient, et semblaient recevoir aussi une forte et grave pensée de ce spectacle qui nivelle toutes les pensées. Enfin, nous touchâmes aux premiers tronçons de colonnes, aux premiers blocs de marbre, que les tremblemens de terre ont secoués jusqu'à plus d'un mille des monumens mêmes, comme les feuilles sèches, jetées et roulées loin de l'arbre après l'ouragan; les profondes et larges carrières qui fendent, comme des gorges de vallées, les flancs noirs de l'Anti-Liban, ouvraient déjà leurs abîmes sous les pas de nos chevaux : ces vastes bassins de pierre, dont les parois gardent les traces profondes du ciseau qui les a creusés pour en tirer d'autres collines de pierre, montraient encore quelques blocs gigantesques à demi détachés de leur base, et d'autres taillés sur leurs quatre faces, et qui semblent n'attendre que les chars ou les bras des générations de géans pour les mouvoir. Un seul de ces moellons de Balbek avait soixante-deux pieds de long sur vingt-quatre pieds de largeur, et seize d'épaisseur. Un de nos Arabes, descendant de cheval, se laissa glisser dans la carrière, et grimpant sur cette pierre, en s'accrochant aux entaillures du ciseau et aux mousses qui y ont pris racine, il monta sur ce piédestal, et courut çà et là sur cette plate-forme, en poussant des cris sauvages; mais le piédestal écrasait, par sa masse, l'homme de nos jours : l'homme disparaissait devant son œuvre; il faudrait la force réunie de soixante mille hommes de notre temps, pour soulever seulement cette pierre, et les plates-formes de Balbek en portent de plus colossales encore, élevées à vingt-cinq ou trente pieds du sol, pour porter des colonnades proportionnées à ces bases.

Nous suivîmes notre route, entre le désert à gauche et les ondulations de l'Anti-Liban à droite, en longeant quelques petits champs cultivés par les Arabes pasteurs, et le lit d'un large torrent qui serpente entre les ruines, et au bord duquel s'élèvent quelques beaux noyers. L'Acropolis, ou la colline artificielle qui porte tous les grands monumens d'Héliopolis, nous apparaissait çà et là, entre les rameaux et au-dessus de la tête des grands arbres; enfin? nous la découvrîmes en entier, et toute la caravane s'arrêta, comme par un instinct électrique. Aucune plume, aucun pinceau ne pourraient décrire l'impression que ce seul regard donne à l'œil et à l'âme. Sous nos pas, dans le lit du torrent, au milieu des champs, autour de tous les troncs d'arbres, des blocs de granit rouge ou gris, de porphyre sanguin, de marbre blanc, de pierre jaune, aussi éclatante que le marbre de Paros; tronçons de colonnes, chapiteaux ciselés, architraves, volutes, corniches, entablemens, pié-destaux; membres épars, et qui semblent palpitans, des statues tombées la face contre terre : tout cela confus, groupé en monceaux, disséminé et ruisselant de toutes parts, comme les laves d'un volcan qui vomirait les débris d'un grand empire : à peine un sentier pour se glisser à travers ces balayures des arts qui couvrent toute la terre. Le fer de nos chevaux glissait et se brisait à chaque pas dans les acanthes polies des corniches, ou sur le sein de neige d'un torse de femme : l'eau seule de la rivière de Balbek se faisait jour parmi ces lits de fragmens, et lavait de son écume murmurante les brisures de ces marbres qui font obstacle à son cours.

Au-delà de ces écumes de débris qui forment de

véritables dunes de marbre; la colline de Balbek, plate-forme de mille pas de long, de sept cents pieds de large, toute bâtie de main d'homme, en pierres de taille, dont quelques-unes ont cinquante à soixante pieds de longueur sur quinze à seize pieds d'élévation, mais la plupart de quinze à trente. Cette colline de granit taillé se présentait à nous par son extrémité orientale, avec ses bases profondes et ses revêtemens incommensurables ; où trois morceaux de granit forment cent quatre-vingts pieds de développement, et près de quatre mille pieds de surface ; avec les larges embouchures de ses voûtes souterraines, où l'eau de la rivière s'engouffrait, où le vent jetait, avec l'eau, des murmures semblables aux volées lointaines des grandes cloches de nos cathédrales. Sur cette immense plate-forme, l'extrémité des grands temples se montrait à nous, détachée de l'horizon bleu et rose, ou couleur d'or. Quelques-uns de ces monumens déserts semblaient intacts, et paraissaient sortir des mains de l'ouvrier ; d'autres ne présentaient plus que des restes encore debout, des colonnes isolées, des pans de murailles inclinés et des frontons démantelés : l'œil se perdait dans les avenues étincelantes des colonnades de ces divers temples, et l'horizon trop élevé nous empêchait de voir où finissait ce peuple de pierre. Les six colonnes gigantesques du grand temple, portant encore majestueusement leur riche et colossal entablement, dominaient toute cette scène, et se perdaient dans le ciel bleu du désert, comme un autel aérien pour les sacrifices des géans.

Nous ne nous arrêtâmes que quelques minutes pour reconnaître seulement ce que nous venions visiter à travers tant de périls et tant de distance ; et sûrs enfin de posséder, pour le lendemain, ce spectacle que les rêves mêmes ne pouvaient nous rendre, nous nous remîmes en marche. Le jour baissait ; il fallait trouver un asile, ou sous la tente, ou sous quelques voûtes de ces ruines, pour passer la nuit, et nous reposer d'une marche de quatorze heures. Nous laissâmes à gauche la montagne de ruines et une vaste plage toute blanche de débris, et, traversant quelques champs de gazon, broutés par les chèvres et les chameaux, nous nous dirigeâmes vers une fumée qui s'élevait à quelques cents pas de nous, d'un groupe de ruines, entremêlées de masures arabes. Le sol était inégal et montueux, et retentissait sous les fers de nos chevaux, comme si les souterrains que nous foulions allaient s'entr'ouvrir sous leurs pas. Nous arrivâmes à la porte d'une cabane basse et à demi cachée par les pans de marbre dégradés, et dont la porte et les étroites fenêtres, sans vitres et sans volets, étaient construites de marbre et de porphyre, mal collés ensemble avec un peu de ciment. Une petite ogive de pierre s'élevait, d'un ou deux pieds, au-dessus de la plate-forme qui servait de toit à cette masure, et une petite cloche semblable à celle que l'on peint sur la grotte des ermites, s'y balançait aux bouffées du vent : c'était le palais épiscopal de l'évêque arabe de Balbeck, qui surveillait, dans ce désert, un petit troupeau de douze ou quinze familles chrétiennes, de la communion grecque, perdues au milieu de ces déserts, et de la tribu féroce des Arabes indépendans de Bkà. Jusque-là nous n'avions vu aucun être vivant que les chakals qui couraient entre les colonnes du grand temple, et les petites hirondelles, au collier de soie rose, qui bordaient, comme un ornement d'architecture orientale, les corniches de la plate-forme. L'évêque, averti par le bruit de notre caravane, arriva bientôt, et, s'inclinant sur la porte, m'offrit l'hospitalité. C'était un beau vieillard, aux cheveux et à la barbe d'argent, à la physionomie grave et douce, à la parole noble, suave et cadencée, tout à fait semblable à l'idée du prêtre, dans le poëme ou dans le roman, et digne en tout de montrer sa figure de paix, de résignation et de charité, dans cette scène solennelle de ruines et de méditations. Il nous fit entrer dans une petite cour intérieure, pavée aussi d'éclats de statues, de morceaux de mosaïque et de vases antiques, et, nous livrant sa maison, c'est-à-dire deux petites chambres basses, sans meubles et sans portes, il se retira et nous laissa, suivant la coutume orientale, maîtres absolus de sa demeure. Pendant que nos Arabes plantaient en terre, autour de la maison, des chevilles de fer, pour y attacher, par des anneaux, les jambes de nos chevaux, et que d'autres allumaient un feu dans la cour, pour nous préparer le pilau et cuire les galettes d'orge, nous sortîmes pour jeter un second regard sur les monumens qui nous environnaient. Les grands temples étaient devant nous, comme des statues sur leurs piédestaux : le soleil les frappait d'un dernier rayon vague, qui se retirait lentement d'une colonne à l'autre, comme les lueurs d'une lampe que le prêtre emporte au fond du sanctuaire : les mille ombres des portiques, des piliers, des colonnades, des autels, se répandaient mouvantes sous la vaste forêt de pierre, et remplaçaient peu à peu, sur l'Acropolis, les éclatantes lueurs du marbre et du travertin : plus loin, dans la plaine, c'était un océan de ruines qui ne se perdaient qu'à l'horizon; on eût dit des vagues de pierres brisées contre un écueil, et couvrant une immense plage de leur blancheur et de leur écume. Rien ne s'élevait au-dessus de cette mer de débris, et la nuit qui tombait des hauteurs, déjà grises, d'une chaîne de montagnes, les ensevelissait successivement dans son ombre. Nous restâmes quelques momens assis silencieusement devant ce spectacle, et nous rentrâmes, à pas lents, dans la petite cour de l'évêque, éclairée par le foyer des Arabes.

Assis sur quelques fragmens de corniches et de chapiteaux, qui servaient de bancs dans la cour, nous mangeâmes rapidement le sobre repas du voyageur dans le désert, et nous restâmes quelque temps à nous entretenir, avant le sommeil, de ce qui remplissait nos pensées. Le foyer s'éteignait, mais la lune s'élevait pleine et éclatante dans le ciel limpide, et passant à travers les crénelures d'un grand mur de pierres blanches, et les dentelures d'une fenêtre en arabesques, qui bornaient la cour du côté du désert, elle éclairait l'enceinte d'une clarté qui rayonnait sur toutes les pierres. Le silence et la rêverie nous gagnèrent ; ce que nous pensions à cette heure, à cette place, si loin du monde vivant, dans ce monde mort, en présence de tant de témoins muets d'un passé inconnu, mais qui bouleverse toutes nos petites théories d'histoire et de philosophie de l'humanité ; ce qui se remuait dans nos esprits ou dans nos cœurs, de nos systèmes, de nos idées, hélas ! et peut-être aussi de nos souvenirs et de nos sentimens individuels; Dieu seul le sait, et nos langues n'essayaient pas de le dire ; elles auraient craint de profaner la solennité de cette heure, de cet astre, de ces pensées mêmes : nous nous taisions. Tout à coup, comme une plainte douce et amoureuse, un murmure grave et accentué par la passion, sortit des ruines, derrière ce grand mur percé d'ogives arabesques, et dont le toit nous avait paru écroulé sur lui-même ; ce murmure vague et confus s'enfla, se prolongea, s'éleva plus fort et plus haut, et nous distinguâmes un chant nourri de plusieurs voix en chœur; un chant monotone, mélancolique et tendre, qui montait, qui baissait, qui mourait, qui renaissait alternativement, et qui se répondait à lui-même : c'était la prière du soir que l'évêque arabe faisait avec son petit troupeau, dans l'enceinte éboulée de ce qui avait été son église, monceaux de ruines entassés récemment par une tribu d'Arabes idolâtres. Rien ne nous avait préparés à cette musique de l'âme, dont chaque note est un sentiment ou un soupir du cœur humain, dans cette solitude, au fond des déserts, sortant ainsi des pierres muettes, accumulées par les tremblemens de terre, par les barbares et par le temps. Nous fûmes frappés de saisissement, et nous accompagnâmes des élans de notre pensée, de notre prière et de toute notre poésie intérieure, les accens de cette poésie sainte, jusqu'à ce que les litanies chantées eussent accompli leur refrain monotone, et que les derniers soupirs de ces voix pieuses se fussent assoupis dans le silence accoutumé de ces vieux débris.

Même date.

Les temples nous ont fait oublier le djérid que le prince de Balbek voulait nous donner ; nous avons passé la matinée tout entière à les parcourir de nouveau. A quatre heures, quelques Arabes sont venus nous avertir que les cavaliers étaient dans la plaine au-dessus des temples, mais qu'impatientés de nos délais ils allaient se retirer; que le prince pensait que ce spectacle ne nous était pas agréable puisque nous différions de nous y rendre, et qu'il nous priait de monter à son sérail lorsque nous aurions satisfait notre curiosité; qu'il nous préparait chez lui un autre divertissement. Cette tolérance de ce chef d'une tribu féroce des Arabes les plus redoutés de ce désert nous étonnait. En général, les Arabes et les Turcs eux-mêmes ne permettent pas aux étrangers de visiter seuls aucune ruine d'anciens monumens; ils croient que ces débris renferment d'immenses trésors gardés par les génies ou les démons, et que les

Européens connaissent les paroles magiques qui les découvrent ; comme ils ne veulent pas qu'on les emporte, ils sont d'une extrême vigilance autour des Francs dans ces contrées ; ici, au contraire, nous étions absolument abandonnés à nous-mêmes ; nous n'avions pas même un guide arabe avec nous, et les enfans de la tribu s'étaient éloignés par respect. Je ne sais à quoi tient cette respectueuse déférence de l'émir de Balbek dans cette circonstance ; peut-être nous prend-il pour des émissaires d'Ibrahim-Pacha. Le fait est que nous sommes trop peu nombreux pour inspirer de la crainte à une tribu entière de cinq ou six cents hommes accoutumés au combat et vivant de rapines ; et cependant ils n'osent ni s'approcher de nous, ni nous interroger, ni s'opposer à aucune de nos démarches ; nous pourrions rester un mois dans les temples, y faire des fouilles, emporter les fragmens les plus précieux de ces sculptures, sans que qui que soit s'y opposât. Je regrette vivement ici, comme à la mer Morte, de n'avoir pas connu d'avance la disposition de ces tribus à notre égard : j'aurais amené des ouvriers et des chameaux de charge et enrichi la science et les musées.

Nous allâmes, en sortant des temples, au palais de l'émir. Un intervalle de ruines désertes, mais moins importantes, sépare la colline des grands temples, ou l'Acropolis de Balbek, de la nouvelle Balbek, habitée par les Arabes. Celle-ci n'est qu'un monceau de masures cent fois renversées dans des guerres incessantes, la population s'est nichée comme elle a pu dans les cavités formées par tant de débris; quelques branches d'arbre, quelques toits de chaume recouvrent ces demeures dont les portes et les fenêtres sont formées souvent avec des morceaux des plus admirables débris.

L'espace occupé par les ruines de la ville moderne est immense ; il s'étend à perte de vue et blanchit deux collines basses qui ondulent au-dessus de la grande plaine : l'effet est triste et dur. Ces débris modernes rappellent ceux d'Athènes, que j'avais vus une année auparavant. Le blanc mat et cru de ces murailles couchées à terre et de ces pierres disséminées n'a rien de la majesté ni de la couleur dorée des ruines véritablement antiques; cela ressemble à une immense grève couverte de l'écume de la mer. Le palais de l'émir est une assez vaste cour, entourée de masures de diverses formes; le tout assez semblable à une cour de misérable ferme, dans nos provinces les plus pauvres ; la porte était gardée par un certain nombre d'Arabes armés ; la foule se pressait pour y entrer; les gardes nous firent place et nous introduisirent. La cour était déjà remplie de tous les chefs de la tribu et d'une grande multitude de peuple. L'émir et sa famille, ainsi que les principaux scheiks, revêtus de caftans et de pelisses magnifiques, mais en lambeaux, étaient assis sur une estrade élevée au-dessus de la foule et adossée au principal bâtiment. Derrière eux était un certain nombre de serviteurs, d'hommes armés et d'esclaves noirs. L'émir et sa suite se leva à notre approche; on nous aida à escalader quelques marches énormes, formées de blocs irréguliers qui servaient d'escaliers à l'estrade, et après les complimens d'usage, l'émir nous fit asseoir sur le divan à côté de lui ; on m'apporta la pipe, et le spectacle commença.

Une musique formée de tambours, de tambourins, de fifres aigus et de triangles de fer, qu'on frappait avec une verge de fer, donna le signal : quatre ou cinq acteurs, vêtus de la manière la plus grotesque, les uns en hommes, les autres en femmes, s'avancèrent au milieu de la cour, et exécutèrent les danses les plus bizarres et les plus lascives que l'œil de ces barbares puisse supporter. Ces danses monotones durèrent plus d'une heure, entremêlées de temps en temps de quelques paroles et de quelques gestes et changemens de costume, qui semblaient dénoter une intention dramatique ; mais une seule chose était intelligible, c'était l'horrible et dégoûtante dépravation des mœurs publiques, indiquée par les mouvemens des danseurs. Je détournai les yeux ; l'émir lui-même semblait rougir de ces scandaleux plaisirs de son peuple, et faisait, comme moi, des gestes de mépris ; mais les cris et les transports du reste des spectateurs s'élevaient toujours au moment où les plus sales obscénités se révélaient dans les figures de la danse, et récompensaient les acteurs.

Ceux-ci dansèrent ainsi jusqu'à ce que, accablés de fatigue et inondés de sueur, ils ne pussent plus supporter la rapidité toujours croissante de la mesure ; ils roulèrent à terre d'où on les emporta. Les femmes n'assistaient pas à ce spectacle; mais celles de l'émir, dont le harem donnait sur la cour, en jouissaient de leurs chambres, et nous les voyions, à travers des grillages de bois, se presser aux fenêtres pour regarder les danseurs. Les esclaves de l'émir nous apportèrent des sorbets et des confitures de toute espèce, ainsi que des boissons exquises, composées de jus de grenade et de fleur d'orange à la glace, dans des coupes de cristal; d'autres esclaves nous présentaient, pour essuyer nos lèvres, des serviettes de mousseline brodée en or. Le café fut aussi servi plusieurs fois, et les pipes sans cesse renouvelées. Je causai une demi-heure avec l'émir; il me parut un homme de bon sens et d'esprit, fort au-dessus de l'idée que les grossiers plaisirs de son peuple auraient pu donner de lui : c'est un homme d'environ cinquante ans, d'une belle figure, ayant les manières les plus dignes et les plus nobles, la politesse la plus solennelle, toutes choses que le dernier des Arabes possède comme un don du climat, ou comme l'héritage d'une antique civilisation. Son costume et ses armes étaient de la plus grande magnificence. Ses chevaux admirables étaient répandus dans les cours et dans le chemin ; il m'en offrit un des plus beaux ; il m'interrogea avec la plus délicate discrétion sur l'Europe, sur Ibrahim, sur l'objet de mon voyage au milieu de ces déserts. Je répondis avec une réserve affectée qui put lui faire croire que j'avais en effet un tout autre but que celui de visiter des colonnes et des ruines. Il m'offrit toute sa tribu pour m'accompagner à Damas, à travers la chaîne inconnue de l'Anti-Liban, que je voulais traverser. J'acceptai seulement quelques cavaliers pour me servir de guides et de protection, et je me retirai, accompagné par tous les scheiks, qui nous suivirent à cheval jusqu'à la porte de l'évêque grec. Je donnai l'ordre du départ pour le lendemain, et nous passâmes la soirée à causer avec le vénérable hôte que nous allions quitter. Quelques centaines de piastres, que je lui laissai en aumône pour son troupeau, payèrent l'hospitalité que nous avions reçue de lui. Il voulut bien se charger de faire partir un chameau chargé de quelques fragmens de sculpture que je désirais emporter en Europe ; il s'acquitta fidèlement de cette commission, et à mon retour en Syrie je trouvai ces précieux débris arrivés avant moi à Bayruth.

31 mars 1833.

Nous sommes partis de Balbek à quatre heures du matin ; la caravane se compose de notre nombre ordinaire, de Moukres, d'Arabes, de serviteurs, d'escorte et de huit cavaliers de Balbek, qui marchent, à deux ou trois cents pas, en tête de la caravane ; le jour a commencé à poindre au moment où nous franchissions la première colline qui monte vers la chaîne de l'Anti-Liban. Toute cette colline est creusée d'immenses et profondes carrières, d'où sont sortis les prodigieux monumens que nous venions de contempler. Le soleil commençait à dorer leurs faîtes, et ils brillaient sous nos pieds, dans la plaine, comme des blocs d'or; nous ne pouvions en détacher nos regards; nous nous arrêtâmes vingt fois avant d'en perdre tout à fait la vue; enfin ils disparaissent pour jamais sous la colline, et nous ne voyons au-delà du désert que les cimes noires ou neigeuses des montagnes de Tripoli et de Latakié, qui se fondent dans le firmament.

Les montagnes peu élevées d'abord que nous traversons sont entièrement nues et presque désertes. Le sol en général est pauvre et stérile : la terre, là où elle est cultivée, est de couleur rouge. Il y a de jolies vallées à pentes douces et ondoyantes, où la charrue pourrait se promener sans obstacles. Nous ne rencontrons ni voyageurs, ni villages, ni habitans, jusque vers le milieu du jour. Nous faisons halte sous nos tentes, à l'entrée d'une gorge profonde, où coule un torrent, alors à sec. Nous trouvons une source sous un rocher : l'eau est abondante et délicieuse; nous en remplissons les jarres suspendues aux selles de nos chevaux. Après deux heures de repos, nous nous remettons en marche.

Nous côtoyons, par un sentier rapide et escarpé, le flanc d'une haute montagne de roche nue, pendant environ deux heures. La vallée, qui se creuse de plus en plus à notre droite, est sillonnée par un large lit de fleuve sans eau. Une montagne de roche grise, et complètement dépouillée, s'élève de l'autre côté, comme une muraille perpendiculaire. Nous recommençons à descendre vers l'autre embouchure de cette gorge. Deux de nos chevaux, chargés de bagages, roulent dans le précipice. Les matelas et tapis de divan, dont ils sont chargés, amortissent la chute ; nous parvenons à les retirer. Nous campons à l'issue de la gorge, auprès d'une source excellente. — Nuit passée au milieu de ce labyrinthe inconnu des montagnes de l'Anti-Liban. Les neiges ne sont qu'à cinquante pas au-dessus de nos têtes. Nos Arabes ont allumé un feu de broussailles, sous une grotte à dix pas du tertre où est plantée notre tente. La lueur du feu perce la toile et éclaire l'intérieur de la tente où nous nous abritons contre le froid. Les chevaux, quoique couverts de leurs *libets*, couvertures de feutre, hennissent de douleur. Toute la nuit nous entendons les cavaliers de Balbek et les soldats égyptiens qui gémissent sous leurs manteaux. Nous-mêmes, quoique couverts d'un manteau et d'une épaisse couverture de laine, nous ne pouvons supporter la morsure de cet air glacé des Alpes. Nous montons à cheval, à sept heures du matin, par un soleil resplendissant qui nous fait dépouiller successivement nos manteaux et nos caftans. Nous passons à huit heures dans une plaine très-élevée, par un grand village arabe, dont les maisons sont vastes et les cours remplies de bétail et de volaille, comme en Europe. Nous ne nous y arrêtons pas. Ce peuple est ennemi de celui de Balbek et des Arabes de Syrie. Ce sont des peuplades presque indépendantes, qui ont plus de rapport avec les populations de Damas et de la Mésopotamie. Ils paraissent riches et laborieux. Toutes les plaines autour de ce village sont cultivées. Nous voyons des hommes, des femmes, des enfans dans les champs. On laboure avec des bœufs. Nous rencontrons des scheiks richement montés et équipés, qui vont à Damas, ou qui en viennent : leur physionomie est rude et féroce; ils nous regardent de mauvais œil, et passent sans nous saluer. Les enfans nous crient des paroles injurieuses. Dans un second village, à deux heures du premier, nous achetons avec peine quelques poules et un peu de riz pour le dîner de la caravane. Nous campons, à six heures du soir, dans un champ élevé au-dessus d'une gorge de montagne, qui descend vers un fleuve que nous voyons briller de loin. Il y a un petit torrent qui coule en bondissant dans la gorge et où nous abreuvons nos chevaux. Le climat est rude encore. Devant nous, à l'embouchure de la gorge, s'élèvent des pics de rochers, groupés en pyramides, et qui se perdent dans le ciel. Aucune végétation sur ces pics. Couleur grise ou noire du rocher contrastant avec l'éclatante limpidité du firmament où ils plongent.

1er avril 1833.

Monté à cheval à six heures du matin. Journée superbe. — Voyagé tout le jour, sans halte, entre des montagnes escarpées, séparées seulement par des gorges étroites, où roulent des torrens de neige fondue. — Pas un arbre, pas une mousse sur les flancs de ces montagnes. Leurs formes bizarres, heurtées, concassées, figurent des monumens humains. L'une d'elle s'élève immense et à pic de tous les côtés, comme une pyramide ; elle peut avoir une lieue de circonférence. On ne peut découvrir comment il a pu jamais être possible de la gravir. Aucune trace de sentiers ni de gradins visible : et cependant tous ses flancs sont creusés de cavernes, de toutes proportions, par la main des hommes. Il y a une multitude de cellules, grandes et petites, dont les portes sont sculptées de diverses formes, par le ciseau. Quelques-unes de ces grottes, dont les embouchures s'ouvrent au-dessus de nos têtes, ont de petites terrasses de rochers vifs devant leurs portes. On voit des restes de chapelles ou de temples, des colonnes encore debout, sur la roche : on dirait une ruche d'hommes abandonnée. Les Arabes disent que ce sont les chrétiens de Damas qui ont creusé ces antres. Je pense en effet que c'est là une de ces thébaïdes où les premiers chrétiens se réfugièrent dans les temps de cénobitisme ou de persécution. Saint Paul avait fondé une grande église à Damas, et cette église, longtemps florissante, subit les phases et les persécutions de toutes les autres églises de l'Orient.

Nous laissons cette montagne sur notre gauche, et bientôt derrière nous. Nous descendons rapidement, et par des précipices presque impraticables, vers une vallée plus ouverte et plus large. Un fleuve charmant la remplit. La végétation recommence sur ses bords : des saules, des peupliers, des arbres immenses, aux branches coudées d'une manière bizarre, aux feuillages noirs; croissent dans les interstices de rocher qui bordent le fleuve. Nous suivons ces bords enchantés pendant une heure, en descendant toujours, mais insensiblement. Le fleuve nous accompagne en murmurant, et en écumant sous les pieds de nos chevaux. Les hautes montagnes, qui forment la gorge d'où descend le fleuve, s'éloignent et s'arrondissent en croupes larges et boisées, frappées des rayons du soleil couchant; c'est une première échappée sur la Mésopotamie; nous apercevons de plus en plus les larges vallées qui vont déboucher dans la grande plaine du désert de Damas à Bagdad. La vallée où nous sommes circule mollement et s'élargit elle-même. A droite et à gauche du fleuve, nous commençons à apercevoir des traces de culture, nous entendons des mugissemens lointains de troupeaux. Des vergers d'abricotiers, aussi grands que des noyers, bordent le chemin. Bientôt, à notre grande surprise, nous voyons des haies, comme en Europe, séparer les vergers et les jardins, semés de plantes potagères et d'arbres fruitiers en fleurs. Des barrières ou des portes de bois ouvrent çà et là sur ces beaux vergers. Le chemin est large, uni, bien entretenu, comme aux environs d'une grande ville de France. Nul d'entre nous ne savait l'existence de cette oasis ravissante, au sein de ces montagnes inaccessibles de l'Anti-Liban. Nous approchons évidemment d'une ville ou d'un village, dont nous ignorons le nom. Un cavalier arabe, que nous rencontrons, dit que nous sommes aux environs d'un grand village, dont le nom est *Zebdani* : nous en voyons déjà la fumée qui s'élève entre les cimes des grands arbres dont la vallée est semée ; nous entrons dans les rues du village ; elles sont larges, droites, avec un trottoir de pierres de chaque côté. Les maisons qui les bordent sont grandes et entourées de cours pleines de bestiaux, et de jardins parfaitement arrosés et cultivés. Les femmes et les enfans se présentent aux portes pour nous voir passer, et nous accueillent avec une physionomie ouverte et souriante. Nous nous informons s'il existe un karavansérail où nous puissions nous abriter pour une nuit ; on nous répond que non, parce que, Zebdani n'étant sur aucune route, il n'y passe jamais de caravane. Nous arrivons, après avoir longtemps circulé dans les rues du village, à une grande place, au bord du fleuve. Là, une maison plus grande que les autres, précédée d'une terrasse, et entourée d'arbres, nous annonce la demeure du scheik. Je me présente avec mon drogman, et je demande une maison pour passer la nuit. Les esclaves vont avertir le scheik ; il accourt lui-même : c'est un vieillard vénérable, à barbe blanche, à physionomie ouverte et gracieuse. Il m'offre sa maison tout entière, avec un empressement et une grâce d'hospitalité que je n'avais pas encore rencontrés ailleurs. A l'instant ses nombreux esclaves et les principaux habitans du village s'emparent de nos chevaux, les conduisent dans un vaste hangar, les déchargent, apportent des monceaux d'orge et de paille. Le scheik fait retirer ses femmes de leur appartement, et nous

introduit d'abord dans son divan, où l'on nous sert
le café et les sorbets, puis nous abandonne toutes les
chambres de sa maison. Il me demande si je veux que
ses esclaves nous préparent un repas. Je le prie de
permettre que mon cuisinier leur épargne cette
peine, et de me procurer seulement un veau et quelques moutons pour renouveler nos provisions épuisées depuis Balbek. En peu de minutes le veau et les
moutons sont amenés et tués par le boucher du village, et tandis que nos gens nous préparent à souper,
le scheik nous présente les principaux habitans du
pays, ses parens et ses amis. Il me demande même la
permission de faire introduire ses femmes auprès de
madame de Lamartine. Elles désiraient passionnément, dit-il, de voir une femme d'Europe et de contempler ses vêtemens et ses bijoux. Les femmes du
scheik passèrent en effet voilées par le divan où nous
étions et entrèrent dans l'appartement de ma femme.
Il y en avait trois : une déjà âgée qui semblait la
mère des deux autres. Les deux jeunes étaient remarquablement belles, et semblaient pleines de respect,
de déférence et d'attachement pour la plus âgée. Ma
femme leur fit quelques petits présens, et elles lui en
firent d'autres de leur côté. Pendant cette entrevue,
le vénérable scheik de Zebdani nous avait conduits
sur une terrasse qu'il a élevée tout près de sa maison,
au bord du fleuve. Des piliers, plantés dans le lit
même de la rivière, portent un plancher recouvert
de tapis; un divan règne autour, et un arbre immense, pareil à ceux que j'avais déjà vus au bord du

chemin, couvre de son ombre la terrasse et le fleuve tout entier. C'est là que le scheik, comme tous les Turcs, passe ses heures de loisir au murmure et à la fraîcheur des eaux du fleuve, écumantes sous ses yeux, à l'ombre de l'arbre, au chant de mille oiseaux qui le peuplent. Un pont de planches conduit de la maison sur cette terrasse suspendue. C'est un des plus beaux sites que j'aie contemplés dans mes voyages. La vue glisse sur les dernières croupes arrondies et sombres de l'Anti-Liban, qui dominent les pyramides de Roche-Noire, ou les pics de neige; elle descend avec le fleuve et ses vagues d'écume entre les cimes inégales des forêts d'arbres variés qui tracent sa course, et va se perdre avec lui dans les plaines descendantes de la Mésopotamie qui entrent, comme un golfe de verdure, dans les sinuosités des montagnes.

Le souper étant prêt, je priai le scheik de vouloir bien le partager avec nous. Il accepta de bonne grâce, et parut fort amusé de la manière de manger des Européens. Il n'avait jamais vu aucun des ustensiles de nos tables. Il ne but point de vin et nous n'essayâmes pas de lui faire violence. La conscience du musulman est aussi respectable que la nôtre. Faire pécher un Turc contre la loi que la religion lui impose, m'a paru toujours aussi coupable, aussi absurde, que de tenter un chrétien. Nous parlâmes longtemps de l'Europe, de nos coutumes dont il paraissait grand admirateur. Il nous entretint de sa manière d'administrer son village. Sa famille gouverne depuis des siècles ce canton privilégié de l'Anti-Liban, et les perfectionnemens de propriétés, d'agriculture, de police et de propreté que nous avions admirés en traversant le territoire de Zebdani, étaient dus à cette excellente race de scheiks. Il en est ainsi dans tout l'Orient. Tout est exception et anomalie. Le bien s'y perpétue sans terme comme le mal. Nous pûmes juger, par ce village enchanteur, de ce que seraient ces provinces rendues à leur fertilité naturelle.

Le scheik admira beaucoup mes armes, et surtout une paire de pistolets à piston, et déguisa mal le plaisir que lui ferait la possession de cette arme. Mais je ne pouvais pas la lui offrir. C'étaient mes pistolets de combat que je voulais conserver jusqu'à mon retour en Europe. Je lui fis présent d'une montre en or pour sa femme. Il reçut ce cadeau avec toute la résistance polie que nous mettrions en Europe à en accepter un semblable, et affecta même d'être complètement satisfait, bien que je ne pusse douter de sa prédilection pour la paire de pistolets. On nous apporta une quantité de coussins et de tapis pour nous coucher; nous les étendîmes dans le divan où il couchait lui-même, et nous nous endormîmes au bruit du fleuve qui murmurait sous nos lits.

Le lendemain, parti au jour naissant, — traversé la seconde moitié du village de Zebdani, plus belle encore que ce que nous avions vu la veille. Le scheik nous fait escorter jusqu'à Damas par quelques hommes à cheval de sa tribu. Nous congédions là les cavaliers de l'émir de Balbek qui ne seraient pas en sûreté sur le territoire de Damas. Nous marchons pendant une heure dans des chemins bordés de haies vives, aussi larges qu'en France et parfaitement soignés. Une voûte d'abricotiers et de poiriers couvre la route; à droite et à gauche s'étendent des vergers sans fin, puis des champs cultivés remplis de monde et de bétail. Tous ces vergers sont arrosés de ruisseaux qui descendent des montagnes à gauche. Les montagnes sont couvertes de neige à leurs sommets. La plaine est immense, et rien ne la limite à nos yeux que les forêts d'arbres en fleurs. Après avoir marché ainsi trois heures comme au milieu des plus délicieux paysages de l'Angleterre ou de la Lombardie, sans que rien nous rappelât le désert et la barbarie, nous rentrons dans un pays stérile et plus âpre. La végétation et la culture disparaissent presque entièrement. Des collines de roche, à peine couvertes d'une mousse jaunâtre, s'étendent devant nous, bornées par des montagnes grises plus élevées et également dépouillées. Nous faisons halte sous nos tentes, au pied de ces montagnes, loin de toute habitation. Nous y passons la nuit au bord d'un torrent profondément encaissé qui retentit comme un tonnerre sans fin dans une gorge de rochers, et roule des eaux bourbeuses et des flocons de neige.

A cheval à six heures. C'est notre dernière journée; nous complétons nos costumes turcs pour n'être pas reconnus pour Francs dans les environs de Damas. Ma femme revêt le costume des femmes arabes, et un long voile de toile blanche l'entoure de la tête aux pieds. Nos Arabes font aussi une toilette plus soignée et nous montrent du doigt les montagnes qui nous restent à franchir en criant : Scham! Scham! C'est le nom arabe de Damas.

La population fanatique de Damas et des pays environnans exige ces précautions de la part des Francs qui se hasardent à visiter cette ville. Seuls parmi les Orientaux, les Damasquins nourrissent de plus en plus la haine religieuse et l'horreur du nom et du costume européens. Seuls ils se sont refusés à admettre les consuls ou même les agens consulaires des puissances chrétiennes. Damas est une ville sainte, fanatique et libre, rien ne doit la souiller.

Malgré les menaces de la Porte, malgré l'intervention plus redoutée d'Ibrahim-Pacha, et une garnison de douze mille soldats égyptiens ou étrangers, la population de Damas s'est obstinée à refuser au consul général d'Angleterre en Syrie l'accès de ses murs. Deux séditions terribles se sont élevées dans la ville sur le seul bruit de l'approche de ce consul. S'il n'eût rebroussé chemin, il eût été mis en pièces. Les choses sont toujours dans cet état ; l'arrivée d'un Européen en costume franc serait le signal d'une émotion nouvelle, et nous ne sommes pas sans inquiétude que le bruit de notre marche ne soit parvenu à Damas et ne nous expose à de sérieux périls. Nous avons pris toutes les précautions possibles. Nous sommes tous vêtus du costume le plus sévèrement turc. Un seul Européen, qui a pris lui-même les mœurs et le costume arabe et qui passe pour un négociant arménien, s'est exposé depuis plusieurs années au danger d'habiter une pareille ville, pour être utile au commerce du littoral de la Syrie et aux voyageurs que leur destinée pousse dans ces contrées inhospitalières. C'est M. Baudin, agent consulaire de France et de toute l'Europe. Ancien agent de lady Stanhope, qu'il a accompagnée dans ses premiers voyages à Balbek et à Palmyre; employé ensuite par le gouvernement français pour l'acquisition de chevaux dans le désert, M. Baudin parle arabe comme un Arabe, et a lié des relations d'amitié et de commerce avec toutes les tribus errantes des déserts qui entourent Damas. Il a épousé une femme arabe, d'origine européenne. Il vit depuis dix ans à Damas, et, malgré les nombreuses relations qu'il a formées, sa vie a été plusieurs fois menacée par la fureur fanatique des habitans de la ville. Deux fois il a été obligé de fuir pour échapper à une mort certaine. Il s'est construit une maison à Zaklé, petite ville chrétienne sur les flancs du Liban, et c'est là qu'il se réfugie dans les temps d'émotion populaire. M. Baudin, dont la vie est sans cesse en péril à Damas, et qui est, dans cette grande capitale, le seul moyen de communication, le seul anneau de la politique et du commerce de l'Europe, reçoit du gouvernement français, pour tout salaire de ses immenses services, un modique traitement de 1,500 francs; tandis que des consuls, environnés de toutes les sécurités et de tout le luxe de la vie dans les autres échelles du Levant, reçoivent d'honorables et larges rétributions. Je ne puis comprendre par quelle indifférence et par quelle injustice les gouvernemens européens et le gouvernement français surtout, négligent et déshéritent ainsi un homme jeune, intelligent, probe, serviable, courageux et actif, qui rend et rendrait les plus grands services à sa patrie. Ils le perdront!

J'avais connu M. Baudin en Syrie, l'année précédente, et j'avais concerté avec lui mon voyage à Damas. Instruit de mon départ et de ma prochaine arrivée, je lui expédie ce matin un Arabe pour l'informer de l'heure où je serai aux environs de la ville, et le prier de m'envoyer un guide pour diriger mes pas et mes démarches.

A neuf heures du matin, nous côtoyons une montagne couverte de maisons de campagne et de jardins des habitans de Damas. Un beau pont traverse un torrent au pied de la montagne. Nous voyons de nombreuses files de chameaux qui portent des pierres pour des constructions nouvelles; tout indique l'approche d'une grande capitale; une heure plus loin, nous apercevons, au sommet d'une éminence, une petite mosquée isolée, demeure d'un solitaire mahométan; une fontaine coule auprès de la mosquée, et des tasses de cuivre, enchaînées au massif de la fontaine, permettent au voyageur de se désaltérer; nous faisons halte un moment dans cet endroit, à l'ombre d'un sycomore; déjà la route est couverte de voyageurs, de paysans et de soldats arabes; nous remontons à cheval, et après avoir gravi quelques centaines de pas, nous entrons dans un défilé profond, encaissé à gauche par une montagne de schiste, perpendiculaire sur nos têtes ; à droite par un rebord de rocher de trente à quarante pieds d'élévation ; la descente est rapide, et les pierres roulantes glissent sous les pieds de nos chevaux ; je marchais à la tête de la caravane, à quelques pas derrière les Arabes de Zebdani ; tout à coup ils s'arrêtent et poussent des cris de joie en me montrant une ouverture dans le rebord de la route ; je m'approche, et mon regard plonge, à travers l'échancrure de la roche, sur le plus magnifique et le plus étrange horizon qui ait jamais étonné un regard d'homme : c'était Damas et son désert sans bornes à quelques centaines de pieds sous mes pas ; le regard tombait d'abord sur la ville qui, entourée de ses remparts de marbre jaune et noir, flanquée de ses innombrables tours carrées, de distance en distance ; couronnée de ses créneaux sculptés, dominée par sa forêt de minarets de toutes formes, sillonnée par les sept branches de son fleuve et ses ruisseaux sans nombre, s'étendait à perte de vue dans un labyrinthe de jardins en fleurs, jetait ses bras immenses çà et là dans la vaste plaine, partout ombragée, partout pressée par la forêt, de dix lieues de tour, de ses abricotiers, de ses sycomores, de ses arbres de toutes formes et de toute verdure ; semblait se perdre de temps en temps sous la voûte de ces arbres, puis reparaissait plus loin en larges lacs de maisons, de faubourgs, de villages ; labyrinthe de jardins, de vergers, de palais, de ruisseaux, où l'œil se perdait et ne quittait un enchantement que pour en retrouver un autre : nous ne marchions plus ;

tous pressés à l'étroite ouverture du rocher, percé comme une fenêtre, nous contemplions, tantôt avec des exclamations, tantôt en silence, le magique spectacle qui se déroulait ainsi subitement et tout entier sous nos yeux, au terme d'une route, à travers tant de rochers et de solitudes arides, au commencement d'un autre désert qui n'a pour bornes que Bagdad et Bassora, et qu'il faut quarante jours pour traverser : enfin nous nous remîmes en marche ; le parapet de rochers qui nous cachait la plaine et la ville s'abaissait insensiblement, et nous laissa bientôt jouir en plein de tout l'horizon ; nous n'étions plus qu'à cinq cents pas des murs des faubourgs : ces murs, entourés de charmans kiosques et de maisons de campagne des formes et des architectures les plus orientales, brillent comme une enceinte d'or autour de Damas ; les tours carrées qui les flanquent et en surmontent la ligne sont incrustées d'arabesques percées d'ogives à colonnettes minces comme des roseaux accouplés, et brodées de créneaux en turbans ; les murailles sont revêtues de pierres ou de marbres jaunes et noirs, alternés avec une élégante symétrie ; les cimes des cyprès et des autres grands arbres qui s'élèvent des jardins et de l'intérieur de la ville s'élancent au-dessus des murailles et des tours, et les couronnent d'une sombre verdure ; les innombrables coupoles des mosquées et des palais d'une ville de quatre cent mille âmes répercutaient les rayons du soleil couchant, et les eaux bleues et brillantes des sept fleuves étincelaient et disparaissaient tour à tour à travers les rues et les jardins; l'horizon, derrière la ville, était sans bornes comme la mer; il se confondait avec les bords pourpres de ce ciel de feu, qu'enflammait encore la réverbération des sables du grand désert; sur la droite, les larges et hautes croupes de l'Anti-Liban fuyaient comme d'immenses vagues d'ombre, les unes derrière les autres, tantôt s'avançant comme des promontoires dans la plaine, tantôt s'ouvrant comme des golfes profonds, où la plaine s'engouffrait avec ses forêts et ses grands villages, dont quelques-uns comptent jusqu'à trente mille habitans; des branches de fleuve et deux grands lacs éclataient là, dans l'obscurité de la teinte générale de verdure où Damas semble comme engloutie; à notre gauche, la plaine était plus évasée, et ce n'était qu'à une distance de douze à quinze lieues qu'on retrouvait des cimes de montagnes, blanches de neige, qui brillaient dans le bleu du ciel, comme des nuages sur l'Océan; la ville est entièrement entourée d'une forêt de vergers d'arbres fruitiers, où les vignes s'enlacent comme à Naples, et courent en guirlandes parmi les figuiers, les abricotiers, les poiriers et les cerisiers; au-dessous de ces arbres, la terre, grasse, fertile et toujours arrosée, est tapissée d'orge, de blé, de maïs et de toutes les plantes légumineuses que ce sol produit; de petites maisons blanches percent çà et là la verdure de ces forêts, et servent de demeure au jardinier, ou de lieu de récréation à la famille du propriétaire; ces jardins sont peuplés de chevaux, de moutons, de chameaux, de tourterelles, de tout ce qui anime les scènes de la nature ; ils sont, en général, de la grandeur d'un ou deux arpens, et séparés les uns des autres par des murs de terre séchée au soleil ou par de belles haies vives ; une multitude de chemins, ombragés et bordés d'un ruisseau d'eau courante, circulent parmi ces jardins, passent d'un faubourg à l'autre, ou mènent à quelques portes de la ville ; ils forment un rayon de vingt à trente lieues de circonférence autour de Damas.

Nous marchions depuis quelques momens en silence, dans ces premiers labyrinthes de vergers, inquiets de ne pas voir venir le guide qui nous était annoncé ; nous fîmes halte : il parut enfin ; c'était un pauvre Arménien, mal vêtu et coiffé d'un turban noir, comme les chrétiens de Damas sont obligés d'en porter ; il s'approcha sans affectation de la caravane, adressa un mot, fit un signe ; et, au lieu d'entrer dans la ville par le faubourg et par la porte que nous avions devant nous, nous le suivîmes le long des murs, dont nous fîmes presque le tour, à travers ce dédale de jardins et de kiosques, et nous entrâmes par une porte presque déserte, voisine du quartier des Arméniens. La maison de M. Baudin, où il avait eu la bonté de nous préparer un logement, est dans ce quartier. On ne nous dit rien à la première porte de la ville ; après l'avoir passée, nous longeâmes longtemps de hautes murailles à fenêtres grillées ; l'autre côté de la rue était occupé par un profond canal d'eau courante qui faisait tourner les roues de plusieurs moulins. Au bout de cette rue, nous nous trouvâmes arrêtés, et j'entendis une dispute entre mes Arabes et des soldats qui gardaient une seconde porte intérieure; car tous les quartiers ont une porte distincte. Je désirais rester inconnu, et que notre caravane passât pour une caravane de marchands de Syrie; mais la dispute se prolongeant et devenant de plus en plus bruyante, et la foule commençant à s'attrouper autour de nous, je donnai de l'éperon à mon cheval, et je m'avançai à la tête de la caravane. C'était le corps-de-garde des troupes égyptiennes, qui, ayant remarqué deux fusils de chasse que mes domestiques arabes avaient mal cachés sous les couvertures de mes chevaux, refusait de nous laisser entrer; un ordre de Shérif-Bey, gouverneur actuel de Damas, défendait l'introduction des armes dans la ville, où l'on craignait toutes les nuits une insurrection et le massacre des troupes égyptiennes. J'avais heureusement dans mon sein une lettre récente d'Ibrahim-Pacha; je la retirai et la remis à l'officier qui commandait le poste; il la lut; la porta à son front et à ses lèvres, et nous fit entrer avec force excuses et complimens. Nous errâmes quelque temps dans un labyrinthe obscur de ruelles sales et étroites; de petites maisons basses, dont les murs de boue semblaient prêts à s'écrouler sur nous, formaient ces rues; nous voyions aux fenêtres, à travers les treillis, de ravissantes figures de jeunes filles arméniennes qui, accourues au bruit de notre longue file de chevaux, nous regardaient passer, et

nous adressaient des paroles de salut et d'amitié.
Nous nous arrêtâmes enfin à une petite porte basse
et étroite, dans une rue où l'on pouvait à peine passer; nous descendîmes de cheval, nous franchîmes
un corridor sombre et surbaissé, et nous nous trouvâmes, comme par enchantement, dans une cour
pavée de marbre, ombragée de sycomores, rafraîchie par deux fontaines moresques, et entourée de
portiques de marbre et de salons richement décorés :
nous étions chez M. Baudin. Cette maison est, comme
toutes les maisons de chrétiens de Damas, une masure au dehors, un palais délicieux au dedans. La
tyrannie de la populace fanatique force ces malheureux à cacher leur richesse et leur bien-être sous les
apparences de la misère et de la ruine. On déchargea
nos bagages à la porte, on remplit la cour de nos
hardes, de nos tentes, de nos selles, et l'on conduisit
nos chevaux au kan du bazar.

M. Baudin nous donna à chacun un joli appartement meublé à la manière des Orientaux, et nous
nous reposâmes, sur ses divans et à sa table hospitalière, des fatigues d'une si longue route. Un
homme connu et aimé, rencontré au milieu d'une
foule inconnue et d'un monde étranger, c'est une
patrie tout entière ; nous l'éprouvâmes en nous
trouvant chez M. Baudin ; et les douces heures passées à causer de l'Europe, de l'Asie, le soir à la lueur
de sa lampe, au bruit du jet d'eau de sa cour, sont
restées dans ma mémoire et dans mon cœur, comme
un des plus délicieux repos de mes voyages.

M. Baudin est un de ces hommes rares que la nature a faits propres à tout : intelligence claire et rapide, cœur droit et ferme, infatigable activité; l'Europe ou l'Asie, Paris ou Damas, la terre ou la mer, il s'accommode de tout, et trouve du bonheur et de la sérénité partout, parce que son âme est résignée, comme celle de l'Arabe, à la grande loi qui fait le fond du christianisme et de l'islamisme, soumission à la volonté de Dieu, et aussi parce qu'il porte en lui cette ingénieuse activité d'esprit qui est la seconde âme de l'Européen. Sa langue, sa figure, ses manières, ont pris tous les plis que sa fortune a voulu lui donner. A le voir avec nous causant de la France et de notre politique mouvante, on l'eût pris pour un homme arrivé la veille de Paris et y retournant le lendemain; à le voir le soir couché sur son divan, entre un marchand de Bassora et un pèlerin turc de Bagdad, fumant la pipe ou le narguilé, défilant paresseusement entre ses doigts les grains d'ambre du chapelet oriental, le turban au front, les babouches aux pieds, disant un mot par quart d'heure sur le prix du café ou des fourrures, on le prendrait pour un marchand d'esclaves ou pour un pèlerin revenant de la Mecke. Il n'y a d'homme complet que celui qui a beaucoup voyagé, qui a changé vingt fois la forme de sa pensée et de sa vie. Les habitudes étroites et uniformes que l'homme prend dans sa vie régulière et dans la monotonie de sa patrie, sont des moules qui rapetissent tout : pensée, philosophie, religion, caractère; tout est plus grand, tout est plus juste, tout est plus vrai chez celui qui a vu la nature et la société de plusieurs points de vue. Il y a une optique pour l'univers matériel et intellectuel. Voyager pour chercher la sagesse, était un grand mot des anciens ; ce mot n'était pas compris de nous : ils ne voyageaient pas pour chercher seulement des dogmes inconnus et des leçons des philosophes, mais pour tout voir et tout juger. Pour moi, je suis constamment frappé de la façon étroite et mesquine dont nous envisageons les choses, les institutions et les peuples; et si mon esprit s'est agrandi, si mon coup d'œil s'est étendu, si j'ai appris à tout tolérer en comprenant tout, je le dois uniquement à ce que j'ai souvent changé de scène et de point de vue. Étudier les siècles dans l'histoire, les hommes dans les voyages et Dieu dans la nature, c'est la grande école ; nous étudions tout dans nos misérables livres, et nous comparons tout à nos petites habitudes locales : et qui est-ce qui a fait nos habitudes et nos livres? des hommes aussi petits que nous. Ouvrons le livre des livres; vivons, voyons, voyageons : le monde est un livre dont chaque pas nous tourne une page; celui qui n'en a lu qu'une, que sait-il?

DAMAS.

2 avril 1833.

Revêtu du costume arabe le plus rigoureux, j'ai parcouru ce matin les principaux quartiers de Damas, accompagné seulement de M. Baudin, de peur qu'une réunion un peu nombreuse de visages inconnus n'attirât l'attention sur nous. Nous avons circulé d'abord pendant assez longtemps dans les rues sombres, sales et tortueuses du quartier arménien. On dirait un des plus misérables villages de nos provinces. Les maisons sont construites de boue ; elles sont percées, sur la rue, de quelques petites et rares fenêtres grillées, dont les volets sont peints en rouge. Elles sont basses, et les portes surbaissées ressemblent à des portes d'étables. Un tas d'immondices et une mare d'eau et de fange règnent presque partout autour des portes. Nous sommes entrés cependant dans quelques-unes de ces maisons des principaux négocians arméniens, et j'ai été frappé de la richesse et de l'élégance de ces habitations à l'intérieur. Après avoir passé la porte et franchi un corridor obscur, on se trouve dans une cour ornée de superbes fontaines jaillissantes en marbre, et ombragées d'un ou de deux sycomores, ou de saules de Perse. Cette cour est pavée en larges dalles de pierre polie ou de marbre ; des vignes tapissent les murs. Ces murs sont revêtus de marbre blanc et noir ; cinq ou six portes, dont les montans sont de marbre aussi, et sculptées en arabesques, introduisent dans autant de salles ou de salons où se tiennent les hommes et les femmes de la famille. Ces salons sont vastes et voûtés. Ils sont percés d'un grand nombre de petites fenêtres très-élevées, pour laisser sans cesse jouer librement l'air extérieur. Presque tous sont composés de deux plans : un premier plan inférieur où se tiennent les serviteurs et les esclaves ; un second plan élevé de quelques marches, et séparé du premier par une balustrade en marbre ou en bois de cèdre merveilleusement découpée. En général, une ou deux fontaines en jets d'eau murmurent dans le milieu ou dans les angles du salon. Les bords sont garnis de vases de fleurs ; des hirondelles ou des colombes privées viennent librement y boire et se poser sur les bords des bassins. Les parois de la pièce sont en marbre jusqu'à une certaine hauteur. Plus haut elles sont revêtues de stuc et peintes en arabesques de mille couleurs, et souvent avec des moulures d'or extrêmement chargées. L'ameublement consiste en de magnifiques tapis de Perse ou de Bagdad qui couvrent partout le plancher de marbre ou de cèdre, et en une grande quantité de coussins ou de matelas de soie épars au milieu de l'appartement, et qui servent de siéges ou de dossiers aux personnes de la famille. Un divan recouvert d'étoffes précieuses et de tapis infiniment plus fins, règne au fond et sur les contours de la chambre. Les femmes et les enfans y sont ordinairement accroupis ou étendus, occupés des différens travaux du ménage. Les berceaux des petits enfans sont sur le plancher, parmi ces tapis et ces coussins ; le maître de la maison a toujours un de ces salons pour lui seul ; c'est là qu'il reçoit les étrangers : on le trouve ordinairement assis sur son divan, son écritoire à long manche posée à terre à côté de lui, une feuille de papier appuyée sur son genou ou sur sa main gauche, et écrivant ou calculant tout le jour, car le commerce est l'occupation et le génie unique des habitans de Damas. Partout où nous sommes allés rendre des visites qu'on nous avait faites la veille, le propriétaire de la maison nous a reçus avec grâce et cordialité; il nous a fait apporter les pipes, le café, les sorbets, et nous a conduits dans le salon où se tiennent les femmes. Quelque idée que j'eusse de la beauté des Syriennes, quelque image que m'ait laissée dans l'esprit la beauté des femmes de Rome et d'Athènes, la vue des femmes et des jeunes filles arméniennes de Damas a tout surpassé. Presque partout nous avons trouvé des figures que le pinceau européen n'a jamais tracées, des yeux où la lumière sereine de l'âme prend une couleur de sombre azur, et jette des rayons de velours humides que je n'avais jamais vus briller dans des yeux de femme ; des traits d'une finesse et d'une pureté si exquises, que la main la plus légère et la plus suave ne pourrait les imiter, et une peau si transparente et en même temps si colorée de teintes vivantes, que les teintes les plus délicates de la feuille de rose ne peuvent en rendre la pâle fraîcheur ; les dents, le sourire, le naturel moelleux des formes et des mouvemens, le timbre clair, sonore, argentin, de la voix, tout est en harmonie dans ces admirables apparitions ; elles causent avec grâce et une modeste retenue, mais sans embarras et comme accoutumées à l'admiration qu'elles inspirent; elles paraissent conserver longtemps leur beauté dans ce climat qui conserve, et dans une vie d'intérieur et de loisir paisible, où les passions factices de la société n'usent ni l'âme ni le corps. Dans presque toutes les maisons où j'ai été admis, j'ai trouvé la mère aussi belle que ses filles, quoique les filles parussent avoir déjà quinze à seize ans; elles se marient à douze ou treize ans. Les costumes de ces femmes sont les plus élégans et les plus nobles que nous ayons encore admirés en Orient : la tête nue et chargée de cheveux dont les tresses, mêlées de fleurs, font plusieurs tours sur le front, et retombent en longues nattes des deux côtés du cou et sur les épaules nues ; des festons de pièces d'or et des rangées de perles mêlées dans la chevelure; une petite calotte d'or ciselé au sommet des cheveux; le sein à peu près nu ; une petite veste à manches larges et ouvertes, d'une étoffe de soie brochée d'argent ou d'or; un large pantalon blanc descendant à plis jusqu'à la cheville du pied; le pied nu chaussé d'une pantoufle de maroquin jaune ; une longue robe de soie d'une couleur éclatante descendant des épaules, ouverte sur le sein et sur le devant du pantalon, et retenue seulement autour des hanches par une ceinture dont les bouts descendent jusqu'à terre. Je ne pouvais détacher mes yeux de ces ravissantes femmes ; nos visites et nos conversations se sont prolongées partout, et je les ai trouvées aussi aimables que belles; les usages de l'Europe, les costumes et les habitudes des femmes d'Occident ont été en général le sujet des entretiens; elles ne semblent rien envier à la vie de nos femmes; et quand on cause avec ces charmantes créatures, quand on trouve dans leurs conversations et dans leurs manières cette grâce, ce naturel parfait, cette bienveillance, cette sérénité, cette paix de l'esprit et du cœur qui se conservent si bien dans la vie de famille, on ne sait ce qu'elles auraient à envier à nos femmes du monde, qui savent tout, excepté ce qui rend heureux dans l'intérieur d'une famille, et qui dilapident en peu d'années, dans le mouvement tumultueux de nos sociétés, leur âme, leur beauté et leur vie. Ces femmes se voient quelquefois entre elles; elles ne sont pas même entièrement séparées de la société des hommes; mais cette société se borne à quelques jeunes parens ou amis de la maison, parmi lesquels, en consultant leur inclination et les rapports de famille, on leur choisit de très-bonne heure un fiancé. Ce fiancé vient alors de temps en temps se mêler, comme un fils, aux plaisirs de la maison.

J'ai rencontré là un chef des Arméniens de Damas, homme très-distingué et très-instruit; Ibrahim l'a mis à la tête de sa nation dans le conseil municipal qui gouverne la ville en ce moment. Cet homme, bien qu'il ne soit jamais sorti de Damas, a les notions les plus justes et les mieux raisonnées sur l'état politique de l'Europe, sur la France en particulier, sur le mouvement général de l'esprit humain à notre époque, sur la transformation des gouvernemens modernes, et sur l'avenir probable de la civilisation. Je n'ai pas rencontré en Europe un homme dont les vues à cet égard fussent plus exactes et plus intelligentes; cela est d'autant plus étonnant, qu'il ne sait que le latin et le grec, et qu'il n'a jamais pu lire ces ouvrages ou ces journaux de l'Occident où ces questions sont mises à la portée de ceux mêmes qui les répètent sans les comprendre. Il n'a jamais eu non plus occasion de causer avec des hommes distingués de nos climats. Damas est un pays sans rapports avec l'Europe; il a tout compris au moyen de cartes géographiques et de quelques grands faits historiques et politiques qui ont retenti jusque-là, et que son génie naturel et méditatif a interprétés avec une merveilleuse sagacité. J'ai été charmé de cet homme; je suis resté une partie de la matinée à m'entretenir avec lui : il viendra ce soir et tous les jours; il entrevoit, comme moi, ce que la Providence semble préparer pour l'Orient et pour l'Occident, par l'inévitable rapprochement de ces deux parties du monde se donnant mutuellement de l'espace, du mouvement, de la vie et de la lumière. Il a une fille de quatorze ans qui est la plus belle personne que nous ayons vue; la mère, jeune encore, est charmante aussi. Il m'a présenté son fils, enfant âgé de douze ans, dont l'éducation l'occupe beaucoup. Vous devriez, lui ai-je dit, l'envoyer en Europe, et lui faire donner une éducation comme celle que vous regrettez pour vous-même; je la surveillerais. Hélas! m'a-t-il répondu, j'y pense sans cesse, j'y ai pensé souvent : mais si l'état de l'Orient ne change pas encore, quel service aurai-je rendu à mon fils en l'élevant trop, par ses connaissances, au-dessus de son temps et du pays où il doit vivre? que fera-t-il à Damas quand il y reviendra avec les lumières, les mœurs et le goût de liberté de l'Europe? s'il faut être esclave, il vaut mieux n'avoir jamais été qu'esclave!

Après ces différentes visites, nous avons quitté le quartier arménien, séparé d'un autre quartier par une porte qui se ferme tous les soirs. J'ai trouvé une rue plus large et plus belle ; elle est formée par les palais des principaux agas de Damas ; c'est la noblesse du pays ; les façades de ces palais sur la rue ressemblent à de longues murailles de prisons ou d'hospices, murs de boue grise; peu ou point de fenêtres ; de temps en temps une grande porte ouverte sur une cour; un grand nombre d'écuyers, de serviteurs, d'esclaves noirs, sont couchés à l'ombre de la porte. J'ai visité deux de ces agas, amis de M. Baudin ; l'intérieur de leur palais est admirable : une cour vaste, ornée de superbes jets d'eau, et plantée d'arbres qui les ombragent; des salons plus beaux et plus richement décorés encore que ceux des Arméniens. Plusieurs de ces salons ont coûté jusqu'à cent mille piastres de décoration; l'Europe n'a rien de plus magnifique, tout est dans le style arabe; quelques-uns de ces palais ont huit ou dix salons de ce genre. Les agas de Damas sont en général des descendans ou des fils de pacha qui ont employé à la décoration de leurs demeures les trésors acquis par leurs pères; c'est le népotisme de Rome sous une autre forme; ils sont nombreux; ils occupent les principaux emplois de la ville sous les pachas envoyés par le Grand-Seigneur. Ils ont de vastes possessions territoriales dans les villages qui environnent Damas.

Leur luxe consiste en palais, en jardins, en chevaux et en femmes; à un signe du pacha, leurs têtes tombent, et ces fortunes, ces palais, ces jardins, ces femmes, ces chevaux, passent à quelque nouveau favori du sort. Une législation pareille invite naturellement à jouir et à se résigner : volupté et fatalisme sont les deux résultats nécessaires du despotisme oriental.

Les deux agas chez lesquels je suis entré m'ont reçu avec la politesse la plus exquise. Le fanatisme brutal du bas peuple de Damas ne monte pas si haut. Ils savent que je suis un voyageur européen ; ils me croient un ambassadeur secret, venant chercher des renseignemens pour les rois de l'Europe, sur la querelle des Turcs et d'Ibrahim. J'ai témoigné à l'un d'eux le désir de voir ses plus beaux chevaux et d'en acheter, s'il consentait à m'en vendre. Aussitôt il m'a fait conduire par son fils et par son écuyer dans une vaste écurie, où il nourrit trente ou quarante des plus admirables animaux du désert de Palmyre. Rien de si beau ne s'était jamais offert réuni à mes yeux : c'était en général des chevaux de très-haute taille, de poil gris-sombre ou gris-blanc, à crinières comme de la soie noire, avec des yeux à fleur de tête, couleur marron foncé, d'une force et d'une sécheresse admirables : des épaules larges et plates, des encolures de cygne. Aussitôt que ces chevaux m'ont vu entrer et entendu parler une langue étrangère, ils ont tourné la tête de mon côté, ils ont frémi, ils ont henni, ils ont exprimé leur étonnement et leur effroi par les regards obliques et effarés de leurs yeux, et par un plissement de leurs naseaux, qui donnaient à leurs belles têtes la physionomie la plus intelligente et la plus extraordinaire. J'avais eu déjà occasion de remarquer combien l'esprit des animaux en Syrie est plus prompt et plus développé qu'en Europe. Une assemblée de croyans, surpris dans la mosquée par un chrétien, n'aurait pas mieux exprimé, dans ses attitudes et dans son visage, l'indignation et l'effroi, que ces chevaux ne le firent en voyant un visage étranger, en entendant parler une langue inconnue. J'en caressai quelques-uns, je les étudiai tous; je les fis sortir dans la cour; je ne savais sur lequel arrêter mon choix, tant ils étaient presque tous remarquables par leur perfection : enfin, je me décidai pour un jeune étalon blanc, de trois ans, qui me parut la perle de tous les chevaux du désert. Le prix fut débattu entre M. Baudin et l'aga, et fixé à six mille piastres, que je fis payer à l'aga. Le cheval était arrivé de Palmyre, il y avait peu de temps, et l'Arabe qui l'avait vendu à l'aga avait reçu cinq mille piastres et un magnifique manteau de soie et d'or. L'animal, comme tous les chevaux arabes, portait au cou sa généalogie, suspendue dans un sachet en poil, et plusieurs amulettes pour le préserver du mauvais œil.

Parcouru les bazars de Damas. Le grand bazar a environ une demi-lieue de long. Les bazars sont de longues rues, couvertes par des charpentes très-élevées, et bordées de boutiques, d'échoppes, de magasins, de cafés; ces boutiques sont étroites et peu profondes ; le négociant est assis sur ses talons devant sa boutique, la pipe à la bouche, ou le narguilé à côté de lui. Les magasins sont remplis de marchandises de toutes sortes, et surtout d'étoffes des Indes, qui affluent à Damas, par les caravanes de Bagdad. Des barbiers invitent les passans à se faire couper les cheveux. Leurs échoppes sont toujours pleines de monde. Une foule, aussi nombreuse que celle des galeries du Palais-Royal, circule tout le jour dans le bazar. Mais le coup d'œil de cette foule est infiniment plus pittoresque. Ce sont des agas, vêtus de longues plisses de soie cramoisie, fourrées de martre, avec des sabres et des poignards enrichis de diamans, suspendus à la ceinture. Ils sont suivis de cinq ou six courtisans, serviteurs ou esclaves, qui marchent silencieusement derrière eux, et portent leurs pipes et leur narguilé : ils vont s'asseoir, une partie du jour, sur les divans extérieurs de cafés bâtis au bord des ruisseaux qui traversent la ville ; de beaux platanes ombragent le divan : là, ils fument et causent avec leurs amis, et c'est le seul moyen de communication, excepté la mosquée, pour les habitans de Damas. Là se préparent, presque en silence, les fréquentes révolutions qui ensanglantent cette capitale. La fermentation muette couve longtemps, puis éclate au moment inattendu. Le peuple court aux armes sous la conduite d'un parti quelconque, commandé par un des agas, et le gouvernement passe, pour quelque temps, dans les mains du vainqueur. Les vaincus sont mis à mort, ou s'enfuient dans les déserts de Balbek et de Palmyre, où les tribus indépendantes leur donnent asile. Les officiers et les soldats du pacha d'Égypte, vêtus presque à l'européenne, traînent leurs sabres sur les trottoirs du bazar; nous en rencontrons plusieurs qui nous accostent et parlent italien ; ils sont sur leurs gardes à Damas; le peuple les voit avec horreur; chaque nuit l'émeute peut éclater: Schérif-Bey, un des hommes les plus capables de l'armée de Méhémet-Ali, les commande, et gouverne momentanément la ville. Il a formé un camp de dix mille hommes hors des murs, aux bords du fleuve, et tient garnison dans le château ; il habite lui-même le sérail. La nouvelle du moindre échec survenu en Syrie à Ibrahim serait le signal d'un soulèvement général et d'une lutte acharnée à Damas. Les trente mille chrétiens arméniens qui habitent la ville sont dans la terreur, et seraient massacrés si les Turcs avaient le dessus. Les musulmans sont irrités de l'égalité qu'Ibrahim-Pacha a établie entre eux et les chrétiens. Quelques-uns de ceux-ci abusent de ce moment de tolérance, et insultent leurs ennemis, par une violation de leurs habitudes, qui aigrit leur fanatisme. M. Baudin est près, au premier avis, à se réfugier à Zarklé.

Les Arabes du grand désert et ceux de Palmyre sont en foule dans la ville, et circulent dans le bazar : ils n'ont pour vêtement qu'une large couverture de laine blanche, dont ils se drapent à la manière des statues antiques. Leur teint est hâlé, leur barbe noire, leurs yeux sont féroces. Ils forment des groupes devant les boutiques des marchands de tabac, et devant les selliers et les armuriers. Leurs chevaux, toujours sellés et bridés, sont entravés dans les rues et sur les places. Ils méprisent les Égyptiens et les Turcs ; mais en cas de soulèvement, ils marcheraient contre les troupes d'Ibrahim. Celui-ci n'a pu les repousser que jusqu'à une journée de Damas ; il a marché lui-même avec de l'artillerie contre eux, à son passage dans cette ville. Ils sont maintenant ses ennemis. Je parlerai plus au long de ces populations inconnues, du grand désert et de l'Euphrate.

Chaque genre de commerce et d'industrie a son quartier à part dans les bazars. Là, sont les armuriers, dont les boutiques sont loin d'offrir les armes magnifiques et renommées que Damas livrait jadis au commerce du Levant. Ces fabriques de sabres admirables, si elles ont jamais existé à Damas, sont complètement tombées en oubli : on n'y fabrique que des sabres d'une trempe commune, et l'on ne voit chez les armuriers que de vieilles armes presque sans prix. J'y ai vainement cherché un sabre et un poignard de l'ancienne trempe. Ces sabres viennent maintenant du Korassan, province de Perse, et même là on ne les fabrique plus. Il en existe un certain nombre qui passent de mains en mains, comme des reliques précieuses, et qui sont d'un prix inestimable. La lame de celui dont on m'a fait présent a coûté cinq mille piastres au pacha. Les Turcs et les Arabes, qui estiment ces lames plus que les diamans, sacrifieraient tout au monde pour une pareille arme ;

leurs regards étincellent d'enthousiasme et de vénération quand ils voient la mienne, et ils la portent à leur front, comme s'ils adoraient un si parfait instrument de mort.

Les bijoutiers n'ont aucun art et aucun goût dans l'ajustement de leurs pierres précieuses ou de leurs perles; mais ils possèdent, en ce genre, d'immenses collections. Toute la richesse des Orientaux est mobilière, pour être enfouissable ou portative. Il y a une grande quantité de ces orfévres; ils étalent peu : tout est renfermé dans de petites cassettes qu'ils ouvrent quand on leur demande un bijou.

Les selliers sont les plus nombreux et les plus ingénieux ouvriers de ces bazars : rien n'égale, en Europe, le goût, la grâce et la richesse des harnais de luxe qu'ils façonnent pour les chevaux des chefs arabes ou des agas du pays. Les selles sont revêtues de velours et de soie brochée d'or et de perles. Les colliers de maroquin rouge, qui tombent en frange sur le poitrail, sont ornés également de glands d'argent et d'or et de touffes de perles. Les brides, infiniment plus élégantes que les nôtres, sont aussi toutes de maroquin de diverses couleurs et décorées de glands de soie et d'or. Tous ces objets sont, comparativement avec l'Europe, à très-bas prix. J'ai acheté deux de ces brides les plus magnifiques pour cent vingt piastres les deux (environ cinquante francs).

Les marchands de comestibles sont ceux dont les magasins offrent le plus d'ordre, d'élégance, de propreté et d'attrait à l'œil. Le devant de leurs boutiques est garni d'une multitude de corbeilles remplies de légumes, de fruits secs et de graines légumineuses dont je ne sais pas les noms, mais qui ont des formes et des couleurs vernissées admirables, et qui brillent comme de petits cailloux sortant de l'eau. Les galettes de pain, de toute épaisseur et de toute qualité, sont étalées sur le devant de la boutique; il y en a une innombrable variété pour les différentes heures et les différens repas du jour : elles sont toutes chaudes, comme des gaufres, et d'une saveur parfaite. Nulle part je n'ai vu une si grande perfection de pain qu'à Damas : il ne coûte presque rien. Quelques restaurateurs offrent aussi à dîner aux négocians ou aux promeneurs du bazar. Il n'y a chez eux ni tables ni couverts : ils vendent de petites brochettes de morceaux de mouton, gros comme une noix et rôtis au four. L'acheteur les emporte sur une des galettes dorées du pain dont j'ai parlé, et les mange sur le pouce. Les fontaines nombreuses du bazar lui offrent la seule boisson des Arabes. Un homme peut se nourrir parfaitement à Damas pour deux piastres ou environ dix sous par jour. Le peuple n'en emploie pas la moitié à sa nourriture. On aurait une jolie maison pour deux ou trois cents piastres par an. A trois ou quatre cents francs de revenus, on serait à son aise ici : c'est de même partout en Syrie. En parcourant le bazar, je suis arrivé au quartier des faiseurs de caisses et de coffres : c'est la grande industrie ; car tout l'ameublement d'une famille arabe consiste en un ou deux coffres où l'on serre les hardes et les bijoux. La plupart de ces coffres sont en cèdre et peints en rouge, avec des ornemens dessinés en clous d'or. Quelques-uns sont admirablement sculptés en relief et couverts d'arabesques très-élégantes. J'en ai acheté trois, et je les ai expédiés par la caravane de Tarabourlous. L'odeur du bois de cèdre embaume partout le bazar; et cette atmosphère, composée des mille parfums divers qui s'exhalent des boutiques de menuisiers, des magasins d'épiceries et de droguistes, des caisses d'ambre ou de gommes parfumées, des cafés, des pipes sans cesse fumantes dans le bazar, me rappelle l'impression que j'éprouvai la première fois que je traversai Florence, où les charpentes de bois de cyprès remplissent les rues d'une odeur à peu près pareille.

Shérif-Bey, gouverneur de Syrie pour Méhémet-Ali, a quitté aujourd'hui Damas. La nouvelle de la victoire de Konia, remportée par Ibrahim sur le grand-vizir, est arrivée cette nuit. Shérif-Bey profite de l'impression de terreur qui a frappé Damas pour aller à Alep. Il laisse le gouvernement de la ville à un général égyptien, assisté d'un conseil municipal formé des premiers négocians de toutes les différentes nations. Un camp de six mille Égyptiens et de trois mille Arabes reste aux portes de la ville. Le coup d'œil qu'offre ce camp est extrêmement pittoresque; des tentes de toutes formes et de toutes couleurs sont dressées à l'ombre de grands arbres fruitiers, au bord du fleuve. Les chevaux, en général admirables, sont attachés en longues files à des cordes tendues d'un bout du camp à l'autre. Les Arabes non disciplinés sont là dans toute la bizarre diversité de leurs races, de leurs armures, de leurs costumes : les uns semblables à des assemblées de rois ou de patriarches, les autres à des brigands du désert. Les feux de bivouac jettent leurs fumées bleues, que le vent traîne sur le fleuve ou sur les jardins de Damas.

J'ai assisté au départ de Shérif-Bey. Tous les principaux agas de Damas et les officiers des corps qui y restent s'étaient réunis au sérail. Les vastes cours qu'entourent les murs délabrés du château et du sérail étaient remplis d'esclaves tenant en main les plus beaux chevaux de la ville, richement caparaçonnés; Shérif-Bey déjeunait dans les appartemens intérieurs. Je ne suis pas entré; je suis resté avec quelques officiers égyptiens et italiens dans la cour pavée. De là, nous voyions la foule du dehors, les agas arriver par groupes, et les esclaves noirs passer, portant sur leurs têtes d'immenses plateaux d'étain qui contenaient les différens pilaux du repas. Des chevaux de Shérif-Bey étaient là ; ce sont les plus beaux animaux que j'aie encore vus à Damas ; ils sont turcomans, d'une race infiniment plus grande et plus forte que les chevaux arabes; ils ressemblent à de grands chevaux normands, avec les membres plus fins et plus musclés, la tête plus légère, et l'œil large, ardent, fier et doux du cheval d'Orient. Ils sont tous bais bruns et à longues crinières : véritables chevaux homériques. A midi, il s'est mis en route, accompagné d'une immense cavalcade jusqu'à deux lieues de la ville.

Au milieu du bazar de Damas, je trouve le plus beau kan de l'Orient, le kan d'Hassad-Pacha. C'est une immense coupole dont la voûte hardie rappelle celle de Saint-Pierre de Rome ; elle est également portée sur des piliers de granit. Derrière ces piliers sont des magasins et des escaliers conduisant aux étages supérieurs, où sont les chambres des négocians. Chaque négociant considérable loue une de ces chambres, et y tient ses marchandises précieuses et ses livres. Des gardiens veillent jour et nuit à la sûreté du kan ; de grandes écuries sont à côté pour les chevaux des voyageurs et des caravanes ; de belles fontaines jaillissantes rafraîchissent le kan : c'est une espèce de bourse du commerce de Damas. La porte du kan d'Hassad-Pacha, qui donne sur le bazar, est un des morceaux d'architecture moresque les plus riches de détails et les plus grandioses d'effet que l'on puisse voir au monde. L'architecture arabe s'y retrouve tout entière. Cependant ce kan n'est bâti que depuis quarante ans. Un peuple dont les architectes sont capables de dessiner, et les ouvriers d'exécuter un monument pareil au kan d'Hassad-Pacha n'est pas mort pour les arts. Ces kans sont bâtis, en général, par de riches pachas qui les laissent à leur famille ou à la ville qu'ils ont voulu enrichir. Ils rapportent de gros revenus.

Un peu plus loin, j'ai vu, d'une porte qui donne sur le bazar, la grande cour où le parvis de la principale mosquée de Damas. Ce fut autrefois l'église consacrée à saint Jean Damascène. Le monument semble du temps du Saint-Sépulcre de Jérusalem : lourd, vaste, et de cette architecture byzantine qui imite le grec en le dégradant, et paraît construite avec des débris. Les grandes portes de la mosquée étaient fermées de lourds rideaux ; je n'ai pas pu voir l'intérieur. Il y a péril de mort pour un chrétien qui profanerait les mosquées en y entrant. Nous nous sommes arrêtés un moment seulement dans le parvis, en feignant de nous désaltérer à la fontaine.

Même date.

La caravane de Bagdad est arrivée aujourd'hui ; elle était composée de trois mille chameaux : elle campe aux portes de la ville. — Acheté des ballots de café de Moka, que l'on ne peut plus se procurer ailleurs, et des schalls des Indes.

La caravane de la Mecke a été suspendue par suite de la guerre. Le pacha de Damas est chargé de la conduire. Les Wahabites l'ont dispersée plusieurs fois. Méhémet-Ali les a refoulés vers Médine. La dernière caravane, atteinte du choléra à la Mecke, épuisée de fatigue et manquant d'eau, a péri presque tout entière. Quarante mille pèlerins sont restés dans le désert. La poussière du désert qui mène à la Mecke est de la poussière d'hommes. On espère que cette année la caravane pourra partir sous les auspices de Méhémet-Ali ; mais, avant peu d'années, les progrès des Wahabites interdiront à jamais le pieux pèlerinage. Les Wahabites sont

la première grande réforme armée du mahométisme.
Un sage des environs de la Mecke, nommé Aboul-
Wahiab, a entrepris de ramener l'islamisme à sa pureté de dogme primitive, d'extirper, d'abord par la
parole, puis par la force des Arabes convertis à sa foi,
les superstitions populaires dont la crédulité ou l'im-
posture altèrent toutes les religions, et de refaire de
la religion de l'Orient un déisme pratique et rationnel. Il y avait pour cela peu à faire; car Mahomet
ne s'est pas donné pour un Dieu, mais pour un
homme plein de l'esprit de Dieu, et n'a prêché
qu'unité de Dieu et charité envers les hommes. Aboul-
Wahiab lui-même ne s'est pas donné pour prophète,
mais pour un homme éclairé par la seule raison.
La raison, cette fois, a fanatisé les Arabes comme
ont fait le mensonge et la superstition. Ils se sont
armés en son nom, ils ont conquis la Mecke et Médine, ils ont dépouillé le culte de vénération rendu
au prophète de toute l'adoration qu'on y avait sub-
stituée, et cent mille missionnaires armés ont menacé de changer la face de l'Orient. Méhémet-Ali a
opposé une barrière momentanée à leurs invasions ;
mais le wahabisme subsiste et se propage dans les
trois Arabies, et à la première occasion, ces peuples
purificateurs de l'islamisme se répandront jusqu'à
Jérusalem, jusqu'à Damas, jusqu'en Égypte. Ainsi,
les idées humaines périssent par les armes mêmes
qui les ont propagées. Rien n'est impénétrable au jour
progressif de la raison, cette révélation graduelle et
incessante de l'humanité. Mahomet est parti des
mêmes déserts que les Wahabites pour renverser les

idoles et établir le culte, sans sacrifices, du Dieu unique et immatériel. Aboul-Wahiab vient à son tour, et, brisant les crédulités populaires, rappelle le mahométisme à la raison pure. Chaque siècle lève un coin du voile qui cache la grande image du Dieu des dieux, et le découvre derrière tous ses symboles qui s'évanouissent, seul, éternel, évident dans la nature, et rendant ses oracles dans la conscience.

Damas, 3 avril.

Passé la journée à parcourir la ville et les bazars. — Souvenirs de saint Paul présens aux chrétiens de Damas. Ruines de la maison d'où il s'échappa la nuit, dans un panier suspendu. — Damas fut une des premières terres où il sema la parole qui changea le monde. Cette parole y fructifia rapidement. L'Orient est la terre des cultes, des prodiges, des superstitions même. La grande idée qui y travaille les imaginations en tout temps, c'est l'idée religieuse. Tout ce peuple, mœurs et lois, est fondé sur des religions. L'Occident n'a jamais été de même. Pourquoi? Race moins noble, enfans de barbares qui se sentent encore de leur origine. Les choses ne sont pas à leur place en Occident. La première des idées humaines n'y vient qu'après les autres. Pays d'or et de fer, de mouvement et de bruit. L'Orient, pays de méditation profonde, d'intuition et d'adoration! Mais l'Occident marche à pas de géant, et quand la religion et la raison, que le moyen âge a séparées dans les ténèbres, s'y seront embrassées dans la vérité, dans la lumière et dans l'amour, l'esprit religieux, le souffle divin y redeviendra l'âme du monde et enfantera ses prodiges de vertu, de civilisation et de génie.— Ainsi soit-il!—

Damas, 4 avril.

Il y a trente mille chrétiens à Damas et quarante mille à Bagdad. Les chrétiens de Damas sont Arméniens ou Grecs. Quelques prêtres catholiques desservent ceux de leur communion. Les habitans de Damas souffrent les moines catholiques. Ils ont l'habitude de leur costume et les considèrent comme des Orientaux. J'ai vu plusieurs fois ces jours-ci deux prêtres lazaristes français qui ont un petit couvent enfoui dans le pauvre quartier des Arméniens. L'un d'eux, le père Poussous, vient passer les soirées avec nous. C'est un homme excellent, pieux, instruit et aimable. Il m'a mené dans son couvent, où il instruit de pauvres enfans arabes chrétiens. Le seul amour du bien à faire le retient dans ce désert d'hommes où il a sans cesse à craindre pour sa sûreté. Il est néanmoins gai, serein, résigné. De temps en temps il reçoit, par les caravanes de Syrie, des nouvelles et des secours de ses supérieurs de France, et quelques journaux catholiques. Il m'en a prêté, et rien ne me semble plus étrange que de lire ces tracasseries pieuses ou politiques du quartier de Saint-Sulpice, aux bords du désert de Bagdad, derrière le Liban et l'Anti-Liban, près Balbek, au centre d'une immense fourmilière d'autres hommes occupés de tout autres idées, et où le bruit que nous faisons et les noms de nos grands hommes de l'année n'ont jamais retenti! Vanité des vanités, excepté de servir Dieu et les hommes pour Dieu! Jamais on n'est plus pénétré de cette vérité qu'en voyageant et qu'en voyant combien est peu de chose le mouvement qu'une mer arrête! le bruit qu'une montagne intercepte! la renommée qu'une langue étrangère ne peut même prononcer! Notre immortalité est ailleurs que dans cette fausse et courte immortalité de nos noms ici-bas!

Nous avons dîné aujourd'hui avec un vieillard chrétien de Damas, âgé de plus de quatre-vingt-dix ans, et jouissant de la plénitude de ses facultés physiques et morales. Excellent et admirable vieillard portant dans ses traits cette sérénité de la bienveillance et de la vertu que donne le sentiment d'une vie pure et pieuse approchant de son terme! Il nous comble de services de tout genre. Il est sans cesse en course pour nous comme un jeune homme. Le père Poussous, son compagnon, deux négocians de Bagdad et un grand seigneur persan qui va à la Mecke, complétaient la réunion paisible du soir, sur les divans de M. Baudin, au milieu des vapeurs du tabac et du tombac, qui obscurcissaient et parfumaient l'air! A l'aide de M. Baudin et de M. Mazoyer, mon drogman, on causait avec assez de facilité. La cordialité et la simplicité la plus parfaite régnaient dans cette soirée d'hommes des quatre extrémités du monde. Les mœurs de l'Inde, de la Perse, les événemens récens de Bagdad, la révolte du pacha contre la Porte, étaient les sujets de nos entretiens. L'habitant de Bagdad avait été obligé de s'enfuir à travers le désert de quarante jours, sur ses dromadaires, avec ses trésors et deux jeunes Francs. Il attendait impatiemment des nouvelles de son frère, dont il craignait d'apprendre la mort. On lui apporta une lettre de ce frère pendant qu'il en causait avec nous. Il était sauvé et arrivait avec l'arrière-garde de la caravane qu'on attendait encore. Il versait des larmes de joie. Nous pleurions nous-mêmes, et à cause de lui et à cause des tristes retours que nous faisions sur nos propres malheurs. Ces larmes, versées ensemble par des yeux qui ne devaient jamais se rencontrer, au foyer commun d'un ami, au milieu d'une ville où nous ne faisions tous que passer, ces larmes unissaient nos cœurs, et nous aimions comme des amis ces hommes dont les noms même ne sont pas restés dans nos mémoires!

4 avril 1833.

Orage terrible pendant la nuit. Le pavillon élevé et percé de fenêtres nombreuses sans vitres, où nous couchions, tremblait comme un vaisseau sous la rafale. La pluie a fondu, en peu d'instans, le toit de boue qui recouvre la terrasse du pavillon, et a inondé le plancher. Heureusement nos matelas étaient sur des planches élevées par des caisses de Damas; les couvertures nous ont garantis; mais le matin nos habits flôttaient dans la chambre. Les orages pareils sont fréquens à Damas, et entraînent souvent les maisons dont les fondations ne sont pas en marbre. Le climat est froid et humide pendant les mois d'hiver. Des neiges abondantes tombent des montagnes. Cet hiver la moitié des bazars a été enfoncée par le poids des neiges, et les routes interceptées pendant deux mois. Les chaleurs de l'été sont, dit-on, insupportables. Jusqu'ici nous ne nous en apercevons pas. Nous allumons presque tous les soirs des brasiers, appelés *mangales* dans le pays.

J'achète un second étalon arabe d'un Bédouin que je rencontre à la porte de la ville. Je fais suivre le cavalier pour entrer en marché avec lui d'une manière convenable et naturelle. L'animal, de plus petite taille que celui que j'ai acheté de l'aga, est plus fort et d'un poil plus rare, fleur de pêcher. Il est d'une race dont le nom signifie : *roi du jarret.* On me le cède pour quatre mille piastres. Je le monte pour l'essayer. Il est moins doux que les autres chevaux arabes. Il a un caractère sauvage et indompté, mais paraît infatigable. Je ferai conduire *Tedmor* (c'est le nom arabe de Palmyre que j'ai donné au cheval de l'aga) par un de mes Saïs à pied. Je monterai *Scham* pendant la route. *Scham* est le nom arabe de Damas.

Un chef de tribu de la route de Palmyre, mandé par M. Baudin, est arrivé ici ; il se charge de me conduire à Palmyre et de me ramener sain et sauf, mais à condition que je serai seul et vêtu en Bédouin du désert ; il laissera son fils en otage à Damas jusqu'à mon retour. Nous délibérons ; je désirais vivement voir les ruines de Tedmor ; cependant, comme elles sont moins étonnantes que celles de Balbek, qu'il faut au moins dix jours pour aller et revenir, et que ma femme ne peut m'accompagner ; comme le moment de rejoindre les bords de la mer, où notre vaisseau doit nous attendre, est arrivé, je renonce à regret à cette course dans le désert, et nous nous préparons à repartir le surlendemain.

6 avril 1833.

Parti de Damas à huit heures du matin ; traversé la ville et les bazars encombrés par la foule ; entendu quelques murmures et quelques apostrophes injurieuses : on nous prend pour des renforts d'Ibrahim. Sortis de la ville par une autre porte que celle par laquelle nous sommes arrivés ; longé des jardins délicieux par une route au bord d'un torrent, ombragée d'arbres superbes ; gravi la montagne où nous avions eu une si belle apparition de Damas ; halte pour la contempler encore, et en emporter l'éternelle image. Je comprends que les traditions arabes placent à Damas le site du paradis perdu : aucun lieu de la terre ne rappelle mieux l'Éden. La vaste et féconde plaine, les sept rameaux du fleuve bleu qui l'arrosent, l'encadrement majestueux des montagnes, les lacs éblouissans qui réfléchissent le ciel sur la terre, la situation géographique entre les deux mers,

la perfection du climat, tout indique au moins que
Damas a été une des premières villes bâties par les
enfans des hommes, une des haltes naturelles de
l'humanité errante dans les premiers temps ; c'est
une de ces villes écrites par le doigt de Dieu sur la
terre, une capitale prédestinée comme Constantinople. Ce sont les deux seules cités qui ne soient pas
arbitrairement jetées sur la carte d'un empire, mais
invinciblement indiquées par la configuration des
lieux. Tant que la terre portera des empires, Damas
sera une grande ville et Stamboul la capitale du
monde ; à l'issue du désert, à l'embouchure des
plaines de la Cœlé-Syrie et des vallées de Galilée,
d'Idumée et du littoral des mers de Syrie, il fallait
un repos enchanté aux caravanes de l'Inde : c'est
Damas. Le commerce y a appelé l'industrie : Damas
est semblable à Lyon, une vaste manufacture ; la
population est de quatre cent mille âmes selon les
uns, de deux cent mille selon les autres ; je l'ignore,
et il est impossible de le savoir, on ne peut que le
conjecturer : en Orient, pas de recensement exact, il
faut juger de l'œil. Au mouvement de la foule qui
inonde les rues et les bazars, au nombre d'hommes
armés qui s'élancent des maisons au signal des révolutions ou des émeutes, à l'étendue de terrain que
les maisons occupent, je pencherais à croire que ce
qui est renfermé dans ses murs peut s'élever de trois
à quatre cent mille âmes. Mais si l'on ne limite pas
arbitrairement la ville, si l'on compte au nombre
des habitans tous ceux qui peuplent les immenses

faubourgs et villages qui se confondent à l'œil avec les maisons et les jardins de cette grande agglomération d'hommes, je croirais que le territoire de Damas en nourrit un million. J'y jette un dernier regard avec des vœux intérieurs pour M. Baudin et les hommes excellens qui y ont protégé et charmé notre séjour, et quelques pas de nos chevaux nous font perdre pour jamais les cimes de ses arbres et de ses minarets.

L'Arabe qui marche à côté de mon cheval me montre à l'horizon un grand lac qui brille au pied des montagnes, et me raconte une histoire dont je comprends quelques mots et que mon drogman m'interprète.

Il y avait un berger qui gardait les chamelles d'un village aux bords de ce lac, dans un canton désert et inhabité de cette haute montagne. Un jour, en abreuvant son troupeau, il s'aperçut que l'eau du lac fuyait par une issue souterraine et il la ferma avec une grosse pierre, mais il y laissa tomber son bâton de berger. Quelque temps après un fleuve tarit dans une des provinces de la Perse. Le sultan, voyant son pays menacé de la famine par le manque d'eau pour les irrigations, consulta les sages de son empire, et, sur leur avis, il envoya des émissaires dans tous les royaumes environnans pour découvrir comment la source de son fleuve avait été détournée ou tarie. Ces ambassadeurs portaient le bâton du berger que le fleuve avait apporté. Le berger se trouvait à Damas quand ces envoyés y parurent; il se souvint de son bâton tombé dans le lac, il s'approcha et le reconnut entre leurs mains; il comprit que son lac était la source du fleuve, et que la richesse et la vie d'un peuple était entre ses mains. — Que fera le sultan pour celui qui lui rendra son fleuve? demanda-t-il aux envoyés. — Il lui donnera, répondirent-ils, sa fille et la moitié de son royaume. — Allez donc, répliqua-t-il, et avant que vous soyez de retour, le fleuve perdu arrosera la Perse et réjouira le cœur du sultan. — Le berger remonta dans les montagnes, ôta la grosse pierre; et les eaux, reprenant leur cours par ce canal souterrain, allèrent remplir de nouveau le lit du fleuve. Le sultan envoya de nouveaux ambassadeurs avec sa fille à l'heureux berger, et lui donna la moitié de ses provinces.

Ces traditions merveilleuses se conservent avec une foi entière parmi les Arabes; aucun d'eux ne doute, parce que l'imagination ne doute jamais.

7 avril.

Campé le soir sur le penchant d'une haute montagne, après huit heures de marche dans un pays montueux, nu, stérile et froid. Nous sommes atteints par une caravane moins nombreuse que la nôtre : c'est le cadi de Damas, envoyé tous les ans de Constantinople, qui retourne s'embarquer à Alexandrette. Ses femmes et ses enfans voyagent dans un coffre double, posé sur le dos d'un mulet; il y a une femme et plusieurs petits enfans dans chaque moitié du coffre; tout est voilé. Le cadi marche un quart d'heure derrière ses femmes, accompagné de quelques esclaves à cheval. Cette caravane nous dépasse et va camper plus loin. Rude journée de dix heures de marche, par un froid rigoureux et dans des vallées complètement désertes; marché une heure dans le lit d'un torrent où les grosses pierres roulées des montagnes interceptent à chaque moment le sentier des chevaux; je monte une heure ou deux mon beau cheval *Tedmor* pour reposer *Scham*. Malgré deux jours de route fatigante, ce magnifique animal vole comme une gazelle sur le terrain rocailleux du désert; en un instant il a devancé les meilleurs coureurs de la caravane; il est doux et intelligent comme le cygne, dont il a la blancheur et l'encolure. Je veux le ramener en Europe avec Scham et Saïde. Aussitôt que je suis descendu, il m'échappe, et va bondissant rejoindre l'Arabe *Mansours*, qui le soigne et le conduit; il pose sa tête sur ses épaules comme un chien caressant; il y a fraternité complète entre l'Arabe et le cheval comme entre nous et le chien; Mansours et Daher, mes deux principaux saïs arabes, que j'ai pris aux environs de Bayruth et qui sont à mon service depuis près d'un an, sont les plus fidèles et les plus doux des hommes: sobres, infatigables, intelligens, attachés à leur maître et à leurs chevaux, toujours prêts à combattre avec nous si un péril s'annonce! Que ne ferait pas un chef habile avec une pareille race d'hommes! Si j'avais le quart des richesses de tel banquier de Paris ou de Londres, je renouvellerais en dix ans la face de la Syrie : tous les élémens d'une régénération sont là ; il ne manque qu'une main pour les réunir, un coup d'œil pour poser une base, une volonté pour y conduire un peuple.

Couchés dans une espèce d'hôtellerie isolée dans une plaine élevée, par un froid extrême, nous trouvons un peu de bois pour allumer un feu dans la chambre basse où nous étendons nos tapis ; nos provisions de Damas sont épuisées ; nous faisons pétrir un peu de farine d'orge destinée à nos chevaux, et nous mangeons ces galettes amères et noirâtres.

Partis au jour ; marché douze heures ; arrivés, toujours par un pays stérile et dépeuplé, à un petit village où nous trouvons un abri, des poules et du riz. La pluie nous a inondés tout le jour ; nous ne sommes plus qu'à huit heures de route de la vallée de Bekà ; mais nous l'abordons par son extrémité orientale, et beaucoup plus bas que Balbek.

Même date.

Arrivés à trois heures après midi en vue du désert de Bekà. Halte et hésitation dans la caravane. La plaine, depuis le point où nous sommes jusqu'au pied du Liban, qui se dresse comme un mur de l'autre côté, ressemble à un lac immense, du milieu duquel surgissent quelques îles noirâtres, des cimes d'arbres submergés et de vastes ruines antiques sur une colline à trois lieues de nous. Comment se lancer sans guides, au hasard, dans cette plaine inondée? Il le faut cependant, sous peine de ne plus passer demain; car la pluie continue, et les torrens versent de toutes parts leurs eaux dans le désert. Nous marchons pendant deux heures sur des parties plus élevées de la plaine, qui nous approchent de la colline, où les grandes ruines du temple nous apparaissent. Nous laissons à notre gauche ces débris inconnus de quelque ville, sans nom aujourd'hui, contemporaine de Balbek. Des tronçons de colonnes gigantesques ont roulé sur les flancs de la colline, et sont couchés dans la boue à nos pieds. Le jour baisse, la pluie augmente, et nous n'avons pas le temps de monter au temple. Cette colline passée, nous ne marchons plus que dans l'eau jusqu'aux genoux de nos chevaux. A chaque instant, un de nos mulets glisse et roule avec nos bagages dans les fossés, d'où nos moukres les retirent avec peine. Nous faisons marcher un Arabe à vingt pas en avant de la caravane, pour sonder le terrain; mais, arrivés au milieu de la plaine, à l'endroit où le ruisseau de Balbek a creusé son lit, le sol nous manque, et il faut traverser à la nage un intervalle de trente à quarante pieds. Mes Arabes, se jetant à l'eau et soutenant la tête des chevaux, parviennent à passer ma femme et une femme de chambre anglaise qui l'accompagne; nous passons nous-mêmes à la nage, et nous touchons tous la rive opposée. La nuit est presque complète : nous nous hâtons de traverser le reste de la vallée, pendant que nous avons assez de crépuscule pour nous guider. Nous passons près d'une ou deux masures habitées par une tribu féroce d'Arabes de Balbek. S'ils nous attaquaient dans ce moment, nous serions à leur merci : toutes nos armes sont hors d'état de faire feu. Les Arabes nous regardent du haut de leurs terrasses, et ne descendent pas dans le marais. Enfin, au moment où la nuit tombe sur nous, la plaine commence à se relever, et nous sommes à sec sur les bords qui touchent au Liban. Nous nous dirigeons sur la lumière lointaine qui scintille à trois lieues de nous, dans une gorge de montagne : ce doit être la ville de Zarklé. Accablés de lassitude, transis de froid et mouillés jusqu'aux os, nous atteignons enfin les premières collines qui portent la ville. Là, en nous appelant et en nous comptant, nous nous apercevons qu'un de nos amis, M. de Capmas, nous manque. On s'arrête, on appelle, on tire quelques coups de fusil : rien ne répond. Nous détachons deux cavaliers pour aller à la recherche, et nous entrons dans Zarklé. Il nous faut une heure pour remonter un fleuve qui traverse la ville, et pour trouver un pont unique, qui va d'un quartier à l'autre. Nos chevaux épuisés peuvent à peine se tenir sur le pavé glissant de ce pont à pic et sans parapet. Enfin, la maison de l'évêque grec nous reçoit. On allume des feux de broussailles dans les huttes qui entourent la cour. L'évêque nous prête quelques nattes et quelques tapis. Nous nous séchons. Les deux Arabes envoyés à la recherche de notre ami reviennent avec lui. On l'apporte, presque évanoui, à côté du foyer; il revient à lui. Nous trouvons au fond de nos caisses, inondées d'eau, une bouteille de rhum; l'évêque nous procure du sucre; nous ranimons, avec quelques verres de punch, notre compagnon mourant, pendant que nos Arabes nous préparent le pilau. Le pauvre évêque n'a absolument que l'abri à nous offrir : encore la curiosité des femmes et des enfans de Zarklé est telle qu'à chaque instant ils encombrent la cour et enfoncent les portes de nos chambres pour voir les deux femmes franques. Je suis obligé de mettre deux Arabes armés à la porte de la cour pour en interdire l'entrée.

Le lendemain, repos à Zarklé pour sécher nos habits et renouveler nos provisions de route, gâtées par l'inondation de la veille. Zarklé est une ville toute chrétienne, fondée depuis peu d'années dans une gorge, sur les dernières racines du Liban; elle doit son rapide et prodigieux accroissement aux familles persécutées des chrétiens arméniens et grecs de Damas et de Homs. Elle compte environ huit à dix mille habitans, fait un grand commerce de soie, et s'augmente tous les jours. Protégée par l'émir Beschir, souverain du Liban, elle n'est plus inquiétée par les excursions des tribus de Balbek et de l'Anti-Liban. Les habitans, industrieux, agricoles et actifs, cultivent admirablement les collines qui descendent de la ville dans la plaine, et se hasardent même à cultiver les parties du désert les plus rapprochées. L'aspect de la ville est très-extraordinaire : c'est une réunion confuse de maisons noires, bâties en terre, sans symétrie et sans régularité, sur deux pentes rapides de deux coteaux séparés par un fleuve. La gorge, d'où le fleuve descend avant de couler dans la ville et dans la plaine, est un large et profond encaissement de rochers perpendiculaires qui s'écartent pour laisser passer le torrent; il roule de plateaux en plateaux et forme trois ou quatre cascades en larges nappes, qui occupent toute la largeur de ces plateaux, gradins successifs. L'écume du torrent couvre entièrement les rochers, et les bruits de ses chutes remplissent les rues de Zarklé d'un murmure sourd et continuel. Quelques maisons assez élégantes brillent entre la verdure des peupliers et des hautes vignes, au-dessus des chutes du fleuve. Là est la maison de refuge de notre ami M. Baudin; une autre est un couvent de moines maronites. Le fleuve, après avoir traversé les maisons de la ville qui sont groupées et suspendues de la manière la plus bizarre sur ses hautes rives, et pendantes sur son lit, va arroser des terres et des prairies étroites, où l'industrie des habitans distribue ses eaux en mille ruisseaux. Des rideaux de hauts peupliers de Perse s'étendent à perte de vue sur son cours, et dirigent l'œil, comme une avenue verdoyante, jusque sur le désert de Balbek et sur les cimes neigeuses de l'Anti-Liban. Presque tous les habitans sont des Grecs syriaques ou des Grecs de Damas. Les maisons ressemblent à de misérables huttes de paysans de Savoie ou de Bresse; mais dans chaque maison on voit une boutique, un atelier, où des selliers, des armuriers, des horlogers même, travaillent, avec des instrumens grossiers, à des ouvrages de leur état. Le peuple nous a paru bon et hospitalier. L'aspect d'étrangers comme nous, bien loin de les effrayer ou de les émouvoir, semblait leur être agréable. Ils nous ont offert tous les petits services que notre situation comportait, et paraissaient fiers de la prospérité croissante de leur ville. Zarklé semble le premier appendice d'une grande ville de commerce, destinée à faire face à Damas pour le commerce de la race chrétienne avec la race mahométane. Si la mort de l'émir Beschir ne détruit pas l'unité de domination qui fait la force du Liban, Zarklé, d'ici à vingt ans, sera la première ville de Syrie. Toutes dépérissent : elle seule croît; toutes dorment : elle seule travaille. Le génie grec porte partout le principe d'activité qui est dans le sang de cette race européenne. Mais l'activité du Grec asiatique est utile et féconde; celle du Grec de la Morée et des îles n'est qu'une stérile agitation. L'air d'Asie adoucit le sang des Grecs : là, c'est un peuple admirablement doux; mais ailleurs, il est fort souvent barbare. Il en est de même pour la beauté physique de la race. Les femmes grecques de l'Asie sont le chef-d'œuvre de la création, l'idéal de la grâce et de la volupté des yeux. Les femmes grecques de la Morée ont des formes pures, mais dures, et des yeux dont le feu, âpre et sombre, n'est pas assez tempéré par la douce mollesse de l'âme et la sensibilité du cœur : les yeux des unes sont un charbon ardent; les yeux des femmes de l'Asie sont une flamme voilée de vapeurs humides.

Même date.

Le pauvre évêque grec de Zarklé est d'une famille d'Alep, où il a passé sa vie dans l'élégance et la mollesse des mœurs de cette ville, l'Athènes de l'Asie : il se trouve comme exilé dans cette ville, sans société et sans ressources morales. Ses manières ont conservé la dignité des manières exquises des Aleppins ; mais dans l'extrême dénuement où il est, il ne peut nous offrir que son humble gîte. Nous parlons italien avec lui. Je lui fais en partant une aumône de cinq cents piastres pour ses pauvres ou pour lui-même; car il semblait dans un état voisin de la misère. Quelques livres arabes et grecs, jetés confusément dans sa chambre, et un vieux coffre, contenant ses magnifiques pelisses et ses vêtemens épiscopaux, étaient toute sa richesse. Je pris des guides à Zarklé pour franchir le Liban, par des sentiers inconnus. La route ordinaire était interceptée par la prodigieuse quantité de neige tombée pendant cet hiver. Nous montâmes d'abord par des pentes assez douces, à travers des collines cultivées en vignes et en mûriers. Bientôt nous arrivâmes à la région des rochers et des torrens sans lits ; nous en passâmes une trentaine au moins dans l'espace de six heures. Ils courent sur des pentes si rapides qu'ils n'ont pas le temps de se creuser un lit : c'est un rideau d'écume qui glisse sur le roc nu, et qui passe avec la rapidité des ailes de l'oiseau.

Le ciel se couvrait de nuages pâles qui interceptaient déjà la lumière, quoique le jour fût peu avancé ; nous étions complètement noyés dans ces vagues roulantes de nuages, et souvent nous n'apercevions pas la tête de la caravane enfoncée dans ces avenues ténébreuses. La neige aussi commençait à tomber à larges flocons et couvrait la trace des sentiers que cherchaient vainement nos guides ; nous soutenions avec peine nos chevaux fatigués, et dont les fers glissaient sur les rebords escarpés que nous étions obligés de suivre. Le magnifique horizon inférieur de la vallée de Balbek et des cimes de l'Anti-Liban, avec les grandes ruines des temples de Bekà, frappés de la lumière, ne nous apparaissaient que par momens, à travers des échappées de nuages fendus ; il semblait que nous naviguions dans le ciel et que le piédestal d'où nous voyions la terre ne lui appartenait plus. Cependant les vents sonores qui dormaient dans les profondes et hautes gorges des montagnes commençaient à rendre des sons lugubres et souterrains, semblables au mugissement d'une forte mer après la tempête ; ils passaient comme des foudres, tantôt sur nos têtes, tantôt dans des régions inférieures, sous nos pieds, roulant comme des feuilles mortes, des masses de neige et des volées de pierres, et même d'assez gros blocs de roche, de même que si la bouche d'un canon les avait lancés ; deux de nos chevaux en furent atteints et roulèrent avec nos bagages dans le précipice. Aucun de nous ne fut frappé ; mes jeunes étalons arabes qu'on menait en main semblaient pétrifiés de terreur ; ils s'arrêtaient court, levaient les naseaux et jetaient, non pas des hennissemens, mais des cris gutturaux semblables à des râlemens humains; nous marchions serrés pour nous surveiller et nous assister en cas d'accident. La nuit devenait de plus en plus noire, et la neige qui battait nos yeux nous enlevait le peu de lumière qui pouvait nous guider encore. Les tourbillons de vent remplissaient toute la gorge où nous étions de neige tournoyante qui s'élevait en colonnes jusqu'au ciel, et retombait en nappes immenses comme l'écume des grandes vagues sur les écueils; il y avait des momens où il était impossible de respirer; nos guides s'arrêtaient à chaque instant, hésitaient et tiraient des coups de fusil pour nous diriger; mais le vent furieux ne laissait rien retentir, et la détonation de nos armes ressemblait au léger claquement d'un fouet. Cependant, à mesure que nous nous enfoncions davantage dans cette haute gorge des dernières croupes du Liban, nous entendions avec effroi un mugissement grave, continu, sourd, qui croissait de momens en momens, et formait comme la basse de ce concert horrible des élémens déchaînés; nous ne savions à quoi l'attribuer; il semblait qu'une partie de la montagne s'écroulait et roulait en torrens de rochers. Les nuages épais et rasant le sol nous cachaient tout; nous ne savions où nous étions, lorsque nous vîmes passer tout à coup, à côté de nous, des chevaux sans cavaliers et des mulets sans charges, avec plusieurs chameaux qui s'enfuyaient sur les flancs de neige de la montagne. Bientôt les Arabes, poussant des cris, les suivirent; ils nous avertirent de nous arrêter, nous montrant de la main, à quarante ou cinquante pas au-dessous de nous, une masure adossée à un bloc de rocher, que les nuages nous avaient caché jusque-là : une colonne de fumée et la lueur d'un foyer sortaient de la porte de cette cabane dont le toit, en énormes branches de cèdre, venait d'être à moitié emporté par l'ouragan, et pendait sur le mur ; c'était le seul asile qu'il y eût pour nous sur cette partie du Liban : le kan de Murat-Bey ; un pauvre Arabe l'habite pendant l'été pour offrir de l'orge et un abri aux caravanes de Damas qui vont par cette route en Syrie. Nous y descendîmes avec peine par des degrés de roche cachés sous un pied de neige ; le torrent qui coule à cent pas au-dessous du kan, et qu'il faut traverser pour gravir la dernière région des montagnes, était devenu tout à coup un fleuve immense qui roulait avec ses eaux des blocs de pierre et des débris de la tempête. Surpris sur ses bords par les tourbillons de vent, et à demi ensevelis sous la neige, les Arabes que nous avions rencontrés avaient jeté les fardeaux de leurs chameaux et de leurs mulets, et les avaient laissés sur la place pour se sauver au kan de Murat. Nous le trouvâmes rempli de ces hommes et de leurs montures ; aucune place pour nous ni pour nos chevaux. Cependant, à l'abri du bloc de rocher plus grand qu'une maison, le vent se faisait moins sentir, et les nuées de neige, emportées de la cime du Liban, qui passaient sur nos têtes pour aller s'abattre dans la plaine, commençaient à devenir moins épaisses et nous laissaient, par intervalle, apercevoir un coin du ciel où brillaient déjà des étoiles. Le vent tomba bientôt tout à fait ; nous descendîmes de cheval ; nous cherchâmes à nous faire un abri pour passer, non-seulement la nuit, mais plusieurs jours peut-être, si le torrent, que nous entendions sans le voir, continuait à fermer le passage. Sous les murs du kan écroulé, à l'abri d'une partie des branches de cèdre qui formaient tout à l'heure le toit, il y avait un espace de dix pieds carrés, encombré de neige et de boue : nous balayâmes la neige ; il restait un pied de fange molle où nous ne pouvions poser nos tapis ; nous arrachâmes du toit quelques branches d'arbre que nous étendîmes comme une claie sur le sol délayé ; ces bûches empêchaient nos nattes de tremper dans l'eau ; nos matelas, nos tapis, nos manteaux, formaient un second plancher ; nous allumâmes un feu dans un coin de cet abri, et nous passâmes ainsi la longue nuit du 7 au 8 avril 1833. De temps en temps l'ouragan assoupi se réveillait ; il semblait que la montagne s'écroulait sur elle-même ; l'énorme rocher auquel était adossé le kan tremblait comme un tronc d'arbre secoué par la rafale, et les mugissemens du torrent remplissaient la mer et le ciel de hurlemens lamentables. Nous finîmes cependant par nous endormir, et nous nous réveillâmes tard, aux rayons éclatans d'un soleil serein sur la neige. Les Arabes, nos compagnons, étaient partis ; ils avaient heureusement tenté de traverser le torrent ; nous les aperçûmes de loin, gravissant les collines où nous devions les suivre; nous partîmes aussi; nous marchâmes quatre heures dans une vallée supérieure où nous ne voyions, comme au sommet du Mont-Blanc, que la neige sous nos pas, et le ciel sur nos têtes. L'éblouissement des yeux, le silence morne, le péril de chaque pas sur ces déserts de neige récente, sans aucun sentier tracé, font du passage de ces hauts piliers de la terre, épine dorsale d'un continent, un moment solennel et religieux. On observe involontairement chaque point de l'horizon et du ciel, chaque phénomène de la nature; j'en vis un qui me frappa comme une belle image et que je n'avais encor jamais observé. Tout à fait au sommet du Liban, sur les flancs d'un mamelon abrité à demi du soleil du matin, je vis un magnifique arc-en-ciel, non pas élancé en pont aérien et unissant le ciel à la cime de la montagne, mais couché sur la neige et roulé en cercles concentriques comme un serpent aux couleurs éclatantes; c'était comme le nid de l'arc-en-ciel surpris à la cime la plus inaccessible du Liban. A mesure que le soleil montait et rasait de ses rayons blancs le mamelon, les cercles de l'arc-en-ciel aux mille couleurs ondoyantes, semblaient remuer et se soulever; l'extrémité de ces volutes lumineuses s'élevait en effet de la terre, montait vers le ciel de quelques toises comme si elle eût essayé de s'élancer vers le soleil, et fondait en vapeurs blanchâtres et en perles liquides qui retombaient autour de nous. Nous nous assimes au-delà de la région des neiges pour sécher au soleil nos souliers mouillés; nous commencions à apercevoir les profondes et noires vallées des Maronites; en deux heures nous fûmes descendus au village d'Hamana, assis au sommet de la magnifique vallée de ce nom, et où nous avions déjà couché en allant à Damas. Le scheik nous fit donner trois maisons du village. Le soleil du soir brillait sous les larges feuilles du mûrier et du figuier; des hommes rentraient avec leurs charrues du labourage; des femmes, des enfans circulaient dans les chemins entre les maisons, et nous saluaient avec un sourire d'hospitalité; les bestiaux revenaient des champs avec leurs clochettes; les pigeons et les poules couvraient les toits des terrasses, et les cloches de deux églises maronites tintaient lentement à travers les cimes de cyprès, pour annoncer les cérémonies pieuses du lendemain qui était un dimanche; c'était l'aspect, le bruit et la paix d'un beau village de France ou d'Italie, que nous retrouvions tout à coup au sortir des précipices du Liban, des déserts de Balbek, des rues inhospitalières de Damas : jamais transition ne fut peut-être si rapide, si douce; nous résolûmes de passer le dimanche parmi ce beau et excellent peuple, et de nous reposer un jour de nos longues fatigues.

Journée passée à Hamana; le scheik et le marché du village nous fournissent des provisions abondantes; les femmes d'Hamana viennent nous visiter tout le jour; elles sont infiniment moins belles que les Syriennes des bords de la mer; c'est la race maronite pure; elles ont toutes l'apparence de la force et de la santé, mais les traits trop prononcés, l'œil un peu dur, le teint trop coloré ; leur costume est un pantalon blanc, et par-dessus une longue robe de drap bleu, ouverte sur le devant et laissant le sein nu ; des colliers de piastres innombrables pendent autour du cou, sur la gorge et derrière les épaules. Les femmes mariées complètent ce costume par une corne d'argent d'environ un pied, et quelquefois un pied et demi de longueur, qu'elles fixent sur leurs cheveux tressés et qui s'élève au-dessus du front un peu obliquement. Cette corne, sculptée et ciselée, est recouverte par l'extrémité d'un voile de mousseline qu'elles y suspendent, et dont elles se couvrent quelquefois le visage ; elles ne quittent jamais cette corne, même pour dormir. Ce bizarre usage, dont on ne peut chercher l'origine que dans les aberrations de l'esprit humain, les défigure et alourdit tous les mouvemens de la tête et du cou.

9 avril.

Partis de Hamana par une matinée voilée de brouillards, à cinq heures du matin. Marché deux heures sur des pentes escarpées et nues des hautes arêtes du Liban descendant vers les plaines de Syrie. La vallée, que nous laissons à droite, se creuse et s'élargit de plus en plus sous nos pieds. Elle peut avoir là environ deux lieues de largeur et une lieue au moins de profondeur. Les vagues transparentes des vapeurs du matin se promènent mollement comme des lames de mer sur son horizon, et ne laissent passer au-dessus d'elles que les hautes cimes de mamelons, les têtes de cyprès et quelques tours de villages et de monastères maronites; mais bientôt la brise de mer, qui se lève et monte insensiblement avec le soleil, déroule lentement toutes ces vagues de vapeurs, et les replie en voiles blancs qui vont se coller et se confondre aux cimes de neige sur lesquelles elles forment de légères taches grises. La vallée apparait tout entière. Pourquoi l'œil n'a-t-il pas un langage qui peigne d'un seul mot, comme il voit d'un seul regard? Je voudrais garder éternellement dans ma mémoire les scènes et les impressions incomparables de la vallée de Hamana. Je suis au-dessus d'un des mille torrens qui sillonnent ses flancs de leur écume bondissante, et vont, à travers les blocs de rochers, de prairies suspendues, les troncs de cyprès, les rameaux de peupliers, les vignes sauvages et les noirs caroubiers, glisser jusqu'au fond de la vallée et se joindre au fleuve central, qui la suit dans toute sa longueur. La vallée est si profonde que je n'en vois pas le fond ; j'entends seulement monter par intervalles les mille bruissemens de ses eaux et de ses feuillages, les mugissemens de ses troupeaux, les volées lointaines et argentines des cloches de ses monastères. L'ombre du matin est encore au fond du lit de la gorge où bondit le torrent principal. Çà et là, au détour de quelques mamelons, j'aperçois la blanche ligne d'écume qu'il trace dans cette ombre noirâtre. Du même côté de la vallée où nous sommes, je vois monter, à un quart de lieue de distance les uns des autres, trois ou quatre larges plateaux semblables à des piédestaux naturels ; leurs flancs paraissent à pic et sont de granit grisâtre. Ces plateaux, d'une demi-lieue de tour, sont entièrement couverts de forêts de cèdres, de sapins et de pins-parasols à larges têtes ; on distingue les grands troncs élancés de ces arbres, entre lesquels circule et joue la lumière du matin. Leurs feuillages noirs et immobiles sont interrompus de temps en temps par les légères colonnes de fumée bleue des cabanes des laboureurs maronites et par les petites ogives de pierre où est suspendue la cloche des villages. Deux vastes monastères, dont les murs brillent comme du bronze cuivré, s'étendent sur deux de ces plateaux de pins. Ils ressemblent à des forteresses du moyen-âge. On aperçoit, au bas des couvens, des moines maronites, revêtus de leur capuchon noir, qui labourent entre les ceps de vigne et les grands châtaigniers. Deux ou trois villages, groupés autour de mamelons de rochers, pyramident plus bas encore, comme des ruches autour des troncs de vieux arbres. A côté de chaque chaumière s'élèvent quelques touffes de verdure plus pâle : ce sont des grenadiers, des figuiers ou des oliviers, qui commencent à fructifier à cet échelon de la vallée ; l'œil s'abîme au-delà, dans l'ombre impénétrable du fond de la gorge. S'il franchit cette ombre et s'élève sur le flanc opposé des montagnes, il voit, dans quelques parties, des murailles perpendiculaires de roche granitique qui s'élancent jusqu'aux nuages. Au-dessus de ces murailles, qui semblent crénelées par la nature, il aperçoit des plateaux de la plus splendide végétation, des cimes de sapins pendant sur les rebords de ces abîmes, d'immenses têtes de sycomores, qui forment de larges taches sur le ciel, et derrière ces créneaux de végétation, encore des clochers de villages et des monastères dont on ne peut deviner l'accès. A d'autres endroits, les flancs de granit des montagnes sont brisés en larges échancrures où le regard se perd dans la nuit des forêts, et ne distingue çà et là que des points lumineux et mobiles, qui sont les lits des torrens et les petits lacs des sources. Ailleurs, les roches cessent tout à coup ; d'immenses bastions arrondis les flanquent comme des fortifications éternelles, et terminent leurs angles en tours et en tourelles. Des vallées élevées et que l'œil sonde à peine, s'ouvrent et s'enfoncent entre les remparts de neige et de forêts ; là descend le principal torrent de Hamana, que l'on voit ruisseler d'abord comme une gouttière du vaste toit de neige, puis se perdre dans le bassin retentissant des cascades, où il se divise en sept ou huit rameaux étincelans, puis disparaître derrière des blocs et des mamelons noirâtres, puis reparaître en un seul ruban d'écume qui se plie et se déplie au gré des mouvemens du sol sur les pentes lentes ou rapides de ses collines. Il s'enfonce enfin dans la vallée principale, et y tombe par une nappe de cent pas de large et de deux cents pieds d'élévation. Son écume, qui remonte et que le vent souffle çà et là, couvre d'arcs-en-ciel flottans les cimes des

larges pins qui bordent cette chute. — A ma gauche,
la vallée, en descendant vers les rives de la mer,
s'élargit et présente au regard les flancs de ses collines, plus boisées et plus cultivées; son fleuve serpente entre des mamelons couronnés de monastères
et de villages. Plus loin, les palmiers de la plaine élèvent, derrière des collines basses d'oliviers, leurs
panaches de vert jaune, et entrecoupent la longue
ligne de sable doré qui borde la mer. Le regard va
se perdre enfin dans un lointain indécis, entre le ciel
et les vagues. Les détails de ce magique ensemble ne
sont pas moins attachans que le coup d'œil général.
A chaque détour de rochers, à chaque sommet de
collines où le sentier vous porte, vous trouvez un
horizon nouveau, où les eaux, les arbres, le rocher,
les ruines de ponts ou d'aqueducs, les neiges, la mer
ou le sable de feu du désert, encadrés d'une manière
inattendue, arrachent une acclamation de surprise
et d'éblouissement. J'ai vu Naples et ses îles, les vallées des Apennins et celles des Alpes, de Savoie et
de Suisse; mais la vallée de Hamana et quelques
autres vallées du Liban effacent tous ces souvenirs.
L'énormité des masses de rochers, les chutes multi-
pliées des eaux, la pureté et la profondeur du ciel,
l'horizon des vastes mers qui les termine partout, le
pittoresque des lignes de villages et de couvens maronites, suspendus, comme des nids d'hommes, à des
hauteurs que le regard craint d'aborder; enfin la
nouveauté, l'étrangeté, la couleur tantôt noire, tantôt pâle, de la végétation; la majesté des cimes des

grands arbres, dont quelques troncs ressemblent à des colonnes de granit; tout cela dessine, colore, solennise le paysage, et transporte l'âme d'émotions plus profondes et plus religieuses que les Alpes mêmes. — Tout paysage où la mer n'entre pas pour élément n'est pas complet. Ici la mer, le désert, le ciel, sont le cadre majestueux du tableau, et l'œil ravi se reporte sans cesse du fond des forêts séculaires, du bord des sources ombragées, du sommet des pics aériens, des scènes paisibles de la vie rurale ou cénobitique, sur l'espace bleu sillonné par les navires, sur les cimes de neiges noyées dans le ciel auprès des étoiles, ou sur les vagues jaunes et dorées du désert où les caravanes de chameaux décrivent au loin leurs lignes serpentales. C'est de ce contraste incessant que naissent le choc des pensées et les impressions solennelles qui font du Liban des montagnes de pierre, de poésie et de ravissemens!

Même date.

A midi, campé sous nos tentes, à mi-hauteur du Liban, pour laisser passer l'ardeur du jour. On m'amène un courrier arabe qui allait me chercher à Damas. Il me remet un paquet de lettres arrivées d'Europe, qui m'annoncent ma nomination à la chambre des députés. Affliction nouvelle ajoutée à tant d'autres. Malheureusement j'ai désiré cette mission à une autre époque, et sollicité moi-même une confiance que je ne puis, sans ingratitude, décliner aujourd'hui. J'irai; mais combien je désirerais maintenant que ce calice passât loin de moi! Je n'ai plus d'avenir personnel dans ce drame du monde politique et social, dont la scène principale est parmi nous. Je n'ai aucune de ces passions de gloire, d'ambition et de fortune, qui sont la force impulsive des hommes politiques. Le seul intérêt que je porterai à ces délibérations passionnées sera l'intérêt de la patrie et de l'humanité. La patrie et l'humanité sont des êtres abstraits pour des hommes qui veulent posséder l'heure présente et faire triompher, à tout prix, des intérêts de famille, de caste ou de parti. Qu'est-ce que la voix calme et impartiale de la philosophie dans le tumulte des faits qui se mêlent et se combattent? Qui est-ce qui voit l'avenir et son horizon sans bornes derrière la poussière de la lutte actuelle? N'importe : l'homme ne choisit ni son chemin ni son œuvre; Dieu lui donne sa tâche par les circonstances et par ses convictions. Il faut l'accomplir! Mais je ne prévois pour moi qu'un martyre moral dans la douloureuse tâche qu'il m'impose aujourd'hui. J'étais né pour l'action. La poésie n'a été en moi que de l'action refoulée; j'ai senti, j'ai exprimé des idées et des sentimens, dans l'impuissance d'agir. Mais aujourd'hui l'action ne me sollicite plus. J'ai trop creusé les choses humaines pour n'en pas comprendre le sens. J'ai trop perdu, de tous les êtres auxquels ma vie active pouvait répondre, pour n'être pas dégoûté de toute personnalité dans l'action. Une vie de contemplation, de philosophie, de poésie et de solitude, serait la seule couche où mon cœur pourrait se reposer avant de se briser tout à fait.

RETOUR A BEYRUTH,

ET

DÉPART POUR LES CÈDRES DE SALOMON.

10 avril 1833.

Arrivé hier ici. Passé deux heures au couvent franciscain près du tombeau où j'ai enseveli tout mon avenir. Le brick *l'Alceste*, qui doit rapporter ces restes chéris en France, n'est pas encore en vue. J'ai affrété aujourd'hui un autre brick pour nous rapporter nous-mêmes. Nous naviguons de conserve; mais la mère au moins ne se trouvera pas dans la chambre où sera le corps de son enfant! Pendant qu'on prépare les emménagemens nécessaires pour le transport d'un si grand nombre de passagers dans le brick du capitaine Coulonne, nous irons visiter le Kesrouan, Tripoli de Syrie, Latakié, Antioche, et les cèdres du Liban sur les derniers sommets des montagnes, derrière Tripoli. Reçu ce matin les nombreuses visites de tous nos amis de Bayruth. Le gouverneur, prince maronite; Habib Barbara, notre voisin de campagne, qui nous a montré, depuis notre arrivée, et surtout depuis nos malheurs, le cœur d'un ami véritable; M. Bianco, le consul de Sardaigne, et M. Borda, jeune et aimable Piémontais, attaché au consulat, relégué, par un sort bizarre, dans les déserts de l'Orient, tandis que son instruction, ses goûts, son caractère, en feraient un diplomate distingué dans une cour policée de l'Europe; M. Laurella, consul d'Autriche; M. Farren, consul général, et M. Abbot, consul spécial d'Angleterre en Syrie; un jeune négociant français, M. Humann, dont la société nous a été aussi utile que douce depuis notre arrivée ici; M. Caillé, voyageur français; M. Jorelle, premier drogman du consulat, jeune homme élevé en France, transporté de bonne heure en Orient, qui possède les langues de la Turquie et de l'Arabie comme ses langues maternelles; probe, actif, intelligent, obligeant par instinct, et pour qui un service à rendre est un plaisir qu'on lui fait; enfin M. Guys, consul de France en Syrie, respectable représentant de la probité nationale dans ces contrées où son caractère est vénéré des Arabes, mais arrivé ici depuis peu de temps et que nous avons beaucoup moins vu que ses collègues.

Nous emportons tous ces noms d'hommes qui nous ont comblés de bonté et de pitié depuis un an de séjour parmi eux, pour leur conserver à jamais, dans des proportions diverses, souvenir, intérêt et reconnaissance. Sans la lettre que j'ai reçue hier, sans mon vieux père dont le souvenir me rappelle sans cesse en France, si j'avais un exil à choisir dans le monde pour y achever mes jours fatigués, dans le sein de la solitude et d'une nature enchantée, je resterais où je suis.

13 avril 1833.

Parti ce matin à quatre heures avec la même caravane que j'avais formée pour Damas; longé le rivage de la mer jusqu'au cap Batroun, — lieux déjà décrits ailleurs; — couché à Djebaïl dans un kan hors de la ville, sur une éminence dominant la mer. La ville n'est remarquable que par une mosquée d'architecture chrétienne, et qui fut autrefois une église bâtie vraisemblablement par les comtes de Tripoli. On croit que Djebaïl est l'ancienne contrée des Giblites, qui fournissaient au roi Hiram les blocs de pierre destinés à la construction du temple par Salomon. Le père d'Adonis avait là son palais, et le culte du fils était le culte de toute la Syrie environnante. A gauche de la ville est un château très-remarquable par l'élégance et l'élévation de ses différens plans de fortification; nous descendîmes dans la ville pour voir le petit port, où se balançaient quelques barques arabes; elle est habitée presque exclusivement par les Maronites. Une très-belle Arabe, extrêmement parée, vint rendre visite à ma femme dans le karavansérail; nous lui fîmes quelques petits présens. Le lendemain nous continuâmes à longer la côte et le pied des montagnes du Castravan, qui baignait partout dans la mer; nous couchâmes sous nos tentes, dans un site admirable, à l'entrée du territoire de Tripoli; le chemin quitte la côte et tourne brusquement à droite; il s'enfonce dans une vallée étroite arrosée par un ruisseau ; à environ une lieue de la mer, la vallée se rétrécit tout à fait ; elle est entièrement fermée par un rocher de cent pieds d'élévation et de cinq à six cents pieds de circonférence ; ce rocher, naturel ou taillé hors des flancs de la montagne qui le touche, porte à son sommet un château gothique parfaitement conservé, habitation des chacals et des aigles ; des escaliers taillés dans le roc vif s'élèvent à des terrasses successives, couvertes de tours et de murs crénelés, jusqu'à la plate-forme supérieure, d'où s'élance un donjon percé de fenêtres en ogive ; la végétation s'est emparée partout du château, des murs, des créneaux ; d'immenses sycomores ont pris racine dans les salles et élancent leurs larges têtes au-dessus des toits éboulés, les lianes retombant en touffes énormes, les lierres cramponnés aux fenêtres et aux portes, les lichens, qui révèlent partout la pierre, donnent à ce beau monument du moyen âge l'apparence d'un château de mousse et de lierre ; une belle fontaine coule au pied du rocher, ombragée par trois des plus beaux arbres que l'on puisse voir ; ce sont des espèces d'ormes ; l'ombre d'un seul couvrait nos tentes, nos trente chevaux et tous les groupes épars de nos Arabes.

Le lendemain, monté une côte rapide d'un terrain blanc et savonneux, où les chevaux pouvaient à peine se tenir ; du sommet, on a une vue sans bornes de tout le littoral occidental de la Syrie jusqu'au golfe d'Alexandrette et au mont Taurus, et un peu sur la droite, des plaines d'Alep et des collines d'Antioche, avec le cours de l'Oronte; trois heures de marche nous mènent aux portes de Tripoli; nous y étions attendus; et à une lieue de la ville nous rencontrâmes une cavalcade de jeunes négocians francs, de différentes nations, et de quelques officiers de l'armée d'Ibrahim, qui venaient au-devant de nous. Le fils de M. Lombart, négociant français, établi à Tripoli, nous offrit l'hospitalité au nom de son père; — nous craignîmes de lui être à charge, et nous allâmes au couvent des pères Franciscains; un seul religieux habitait cette immense demeure, et nous y reçut. Deux jours passés à Tripoli; dîné chez M. Lombart; — bonheur de rencontrer une famille française où tout compatriote retrouve une réception de famille; — le soir, passé une heure chez MM. Katchiflisse, négocians grecs et consuls de Russie, famille établie de temps immémorial à Tripoli de Syrie, où elle possède un magnifique palais. Madame et mesdemoiselles Katchiflisse sont les trois personnes les plus célèbres de Syrie pour leur beauté et pour le charme des manières, mélange piquant de la réserve asiatique avec le gracieux abandon des femmes grecques, et la politesse accomplie des femmes les plus élégantes de l'Europe; elles nous reçurent dans un vaste salon voûté, éclairé par une coupole, et rafraîchi par un bassin d'eau courante; elles étaient assises sur un divan semi-circulaire qui régnait au fond de la salle; tout était couvert de riches tapis, et les tapis couverts eux-mêmes de narguilés, de pipes, de vases de fleurs et de sorbets; ces trois femmes, vêtues du costume oriental, offraient chacune, dans leur caractère de beauté, l'ensemble le plus admirable qu'un œil d'homme puisse contempler; nous passâmes une soirée délicieuse dans leur conversation, et nous promîmes de les revoir au retour.

Le scheik d'Éden, dernier village habité au sommet du Liban, était oncle, par sa mère, de M. Mazoyer, mon interprète. Averti par son neveu de notre arrivée à Tripoli, le vénérable scheik descendit des montagnes avec son fils aîné et une partie de ses serviteurs; il vint me rendre visite au couvent des Franciscains, et m'offrit l'hospitalité chez lui, à Éden. D'Éden aux cèdres de Salomon, il n'y avait plus que trois heures de marche, et si les neiges qui couvraient encore la montagne nous le permettaient, nous pourrions aller de là visiter ces arbres séculaires qui ont répandu leur gloire sur tout le Liban, et qui sont contemporains du grand roi; nous acceptâmes, et le départ fut fixé au lendemain.

A cinq heures du matin nous étions à cheval. La caravane, plus nombreuse encore qu'à l'ordinaire, était précédée du scheik d'Éden, admirable vieillard dont l'élégance de manières, la politesse noble et facile, et le magnifique costume, étaient bien loin de rappeler un chef arabe; on eût dit un patriarche marchant à la tête de sa tribu; il montait une jument du désert dont le poil bai doré et la crinière flottante auraient fait la digne monture d'un héros de la *Jérusalem*; son fils et ses principaux serviteurs caracolaient sur des étalons magnifiques, à quelques pas devant lui ; nous venions ensuite, puis la longue file de nos moukres et de nos saïs. La sortie de Tripoli offre un admirable point de vue ; on suit les bords d'un fleuve encaissé entre deux collines ; les plus beaux arbres et des forêts de grands orangers ombragent les bords de l'eau ; un kiosque public, bâti sous ces arbres, offre sa terrasse embaumée aux promeneurs ; on y vient fumer et prendre le café pour respirer la fraîcheur du lit du fleuve ; de là, par une échappée, on aperçoit la mer, qui est à une demi-lieue de la ville ; les belles tours carrées, bâties par les Arabes, aux deux flancs du port, et les nombreux navires qui sont dans la rade. Nous traversâmes une large plaine cultivée et plantée d'oliviers ; sur le premier coteau qui s'élève de cette plaine vers le Liban, au milieu d'une forêt d'oliviers et d'arbres fruitiers de toute espèce, nous rencontrâmes une immense foule d'hommes, de femmes et d'enfans qui bordaient la route ; c'étaient les habitans d'un grand village répandu sous ces arbres et qui appartient au scheik d'Éden ; il passe les étés à Éden et les hivers dans ce village de la plaine ; ces Arabes saluèrent respectueusement leur prince, nous offrirent des rafraîchissemens, et un certain nombre d'entre eux se mit en route avec nous pour nous conduire des veaux et des moutons, et nous aider à franchir les précipices des montagnes ; pendant quatre heures ensuite nous marchâmes, tantôt dans de profondes vallées, tantôt sur la crête de montagnes presque stériles ; nous fîmes halte au bord d'un torrent qui descend des sommets d'Éden, et qui roulait des monceaux de neige à demi fondue; à l'abri d'un rocher, le scheik nous avait fait allumer un grand feu; nous déjeûnâmes et nous reposâmes nos chevaux dans ce lieu ; la montée devient ensuite si rapide, sur des rochers nus et glissans comme du marbre poli, qu'il est impossible de comprendre comment les chevaux arabes parviennent à les gravir et surtout à les descendre ; quatre Arabes à pied entouraient chacun des nôtres et les soutenaient de la main et des épaules; malgré cette assistance plusieurs roulèrent sur le rocher, mais sans accident grave; cette route horrible, ou plutôt cette muraille presque perpendiculaire nous conduisit, après deux heures de fatigue, à un plateau de roche où notre vue plongea sur une large vallée intérieure et sur le village d'Éden, qui est bâti à son extrémité la plus élevée et dans la région des neiges; il n'y a au-dessus d'Éden qu'une immense pyramide de roche nue : c'est la dernière dent de cette partie du Liban; une petite chapelle ruinée couronne son sommet; les vents d'hiver rongent sans cesse ce rocher et en détachent des blocs énormes qui roulent jusque dans le village; tous les champs des environs en sont semés, et le château même du scheik en est pressé de toutes parts; ce château dont nous approchions est d'une architecture complètement arabe; les fenêtres sont des ogives accouplées et séparées par d'élégantes colonnettes; les terrasses, qui servent de toits et de salons, sont couronnées de créneaux; la porte voûtée est flanquée de deux siéges élevés en pierre ciselée, et les jambages de la porte même sont revêtus d'arabesques : le scheik était descendu le premier et nous attendait à la tête de sa maison; son plus jeune fils, une cassolette d'argent à la main, brûlait des parfums devant nos chevaux, et ses frères nous jetaient des essences parfumées sur les cheveux et sur nos habits ; un magnifique repas nous attendait dans la salle où des arbres tout entiers flambaient dans le large foyer ; les vins les plus exquis du Liban et de Chypre et une immense quantité de gibier composaient ce festin ; nos Arabes n'étaient pas moins bien traités dans la cour ; nous parcourûmes le soir les environs du village ; les neiges couvraient encore une partie des champs; nous vîmes partout les traces d'une riche culture; le moindre coin de terre végétale entre les rochers avait son cep ou son noyer ; des fontaines innombrables coulaient partout sous nos pieds; des canaux artificiels en répandaient les eaux dans les terres : ces terres en pente étaient supportées par des terrasses bâties en blocs immenses; nous apercevions un monastère sous la dent de rocher à notre gauche, et de nombreux villages, très-rapprochés les uns des autres, sur tous les flancs des vallées.

Même date.

Le scheik a envoyé trois Arabes sur la route des Cèdres pour savoir si les neiges nous permettront d'arriver jusqu'à ces arbres; les Arabes, de retour, disent que l'accès est impraticable : il y a quatorze pieds de neige dans un vallon étroit qu'il faut traverser pour toucher aux arbres. Voulant approcher le plus possible, je prie le scheik de me donner son fils et quelques cavaliers; je laisse à Éden ma femme et ma caravane; je monte le plus vigoureux de mes chevaux, *Scham*, et nous sommes en route au lever du soleil; — marche de trois heures sur des crêtes de montagnes ou dans des champs détrempés de neige fondue; j'arrive sur les bords de la vallée des Saints, gorge profonde où l'œil plonge du haut des rochers, vallée plus encaissée, plus sombre, plus solennelle encore que celle de Hamana; au sommet de cette vallée, à l'endroit où, en montant toujours, elle touche aux neiges, superbe nappe d'eau qui tombe de cent pieds de haut sur deux ou trois cents toises de large; toute la vallée résonne de cette chute et des bonds du torrent qu'elle alimente; de toutes parts le rocher des flancs de la montagne ruisselle d'écume; nous voyons, à perte de vue, au fond de la vallée, deux grands villages dont les maisons se distinguaient à peine des rochers roulés par le torrent; les cimes des peupliers et des mûriers paraissent, de là, des touffes de joncs ou d'herbes; on descend dans le village de Beschieraï par des sentiers taillés dans le roc et tellement rapides, qu'on ne peut concevoir que des hommes s'y hasardent; il en périt souvent : une pierre lancée de la crête où nous sommes tomberait sur le toit de ces villages où nous n'arriverions pas dans une heure de descente; au-dessus de la cascade et des neiges, s'étendent d'immenses champs de glace, qui ondulent comme des vapeurs d'une teinte tour à tour verdâtre et bleue ; à environ un quart d'heure sur la gauche, dans une espèce de vallon semi-circulaire, formé par les dernières croupes du Liban, nous voyons une large tache noire sur la neige : ce sont les groupes fameux des cèdres; ils couronnent, comme un diadème, le front de la montagne ; ils voient l'embranchement des nombreuses et grandes vallées qui en descendent ; la mer et le ciel sont leur horizon. Nous mettons nos chevaux aux galop, dans la neige, pour approcher le plus près possible de la forêt ; mais, arrivés à cinq ou six cents pas des arbres, nous enfonçons jusqu'aux épaules des chevaux ; nous reconnaissons que le rapport de nos Arabes est exact, et qu'il faut renoncer à toucher de la main ces reliques des siècles et de la nature ; nous descendons de cheval, et nous nous asseyons sur un rocher pour les contempler.

Ces arbres sont les monumens naturels les plus célèbres de l'univers. La religion, la poésie et l'histoire les ont également consacrés. L'Écriture-Sainte les célèbre en plusieurs endroits. Ils sont une des images que les prophètes emploient de prédilection. Salomon voulut les consacrer à l'ornement du temple qu'il éleva le premier au Dieu unique, sans doute à cause de la renommée de magnificence et de sainteté que ces prodiges de végétation avaient dès cette époque. Ce sont bien ceux-là ; car Ézéchiel parle des cèdres d'Éden comme des plus beaux du Liban. Les

Arabes de toutes les sectes ont une vénération traditionnelle pour ces arbres. Ils leur attribuent non-seulement une force végétative qui les fait vivre éternellement, mais encore une âme qui leur fait donner des signes de sagesse, de prévision, semblables à ceux de l'instinct chez les animaux, de l'intelligence chez les hommes. Ils connaissent d'avance les saisons, ils remuent leurs vastes rameaux comme des membres, ils étendent ou resserrent leurs coudes, ils élèvent vers le ciel ou inclinent vers la terre leurs branches, selon que la neige se prépare à tomber ou à fondre. Ce sont des êtres divins sous la forme d'arbres. Ils croissent dans ce seul site des groupes du Liban; ils prennent racine bien au-dessus de la région où toute grande végétation expire. Tout cela frappe d'étonnement l'imagination des peuples d'Orient, et je ne sais si la science ne serait pas étonnée elle-même. — Hélas! cependant, Basan languit, le Carmel et la fleur du Liban se fanent. Ces arbres diminuent chaque siècle. Les voyageurs en comptèrent jadis trente ou quarante, plus tard dix-sept; plus tard encore, une douzaine.—Il n'y en a plus que sept, que leur masse peut faire présumer contemporains des temps bibliques. Autour de ces vieux témoins des âges écoulés, qui savent l'histoire de la terre mieux que l'histoire elle-même, qui nous raconteraient, s'ils pouvaient parler, tant d'empires, de religions, de races humaines évanouies! il reste encore une petite forêt de cèdres plus jaunes, qui me parurent former un groupe de quatre ou cinq cents arbres ou arbustes. Chaque année, au mois de juin, les populations de Beschieraï, d'Éden, de Kanobin et de tous les villages des vallées voisines, montent aux cèdres, et font célébrer une messe à leurs pieds. Que de prières n'ont pas résonné sous ces rameaux! Et quel plus beau temple, quel autel plus voisin du ciel, quel dais plus majestueux et plus saint que le dernier plateau du Liban, le tronc des cèdres et le dôme de ces rameaux sacrés qui ont ombragé et ombragent encore tant de générations humaines, prononçant le nom de Dieu différemment, mais le reconnaissant partout dans ses œuvres, et l'adorant dans des manifestations naturelles! Et moi aussi je priai en présence de ces arbres. Le vent harmonieux qui résonnait dans leurs rameaux sonores jouait dans mes cheveux, et glaçait sur ma paupière des larmes de douleur et d'adoration.

Remonté à cheval, marché trois heures sur les plateaux qui dominent les vallées de Kadisha, descendu à Kanobin, monastère maronite le plus célèbre de tous, dans la vallée des Saints. — Vue du monastère de Deir-Serkis, abandonné maintenant à un ou deux solitaires. Burchard, en 1810, y trouva un vieux ermite toscan qui achevait là ses jours après avoir été missionnaire dans les Indes, en Égypte et en Perse.

Vue du monastère de Kanobin du haut d'un pic qui s'avance sur la vallée, comme un promontoire. Je remets mon cheval aux Arabes, et je me couche au soleil, sur une pointe de rocher d'où l'œil plonge à pic sur l'abîme de la vallée des Saints. Le fleuve

Kadisha roule au pied de ce rocher; son lit n'est qu'une ligne d'écume ; mais je suis si haut que le bruit ne monte pas jusqu'à moi. Kanobin fut fondé, disent les moines maronites, par Théodose-le-Grand. Toute la vallée des Saints ressemble à une vaste nef naturelle dont le ciel est le dôme, les crêtes du Liban, les piliers, et les innombrables cellules des ermites creusées dans les flancs du rocher, les chapelles. Ces ermitages sont suspendus sur des précipices qui semblent inabordables. Il y en a, comme des nids d'hirondelles, à toutes les hauteurs des parois de la vallée. Les uns ne sont qu'une grotte creusée dans la pierre, les autres, de petites maisonnettes bâties entre les racines de quelques arbres sur les corniches avancées des montagnes. Le grand couvent est en bas, sur la rive du torrent. Il y a quarante ou cinquante religieux maronites occupés, les uns à labourer, les autres à imprimer des livres élémentaires pour l'instruction du peuple. Excellens religieux qui sont les fils et les pères du peuple, qui ne vivent point de sa sueur, mais qui travaillent nuit et jour pour l'avancement de leurs frères; hommes simples qui ne visent à aucune richesse, à aucune renommée dans ce monde. Travailler, prier, vivre en paix, mourir en grâce et inconnus des hommes : voilà toute l'ambition des religieux maronites.

Même date.

Hier je redescendais les dernières sommités de ces Alpes ; j'étais l'hôte du scheik d'Éden, village arabe

maronite suspendu sous la dent la plus aiguë de ces
montagnes, aux limites de la végétation, et qui n'est
habitable que l'été. Le noble et respectable vieillard
était venu me chercher, avec son fils et quelques-uns
de ses serviteurs, jusqu'aux environs de Tripoli de
Syrie, et m'avait reçu dans son château d'Éden, avec
la dignité, la grâce de cœur et l'élégance de manières
que l'on pourrait s'imaginer dans un des vieux seigneurs de la cour de Louis XIV. Les arbres entiers
brûlaient dans le large foyer ; les moutons, les chevreaux, les cerfs étaient étalés par piles dans les
vastes salles, et les outres séculaires des vins d'or du
Liban, apportées de la cave par ses serviteurs, coulaient pour nous et pour notre escorte. Après avoir
passé quelques jours à étudier ces belles mœurs homériques, poétiques comme les lieux mêmes où nous
les retrouvions, le scheik me donna son fils aîné et
un certain nombre de cavaliers arabes pour me conduire aux cèdres de Salomon ; arbres fameux qui
consacrent encore la plus haute cime du Liban, et
que l'on vient vénérer depuis des siècles comme les
derniers témoins de la gloire de Salomon. Je ne les
décrirai point ici. Au retour de cette journée mémo-
rable pour un voyageur, nous nous égarâmes dans
les sinuosités de rochers et dans les nombreuses et
hautes vallées dont ce groupe du Liban est déchiré
de toutes parts, et nous nous trouvâmes tout à coup
sur le bord à pic d'une immense muraille de rochers
de quelques mille pieds de profondeur, que cerne la
vallée des Saints. Les parois de ce rempart de granit

étaient tellement perpendiculaires, que les chevreuils même de la montagne n'auraient pu y trouver un sentier, et que nos Arabes étaient obligés de se coucher le ventre contre terre et de se pencher sur l'abîme pour découvrir le fond de la vallée. Le soleil baissait, nous avions marché bien des heures; il nous en aurait fallu plusieurs encore pour retrouver notre sentier perdu, et regagner Éden; nous descendîmes de cheval, et, nous confiant à un de nos guides, qui connaissait non loin de là un escalier de roc vif, taillé jadis par les moines maronites, habitans immémoriaux de cette vallée, nous suivîmes quelque temps les bords de la corniche, et nous descendîmes enfin, par ces marches glissantes, sur une plate-forme détachée du roc, et qui dominait tout cet horizon.

La vallée s'abaissait d'abord par des pentes larges et douces du pied des neiges et des cèdres qui formaient une tache noire sur ces neiges; là, elle se déroulait sur des pelouses d'un vert jaune et tendre comme celui des hautes croupes du Jura ou des Alpes; une multitude de filets d'eau écumante, sortie çà et là du pied des neiges fondantes, sillonnaient ces pentes gazonnées et venaient se réunir en une seule masse de flots et d'écume, au pied du premier gradin de rochers. Là, la vallée s'enfonçait tout à coup à quatre ou cinq cents pieds de profondeur; le torrent se précipitait avec elle, et, s'étendant sur une large surface, tantôt couvrait le rocher comme d'un voile liquide et transparent, tantôt s'en détachait en voûtes élancées, et tombant enfin sur des blocs immenses et aigus de granit arrachés du sommet, s'y brisait en lambeaux flottans, et retentissait comme un tonnerre éternel; le vent de sa chute arrivait jusqu'à nous, en emportant, comme de légers brouillards, la fumée de l'eau à mille couleurs, la promenait, çà et là, sur toute la vallée, ou la suspendait en rosée aux branches des arbustes et aux aspérités du roc. En se prolongeant vers le nord, la vallée des Saints se creusait de plus en plus et s'élargissait davantage, puis à environ deux milles du point où nous étions placés, deux montagnes nues et couvertes d'ombres se rapprochaient en s'inclinant l'une vers l'autre, laissant à peine une ouverture de quelques toises entre leurs deux extrémités, où la vallée allait se terminer et se perdre avec ses pelouses, ses vignes hautes, ses peupliers, ses cyprès et son torrent de lait. Au-dessus des deux monticules qui l'étranglaient ainsi, on apercevait à l'horizon comme un lac d'un bleu plus sombre que le ciel : c'était un morceau de la mer de Syrie, encadré par un golfe fantastique d'autres montagnes du Liban; ce golfe était à vingt lieues de nous, mais la transparence de l'air nous le montrait comme à nos pieds, et nous distinguions même deux navires à la voile qui, suspendus entre le bleu du ciel et celui de la mer, et diminués par la distance, ressemblaient à deux cygnes planant dans notre horizon. Ce spectacle nous saisit tellement d'abord, que nous n'arrêtâmes nos regards sur aucun détail de la vallée ; mais, quand le premier éblouissement fut passé, et que notre œil put percer à travers la vapeur flottante du soir et des eaux, une scène d'une autre nature se déroula peu à peu devant nous.

A chaque détour du torrent où l'écume laissait un peu de place à la terre, un couvent de moines maronites se dessinait, en pierres d'un brun sanguin, sur le gris du rocher, et sa fumée s'élevait dans les airs entre des cimes de peupliers et de cyprès. Autour des couvents, de petits champs, conquis sur le roc ou le torrent, semblaient cultivés comme les parterres les plus soignés de nos maisons de campagne, et, çà et là, on apercevait ces Maronites, vêtus de leur capuchon noir, qui rentraient du travail des champs, les uns avec la bêche sur l'épaule, les autres conduisant de petits troupeaux de poulains arabes, quelques-uns tenant le manche de la charrue et piquant leurs bœufs, entre les mûriers. Plusieurs de ces demeures de prières et de travail étaient suspendues, avec leurs chapelles et leurs ermitages, sur les caps avancés des deux immenses chaînes de montagnes; un certain nombre étaient creusées comme des grottes de bêtes fauves dans le rocher même; on n'apercevait que la porte surmontée d'une ogive vide où pendait la cloche, et quelques petites terrasses taillées sous la voûte même du roc, où les moines vieux et infirmes venaient respirer l'air et voir un peu de soleil, partout où le pied de l'homme pouvait atteindre. Sur certains rebords des précipices, l'œil ne pouvait reconnaître aucun accès, mais, là même, un couvent, une solitude, un oratoire, un ermitage et quelques figures de solitaires circulant parmi les roches et les arbustes, travaillant, lisant ou priant. Un de ces couvens était une imprimerie arabe pour l'instruction du peuple maronite, et l'on voyait sur la terrasse une foule de moines allant et venant, et étendant sur des claies de roseaux les feuilles blanches du papier humide. Rien ne peut peindre, si ce n'est le pinceau, la multitude et le pittoresque de ces retraites ; chaque pierre semblait avoir enfanté sa cellule, chaque grotte son ermite; chaque source avait son mouvement et sa vie ; chaque arbre son solitaire sous son ombre ; partout où l'œil tombait, il voyait la vallée, la montagne, les précipices, s'animer, pour ainsi dire, sous son regard, et une scène de vie, de prière, de contemplation, se détacher de ces masses éternelles ou s'y mêler pour les consacrer. Mais bientôt le soleil tomba, les travaux du jour cessèrent, et toutes les figures noires répandues dans la vallée rentrèrent dans les grottes ou dans les monastères. Les cloches sonnèrent de toutes parts l'heure du recueillement et des offices du soir ; les unes avec la voix forte et vibrante des grands vents sur la mer, les autres avec les voix légères et argentines des oiseaux dans les champs de blé ; celles-ci plaintives et lointaines comme des soupirs dans la nuit et dans le désert ; toutes ces cloches se répondaient des deux bords opposés de la vallée, et les mille échos des grottes et des précipices se les renvoyaient en murmures confus et répercutés, mêlés avec le mugissement du torrent, des cèdres, et les mille chutes sonores des sources et des cascades dont les deux flancs des monts sont sillonnés. Puis il se fit un moment de silence, et un nouveau bruit plus doux, plus mélancolique et plus grave remplit la vallée; c'était le chant des psaumes qui, s'élevant à la fois de chaque monastère, de chaque église, de chaque oratoire, de chaque cellule de rochers, se mêlait, se confondait en montant jusqu'à nous comme un vaste murmure, et ressemblait à une seule plainte mélodieuse de la vallée tout entière qui venait de prendre une âme et une voix; puis un nuage parfuma cet air que les anges auraient pu respirer; nous restâmes muets et enchantés comme ces esprits célestes quand, planant pour la première fois sur le globe qu'ils croyaient désert, ils entendirent monter de ces mêmes bords la première prière des hommes; nous comprîmes ce que c'était que la voix de l'homme pour vivifier la nature la plus morte, et ce que ce serait que la poésie à la fin des temps, quand, tous les sentimens du cœur humain éteints et absorbés dans un seul, la poésie ne serait plus ici-bas qu'une adoration et un hymne!

12 avril 1833.

Descendu à Tripoli de Syrie avec le scheik et sa tribu; je donne à son fils une pièce d'étoffe de soie pour faire un divan; passé un jour à parcourir les délicieux environs de Tripoli; reparti pour Bayruth par le bord de la mer; passé cinq jours à embarquer nos bagages sur le brick que j'ai affrété, *la Sophie*, préparatifs faits pour une tournée en Égypte; adieux à nos amis francs et arabes ; je donne plusieurs de mes chevaux ; j'en fais partir six des plus beaux sous la conduite d'un écuyer arabe et de trois de mes meilleurs saïs, pour qu'ils aillent, en traversant la Syrie et la Caramanie, m'attendre le 1er juillet au bord du golfe de Macri, vis-à-vis l'île de Rhodes dans l'Asie mineure. Au point du jour, le 15 avril 1833, nous sortons de la maison où Julia nous embrassa pour la dernière fois, et nous quitta pour le ciel ! Pavé de sa chambre baisé mille fois et trempé de tant de larmes ; cette maison était pour moi comme une relique consacrée ; je l'y voyais encore partout : oiseaux, colombes, son cheval, le jardin, les deux belles jeunes filles syriennes qui venaient jouer avec elle, et qui logent sous nos fenêtres dans le jardin. Elles se sont levées avant le jour, et vêtues de leurs plus riches parures, elles pleurent ; elles élèvent leurs mains vers nous, et arrachent les fleurs de leurs cheveux ; je leur donne à chacune, pour souvenirs des amis étrangers qu'elles ne reverront plus que dans leur pensée, un collier de pièces d'or pour leur mariage ; l'une d'elles, Anastasie, est la plus belle des femmes que j'aie vues en Orient. — La mer est comme un miroir ; les chaloupes, chargées de nos amis qui viennent nous accompagner jusqu'à bord, suivent la nôtre ; nous mettons à la voile par un léger vent d'est ; les côtes de Syrie, bordées de leurs franges de sable, disparaissent avec les têtes de palmiers ; les cimes blanches du Liban nous suivent longtemps sur la mer ; nous doublons, pendant la nuit, le cap Carmel ; au point du jour, nous sommes à la hauteur de Saint-Jean-d'Acre, en face du golfe de Kaïpha ; la mer est belle et les vagues sont sillonnées par une foule de dauphins qui bondissent autour du navire ; tout a une apparence de fête et de joie dans la nature et sur les flots, autour de ce navire qui porte des cœurs morts à toute joie et à toute sérénité ; j'ai passé la nuit sur le pont, dans quelles pensées? mon cœur le sait! Nous longeons les côtes abaissées de la Galilée ; Jaffa brille comme un rocher de craie à l'horizon, sur une grève de sable blanc ; nous nous y dirigeons ; nous y relâchons quelques jours ; ma femme et ceux de mes amis qui n'ont pu m'accompagner dans mon voyage à Jérusalem, ne veulent pas passer si près du tombeau sacré sans aller y porter quelques gémissemens de plus. Le soir le vent fraîchit, et nous jetons l'ancre à sept heures dans la rade orageuse de Jaffa ; la mer est trop forte pour mettre un canot dehors ; le lendemain nous débarquons tous ; une caravane est préparée par les soins de MM. Damiani, mes anciens amis, agens de France à Jaffa ; elle se met en marche à onze heures pour aller coucher à Ramla : je reste seul chez M. Damiani.

Cinq jours passés à errer seul dans les environs : les amis Arabes que j'avais connus à Jaffa dans mes deux premiers passages me conduisent dans les jardins qu'ils ont aux alentours de la ville ; j'ai déjà décrit ces jardins : ce sont des forêts profondes d'orangers, de citronniers, de grenadiers, de figuiers, arbres

aussi grands que des noyers en France ; le désert de Gaza entoure de toutes parts ces jardins ; une famille de paysans arabes vit dans une cabane attenante; il y a une citerne ou un puits, quelques chameaux, des chèvres, des moutons, des colombes et des poules. Le sol est couvert d'oranges et de limons tombés des arbres ; on dresse une tente au bord d'un des canaux d'irrigation qui arrosent le terrain semé de melons et de concombres ; on étend des tapis ; la tente est ouverte du côté de la mer pour recevoir la brise qui règne depuis dix heures du matin jusqu'au soir ; elle se parfume en passant sous les têtes d'orangers et apporte des nuages de fleurs d'oranger. On voit de là les sommets des minarets de Jaffa, et les vaisseaux qui vont et viennent de l'Asie mineure en Égypte. Je passe mes journées ainsi ; j'écris quelques vers sur la seule pensée qui m'occupe ; je voudrais rester ici : Jaffa isolé de l'univers entier, au bord du grand désert d'Égypte dont le sable forme des dunes blanches autour de ces bois d'orangers, sous un ciel toujours pur et tiède, serait un séjour parfait pour un homme las de la vie, et qui ne désire qu'une place au soleil.
— La caravane revient.

Je demande à madame de Lamartine quelques détails sur Bethléem, sur les sites environnans que la peste m'a empêché de visiter à mon premier voyage. Elle me les donne et je les insère ici.

« Au sortir des jardins de Jaffa nous mîmes nos chevaux au galop à travers une immense plaine, alors couverte de chardons jaunes et violets. De temps en temps de grands troupeaux que chassait devant lui un cavalier arabe, armé d'une longue lance, comme dans les Marais Pontins, cherchaient une rare nourriture parmi les herbes que le soleil n'avait pas encore entièrement calcinées. Plus loin, à notre droite, et comme à l'entrée du désert d'El-Arish, quelques tas de boue, recouverts d'herbe sèche, sortaient de terre comme des meules de foin jaunies par l'orage avant que le moissonneur ait pu les rentrer : c'était un village.

« En approchant nous vîmes des enfans nus sortir, comme des Lapons, de ces petits cônes renversés qui formaient leurs habitations; quelques femmes, les cheveux pendans, couvertes à peine par une chemise bleu foncé, quittaient le feu qu'elles allumaient sur deux pierres pour préparer leur repas, et montaient au sommet de leur hutte, afin de nous voir défiler plus longtemps.

« Après quatre heures de marche nous arrivâmes à Ramla, où nous étions attendus par l'agent du consulat sarde, qui avait la bonté de nous prêter sa maison, les femmes ne pouvant être logées au couvent latin. Dans la soirée nous visitâmes une ancienne tour, à un demi-quart de lieue de la ville, appelée la Tour des Quarante Martyrs, maintenant occupée par des derviches tourneurs. — C'était un vendredi, jour de cérémonie pour leur culte; nous y assistons. — Une vingtaine de derviches, vêtus d'une longue robe et d'un bonnet pointu de feutre blanc, étaient accroupis en cercle dans une enceinte entourée d'une

petite balustrade ; celui qui paraissait être le chef,
figure vénérable à grande barbe blanche, était, par
distinction, placé sur un coussin et dominait les
autres. Un orchestre composé d'un *nâhi* ou basson,
d'une *shoubabé*, sorte de clarinette, et de deux petits
tambours réunis, appelés *nacariate*, jouait les airs les
plus discordans à nos oreilles européennes. Les derviches se lèvent gravement un à un, passent devant le
supérieur, le saluent, et commencent à tourner en
cercle sur eux-mêmes, les bras étendus et les yeux
élevés vers le ciel. Leur mouvement, d'abord lent,
s'anime peu à peu, arrive à une rapidité extrême, et
finit par former comme un tourbillon où tout est
confusion et éblouissement; tant que l'œil peut les
suivre, leurs regards paraissent exprimer une grande
exaltation, mais bientôt on ne distingue plus rien. Le
temps que dura cette valse étrange, je ne saurais le
dire; mais il me parut incroyablement long. Peu à
peu cependant le nombre des tourneurs diminuait;
épuisés de fatigue, ils s'affaissaient l'un après l'autre
et retombaient dans leur attitude première ; les derniers semblaient mettre une grande persistance à
tourner le plus longtemps possible, et j'éprouvais un
sentiment pénible à voir les efforts que faisait un
vieux derviche, haletant et chancelant à la fin de
cette rude épreuve, pour ne céder qu'après tous les
autres ; pendant ce temps nos Arabes nous entretien-
nent de leurs superstitions ; ils prétendent qu'un
chrétien, récitant continuellement le *Credo*, forcerait
le musulman à tourner sans fin, par une impulsion

irrésistible, jusqu'à ce qu'il en mourût ; qu'il y en avait beaucoup d'exemples, et qu'une fois les derviches ayant découvert celui qui employait ce sortilége, l'avaient forcé à réciter le *Credo* à rebours, et avaient ainsi détruit le charme au moment où le tourneur allait expirer ; et nous, nous faisons de tristes réflexions sur la faiblesse de la raison humaine qui cherche à tâtons, comme l'aveugle, sa route vers le ciel, et se trompe si souvent de chemin. Ces bizarres extravagances qui dégradent en quelque sorte l'esprit humain, avaient cependant un but digne de respect et un noble principe. C'était l'homme voulant honorer Dieu ; c'était l'imagination voulant s'exalter par le mouvement physique, et arriver, comme elle y arrive par l'opium, à cet étourdissement divin, à cet anéantissement complet du sentiment et du moi, qui lui permet de croire qu'elle s'est abîmée dans l'unité infinie, et qu'elle communique avec Dieu ! — C'était peut-être une imitation, pieuse dans l'origine, des mouvemens des astres dansant devant le Créateur; c'était peut-être un effet de cette même inspiration enthousiaste et passionnée qui fit jadis danser David devant l'arche du Seigneur. Quelques-uns de nous faisaient comme la femme du roi-poëte, et étaient tentés de se moquer des derviches. Ils leur semblaient insensés, comme à des hommes qui ignoreraient le fond de notre culte, pourraient paraître quelques observances monacales, la mendicité de nos moines, les macérations de certains ordres ascétiques ; mais, quelque absurde que soit au premier coup d'œil de la raison une pratique religieuse, une raison plus profonde et plus haute y trouve toujours quelque chose à respecter : le motif qui l'inspire. Rien de ce qui touche à l'idée de Dieu n'est ridicule. C'est quelquefois atroce, souvent insensé, mais toujours sérieux. La conscience du derviche est en paix quand il a accompli sa valse pieuse, et il croit que ses pirouettes ont honoré la Divinité. Mais si nous ne le regardons pas comme ridicule, nous sommes quelquefois tentés de le prendre en pitié, et je ne sais si nous avons plus le droit de l'un que de l'autre. Nous-mêmes, où en serions-nous sans les enseignemens du christianisme qui sont venus éclairer notre raison; serait-elle plus lumineuse que la sienne? L'histoire est là pour répondre. On trouve un Platon, pour des milliers d'idolâtres.

« En sortant de la tour nous entrons dans les galeries d'un cloître ruiné, qui conduisent à une église souterraine; nous descendons par plusieurs marches sous une voûte surbaissée, que porte une belle colonnade. L'aspect d'une église souterraine m'a toujours paru d'un effet imposant et attendrissant à la fois. L'obscurité mystérieuse, la solitude de ces voûtes silencieuses reportent l'imagination aux premiers temps du culte, lorsque les chrétiens se retiraient dans des grottes profondes pour dérober leurs mystères aux yeux profanes, et se soustraire à la persécution. En Orient, la plupart de ces églises semblent bâties pour embellir ces asiles primitifs, et orner, de tout le luxe de l'architecture, ces humbles retraites où la foi s'était longtemps cachée, comme pour venger, par une éclatante réparation, les humiliations et les injures de la domination païenne ; mais le temps des persécutions devait renaître pour les malheureux chrétiens, et le nom de ce monument, les Quarante Martyrs, ferait croire qu'il a servi de refuge aux fidèles, sans pouvoir les protéger ; et maintenant tout est en ruine : les nefs et les colonnades bâties par les empereurs n'ont pas commandé plus de respect aux vainqueurs que les humbles grottes des premiers disciples de la croix ; les voûtes servent d'écuries, et les cloîtres de casernes.

« On voit encore quelques tombeaux du temps des croisés, mais la nuit nous empêcha de nous arrêter davantage : il fallait retourner à notre gîte et préparer notre caravane pour le lendemain. L'aga de Ramla nous donna une escorte, et recommanda au *Cawass* en chef de ne pas me quitter un instant dans les défilés des montagnes où nous allions entrer, et de prendre mes ordres en tout. Le respect des musulmans pour les femmes européennes contraste singulièrement avec la dépendance dans laquelle ils tiennent les leurs. En effet, nous eûmes beaucoup à nous louer de l'extrême attention de ce janissaire et de sa politesse recherchée. Constamment occupé de la jument arabe que je montais, il semblait effrayé que je me hasardasse à la lancer, et ne comprenait pas que je pusse me tenir en équilibre dans les chemins escarpés que nous gravissions ; il nous fut bien utile plus tard, lorsque nous rencontrâmes; précisément dans ces gorges, d'innombrables pèlerins revenant de Jérusalem, qui nous barraient le passage; il les força à nous céder le sentier le moins impraticable parmi les blocs de granit et les racines des arbustes qui bordaient le ravin et nous empêchaient de rouler dans le précipice; sans son autorité, la longue file de la procession marchant toujours, si la queue venait à pousser en avant la tête de la colonne, elle nous aurait infailliblement culbutés.

« En quittant Ramla, la route continue à travers la plaine pendant deux lieues; nous nous arrêtâmes au Puits de Jacob; mais n'ayant pas de cruche pour puiser, et l'eau étant très-basse, nous poursuivîmes notre chemin. Tout ce pays conserve des traces si vivantes des temps bibliques, que l'on n'éprouve aucune surprise, aucune difficulté à admettre les traditions qui donnent le nom de Jacob à un puits qui existe encore, et l'on s'attend à y voir le patriarche abreuver les troupeaux de Rachel, plutôt que de douter de son identité. Ce n'est que par la réflexion que l'on arrive à l'étonnement ou au doute, lorsque les quatre mille ans écoulés et les diverses phases que l'humanité a subies, se présentent à l'imagination et viennent faire chanceler la foi; du reste, dans une plaine où l'on ne trouve de l'eau que toutes les trois ou quatre heures, un puits, une source, a dû être un objet aussi important dans les siècles passés qu'aujourd'hui, et son nom a pu se conserver aussi religieusement que celui des tours de David, ou des citernes de Salomon. Nous entrons bientôt dans les montagnes de la Judée ; le chemin devient difficile ; tantôt le bord d'un précipice ne laisse aux chevaux que juste la place de leur pied ; tantôt des quartiers de rocs, roulés et entassés à travers le sentier, forment un rude escalier que des chevaux arabes sont seuls capables de franchir ; cependant, quelque pénible que soit ce chemin, il ne présente aucun danger comparable à celui qu'offre la route de Hamana.

« Au sommet de la première cime, nous nous retournons un instant pour jouir d'une vue magnifique sur tout le pays que nous venons de parcourir jusqu'au rivage au-delà de Jaffa ; quoique tout fût calme autour de nous, l'horizon de la mer, rouge et chargé, annonçait à un œil expérimenté une tempête prochaine ; déjà des vagues menaçantes agitaient les vaisseaux dans la rade ; nous cherchons à distinguer le nôtre ; nous songeons à ceux qui sont restés à bord. Mes tristes prévisions n'étaient pas chimériques : le lendemain plusieurs bâtimens furent jetés sur cette côte dangereuse, et le nôtre, après avoir longtemps chassé sur son ancre, cassa son câble au milieu d'une rafale épouvantable. Après ce moment de halte, nous descendons le revers de la montagne pour en remonter d'autres encore, tantôt à travers des avalanches de pierres qui roulent sous les pieds de nos chevaux, tantôt sur le bord d'une étroite corniche. Les côtes, à droite et à gauche, sont quelquefois très-boisées ; le vert brillant des beaux buissons de l'arbuste à fraise et les *lauriers-thym* contraste avec le maigre feuillage des lentisques et des oliviers. Il ne manquait souvent que de l'eau pour rendre le paysage complet ; mais un spectacle d'une autre nature nous attendait. Une procession d'innombrables pèlerins de toutes nations, revenant de Jérusalem, défilait, en face de nous, du sommet d'une montagne nue et aride, en serpentant jusque dans la gorge où nous nous trouvions. Rien ne pourra rendre l'effet pittoresque de cette scène, la diversité des couleurs, des costumes, des allures ; depuis le riche Arménien jusqu'au plus pauvre caloyer, tout contribuait à l'embellir. Après avoir admiré l'effet général, nous eûmes tout le loisir d'en examiner les détails, pendant deux heures que nous passâmes à nous croiser mutuellement ; tantôt c'était un patriarche grec, dans son beau costume, majestueusement assis sur une selle rouge et or, la bride de son cheval tenue par deux saïs, et suivi d'une foule à pied, cortége semblable à la marche triomphale d'un légat du pape au moyen âge ; tantôt c'était une pauvre famille dont le père conduisait, avec le bâton de pèlerin, un mulet surchargé de petits enfans ; l'aîné, assis sur le cou de l'animal, tenait une corde pour bride et un cierge pour étendard. D'autres enfans, entassés dans des paniers placés de chaque côté, mordillaient quelques restes de pain bénit ; la mère, pâle et exténuée, suivait avec peine, allaitant le plus jeune attaché contre son sein par une large ceinture ; ensuite venait une longue file de néophytes tenant chacun un énorme cierge pascal selon le rit grec, et psalmodiant d'un ton nasal et monotone ; — plus loin des juifs à turbans rouges, à longues barbes noires, à l'œil pénétrant et sinistre, semblaient maudire intérieurement un culte qui les avait déshérités. Pourquoi se trouvaient-ils parmi cette foule de chrétiens? Les uns avaient profité de la caravane pour visiter le tombeau de David, ou la vallée de Tibériade ; d'autres avaient spéculé sur les gains à faire en fournissant des vivres à la multitude. De temps en temps, la foule à pied était interrompue par quelques chameaux chargés d'immenses ballots, et accompagnés de leurs moukres dans le costume arabe ; veste et large pantalon brun brodé de bleu, le *cafié* jaune sur la tête ; puis venaient des familles arméniennes ; les femmes cachées sous le grand voile blanc, voyageaient dans un *tactrewan*, sorte de cage portée sur deux mulets ; les hommes en longues robes de couleur foncée, la tête couverte du grand *culpack* carré des habitans de Smyrne, conduisaient par la main leurs fils, dont l'aspect grave, réfléchi, calculateur, ne laisse rien percer de la légèreté de l'enfance ; — des matelots grecs et des patrons de vaisseaux pirates, qui étaient venus des ports de l'Asie mineure et de l'Archipel, chargés de pèlerins, comme un négrier d'esclaves, juraient dans leur langue énergique, et pressaient la marche pour rembarquer au plus vite leur cargaison d'hommes. Un enfant malade était porté sur une litière, entouré de ses parens qui pleuraient leur espérance déçue du miracle de la guérison subite qu'ils attendaient de leur pieux pèlerinage. — Hélas ! moi aussi je pleurais, j'avais espéré et prié comme eux ;

mais, plus malheureuse encore, je n'avais plus même l'incertitude sur l'étendue de mon malheur !...

« A la fin, venait une foule de malheureux Cophtes déguenillés, hommes, femmes et enfans; se traînant avec peine comme au sortir d'un hôpital. Toute cette troupe, brûlée par le soleil, haletant de soif, marchait, marchait toujours pour atteindre la caravane et ne pas rester délaissée dans les défilés des montagnes; je rougissais de me sentir à cheval, escortée de janissaires, accompagnée d'amis dévoués, qui m'épargnaient tout danger, toute peine, pendant qu'une foi si vive avait conduit des milliers d'individus à braver les fatigues, la maladie, les privations de tout genre. C'étaient là de vrais pèlerins. Je n'étais que voyageuse.

« Entre cette première chaîne de montagnes et les dernières hauteurs qui dominent Jérusalem, se trouvent une jolie vallée et le village de Jérémie. Nous venions de passer devant l'ancienne église grecque, qui, comme tant d'autres, est maintenant une étable, lorsque nous vîmes une cinquantaine d'Arabes, disposés en amphithéâtre sur le flanc de la colline, et accroupis sous de beaux oliviers. Au milieu du cercle, et sur une petite élévation dominant les autres, était le chef, le fameux Abougosh; debout à ses côtés, on voyait son frère et son fils couverts de leurs armes et tenant leurs pipes; leurs chevaux, attachés aux arbres derrière eux, complétaient le tableau. A l'arrivée de notre caravane, il envoya son fils parlementer avec notre drogman, qui marchait en tête. Ayant appris que l'escorte conduisait à Jérusalem la femme de l'émir franc qu'il avait connu il y avait six mois, il nous fit prier de nous arrêter et d'accepter le café. Nous nous gardâmes bien de refuser, et, ayant distribué à nos cawass et à nos moukres les provisions pour la halte, nous nous laissâmes conduire à une petite distance du groupe des Arabes. Là, notre dignité exigeait que nous nous arrêtassions, jusqu'à ce que, à leur tour, ils s'avançassent au-devant de nous. Abougosh se leva alors, et vint accoster M. de Parseval. Après nous avoir fait beaucoup de politesses et nous avoir offert le café, il me demanda une audience particulière. Je fis retirer mes gens à quatre pas, et, par l'entremise de mon interprète, j'appris qu'un de ses frères était prisonnier des Égyptiens, et que, croyant à M. de Lamartine une immense influence dans les conseils d'Ibrahim-Pacha, il me priait de solliciter son intervention en sa faveur, afin de lui faire rendre la liberté. Nous étions bien loin assurément d'avoir le crédit qu'il nous supposait, mais le hasard a voulu que je fusse à même de lui rendre service en faisant plaider sa cause auprès du commandant de l'armée égyptienne.

« En arrivant près de Jérusalem, la vue des murailles était interceptée par un grand campement de troupes d'Ibrahim-Pacha. Les sentinelles s'avancent, nous examinent, parlent à notre drogman, et nous ouvrent le passage à travers le camp. Nous nous trouvons bientôt en face de la tente du général. Les rideaux relevés nous le découvrent lui-même, étendu sur un divan de cachemire, entouré de ses officiers, les uns debout, les autres assis sur des tapis de Perse; leurs vêtemens de couleurs tranchantes, garnis de belles fourrures et brodés d'or, leurs armes étincelantes, les esclaves noirs qui leur présentaient le café dans les *finjeans* d'argent, formaient pour nous une scène brillante et nouvelle. Autour des tentes, des saïs promenaient en laisse les plus beaux étalons arabes, pour laisser sécher l'écume sur leur poil luisant. D'autres, fixés par des entraves, hennissaient d'impatience, frappaient la terre, et lançaient des regards de feu sur un peloton de cavalerie prêt à partir. Les troupes égyptiennes, formées de jeunes conscrits mesquinement vêtus d'un habillement rouge tout étriqué, moitié européen, moitié oriental, contrastaient avec les Arabes couverts de larges draperies. Et cependant c'étaient ces Égyptiens petits, laids, mal bâtis, qui marchaient de conquête en conquête, et faisaient trembler le sultan jusqu'aux portes de Constantinople!

« Nous entrons dans la ville sainte par la porte de Béthléem, tournant immédiatement à gauche pour gagner le quartier du couvent latin. Les femmes ne pouvant y être reçues, nous prenons possession d'une maison ordinairement inhabitée, mais qui sert aux étrangers lorsque le couvent des pères de Terre-Sainte est déjà plein. Nous étendons des matelas sur des banquettes disposées à cet effet, espérant nous reposer des émotions de la journée, et retrouver des forces pour en supporter de nouvelles et de plus palpitantes encore. Mais, assaillis par des milliers d'insectes, de mousquites, de puces, de punaises, qui depuis longtemps sans doute manquaient de pâture dans ces chambres désertes, ou, supposition plus fâcheuse encore, y avaient été laissés par quelques-uns de ces pèlerins en haillons que nous avions rencontrés, tout sommeil devint impossible, et la nuit se passa à tâcher de s'en défendre en changeant continuellement de place ; aussi, un de nos compagnons de voyage, malgré nos exhortations à la patience, finit-il par aller chercher refuge dans le couvent même. Le procureur-général vint nous voir, et nous dit que, s'il avait été prévenu, il aurait fait disposer un meilleur logement pour nous recevoir, et promit de tout arranger pour le lendemain. Je me confonds en excuses, je l'assure que nous ne manquons de rien, et j'ai encore à rougir de notre susceptibilité, devant cet humble apôtre de la pauvreté et de l'abnégation.

« Le procureur-général était un Espagnol d'un esprit supérieur, doué d'une haute intelligence des hommes et des choses. Pendant notre séjour à Jérusalem, j'eus occasion d'apprécier particulièrement sa bonté indulgente, son mérite, et l'utilité de son influence dans le couvent de Terre-Sainte ; mais à peine âgé de cinquante ans, sa carrière d'épreuve devait bientôt finir ici-bas par le martyre,—au moment où peut-être il se flattait de jouir de quelque repos dans son pays natal. S'étant embarqué peu de temps après notre départ, pour retourner en Espagne, il fut massacré avec quinze autres religieux, par des matelots grecs, non loin des côtes de Chypre. Un enfant musulman, seul échappé au carnage, poursuivit et dénonça les assassins qui furent arrêtés en Caramanie.

« Le lendemain, à l'aube du jour, nous commençâmes à visiter les lieux saints. Mais je dois m'arrêter ici, et taire les émotions intimes que ces lieux m'inspirèrent, parce que toutes me sont personnelles. Je ne parlerai pas non plus de l'aspect des rues de Jérusalem déjà décrites par mes compagnons de voyage. Je renfermai en moi toutes les impressions de mon âme, je n'avais nul besoin de les écrire, elles sont trop profondes pour qu'elles s'effacent jamais de mon souvenir ; s'il est des lieux dans le monde qui ont la douloureuse puissance d'éveiller tout ce qu'il y a de tristesse et de deuil dans le cœur humain, et de répondre à la douleur intérieure par une douleur pour ainsi dire matérielle, ce sont ceux où j'étais. Chaque pas qu'on y fait retentit jusqu'au fond de l'âme, comme la voix des lamentations, et chaque regard tombe sur un monument de sainte tristesse qui absorbe nos tristesses individuelles dans ces misères ineffables de l'humanité, qui furent souffertes, expiées, et consacrées ici !

« Partis de Jérusalem à cinq heures du matin, afin d'arriver à Bethléem à l'heure à laquelle on dit la messe dans la grotte de la Nativité ; un vieux religieux espagnol, à grande barbe, couvert d'un machlah [1]

---

[1] Manteau bedouin.

rayé de larges bandes noires et blanches, et dont les pieds touchaient à terre, monté qu'il était sur un tout petit âne, marchait devant, et nous servait de guide. Quoique au mois d'avril, un vent glacial soufflait avec violence et menaçait de me renverser ainsi que mon cheval; c'étaient les dernières raffales de la tempête sur la mer de Jaffa, qui arrivaient jusqu'à nous. La poussière qui tourbillonnait m'aveuglait; j'abandonnai les rênes de ma jument à mon saïs arabe, et rassemblant mon machlah autour de moi, je me concentrai dans les réflexions que faisaient naître la route que je parcourais, et les objets consacrés par la tradition. Mais ces objets sont trop connus, je ne m'arrêterai pas à les décrire; l'olivier du prophète Élie, — la fontaine où l'étoile reparut aux mages, — le site de Rama d'où sortait la voix déchirante qui retentissait dans mon propre sein, tout excitait en moi des sensations trop intimes pour être rendues.

« Le couvent latin de Bethléem avait été fermé pendant onze mois par la peste, mais depuis quelque temps il n'y avait pas eu de victimes nouvelles, et lorsque nous nous présentâmes à la petite porte basse qui sert d'entrée au monastère, elle s'ouvrit pour nous; après avoir passé un à un, en nous courbant sous l'étroite ouverture, notre premier mouvement fut celui de la surprise en nous trouvant dans une majestueuse église; quarante-huit colonnes de marbre, chacune d'un seul bloc, rangées sur deux files de chaque côté, formaient cinq nefs, couronnées par une charpente massive de bois de cèdre ; mais on y cherchait en vain l'autel, ou la chaire ; tout était brisé, délabré, dépouillé, et une muraille grossièrement cimentée partageait ce beau vaisseau à la naissance de la croix, et cachait ainsi la partie réservée au culte, que les diverses communions chrétiennes se disputent encore. La nef appartient aux Latins, mais ne sert que de vestibule au couvent ; on a muré la grande porte, et la poterne basse par laquelle nous avions pénétré a été construite pour soustraire ces restes vénérés à la profanation des hordes d'Arabes brigands qui entraient à cheval jusqu'au pied de l'autel pour rançonner les religieux. Le père supérieur nous reçoit avec cordialité ; sa figure douce, calme et heureuse, est aussi éloignée de l'austérité de l'anachorète que de la joviale insouciance dont on accuse les moines ; il nous questionne sur le pays que nous venons de parcourir, sur les troupes égyptiennes campées si près d'eux. Onze mois de réclusion l'avaient rendu avide de nouvelles, et il fut tout à fait rassuré en apprenant qu'Ibrahim-Pacha accordait protection aux populations chrétiennes de la Syrie.

« Après quelques instans de repos, nous nous préparons à entendre la messe à la chapelle de la Crèche ; on allume une faible lanterne, et nous descendons, précédés des pères, jusqu'à un long labyrinthe de corridors souterrains qu'il faut parcourir pour arriver à la grotte sacrée. Ces souterrains sont peuplés de tombeaux et de souvenirs : ici le tombeau de saint Jérôme, là celui de sainte Paule, de sainte Eustochie, le Puits des Innocens ; mais rien ne peut arrêter notre attention dans ce moment; la lumière éblouissante de trente à quarante lampes, sous une petite voûte, au fond du passage, nous montre l'autel construit sur l'emplacement de la nativité ; et deux pas plus bas, à droite, celui de la Crèche : ces grottes naturelles sont en partie revêtues de marbre pour les soustraire à la piété indiscrète des pèlerins qui en déchiraient les parois pour emporter des fragmens ; mais on peut encore toucher le roc nu, derrière les dalles de marbre dont on l'a recouvert, et le souterrain en général a conservé l'irrégularité de sa forme primitive; les ornemens n'ont point ici, comme dans quelques-uns des lieux saints, altéré la nature au point de faire naître des doutes sur l'identité des lieux ; ici ils ne servent qu'à préserver l'enceinte naturelle : aussi en passant sous ces voûtes et ces enfoncemens dans le roc, l'on comprend sans peine qu'ils ont dû servir d'étables aux troupeaux que les bergers gardaient dans la plaine couverte encore aujourd'hui de vertes prairies, s'étendant au loin sous la plate-forme de rocher que couronnent l'église et le couvent, comme une citadelle ; l'issue extérieure des souterrains qui communiquait avec la prairie a été fermée, mais quelques pas plus loin on peut visiter une autre caverne du même genre, et qui devait avoir la même destination. Nous assistons à la messe.

« La disposition d'âme dans laquelle je me trouvais malheureusement me rend inhabile à exprimer ce que ces lieux et ces cérémonies doivent inspirer ;

tout pour moi se résumait dans un profond et douloureux attendrissement. Une femme arabe, qui vint faire baptiser son nouveau-né sur l'autel de la Crèche, ajouta encore à mon émotion. Après la messe nous rentrons dans le couvent, non plus par le souterrain, mais par un escalier large et commode qui aboutit à la croix de l'église, derrière le mur de séparation dont j'ai parlé; cet escalier appartenait autrefois aux deux communions grecque et latine, maintenant les Grecs seuls en jouissent, et nous entendîmes les plaintes énergiques des pères de Bethléem sur cette usurpation; ils voulaient nous charger de faire valoir leurs réclamations en Europe, et nous eûmes de la peine à leur persuader que, quoique Français, nous n'avions point d'autorité pour leur faire rendre justice.

« Les deux nefs latérales qui formaient la croix de l'ancienne église sont constituées en chapelles particulières; l'une appartient aux Arméniens, l'autre aux Latins. Au centre est le maître-autel placé immédiatement au-dessus de la grotte; le chœur en est séparé par une grille et un pan de boiserie dorée qui cache le sanctuaire des Grecs.

L'église grecque en Orient est bien plus riche que l'église romaine : chez ceux-ci tout est humble et modeste, chez ceux-là tout est brillant et fastueux; mais la rivalité qui naît de leur position respective produit une impression extrêmement pénible; on gémit de voir la chicane et la discorde dans les lieux qui ne devraient inspirer que la charité et l'amour.

« La construction primitive de l'église est attribuée à sainte Hélène, ainsi que la plupart des édifices chrétiens de la Palestine. On objecte, il est vrai, que, parvenue déjà à un âge avancé lorsqu'elle visita la Syrie, elle n'a pu faire exécuter de si nombreux travaux; mais la pensée ne demande ni temps ni espace; il me semble que sa volonté créatrice et son zèle pieux ont pu présider à des monumens commencés par ses ordres, et terminés après sa mort. Nous rentrons dans le couvent; un excellent repas nous est offert dans le réfectoire par le bon père supérieur, que nous quittons avec regret, voulant profiter des heures qui nous restent pour visiter les alentours. — En descendant vers la plaine, on nous montre une grotte où la tradition veut que la Sainte-Vierge se soit retirée au moment de son départ pour l'Égypte. Sur quelques hauteurs qui dominent Bethléem, on voit des restes de tours qui marquent différentes positions du camp des croisés, et qui portent les noms de ces héros. Nous les laissons à gauche, et nous descendons par des chemins rudes et pénibles.

« Après une heure de marche, nous arrivons à une petite vallée étroite et encaissée, arrosée par un limpide ruisseau. C'est le jardin de Salomon, l'*hortus conclusus*, chanté dans le Cantique des cantiques : effectivement, entre les cimes rocheuses des montagnes qui l'environnent de toutes parts, ce seul endroit offre des moyens de culture, et cette vallée est en tout temps un jardin délicieux, cultivé avec le plus grand soin, et présentant, dans sa belle et humide verdure, le contraste le plus frappant avec l'aridité pierreuse de tout ce qui l'entoure. Elle peut avoir une demi-lieue de long. Nous suivons le cours serpentant du ruisseau ombragé des saules, tantôt longeant ses bords gazonnés, tantôt baignant les pieds de nos chevaux dans ses eaux transparentes sur les cailloux polis du fond, quelquefois passant d'une rive à l'autre sur une planche de cèdre ; et nous arrivons sous des rochers qui ferment naturellement la vallée. Un paysan cultivateur s'offre à nous servir de guide pour les gravir, mais à condition que nous mettrons pied à terre, et donnerons nos montures à conduire à ses garçons, qui, par de longs détours, nous les ramèneront au sommet.

Nous prenons à droite, et nous montons péniblement pendant une heure ; arrivés sur la hauteur, nous y trouvons les plus beaux restes d'antiquités que nous ayons encore vus : trois immenses citernes, creusées dans le roc vif et suivant la pente de la montagne, l'une au-dessus de l'autre, en terrasse ; les parois aussi nettes, les arêtes aussi vives que si elles venaient d'être terminées ; leurs bords, couverts de dalles comme un quai, résonnaient sous les pieds des chevaux. Ces beaux bassins remplis d'une eau diaphane, sur le sommet d'une montagne aride, étonnent et inspirent une haute idée de la puissance qui a conçu et exécuté un si vaste projet ; aussi sont-ils attribués à Salomon. Pendant que je les contemple, mes compagnons de voyage les mesurent et les trouvent chacun d'environ quatre cents pieds sur cent soixante-quinze; le premier est le plus long, le dernier le plus large; il a deux cents pieds au moins d'ouverture; ils vont en s'agrandissant jusqu'au sommet; au-dessus de la plus élevée de ces citernes gigantesques, une petite source, cachée sous quelques touffes de verdure, est le *fons signatus* de la Bible, et alimente seule ces réservoirs qui se déversaient anciennement dans des aqueducs conduisant l'eau jusqu'au temple à Jérusalem; les restes de ces aqueducs se retrouvaient continuellement sur notre route. Non loin de là, d'anciens murs crénelés, probablement du temps des croisades, entourent une enceinte où la tradition suppose un palais habité par les femmes de Salomon: il n'en reste guère de vestiges, et l'emplacement, couvert de fumier et d'ordures, sert aujourd'hui de cour où se retirent la nuit les bergers et le bétail qui viennent séjourner sur les montagnes, dans la saison des pâturages, comme sur les Alpes, en Suisse. Nous retournâmes à Jérusalem par une ancienne route large et pavée appelée la Voie de Salomon, qui est bien plus courte et plus directe que celle que nous avions prise le matin; elle ne passe point à Bethléem; la nuit était fort avancée lorsque nous rentrâmes sous la voûte de la porte des Pèlerins.

« Le 25 avril, après avoir visité une dernière fois le saint tombeau, nous demandâmes à l'ecclésiastique qui nous accompagnait de nous faire faire le tour extérieur de l'église, pour nous bien rendre compte des inégalités de terrain qui expliquent la réunion du tombeau et du calvaire dans le même monument. Ce circuit est difficile parce que l'église est entourée de bâtimens qui obstruent les communications ; mais en traversant quelques cours et quelques maisons, nous parvînmes à nous satisfaire sur les points qui nous intéressaient. — Nous montâmes ensuite à cheval pour suivre les murs de la ville et visiter les tombeaux des rois. — Au nord de Jérusalem, en sortant par la porte de Damas, à environ une demi-lieue, on trouve une excavation dans le roc, formant une cour d'à peu près vingt pieds de profondeur, fermée de trois côtés par les parois du rocher taillées au ciseau, offrant l'aspect de murailles ornées de sculptures ciselées dans la pierre même, représentant des portes, des pilastres, des frises d'un très-beau travail ; on peut présumer que l'exhaussement graduel du terrain a comblé de plusieurs pieds cette excavation, car l'ouverture qui existe à gauche pour entrer dans le sanctuaire est si basse, qu'on ne peut y pénétrer qu'en rampant. Nous parvînmes avec une extrême difficulté à nous y introduire, et à y allumer des torches. Des nuées de chauve-souris, réveillées par notre invasion, nous assaillirent et combattirent, pour ainsi dire, afin de maintenir leur territoire ; et si notre retraite avait été facile, nous aurions, je crois, reculé devant elles. Peu à peu le calme se rétablit, et nous pûmes examiner ces chambres sépulcrales. Elles sont excavées et taillées dans le roc vif. Les angles sont aussi nets et les parois aussi lisses que si l'ouvrier les avait polis dans la carrière. Nous en visitâmes cinq, communiquant entre elles par des ouvertures auxquelles s'appliquaient, sans nul doute, quelques blocs de pierres taillées en forme de porte, qui gisaient à terre, et faisaient présumer que chaque chambre avait été fermée et scellée lorsque les niches pratiquées dans les parois pour recevoir les sarcophages ou les urnes cinéraires étaient remplies. Quels étaient, ou devaient être les habitans de ces demeures préparées à si grands frais? c'est encore une question douteuse. Leur origine a été vivement contestée : l'intérieur, qui est simple et grandiose, peut remonter à la plus haute antiquité, rien n'y détermine une date. La sculpture extérieure semble d'un travail bien achevé et d'un goût bien pur pour être des temps reculés des rois de Judée. Mais, depuis que j'ai vu Balbek, mes idées se sont bien modifiées sur la perfection où était arrivé l'art avant les époques connues.

« Nous continuâmes notre promenade à travers quelques champs d'oliviers, et, redescendant dans la vallée de Josaphat, nous remontâmes au midi par les murs de Sion. — Le tombeau de David, le saint cénacle, et l'église arménienne qui possède la pierre scellée à l'entrée du saint sépulcre, nous déterminèrent à rentrer par cette porte, *Bab el Daoud ;* mais lorsque nous voulûmes visiter le souterrain où la tradition place les os du roi-prophète, les Turcs s'y opposèrent, et nous dirent que l'entrée en était absolument interdite; ils supposent que des richesses immenses ont été ensevelies dans ce caveau royal, que les étrangers en possèdent le secret, et viennent pour les découvrir et les dérober.

« Le saint cénacle est une grande salle voûtée, soutenue par des colonnes et noircie par le temps ; si la vétusté est admise comme preuve, il porte les marques d'une antiquité reculée. Situé sur le mont Sion, hors des murs de la ville d'alors, il serait fort possible que les disciples s'y fussent retirés après la résurrection, et qu'ils s'y trouvassent rassemblés à l'époque de la Pentecôte, ainsi que l'affirment les traditions populaires. Cependant le sac de Jérusalem, sous Titus, ne laissa guère debout que les tours, et une partie des murailles; mais les sites restaient ainsi suffisamment indiqués; et les premiers chrétiens durent mettre une grande importance à en perpétuer le souvenir par des constructions successives, sur les mêmes lieux, et souvent avec les débris des anciens monumens. Mais des détails sur Jérusalem ne seraient que des répétitions, et je quitte à regret un sujet vers lequel mes souvenirs me reportent sans cesse; je ne dirai qu'un mot, tout à fait indépendant des souvenirs religieux, sur l'aspect de ce village des tombeaux (Siloa), qui m'est resté comme un tableau devant les yeux. Cette population entière d'Arabes sauvages, demeurant dans des caves et des grottes sépulcrales, offrirait à un peintre une scène des plus originales : qu'on se figure, dans la profonde vallée de Siloa, des cavernes présentant leurs ouvertures comme des bouches de fours les uns sur les autres, disséminés sur le flanc d'un rocher, ou comme des sections irrégulières d'une ruche brisée ; et, de ces caves sépulcrales, des êtres vivans, des femmes, des enfans, sortant comme des fantômes de la demeure des morts. — Je ne sais si ce sujet a été traité, mais il me semble qu'il offre au pinceau, à la fois, tous les contrastes et toutes les harmonies.

« Le 26 avril nous jetons nos derniers regards sur Jérusalem, — et nous reprenons tristement le chemin de Jaffa. — En entrant dans la vallée de Jérémie, les sons d'une musique sauvage attirent notre attention : nous apercevons dans le lointain toute une tribu arabe défilant sur le flanc du coteau ; — j'envoie le drogman en avant ; — il revient nous dire que tout ce monde est assemblé pour l'enterrement d'un chef, et que nous pouvons avancer sans crainte. — Il nous raconte ensuite que ce chef est mort soudainement la veille à la chasse, pour avoir respiré une plante vénéneuse ; mais le caractère connu des Arabes de Naplouse, dont ceux-ci portent le costume, nous fit penser qu'il était plutôt tombé victime de la jalousie de quelque chef rival. — Malgré leurs habitudes guerrières et leur air imposant, la crédulité de ces peuples naïfs ressemble à la crédulité des enfans ; le récit de tout ce qui est merveilleux les charme et n'excite aucune défiance dans leur esprit. — Un Arabe de nos amis, homme de beaucoup d'intelligence et de savoir, nous a souvent assuré, avec l'acent de la conviction, qu'un scheik du Liban possédait le secret des paroles magiques qui avaient été employées dans les temps primitifs pour remuer les blocs gigantesques de Balbek, mais qu'il était trop bon chrétien pour jamais s'en servir ou pour les divulguer. — Nous pressons le pas de nos chevaux et nous rejoignons bientôt la procession ; au centre était la bière portée sur un brancard, cachée sous de riches draperies, et surmontée du turban des Osmanlis ; des femmes arabes, nues jusqu'à la ceinture, leurs longs cheveux noirs flottant sur les épaules, le sein meurtri, les bras en l'air, précédaient le corps, jetant des cris, chantant des chants lugubres, se tordant les mains et s'arrachant les cheveux ; des musiciens jouant du *tanble* et du *dahiéré* [1] accompagnaient les voix d'un roulement continu et monotone. — A la tête de la procession marchait le frère du défunt ; son cheval, couvert de belles peaux d'angora, orné de glands rouge et or qui se balançaient sur la tête et sur le poitrail, se cabrait parfois aux sons de cette musique discordante ; des prêtres en grand costume attendaient le cortége devant la porte d'un tombeau surmonté d'une coupole que soutenait une colonnade à jour ; — vis-à-vis se trouvait l'église ruinée, dont le toit en terrasse était couvert de femmes drapées de longs voiles blancs, semblables aux prêtresses des sacrifices antiques, ou aux pleureuses des monumens de Memphis. — Lorsque le chef s'approcha du tombeau, il descendit de cheval et se jeta dans les bras du grand-prêtre avec de vives démonstrations de douleur ; celui-ci l'exhorta à se soumettre à la volonté de Dieu, et à se montrer

---

[1] Sorte de grosse caisse et de tambourin.

digne de succéder à son frère dans le commandement de la tribu. Pendant ce temps le cortége arrive, dépose le corps, se range autour du petit temple, et les chants de mort résonnent plus pénétrans encore; ces pantomimes lugubres, cette pompe funèbre, ces hymnes de désespoir exprimées dans une autre langue, avec d'autres rites, nous semblent un souvenir vivant de ces lamentations dont Jérémie avait rempli cette même vallée, et dont le monde biblique est encore l'écho. »

DÉPART DE JAFFA.

Même date.

Nous nous embarquons par une mer déjà forte dont les lames énormes arrivent comme des collines d'écume contre la passe des rochers; on attend un moment derrière ces rochers que la vague soit passée, et on se lance à force de rames en pleine mer; les lames reviennent et vous soulèvent comme un liége sur leur dos; vous redescendez comme dans un abîme, on ne voit plus ni le vaisseau ni le rivage; on remonte, on roule encore, l'écume vous couvre d'un voile de pluie;— nous arrivons enfin aux flancs du navire, mais ses mouvemens sont si forts qu'on n'ose s'approcher de peur d'être frappé par les vergues qui trempent dans les vagues; on attend un intervalle de lames ; une corde est lancée ; l'échelle est placée : nous sommes sur le pont. Le vent devient contraire ; nous restons sur deux ancres, exposés à chaque instant au naufrage si le mouvement énorme des vagues vient à les briser ; heures d'angoisses physiques et morales dans cet affreux roulis ; le soir et la nuit le vent siffle, comme dans des tuyaux aigus d'orgue, parmi les mâts et les cordages ; le navire bondit comme un bélier qui frapperait la terre de ses cornes ; la proue plonge dans la mer et semble prête à s'y abîmer chaque fois que la vague arrive et soulève la poupe ; on entend les cris des matelots arabes de quelques autres navires qui ont amené les pauvres pèlerins grecs à Jérusalem. Ces petits navires, chargés quelques-uns de deux ou trois cents femmes et enfans, essaient de mettre à la voile pour fuir la côte ; quelques-uns passent près de nous ; les femmes poussent des cris en nous tendant les mains ; les grandes lames les engloutissent et les remontrent à une forte distance ; quelques-uns de ces navires réussissent à s'éloigner de la côte ; deux sont jetés sur les brisans de la rade du côté de Gaza ; nos ancres cèdent et nous sommes entraînés vers les rochers du port intérieur ; le capitaine en fait jeter une autre. Le vent se modère, il tourne un peu pour nous ; nous fuyons, par un temps gris et brumeux, vers le golfe de Damiette ; nous perdons de vue toute terre ; la journée nous faisons bonne route ; la mer est douce, mais des signes précurseurs de tempête préoccupent le capitaine et le second ; elle éclate au tomber du jour ; le vent fraîchit d'heure en heure, les vagues deviennent de plus en plus montueuses; le navire crie et fatigue; tous les cordages sifflent et vibrent sous les coups de vent comme des fibres de métal; ces sons aigus et plaintifs ressemblent aux lamentations des femmes grecques aux convois de leurs morts; nous ne portons plus de voiles; le vaisseau roule d'un abîme à l'autre, et chaque fois qu'il tombe sur le flanc, ses mâts semblent s'écrouler dans la mer comme des arbres déracinés, et la vague écrasée sous le poids rejaillit et couvre le pont; tout le monde, excepté l'équipage et moi, est descendu dans l'entrepont; on entend les gémissemens des malades et le roulis des caisses et des meubles qui se heurtent dans les flancs du brick. Le brick lui-même, malgré ses fortes membrures et les pièces de bois énormes qui le traversent d'un bord à l'autre, craque et se froisse comme s'il allait s'entr'ouvrir. Les coups de mer sur la poupe retentissent de moment en moment comme des coups de canon; à deux heures du matin la tempête augmente encore; je m'attache avec des cordes au grand mât, pour n'être pas emporté par la vague et ne pas rouler dans la mer lorsque le pont incline presque perpendiculairement. Enveloppé dans mon manteau, je contemple ce spectacle sublime, je descends de temps en temps sous l'entrepont pour rassurer ma femme couchée dans son hamac. Le second capitaine, au milieu de cette tourmente affreuse, ne quitte la manœuvre que pour passer d'une chambre à l'autre, et porter à chacun les secours que son état exige :

homme de fer pour le péril et cœur de femme pour la pitié. Toute la nuit se passe ainsi. Le lever du soleil, dont on ne s'aperçoit qu'au jour blafard qui se répand sur les vagues et dans les nuages confondus, loin de diminuer la force du vent semble l'accroître encore; nous voyons venir, d'aussi loin que porte le regard, des collines d'eau écumante derrière d'autres collines. Pendant qu'elles passent, le brick se torture dans tous les sens, écrasé par l'une, relevé par l'autre; lancé dans un sens par une lame, arrêté par une autre qui lui imprime de force une direction nouvelle, il se jette tantôt sur un flanc, tantôt sur l'autre; il plonge la proue en avant comme s'il allait s'engloutir; la mer qui court sur lui fond sur sa poupe et le traverse d'un bord à l'autre; de temps en temps il se relève; la mer écrasée par le vent semble n'avoir plus de vagues et n'être qu'un champ d'écumes tournoyantes; il y a comme des plaines, entre ces énormes collines d'eau, qui laissent reposer un instant les mâts; mais on rentre bientôt dans la région des hautes vagues; on roule de nouveau de précipices en précipices. Dans ces alternatives horribles, le jour s'écoule; le capitaine me consulte: les côtes d'Égypte sont basses, on peut y être jeté sans les avoir aperçues; les côtes de Syrie sont sans rade et sans port; il faut se résoudre à mettre en panne au milieu de cette mer, ou suivre le vent qui nous pousse vers Chypre. Là, nous aurions une rade et un asile, mais nous en sommes à plus de quatre-vingts lieues; je fais mettre la barre sur l'île de Chypre, le vent nous fait filer trois lieues à l'heure, mais la mer ne baisse pas. Quelques gouttes de bouillon froid soutiennent les forces de ma femme et de mes compagnons toujours couchés dans leurs hamacs. Je mange moi-même quelques morceaux de biscuit, et je fume avec le capitaine et le second, toujours dans la même attitude sur le pont, près de l'habitacle, les mains passées dans les cordages qui me soutiennent contre les coups de mer. La nuit vient plus horrible encore; les nuages pèsent sur la mer, tout l'horizon se déchire d'éclairs, tout est feu autour de nous; la foudre semble jaillir de la crête des vagues confondues avec les nuées; elle tombe trois fois autour de nous; une fois, c'est au moment où le brick est jeté sur le flanc par une lame colossale; les vergues plongent, les mâts frappent la vague, l'écume qu'ils font jaillir sous le coup s'élance comme un manteau de feu déchiré dont le vent disperse les lambeaux semblables à des serpens de flamme; tout l'équipage jette un cri; nous semblons précipités dans un cratère de volcan: c'est l'effet de tempête le plus effrayant et le plus admirable que j'aie vu pendant cette longue nuit; neuf heures de suite le tonnerre nous enveloppe; à chaque minute nous croyons voir nos mâts enflammés tomber sur nous et embraser le navire; le matin le ciel est moins chargé, mais la mer ressemble à une lave bouillante; le vent, qui tombe un peu et qui ne soutient plus le navire, rend le roulis plus lourd; nous devons être à trente lieues de l'île de Chypre. A onze heures nous commençons à apercevoir une terre; d'heure en heure elle blanchit davantage : c'est Limasol, un des ports de cette île; nous faisons force de voiles pour nous trouver plus tôt sous le vent; en approchant, la mer diminue un peu; nous longeons les côtes à deux lieues de distance; nous cherchons la rade de Larnaca où nous apercevons déjà les mâts d'un grand nombre de bâtimens qui y ont cherché comme nous un refuge; le vent furieux se ravive et nous y pousse en peu d'instans; l'impulsion du navire est si forte que nous craignons de briser nos câbles en jetant l'ancre; enfin l'ancre est tombée; elle chasse quelques brasses et mord le fond. Nous sommes sur une mer encore clapoteuse, mais dont les vagues ne font que nous bercer sans péril; je revois les mâts de pavillon des consuls européens de Chypre qui nous saluent, et la terrasse du consulat de France, où notre ami M. Bottu nous fait des signaux de reconnaissance; tout le monde reste à bord; ma femme ne pourrait revoir sans déchiremens de cœur cette excellente et heureuse famille de M. Bottu, où elle avait, si heureuse alors elle-même, reçu l'hospitalité il y a quinze mois.

Je descends à terre avec le capitaine; je reçois de M. et madame Bottu, de MM. Perthier et Guillois, jeunes Français attachés à ce consulat, les marques touchantes de bienveillance et d'amitié que j'attendais d'eux; je visite M. Mathéi, banquier grec auquel je suis recommandé; nous envoyons des provisions de tout genre au brick; M. Mathéi y joint des présens de vins de Chypre et de moutons de Syrie. Pendant que je parcours les environs de la ville avec M. Bottu, la tempête, calmée, recommence; on ne peut plus communiquer avec les vaisseaux en rade ; les vagues couvrent les quais et lancent leur écume jusqu'aux fenêtres des maisons; soirée et nuit affreuse que je passe sur la terrasse ou à la fenêtre de ma chambre, au consulat de France, à regarder le brick, où est ma femme, ballotté dans la rade par des lames immenses, tremblant à chaque instant que les ancres ne chassent, et ne jettent le navire sur les écueils avec tout ce qui me reste de mon bonheur en ce monde.

Le lendemain soir, la mer se calme enfin ; nous regagnons le brick, nous passons trois heures en rade, attendant des vents meilleurs, et visités sans cesse par M. Mathéi et par M. Bottu. Ce jeune et aimable consul est celui de tous les agens français dans l'Orient qui accueillait le plus cordialement ses compatriotes et honorait le plus le nom de sa nation ; j'emportais un poids de reconnaissance et une amitié véritable du souvenir de ses deux réceptions ; il était heureux, entouré d'une femme selon son cœur, et d'enfans qui faisaient toute sa joie; j'apprends que la mort l'a frappé peu de jours après notre passage ; son emploi était la seule fortune de sa famille ; cette fortune, il la consacrait tout entière à ses devoirs de consul ; sa pauvre femme et ses beaux enfans sont maintenant à la merci de la France, qu'il servait et honorait de tous ses appointemens ; puisse la France penser à eux en se souvenant de lui !

30 avril 1833.

Mis à la voile; vents variables, trois jours employés à doubler la pointe occidentale de l'île en courant des bordées sur la terre; vu le mont Olympe et Paphos, et Amathonte; ravissant aspect des côtes et des montagnes de Chypre de ce côté; cette île serait la plus belle colonie de l'Asie mineure; elle n'a plus que trente mille âmes; elle nourrirait et enrichirait des millions d'hommes; partout cultivable, partout féconde, boisée, arrosée, avec des rades et des ports naturels sur tous ses flancs; placée entre la Syrie, la Caramanie, l'Archipel, l'Égypte et les côtes de l'Europe, ce serait le jardin du monde.

3 mai 1833.

Le matin, aperçu les premières cimes de la Caramanie; mont Taurus dans le lointain; cimes dentelées et couvertes de neige comme les Alpes vues de Lyon; vents doux et variables; nuits splendides d'étoiles; entré de nuit dans le golfe de Satalie; aspect de ce golfe semblable à une mer intérieure; le vent tombe; le navire dort comme sur un lac; de quelque côté que le regard se porte, il tombe sur l'encadrement montagneux des baies; des plans de montagnes de toutes formes et de toutes hauteurs fuient les uns derrière les autres, laissant quelquefois entre leurs cimes inégales de hautes vallées où nage la lumière argentée de la lune ; des vapeurs blanches se traînent sur leurs flancs, et leurs crêtes sont noyées dans des vagues d'un pourpre pâle ; derrière s'élèvent les cimes anguleuses du Taurus avec ses dents de neige; quelques caps bas et boisés se prolongent de loin en loin dans la mer, et de petites îles, comme des vaisseaux à l'ancre, se détachent çà et là des rivages ; un profond silence règne sur la mer et sur la terre ; on n'entend que le bruit que font les dauphins en s'élançant de temps en temps du sein des flots pour bondir comme des chevreaux sur une pelouse ; les vagues unies et marbrées d'argent et d'or semblaient cannelées comme des colonnes ioniennes couchées à terre ; le brick n'éprouve pas la moindre oscillation ; à minuit s'élève une brise de terre qui nous fait sortir lentement du golfe de Satalie et raser les côtes de l'Asie mineure jusqu'à la hauteur de Castelrozzo ; nous entrons dans tous les golfes; nous touchons presque la terre ; les ruines de cette terre qui formait plusieurs royaumes, le Pont, la Cappadoce, la Bithynie, terre vide et solitaire maintenant, se dessinent sur les promontoires ; les vallées et les plaines sont couvertes de forêts; les Turcomans viennent y planter leurs tentes pendant l'hiver; l'été tout est désert, excepté quelques points de la côte, comme Tarsous, Satalie, Castelrozzo et Marmorizza, dans le golfe de Macri.

Mai 1833.

Le courant qui règne le long de la Caramanie nous

pousse vers la pointe de ce continent et vers l'embouchure du golfe de Macri ; pendant la nuit nous courons des bordées pour nous rapprocher de l'île de Rhodes ; le capitaine, craignant le voisinage de la côte d'Asie par le vent d'ouest qui s'élève, nous relance en pleine mer ; nous nous réveillons, à peine en vue de Rhodes. Nous retrouvons non loin de nous notre brick de conserve, *l'Alceste;* le calme nous empêche de nous en approcher pendant toute la journée ; le soir, vent frais qui nous pousse au fond du golfe de Marmorizza ; à minuit le vent de terre reprend ; nous entrons au jour dans le port de Rhodes.

Mai 1833.

Nous passons trois jours à parcourir les environs de Rhodes, sites ravissans, sur les flancs de la montagne qui regarde l'Archipel. Après deux heures de marche le long de la grève, j'entre dans une vallée ombragée de beaux arbres et arrosée d'un petit ruisseau ; en suivant les bords du ruisseau, tracés par les lauriers-roses, j'arrive à un petit plateau qui forme le dernier gradin de la vallée. Il y a là une petite maison habitée par une pauvre famille grecque ; la maison, presque entièrement couverte par les branches des figuiers et des orangers, a, dans son jardin, les ruines d'un petit temple des Nymphes, une grotte et quelques colonnes et chapiteaux épars, à demi cachés par le lierre et les racines des arbustes ; au-dessus une pelouse de deux ou trois cents pas de large, avec une source ; là croissent deux ou trois sycomores ; un des sycomores ombrage à lui seul toute la pelouse : c'est l'arbre sacré de l'île ; les Turcs le respectent, et le malheureux paysan grec ayant voulu un jour en couper une branche, le pacha de Rhodes lui fit donner la bastonnade. Il n'est pas vrai que les Turcs dégradent la nature ou les ouvrages de l'art : ils laissent toutes choses comme elles sont; leur seule manière de ruiner tout est de ne rien améliorer. Au-dessus de la pelouse et des sycomores, les collines, qui se dressent à pic, portent des bois de sapins et ruissellent de petits torrens qui creusent des ravins autour de leurs flancs ; puis les hautes montagnes de l'île dominent et ombragent les collines, la pelouse et la source. Des bords de la fontaine, où je suis couché, je vois, à travers les rameaux des pins et des sycomores, la mer de l'archipel d'Asie, qui ressemble à un lac semé d'îles, et les golfes profonds qui s'enfoncent entre les hautes et sombres montagnes de Macri, toutes couronnées de créneaux de neige ; je n'entends rien que le bruit de la source, du vent dans les feuilles, le vol d'un bulbul que ma présence alarme, et le chant plaintif de la paysanne grecque qui berce son enfant sur le toit de sa cabane. — Que ce lieu m'eût été beau il y a six mois !

Je rencontre, dans un sentier des hautes montagnes de Rhodes, un chef cypriote, vêtu à l'européenne, mais coiffé du bonnet grec et portant une longue barbe blanche. Je le reconnais : il se nomme Thésée, il est neveu du patriarche de Chypre; il s'est distingué dans la guerre de l'indépendance. Revenu à Chypre après la pacification de la Morée, son nom, son esprit, son activité, lui ont attaché la population grecque de Chypre. A l'époque du soulèvement qui vient d'avoir lieu dans l'île, les paysans des montagnes se sont rangés sous ses ordres; il a employé son influence à les calmer, et après avoir, de concert avec M. Bottu, le consul de France, obtenu le redressement de quelques griefs, il a dispersé sa troupe, et s'est réfugié au consulat de France pour échapper à la vengeance des Turcs. Un bâtiment grec l'a jeté à Rhodes, où il n'est pas en sûreté; je lui offre une place sur un de mes bricks; il s'y réfugie; je le transporterai à Constantinople, en Grèce ou en Europe, selon son désir. C'est un homme qui a joué constamment sa vie et sa fortune avec la destinée : homme étincelant d'esprit et d'audace, parlant toutes les langues, connaissant tous les pays, d'une conversation intéressante et intarissable, aussi prompt à l'action qu'à la pensée; un de ces hommes dont le mouvement est la nature, et qui s'élèvent comme les oiseaux de tempête, avec le tourbillon des révolutions, pour retomber avec elles. La nature jette peu d'âmes dans ce moule. Les hommes ainsi faits sont ordinairement malheureux : on les craint, on les persécute; ils seraient des instrumens admirables si on savait les employer à leur œuvre. — J'envoie une barque à Marmorizza, porter un jeune Grec, qui attendra là mes chevaux et donnera ordre à mes saïs de venir me joindre à Constantinople. Nous nous décidons à aller par mer, en visitant les îles de la côte d'Asie et les bords du continent.

Mis à la voile à minuit, par un vent léger; — doublé le cap Krio le soir du premier jour; belle et douce navigation entre les îles de Piscopia, de Nizyra et l'île enchantée de Cos, patrie d'Esculape. Après Rhodes, Cos me semble l'île la plus riante et la plus gracieuse de cet archipel; des villages charmans, ombragés de beaux platanes, bordent ses rives; la ville est riante et élégamment bâtie. Le soir, nous nous trouvons comme égarés, avec nos deux bricks, au milieu d'un dédale de petites îles inhabitées; elles sont couvertes, jusqu'aux flots, d'un tapis de hautes herbes; il y a des canaux charmans entre elles, et presque toutes ont de petites anses où des navires pourraient jeter l'ancre. Que de séjours enchanteurs pour les hommes qui se plaignent de manquer de place en Europe! c'est le climat et la fertilité de Rhodes et de Cos; un immense continent est à deux lieues; nous courons des bordées sans fin entre ce continent et ces îles; nous voyons le soleil resplendir sur les grandes ruines des villes grecques et romaines de l'Asie mineure. Le lendemain, nous nous réveillons dans le Boghaz étroit de Samos, entre cette île et celle d'Ikaria; la haute montagne qui forme presque à elle seule l'île de Samos est sur nos têtes, couverte de rochers et de bois de sapins; nous apercevons des femmes et des enfans au milieu de ces rochers. La population de Samos, soulevée en ce moment contre les Turcs, s'est réfugiée sur la montagne;

les hommes sont armés dans la ville et sur les côtes. Samos est une montagne du lac de Lucerne, éclairée par le ciel d'Asie, elle touche presque, par sa base, au continent; nous n'apercevons qu'un étroit canal qui l'en sépare. La tempête nous prend dans le golfe de Scala-Nova, non loin des ruines d'Éphèse ; nous entrons le matin dans le canal de Scio, et nous cherchons un asile dans la rade de Tschesmé, célèbre par la destruction de la flotte ottomane par Orloff. L'île ravissante de Scio s'étend, comme une verte colline, de l'autre côté d'un grand fleuve; ses maisons blanches, ses villes, ses villages, groupés sur les croupes ombragées de ses coteaux, brillent entre les orangers et les pampres; ce qui reste annonce une immense prospérité récente et une nombreuse population. Le régime turc, à la servitude près, n'avait pas pu étouffer le génie actif, industrieux, commerçant, cultivateur, des populations grecques de ces belles îles; je ne connais rien en Europe qui présente l'aspect d'une plus grande richesse que Scio ; c'est un jardin de soixante lieues de tour.

Voyage d'un jour aux ruines et aux eaux minérales de Tschesmé.

La mer est calmée; nous mettons à la voile pour Smyrne ; journée de vent variable, employée à suivre doucement la côte de Scio; les bois descendent jusque dans la mer; les golfes ont tous leurs villes fortifiées, avec leurs ports remplis de petits bâtimens; la moindre anse a son village; une foule innombrable de petites voiles rasent les rivages, portant des femmes et des filles grecques qui vont à leurs églises; sur toutes les croupes, dans toutes les gorges de collines, on voit blanchir une église ou un village; nous doublons la pointe de l'île, et nous trouvons un contre-vent qui nous pousse dans le golfe de Smyrne; jusqu'à la nuit nous jouissons de l'aspect des belles forêts et des grands villages alpestres qui touchent la côte occidentale du golfe; la nuit nous sommes en calme, non loin des îles de Vourla, où nous voyons briller les feux de la flotte française, mouillée là depuis six mois; le matin nous apercevons Smyrne adossée à une immense colline de cyprès, au fond du golfe; de hautes murailles crénelées couronnent la partie supérieure de la ville; de belles campagnes boisées s'étendent sur la gauche jusqu'aux montagnes. — Là coule le fleuve Mélès; le souvenir d'Homère plane pour moi sur tous les rivages de Smyrne; je cherche des yeux cet arbre au bord du fleuve, inconnu alors, où la pauvre esclave déposa son fruit entre les roseaux; cet enfant devait emporter un jour dans son éternelle gloire, et le nom du fleuve, et le continent, et les îles. Cette imagination que le ciel donnait à la terre devait réfléchir pour nous toute l'antiquité divine et humaine; il naissait abandonné aux bords d'un fleuve, comme le Moïse de la poésie; il vécut misérable et aveugle comme ces incarnations des Indes, qui traversaient le monde sous des habits de mendians, et qu'on ne reconnaissait pour dieux qu'après leur passage. L'érudition moderne affecte de ne pas voir un homme, mais un type, dans Homère; c'est un des cent mille paradoxes savans avec lesquels les hommes essaient de combattre l'évidence de leur instinct intime; pour moi, Homère est un seul homme, un homme qui a le même accent dans la voix, les mêmes larmes dans le cœur, les mêmes couleurs dans la parole; admettre une race d'hommes homériques me paraît plus difficile que d'admettre une race de géans; la nature ne jette pas ses prodiges par séries; elle fait Homère, et défie les siècles de reproduire un si parfait ensemble de raison, de philosophie, de sensibilité et de génie.

Je descends à Smyrne pour parcourir la ville et les environs, avec M. Salzani, banquier et négociant de Smyrne, homme aussi bienveillant qu'aimable et instruit; pendant trois jours j'abuse de sa bonté; nous revenons tous les jours coucher à bord de notre brick; Smyrne ne répond en rien à ce que j'attends d'une ville d'Orient; c'est Marseille sur la côte de l'Asie mineure; vaste et élégant comptoir où les consuls et les négocians européens mènent la vie de Paris et de Londres; la vue du golfe et de la ville est belle du haut des cyprès de la montagne; en redescendant, nous trouvons au bord du fleuve, que j'aime à prendre pour le Mélès, un site charmant, non loin d'une porte de la ville; c'est le pont des caravanes; le fleuve est un ruisseau limpide et dormant sous la voûte paisible des sycomores et des cyprès; on s'assied sur ses bords, et des Turcs nous apportent des pipes et du café; si ces flots ont entendu les premiers vagissemens d'Homère, j'aime à les entendre doucement murmurer entre les racines des platanes ; j'en porte à mes lèvres, j'en lave mon front brûlant : puisse renaître, pour le monde d'Occident, l'homme qui doit faire le poëme de son histoire, de ses rêves et de son ciel ! un poëme pareil est le sépulcre des temps écoulés, où l'avenir vient vénérer les traditions mortes et éterniser par son culte les grands actes et les grandes pensées de l'humanité ; celui qui le construit grave son nom au pied de la statue qu'il élève à l'homme, et il vit dans toutes les images dont il a rempli le monde des idées.

Ce soir on m'a mené chez un vieillard qui vit seul avec deux servantes grecques, dans une petite maison sur le quai de Smyrne; l'escalier, le vestibule et les chambres sont pleines de débris de sculpture, de plans d'Athènes en relief et de fragmens de marbre et de porphyre; c'est M. Fauvel, notre ancien consul en Grèce; chassé d'Athènes, qui était devenue sa patrie, et dont il avait, comme un fils, balayé toute sa vie la poussière pour rendre sa statue au monde, il vit maintenant pauvre et inconnu à Smyrne ; il a emporté là ses dieux et leur rend son culte de toutes les heures; M. de Chateaubriand l'a vu, dans sa jeunesse, heureux au milieu des admirables ruines du Parthénon; je le voyais vieux et exilé, et meurtri de l'ingratitude des hommes; mais ferme et gai dans le malheur, et plein de cette philosophie naturelle qui fait supporter patiemment l'infortune à ceux qui ont leur fortune dans leur cœur; je passai une heure d'oubli délicieuse à écouter ce charmant vieillard.

— Retrouvé à Smyrne un jeune homme de talent que j'avais connu en Italie, M. Deschamps, rédacteur du journal de Smyrne; il nous témoigna souvenir et sensibilité; les débris du saint-simonisme avaient été jetés par la tempête à Smyrne; réduits aux dernières extrémités, mais supportant leurs revers avec la résignation et la constance d'une conviction forte; j'en reçois à bord deux lettres remarquables; — il ne faut pas juger des idées nouvelles par le dédain qu'elles inspirent au siècle; toutes les grandes pensées sont reçues en étrangères dans ce monde; le saint-simonisme a en lui quelque chose de vrai, de grand et de fécond : l'application du christianisme à la société politique, la législation de la fraternité humaine; sous ce point de vue, je suis saint-simonien; ce n'est pas l'idée qui a manqué à cette secte éclipsée, mais non morte; ce ne sont pas les disciples qui lui ont failli non plus; ce qui leur a manqué, selon moi, c'est un chef, c'est un maître, c'est un régulateur; je ne doute pas que si un homme de génie et de vertu, un homme à la fois religieux et politique, confondant les deux horizons dans un regard à portée juste et longue, se fût trouvé placé à la direction de cette idée naissante, il ne l'eût métamorphosée en une puissante réalité; les temps d'anarchie d'idées sont des saisons favorables à la germination des pensées fortes et neuves : la société, aux yeux du philosophe, est dans un moment de déroute; elle n'a ni direction, ni but, ni chef; elle en est réduite à l'instinct de conservation; une secte religieuse, morale, sociale et politique, ayant un symbole, un mot d'ordre, un but, un chef, un esprit, et marchant compacte et droit devant elle au milieu de ces rangs en désordre, aurait inévitablement la victoire; mais il fallait apporter à la société son salut et non sa ruine, n'attaquer en elle que ce qui lui nuit et non ce qui lui sert, rappeler la religion à la raison et à l'amour, la politique à la fraternité chrétienne, la propriété à la charité et à l'utilité universelles, son seul titre et sa seule base; — un législateur a manqué à ces jeunes hommes, ardens de zèle, dévorés d'un besoin de foi, mais à qui on a jeté des dogmes insensés; les organisateurs du saint-simonisme ont pris pour premier symbole : Guerre à mort entre la famille, la propriété, la religion et nous! ils devaient périr; on ne conquiert pas le monde par la force d'une parole, on le convertit, on le remue, on le travaille et on le change; tant qu'une idée n'est pas pratique, elle n'est pas présentable au monde social; l'humanité procède du connu à l'inconnu, mais elle ne procède pas du connu à l'absurde; — cela sera repris en sous-œuvre avant les grandes révolutions; on voit des signes sur la terre et dans le ciel; les saint-simoniens ont été un de ces signes; ils se dissoudront comme corps, et feront plus tard, comme individus, des chefs et des soldats de l'armée nouvelle.

15 mai.

Sorti à pleines voiles du golfe de Smyrne; arrivé à

la hauteur de Voürla ; en courant une bordée à l'embouchure du golfe, le brick touche sur un banc de sable par la maladresse du pilote grec ; le vaisseau reçoit une secousse qui fait trembler les mâts, et reste immobile à trois lieues des terres ; la vague grossissante vient se briser sur ses flancs ; nous montons tous sur le pont : c'est un moment d'anxiété calme et solennel que celui où tant de vies attendent leur arrêt du succès incertain des manœuvres qu'on tente ; un silence complet règne ; pas une marque de terreur ; l'homme est grand dans les grandes circonstances! après quelques minutes d'efforts impuissans, le vent nous seconde et nous fait tourner sur notre quille ; le brick se dégage et aucune voie d'eau ne se déclare ; nous entrons en pleine mer, l'île de Mitylène à notre droite ; — belle journée ; nous approchons du canal qui sépare l'île du continent ; mais le vent faiblit ; les nuages s'accumulent sur la pleine mer ; à la tombée de la nuit le vent s'échappe de ces nuages avec la foudre ; tempête furieuse ; obscurité totale ; les deux bricks se font des signaux de reconnaissance, et cherchent la rade de Foglieri, l'antique Phocée, entre les rochers qui forment la pointe nord du golfe de Smyrne ; en deux heures la force du vent nous chasse de dix lieues le long de la côte ; à chaque instant le tonnerre tombe et siffle dans les flots ; le ciel, la mer et les rochers retentissans de la côte sont illuminés par des éclairs qui suppléent le jour, et nous montrent de temps en temps notre route ; les deux bricks se touchent presque, et nous tremblons de nous briser; enfin une manœuvre, hardie en pleine nuit, nous fait prendre l'embouchure étroite de la rade de Phocée; nous entendons mugir à droite et à gauche les vagues sur les rochers; un faux coup de gouvernail nous y jetterait en lambeaux; nous sommes tous muets sur le pont, attendant que notre sort s'éclaircisse; nous ne voyons pas nos propres mâts, tant la nuit est sombre; tout à coup nous sentons le brick qui glisse sur une surface immobile; quelques lumières brillent autour de nous sur les contours du bassin où nous sommes heureusement entrés, et nous jetons l'ancre sans savoir où; le vent rugit toute la nuit dans nos mâts et dans nos vergues comme s'il allait les emporter; mais la mer est immobile.

Délicieux bassin de l'antique Phocée, d'une demi-lieue de tour, creusé comme un fort circulaire entre de gracieuses collines couvertes de maisons peintes en rouge, de chaumières sous les oliviers, de jardins, de vignes grimpantes et surtout de magnifiques champs de cyprès aux pieds desquels blanchissent les tombes des cimetières turcs; — descendus à terre; visité les ruines de la ville qui enfanta Marseille. Reçus avec accueil et grâce dans deux maisons turques, et passé la journée dans leurs jardins d'orangers. — La mer se calme le troisième jour, et nous sortons à minuit du port naturel de Phocée.

17 mai 1833.

Nous avons suivi tout le jour le canal de Mitylène,

où fut Lesbos. Souvenir poétique de la seule femme de l'antiquité dont la voix ait eu la force de traverser les siècles. Il reste quelques vers de Sapho, mais ces vers suffisent pour constater un génie de premier ordre. Un fragment du bras ou du torse d'une statue de Phidias nous révèle la statue tout entière. Le cœur qui a laissé couler les stances de Sapho, devait être un abîme de passion et d'images. — L'île de Lesbos est plus belle encore à mes yeux que l'île de Scio. Les groupes de ses hautes et vertes montagnes crénelées de sapins sont plus élevés et plus pittoresquement accouplés. La mer s'insinue plus profondément dans son large golfe intérieur; les groupes de ses collines qui pendent sur la mer et voient l'Asie de si près, sont plus solitaires, plus inaccessibles; au lieu de ces nombreux villages répandus dans les jardins de Scio, on ne voit que rarement la fumée d'une cabane grecque rouler entre les têtes des châtaigniers et des cyprès, et quelques bergers sur la pointe d'un rocher, gardant de grands troupeaux de chèvres blanches. — Le soir nous doublons, par un vent toujours favorable, l'extrémité nord de Mitylène, et nous apercevons à l'horizon devant nous, dans la brume rose de la mer, deux taches sombres, Lemnos et Ténédos.

Même date.

Il est minuit : la mer est calme comme une glace; le brick plane comme une ombre immobile sur sa surface resplendissante; Ténédos sort des flots à notre gauche, et nous cache la pleine mer; à notre droite, et tout près de nous, s'étend, comme une barre noirâtre, le rivage bas et dentelé de la plaine de Troie. La pleine lune qui se lève au sommet du mont Ida, taché de neige, répand une lumière sereine et douteuse sur les cimes des montagnes, sur les collines et sur la plaine; elle vient ensuite frapper la mer et la fait briller jusqu'à l'ombre de notre brick, comme une route splendide où les ombres n'osent glisser. Nous distinguons les tumulus ou petits monticules coniques que la tradition assigne comme les tombeaux de Patrocle et d'Hector. La lune large et rouge qui rase les ondulations des collines ressemble au bouclier sanglant d'Achille; aucune lumière sur toute cette côte qu'un feu lointain allumé par les bergers sur une croupe de l'Ida; aucun bruit que le battement de la voile qui n'a point de vent, et que le branle du mât fait retentir de temps en temps contre la grande vergue; tout semble mort comme le passé dans cette scène terne et muette. Penché sur les haubans du navire, je vois cette terre, ces montagnes, ces ruines, ces tombeaux, sortir, comme l'ombre évoquée d'un monde fini, apparaître, du sein de la mer, avec ses formes vaporeuses et ses contours indécis, aux rayons dormans et silencieux de l'astre de la nuit, et s'évanouir à mesure que la lune s'enfonce derrière les sommets d'autres montagnes; c'est une belle page de plus du poëme homérique; c'est la fin de toute histoire et de tout poëme : des tombeaux inconnus, des ruines sans nom certain, une terre nue et sombre, éclairée confusément par des astres immortels ; — et de nouveaux spectateurs passant indifférens devant ces rivages, et répétant pour la millième fois l'épitaphe de toute chose : Ci-gisent un empire, une ville, un peuple, des héros ; Dieu seul est grand ! et la pensée qui le cherche et qui l'adore est seule impérissable.

Je n'éprouve nul désir d'aller visiter de plus près et de jour les restes douteux des ruines de Troie ; j'aime mieux cette apparition nocturne qui permet à la pensée de repeupler ces déserts et ne s'éclaire que du pâle flambeau de la lune et de la poésie d'Homère ; d'ailleurs que m'importent Troie et ses dieux et ses héros ? cette page du monde héroïque est tournée pour jamais.

Le vent de terre commence à se lever ; nous en profitons pour nous approcher toujours de plus en plus des Dardanelles. Déjà plusieurs grands navires, qui cherchent comme nous cette entrée difficile, s'approchent de nous ; leurs grandes voiles, grises comme les ailes d'oiseaux de nuit, glissent en silence entre notre brick et Ténédos ; je descends à l'entrepont et je m'endors.

18 mai 1833.

Réveillé au jour : j'entends le rapide sillage du vaisseau et les petites vagues du matin qui résonnent comme des chants d'oiseaux autour des flancs du brick ; j'ouvre le sabord, et je vois, sur une chaîne de collines basses et arrondies, les châteaux des Dardanelles avec leurs murailles blanches, leurs tours et leurs immenses embouchures de canon; le canal n'a guère qu'une lieue de large dans cet endroit; il serpente comme un beau fleuve, entre la côte d'Asie et la côte d'Europe, parfaitement semblables. Les châteaux ferment cette mer, comme les deux battans d'une porte; mais dans l'état présent de la Turquie et de l'Europe, il est facile de forcer le passage par mer, ou de faire un débarquement et de prendre les forts à revers; le passage des Dardanelles n'est inexpugnable que gardé par les Russes.

Le courant rapide nous fait passer, comme la flèche, devant Gallipoli et les villages qui bordent le canal ; nous voyons les îles de la mer de Marmara gronder devant nous ; nous suivons la côte d'Europe pendant deux jours et deux nuits, contrariés par des vents du nord. Le matin nous apercevons les îles des Princes au fond de la mer de Marmara, dans le golfe de Nicée, et à notre gauche le château des Sept-Tours et les sommités aériennes des innombrables minarets de Stamboul, qui passent du front les sept collines de Constantinople. Chaque bordée en approche, et nous en découvre de nouveaux. A cette première apparition de Constantinople, je n'éprouvai qu'une émotion pénible de surprise et de désenchantement. Quoi! ce sont là, disais-je en moi-même, ces mers, ces rivages, cette ville merveilleuse pour lesquels les maîtres du monde abandonnèrent Rome et les côtes de Naples? C'est là cette capitale de l'univers, assise sur l'Europe et sur l'Asie ; que toutes les nations conquérantes se disputèrent tour à tour comme le signe de la royauté du monde? C'est là cette ville que les peintres et les poëtes imaginent comme la reine des cités, planant sur ses collines et sur sa double mer, enceinte de ses golfes, de ses tours, de ses montagnes, et renfermant tous les trésors de la nature, et du luxe de l'Orient ? C'est là ce que l'on compare au golfe de Naples, portant une ville blanchissante, dans son sein creusé en vaste amphithéâtre ; avec le Vésuve perdant sa croupe dorée dans des nuages de fumée et de pourpre; les forêts de Castellamare plongeant leurs noirs feuillages dans une mer bleue, et les îles de Procida et d'Ischia, avec leurs cimes volcaniques et leurs flancs jaunis de pampres et blanchis de villas, fermant la baie immense comme des môles gigantesques jetés par Dieu même à l'embouchure de ce port? Je ne vois rien là à comparer à ce spectacle dont mes yeux sont toujours empreints ; je navigue, il est vrai, sur une belle et gracieuse mer, mais les bords sont plats ou s'élèvent en collines monotones et arrondies ; les neiges de l'Olympe de Thrace qui blanchissent, il est vrai, à l'horizon, ne sont qu'un nuage blanc dans le ciel et ne solennisent pas d'assez près le paysage. Au fond du golfe je ne vois que les mêmes collines arrondies au même niveau, sans rochers, sans anses, sans échancrures, et Constantinople, que le pilote me montre du doigt, n'est qu'une ville blanche et circonscrite sur un grand mamelon de la côte d'Europe. Était-ce la peine de venir chercher un désenchantement si loin ? Je ne voulais plus regarder ; cependant les bordées sans fin du navire nous rapprochaient sensiblement ; nous rasâmes le château des Sept-Tours : immense bloc de construction, sévère et grise, du moyen âge, qui flanque sur la mer l'angle des murailles grecques de l'ancienne Bysance, et nous vînmes mouiller sous les maisons de Stamboul dans la mer de Marmara, au milieu d'une foule de navires et de barques retenus comme nous hors du port par la violence des vents du nord. Il était cinq heures du soir, le ciel était serein et le soleil éclatant ; je commençais à revenir de mon dédain pour Constantinople : les murs d'enceinte de cette partie de la ville, pittoresquement bâtis de débris de murs antiques et surmontés de jardins, de kiosques et de maisonnettes de bois peintes en rouge, formaient le premier plan du tableau ; au-dessus, des terrasses de maisons sans nombre pyramidaient comme des gradins d'étages en étages, entrecoupées de têtes d'orangers et de flèches aiguës et noires de cyprès ; plus haut sept ou huit grandes mosquées couronnaient la colline, et flanquées de leurs minarets sculptés à jour, de leurs colonnades moresques, portaient dans le ciel leurs dômes dorés qu'enflammait la réverbération du soleil : les murs peints en azur tendre de ces mosquées, les couvertures de plomb des coupoles qui les entourent, leur donnaient l'apparence et le vernis transparent de monumens de porcelaine. Les cyprès séculaires accompagnaient ces dômes de leurs cimes immobiles et sombres, et les peintures de diverses teintes des maisons de la ville faisaient briller la vaste colline de toutes les couleurs d'un jardin de fleurs; aucun bruit ne sortait des rues; aucune grille des innombrables fenêtres ne s'ouvrait; aucun mouvement ne trahissait l'habitation d'une si grande multitude d'hommes : tout semblait endormi sous le soleil brûlant du jour; le golfe seul, sillonné en tout sens de voiles de toutes formes et de toutes grandeurs, donnait signe de vie. Nous voyions à chaque instant déboucher de la Corne-d'Or (ouverture du Bosphore), du vrai port de Constantinople, des vaisseaux à pleines voiles qui passaient à côté de nous en fuyant vers les Dardanelles; mais nous ne pouvions apercevoir l'entrée du Bosphore, ni comprendre même sa position. Nous dînons sur le pont, en face de ce magique spectacle; des caïques turcs viennent nous interroger et nous apporter des provisions et des vivres; les bateliers nous disent qu'il n'y a presque plus de peste; j'envoie mes lettres à la ville; à sept heures, M. Truqui, consul général de Sardaigne, accompagné des officiers de sa légation, vient nous rendre visite et nous offrir l'hospitalité dans sa maison à Péra; il n'y a aucune possibilité de trouver un logement dans la ville récemment incendiée; la cordialité obligeante et l'attrait que nous inspire, dès le premier abord, M. Truqui, nous engagent à accepter. Le vent contraire régnant toujours, les bricks ne peuvent lever l'ancre ce soir : nous couchons à bord.

CONSTANTINOPLE.

20 mai 1833.

A cinq heures j'étais debout sur le pont ; le capitaine fait mettre un canot à la mer ; j'y descends avec lui, et nous faisons voile vers l'embouchure du Bosphore, en longeant les murs de Constantinople, que la mer vient laver ; après une demi-heure de navigation à travers une multitude de navires à l'ancre, nous touchons aux murs du sérail, qui font suite à ceux de la ville et forment, à l'extrémité de la colline qui porte Stamboul, l'angle qui sépare la mer de Marmara du canal du Bosphore et de la Corne-d'Or ou grande rade intérieure de Constantinople ; c'est là que Dieu et l'homme, la nature et l'art, ont placé ou créé de concert le point de vue le plus merveilleux que le regard humain puisse contempler sur la terre ; je jetai un cri involontaire, et j'oubliai pour jamais le golfe de Naples et tous ses enchantemens ; comparer quelque chose à ce magnifique et gracieux ensemble, c'est injurier la création.

Les murailles qui supportent les terrasses circulaires des immenses jardins du grand sérail, étaient à quelques pas de nous, à notre gauche, séparées de la mer par un étroit trottoir en dalles de pierres, que le flot lave sans cesse, et où le courant perpétuel du Bosphore forme de petites vagues murmurantes

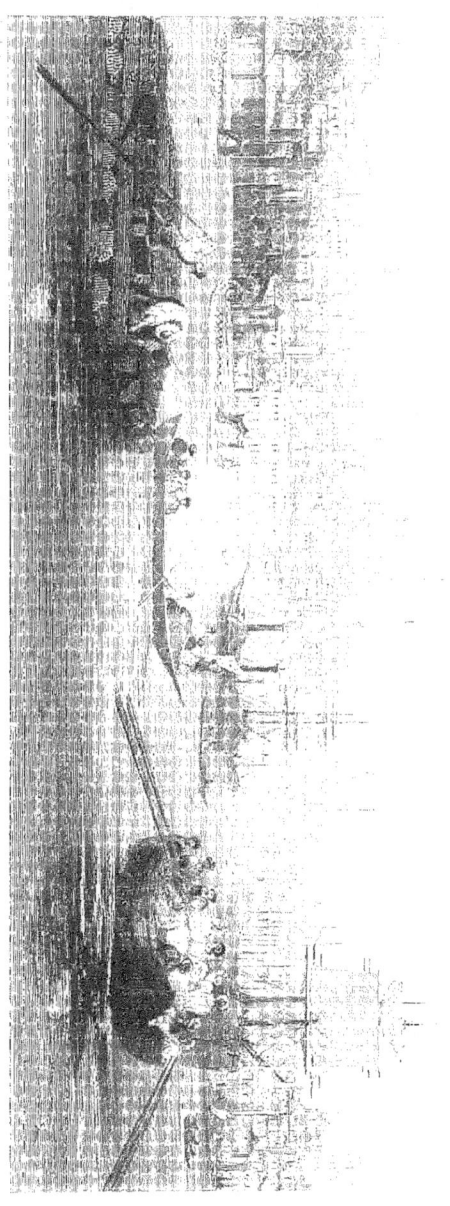

CONSTANTINOPLE.

et bleues comme les eaux du Rhône à Genève ; ces
terrasses, qui s'élèvent en pentes insensibles jusqu'aux
palais du sultan, dont on aperçoit les dômes dorés
à travers les cimes gigantesques des platanes et des
cyprès, sont elles-mêmes plantées de cyprès et de
platanes énormes, dont les troncs dominent les murs,
et dont les rameaux, débordant des jardins, pendent
sur la mer en nappes de feuillage et ombragent les
caïques ; les rameurs s'arrêtaient de temps en temps
à leur ombre ; de distance en distance, ces groupes
d'arbres sont interrompus par des palais, des pavillons, des kiosques, des portes sculptées et dorées,
ouvrant sur la mer, ou des batteries de canons de
cuivre et de bronze, de formes bizarres et antiques ;
les fenêtres grillées de ces palais maritimes, qui font
partie du sérail, donnent sur les flots, et l'on voit, à
travers les persiennes, étinceler les lustres et les dorures des plafonds des appartemens ; à chaque pas
aussi, d'élégantes fontaines moresques, incrustées
dans les murs du sérail, tombent du haut des jardins,
et murmurent dans des conques de marbre, pour
désaltérer les passans ; quelques soldats turcs sont
couchés auprès de ces sources ; et des chiens sans
maîtres errent le long du quai ; quelques-uns sont
couchés dans les embouchures de canon à énormes
calibres. A mesure que le canot avançait le long de
ces murailles, l'horizon devant nous s'élargissait, la
côte d'Asie se rapprochait, et l'embouchure du Bosphore commençait à se tracer à l'œil, entre des collines de verdure sombre et des collines opposées,

qui semblent peintes de toutes les nuances de l'arc-en-ciel ; là, nous nous reposâmes encore ; là côté riante d'Asie, éloignée de nous d'environ un mille, se dessinait à notre droite, toute découpée de larges et hautes collines dont les cimes étaient de noires forêts à têtes aiguës, les flancs des champs entourés de franges d'arbres, semés de maisons peintes en rouge, et les bords des ravins à pic tapissés de plantes vertes et de sycomores, dont les branches trempent dans l'eau ; plus loin, ces collines s'élevaient davantage, puis redescendaient en plages vertes, et formaient un large cap avancé, qui portait comme une grande ville ; c'était Scutari avec ses grandes casernes blanches, semblables à un château royal ; ses mosquées entourées de leurs minarets resplendissans, ses quais et ses anses bordés de maisons, de bazars, de caïques, à l'ombre, sous des treilles ou sous des platanes, et la sombre et profonde forêt de cyprès qui couvre la ville ; et, à travers leurs rameaux, brillaient, comme d'un éclat lugubre, les innombrables monumens blancs des cimetières turcs ; au-delà de la pointe de Scutari, terminée par un îlot qui porte une chapelle turque et qu'on appelle le *Tombeau de la Jeune Fille*, le Bosphore, comme un fleuve encaissé, s'entr'ouvrait et semblait fuir entre des montagnes sombres dont les flancs de rochers, les angles sortans et rentrans, les ravins, les forêts, se répondaient des deux bords, et au pied desquels on distinguait à perte de vue une suite non interrompue de villages, de flottes à l'ancre ou à la voile, de petits ports ombragés d'arbres, de maisons disséminées et de vastes palais avec leurs jardins de roses sur la mer.

Quelques coups de rames nous portèrent en avant et au point précis de la Corne-d'Or, où l'on jouit à la fois de la vue du Bosphore, de la mer de Marmara, et enfin de la vue entière du port ou plutôt de la mer intérieure de Constantinople; là nous oubliâmes Marmara, la côte d'Asie et le Bosphore, pour contempler d'un seul regard le bassin même de la Corne-d'Or et les sept villes suspendues sur les sept collines de Constantinople, convergeant toutes vers le bras de mer qui forme la ville unique et incomparable, à la fois ville, campagnes, mer, port, rive de fleuves, jardins, montagnes boisées, vallées profondes, océan de maisons, fourmilière de navires et de rues, lacs tranquilles et solitudes enchantées; vue qu'aucun pinceau ne peut rendre que par détails, et où chaque coup de rame porte l'œil et l'âme à un aspect, à une impression opposés.

Nous faisons voile vers les collines de Galata et de Péra; le sérail s'éloignait de nous et grandissait en s'éloignant à mesure que l'œil embrassait davantage les vastes contours de ses murailles et la multitude de ses pentes, de ses arbres, de ses kiosques et de ses palais. Il aurait à lui seul de quoi asseoir une grande ville. Le port se creusait de plus en plus devant nous ; il circule comme un canal entre des flancs de montagnes recourbées, et se développe plus on avance. Ce port ne ressemble en rien à un port ; c'est plutôt un large fleuve comme la Tamise, enceint des deux côtés de collines chargées de villes, et couvert sur l'une et l'autre rive d'une flotte interminable de vaisseaux groupés à l'ancre le long des maisons. Nous passions à travers cette multitude innombrable de bâtimens, les uns à l'ancre, les autres déjà à la voile, cinglant vers le Bosphore, vers la mer Noire ou vers la mer de Marmara; bâtimens de toutes formes, de toutes grandeurs, de tous les pavillons, depuis la barque arabe, dont la proue s'élance, et s'élève comme le bec des galères antiques, jusqu'au vaisseau à trois ponts avec ses murailles étincelantes de bronze. Des volées de caïques turques conduites par un ou deux rameurs en manches de soie, petites barques qui servent de voitures dans les rues maritimes de cette ville amphibie, circulaient entre ces grandes masses, se croisant, se heurtant sans se renverser, se coudoyant comme la foule dans les places publiques; et des nuées d'alabastros, pareils à de beaux pigeons blancs, se levaient de la mer à leur approche pour aller se poser plus loin et se faire bercer par la vague. Je n'essaierai pas de compter les vaisseaux, les navires, les bricks et les bâtimens et barques qui dorment ou voguent dans les eaux du port de Constantinople, depuis l'embouchure du Bosphore et la pointe du sérail jusqu'au faubourg d'Eyoub et aux délicieux vallons des eaux douces. La Tamise à Londres n'offre rien de comparable. Qu'il suffise de dire qu'indépendamment de la flotte turque et des bâtimens de guerre européens, à l'ancre dans le milieu du canal, les deux bords de la Corne-d'Or en sont couverts sur deux ou trois bâti-

mens de profondeur et sur une longueur d'une lieue
environ des deux côtés. Nous ne fîmes qu'entrevoir
ces files prolongées de proue regardant la mer, et
notre regard alla se perdre, au fond du golfe qui se
rétrécissait en s'enfonçant dans les terres, parmi une
véritable forêt de mâts. Nous abordâmes au pied de
la ville de Péra, non loin d'une superbe caserne de
bombardiers dont les terrasses recouvertes étaient
encombrées d'affûts et de canons. Une admirable
fontaine moresque, construite en forme de pagode
indienne et dont le marbre ciselé et peint d'éclatantes couleurs se découpait comme de la dentelle
sur un fond de soie, verse ses eaux sur une petite
place. La place était encombrée de ballots, de marchandises, de chevaux, de chiens sans maître, et de
Turcs accroupis qui fumaient à l'ombre ; les bateliers
des caïques étaient assis en grand nombre sur les
margelles du quai, attendant leurs maîtres ou sollicitant les passans ; c'est une belle race d'hommes, dont
le costume relève encore la beauté. Ils portent un
caleçon blanc à plis aussi larges que ceux d'un
jupon ; une ceinture de soie cramoisie le retient au
milieu du corps ; ils ont la tête coiffée d'un petit
bonnet grec en laine rouge surmonté d'un long gland
de soie qui pend derrière la tête ; le cou et la poitrine
nus ; une large chemise de soie écrue, à grandes
manches pendantes, leur couvre les épaules et les bras.
Leurs caïques sont d'étroits canots, de vingt à trente
pieds de long sur deux ou trois de large, en bois de
noyer vernissé et luisant comme de l'acajou. La proue

de ces barques est aussi aiguë que le fer d'une lance et coupe la mer comme un couteau. La forme étroite de ces caïques les rend périlleuses et incommodes pour les Francs qui n'en ont pas l'habitude ; elles chavirent au moindre balancement qu'un pied maladroit leur imprime. Il faut être couché comme les Turcs au fond des caïques, et prendre garde que le poids du corps soit également partagé entre les deux côtés de la barque. Il y en a de différentes grandeurs, pouvant contenir depuis un jusqu'à quatre ou huit passagers ; mais toutes ont la même forme. On en compte par milliers dans les ports de Constantinople, et indépendamment de celles qui, comme les fiacres, sont au service du public à toute heure, chaque particulier aisé de la ville en a une à son usage dont les rameurs sont ses domestiques. Tout homme qui circule dans la ville pour ses affaires est obligé de traverser plusieurs fois la mer dans sa journée.

En sortant de cette petite place, nous entrâmes dans les rues sales et populeuses d'un bazar de Péra. Au costume près, elles présentent à peu près le même aspect que les environs des marchés de nos villes : des échoppes de bois où l'on fait frire des pâtisseries ou des viandes pour le peuple ; des boutiques de barbiers, de vendeurs de tabacs, de marchands de légumes et de fruits ; une foule pressée et active dans les rues ; tous les costumes et toutes les langues de l'Orient se heurtant à l'œil et à l'oreille ; par-dessus tout cela, les aboiemens des chiens nombreux qui remplissent les places et les bazars, et se disputent les restes qu'on jette aux portes. Nous entrâmes de là dans une longue rue, solitaire et étroite, qui monte par une pente escarpée au-dessus de la colline de Péra ; les fenêtres grillées ne laissent rien voir de l'intérieur des maisons turques, qui semblent pauvres et abandonnées; de temps en temps la verte flèche d'un cyprès sort d'une enceinte de murailles grises et ruinées, et s'élance immobile dans un ciel transparent. Des colombes blanches et bleues sont éparses sur les fenêtres et les toits des maisons et remplissent les rues silencieuses de leurs mélancoliques roucoulemens. Au sommet de ces rues s'étend le beau quartier de Péra, habité par les Européens, les ambassadeurs et les consuls : c'est un quartier tout à fait semblable à une pauvre petite ville de nos provinces; il y avait quelques beaux palais d'ambassadeurs jetés sur les terrasses en pente de Galata ; on n'en voit plus que les colonnes couchées à terre, les pans de murs noircis, et les jardins écroulés : la flamme de l'incendie a tout dévoré. Péra n'a ni caractère, ni originalité, ni beauté ; on ne peut apercevoir de ses rues, ni la mer, ni les collines, ni les jardins de Constantinople ; il faut monter au sommet de ses toits pour jouir du magnifique coup d'œil dont la nature et l'homme l'ont environné.

M. Truqui nous reçut comme ses enfans ; sa maison est vaste, élégante et admirablement située; il l'a mise tout entière à notre disposition. Les ameublemens les plus riches, la chère exquise de l'Europe, les soins les plus affectueux de l'amitié, la société la plus douce et la plus aimable trouvée en lui et autour de lui, remplacèrent pour nous le tapis ou la natte du désert, le pilau de l'Arabe, l'âpreté et la rudesse de la vie maritime. A peine installé chez lui, je reçois une lettre de M. l'amiral Roussin, ambassadeur de France à Constantinople, qui a la bonté de nous offrir l'hospitalité à Thérapia. Ces marques touchantes d'intérêt et d'obligeance, reçues de compatriotes inconnus, à mille lieues de la patrie et dans l'isolement et le malheur, laissent une trace profonde dans le souvenir du voyageur.

21, 22 et 23 mai 1833.

Débarquement des deux bricks. — Repos, visites reçues des principaux négocians de Péra. — Jours passés dans le charme et l'intimité de M. Truqui et de sa société. — Courses dans Constantinople. — Vue générale de la ville. — Visite à l'ambassadeur à Thérapia.

23 mai 1833.

Quand on a quitté tout à coup la scène changeante, orageuse, de la mer, la cabine obscure et mobile d'un brick, le roulis fatigant de la vague; qu'on se sent le pied ferme sur une terre amie, entouré d'hommes, de livres, de toutes les aisances de la vie; qu'on a devant soi des campagnes, des bois à parcourir, toute l'existence terrestre à reprendre après une longue déshabitude, on sent un plaisir

instinctif et tout physique, dont on ne peut se lasser;
une terre quelconque, même la plus sauvage, même
la plus éloignée, est comme une patrie qu'on a re-
trouvée. J'ai éprouvé cela vingt fois en débarquant,
même pour quelques heures, sur une côte inconnue
et déserte; un rocher qui vous garantit du vent; un
arbuste qui vous abrite de son tronc ou de son ombre; un rayon de soleil qui chauffe le sable où vous
êtes assis; quelques lézards qui courent entre les
pierres; des insectes qui volent autour de vous; un
oiseau inquiet qui s'approche, et qui jette un cri
d'alarme; tout ce peu de choses pour un homme
qui habite la terre, est un monde tout entier pour
le navigateur fatigué qui descend du flot. Mais le
brick est là, qui se balance dans le golfe sur une mer
houleuse, où il faudra remonter bientôt. Les matelots sont sur les vergues, occupés à sécher ou à rac-
commoder les grandes voiles déchirées; le canot, qui
monte et disparait dans les ravines écumantes formées par les lames, va et vient sans cesse du navire
au rivage; il apporte des provisions à terre, ou de
l'eau fraîche de l'aiguade au bâtiment; ses mousses
lavent leurs chemises de toile peinte, et les suspendent aux lentisques du rivage; le capitaine étudie
le ciel, attend le vent qui va tourner, pour rappeler
par un coup de canon les passagers à leur vie de misère, de ténèbres et de mouvement. Bien qu'on soit
pressé d'arriver, on fait en secret des vœux pour que
le vent contraire ne tombe pas si vite, pour que
la nécessité vous laisse un jour encore savourer cette

volupté intime qui attache l'homme à la terre. On fait amitié avec la côte, avec la petite lisière de gazon ou d'arbustes qui s'étend entre la mer et les rochers ; avec la fontaine cachée sous les racines d'un vieux chêne vert ; avec ces lichens, avec ces petites fleurs sauvages, que le vent secoue sans cesse entre les fentes des écueils, et qu'on ne reverra jamais. Quand le coup de canon du rappel part du navire; quand le pavillon de signal se hisse au mât, et que la chaloupe se détache pour venir vous prendre, on pleurerait presque ce coin sans nom du monde, où l'on n'a fait qu'étendre quelques heures ses membres harassés. J'ai bien souvent éprouvé cet amour inné de l'homme pour un abri quelconque, solitaire, inconnu, sur un rivage désert.

Mais ici j'éprouve deux choses contraires, l'une douce, l'autre pénible. D'abord, ce plaisir que je viens de peindre, d'avoir le pied ferme sur le sol, un lit qui ne tombe plus, un plancher qui ne vous jette plus sans cesse d'un mur à l'autre, des pas à faire librement devant vous, de grandes fenêtres fermées ou ouvertes à volonté, sans crainte que l'écume s'y engouffre ; les délices d'entendre le vent jouer dans les rideaux, sans qu'il fasse pencher la maison, résonner les voiles, trembler les mâts, courir les matelots sur le pont, avec le bruit assourdissant de leurs pas. Bien plus, des communications amiables avec l'Europe, des voyageurs, des négocians, des journaux, des livres, tout ce qui remet l'homme en communion d'idées et de vie avec l'homme ; cette participation au mouvement général des choses et de la pensée, dont nous sommes depuis si longtemps privés. Et plus que tout cela encore, l'hospitalité chaude, attentive, heureuse; je dis plus, l'amitié de notre excellent hôte, M. Truqui, qui semble aussi heureux de nous entourer de ses soins, de ses prévenances, de tous les soulagemens qu'il peut nous procurer, que nous sommes heureux de les recevoir nous-mêmes! Excellent homme! homme rare, dont je n'ai pas deux fois rencontré le pareil dans ma longue vie de voyageur! Sa mémoire me sera douce, tant que je me souviendrai de ces années de pèlerinage, et ma pensée le suivra toujours sur les côtes d'Asie ou d'Afrique, où sa fortune le condamne à finir ses jours.

Même date.

Mais quand on a savouré, à l'insu de soi-même, ces premières voluptés du retour à terre, on est tenté de regretter souvent l'incertitude et l'agitation perpétuelles de la vie d'un vaisseau. Au moins là, la pensée n'a pas le loisir de se replier sur elle-même et de sonder les abîmes de tristesse que la mort a creusés dans notre sein! La douleur est bien là toujours, mais elle est à chaque instant soulevée par quelque pensée qui empêche que son poids ne soit aussi écrasant; le bruit, le mouvement qui se font autour de vous; l'aspect sans cesse changeant du pont du navire et de la mer; les vagues qui se gonflent ou s'aplanissent; le vent qui tourne, monte ou baisse; les voiles du navire qu'il faut orienter vingt fois par jour; le spectacle des manœuvres auxquelles il faut quelquefois s'employer soi-même dans le gros temps; les mille accidens d'une journée ou d'une nuit de tempête; le roulis, les voiles emportées, les meubles brisés qui roulent sous l'entrepont; les coups sourds, irréguliers, de la mer contre les flancs fragiles de la cabine où vous essayez de dormir; les pas précipités des hommes de quart, qui courent d'un bord à l'autre sur votre tête; le cri plaintif des poulets, que l'écume inonde dans leurs cages attachées au pied du mât; les chants des coqs qui aperçoivent les premiers l'aurore, à la fin d'une nuit de ténèbres et de bourrasques; le sifflement de la corde du loch, qu'on jette pour mesurer la route; l'aspect étrange, inconnu, bizarre, sauvage ou gracieux, d'une côte qu'on ne soupçonnait pas la veille, et qu'on longe au lever du jour en mesurant les hauteurs de ses montagnes, ou en montrant du doigt ses villes et ses villages, brillans comme des monceaux de neige entre des groupes de sapins; tout cela emporte plus ou moins à notre âme, soulage un peu le cœur, laisse évaporer de la douleur, assoupit le chagrin pendant que le voyage dure; toute cette douleur retombe de tout son poids sur l'âme, aussitôt qu'on a touché le rivage, et que le sommeil, dans un lit tranquille, a rendu l'homme à l'intensité de ses impressions. Le cœur, qui n'est plus distrait par rien du dehors, se retrouve en face de ses sentimens mutilés, de ses

pensées désespérées, de son avenir emporté ! On ne
sait comment on supportera la vie ancienne, la vie
monotone, la vie vide des villes et de la société. C'est
ce que j'éprouve, au point de désirer maintenant une
éternelle navigation, un voyage sans fin, avec toutes
ses chances et ses distractions même les plus pénibles.
Hélas! c'est ce que je lis dans les yeux de ma femme,
bien plus encore que dans mon cœur. La souffrance
d'un homme n'est rien auprès de celle d'une femme,
d'une mère; une femme vit et meurt d'une seule
pensée, d'un seul sentiment; la vie, pour une femme,
c'est une chose possédée; la mort, c'est une chose
perdue! Un homme vit de tout bien ou mal; Dieu
ne le tue pas d'un seul coup.

24 mai 1833.

Je me suis entouré de journaux et de brochures
venus d'Europe récemment, et que l'obligeance des
ambassadeurs de France et d'Autriche me prodigue.
Après avoir lu tout le jour, je me confirme dans les
idées que j'avais emportées d'Europe. Je vois que les
faits marchent tout à fait dans le sens des prévisions
politiques que l'analogie historique et philosophique
permet d'assigner à la route des choses, dans ce beau
siècle. La France émue s'apaise; l'Europe inquiète,
mais timide, regarde avec jalousie et haine, mais
n'ose empêcher; elle sent par instinct, et cet instinct
est prophétique, qu'elle perdrait peut-être l'équilibre en faisant un mouvement. Je n'ai jamais cru à

la guerre par suite de la révolution de juillet; il eût fallu que la France fût livrée à des conseils insensés pour attaquer; et, la France n'attaquant pas, l'Europe ne pouvait venir se jeter, de gaieté de cœur, dans un foyer révolutionnaire où l'on se brûle, même en voulant l'étouffer. Le gouvernement de juillet aura bien mérité de la France et de l'Europe par ce seul fait d'avoir contenu l'ardeur impatiente et aveugle de l'esprit belliqueux en France, après les trois journées. L'Europe et la France étaient également perdues. Nous n'avions point d'armées, point d'esprit public : car il n'y en a point sans unanimité ; la guerre étrangère eût entraîné immédiatement la guerre civile au midi et à l'ouest de la France, la persécution et la spoliation partout. Nul gouvernement n'eût pu tenir à Paris sous l'élan révolutionnaire du centre ; pendant que des lambeaux d'armées, improvisées par un patriotisme sans guide et sans frein, auraient été se faire dévorer sur nos frontières de l'est, le midi, jusqu'à Lyon, aurait arboré le drapeau blanc; l'ouest, jusqu'à la Loire, eût reconstitué les guérillas vendéennes; les populations manufacturières de Lyon, Rouen, Paris, exaspérées par la misère où la cessation de travail les aurait plongées, auraient fait explosion au centre et débordé en masses indisciplinées sur Paris et les frontières, se choisissant des chefs d'un jour, et leur imposant leurs caprices pour plans de campagne. La propriété, le commerce, l'industrie, le crédit, tout eût péri à la fois; il eût fallu de la violence pour des emprunts et des impôts. L'or caché, le crédit mort, le désespoir eût poussé à la résistance; et la résistance à la spoliation, au meurtre et aux supplices populaires; une fois entré dans la voie du sang, il n'y avait plus d'issue que l'anarchie, la dictature ou le démembrement. Mais tout cela aurait été compliqué encore des mouvemens inattendus et spontanés de quelques parties de l'Europe : Espagne, Italie, Pologne, lisières du Rhin, Belgique, tout eût pris feu ensemble ou tour à tour ; l'Europe tout entière eût été entraînée dans une fluctuation d'insurrections, de compressions, qui auraient changé à chaque instant la face des choses. Nous entrions, mal préparés, dans une autre guerre de Trente Ans. Le génie de la civilisation ne l'a pas voulu. Ce qui devait être a été. On ne combattra qu'après s'être préparé au combat, après qu'on se sera reconnu, compté, passé en revue, rangé en ordre de bataille; la lutte sera régulière et aura un résultat prévu et certain : ce ne sera plus un combat de nuit.

De loin on voit mieux les choses, parce que les détails n'obstruent pas le regard, et que les objets se présentent par grandes masses principales. Voilà pourquoi les prophètes et les oracles vivaient seuls et éloignés du monde ; c'étaient des sages, étudiant les choses dans leur ensemble, et dont les petites passions du jour ne troublaient pas le jugement. Il faut qu'un homme politique s'éloigne souvent de la scène où se joue le drame de son temps, s'il veut le juger et en prévoir le dénouement. Prédire est impossible : la prévision n'est qu'à Dieu ; mais prévoir est possible : la prévoyance est à l'homme.

Je me demande souvent où aboutira ce grand mouvement des esprits et des faits, qui, parti de France, remue le monde et entraîne, de gré ou de force, toutes choses dans son tourbillon. Je ne suis pas de ceux qui ne voient dans ce mouvement que le mouvement même, c'est-à-dire le tumulte et le désordre des idées; qui croient le monde moral et politique dans ces convulsions finales qui précèdent la mort et la décomposition. Ceci est évidemment un mouvement double de décomposition et d'organisation à la fois; l'esprit créateur travaille, à mesure que l'esprit destructeur détruit ; une foi en tout remplace l'autre ; une forme se substitue à une autre forme; partout où le passé s'écroule, l'avenir, tout préparé, paraît derrière les ruines ; la transition est lente et rude, comme toute transition où les passions et les intérêts des hommes ont à combattre en marchant, où les classes sociales, où les nations diverses marchent d'un pas inégal ; où quelques-uns veulent reculer obstinément pendant que la masse avance. Il y a confusion, poussière, ruines, obscurité par momens ; mais, de temps en temps aussi, le vent soulève ce nuage de poudre qui cache la route et le but, et ceux qui sont sur la hauteur distinguent la marche des colonnes, reconnaissent le terrain de l'avenir, et voient le jour, à peine levé, éclairer de vastes horizons. J'entends dire sans cesse autour de moi, et même ici : « Les hommes n'ont plus de croyances ;

tout est livré à la raison individuelle; il n'y a plus de foi commune en rien, ni en religion, ni en politique, ni en sociabilité. Des croyances, une foi commune, c'est le ressort des nations; ce ressort brisé, tout se décompose; il n'y a qu'un moyen de sauver les peuples : c'est de leur rendre leurs croyances. » Rendre des croyances, ressusciter des dogmes populaires morts dans la conscience des peuples, refaire ce que le temps a défait, c'est un mot insensé ; c'est tenter de lutter contre la nature et contre l'esprit des choses ; c'est marcher en sens inverse de la Providence et des faits qui sont la trace de ses pas; on ne peut arriver à un but qu'en marchant dans le sens où Dieu conduit les événemens et les idées ; le cours du temps ne remonte jamais ; on peut se diriger et diriger le monde sur son courant indomptable : on ne peut ni s'arrêter ni le faire rebrousser. Mais est-il donc vrai qu'il n'y ait plus ni lumière dans l'intelligence de l'homme, ni croyance commune dans l'esprit des peuples, ni foi intime et insignifiante dans la conscience du genre humain? C'est un mot qu'on respecte sans l'avoir sondé; il n'a aucun sens. Si le monde n'avait plus ni idée commune, ni foi, ni croyance, le monde ne s'agiterait pas tant : rien ne produit rien, *mens agitat molem*. Il y a, au contraire, une immense conviction, une foi fanatique, une espérance confuse, mais indéfinie, un ardent amour, un symbole commun, quoique non encore rédigé, qui pousse, presse, remue, attire, condense, fait graviter ensemble toutes les intelligences, toutes les consciences, toutes les forces morales de cette époque ; ces révolutions, ces secousses, ces chutes d'empire, ces mouvemens répétés et gigantesques de tous ces membres de la vieille Europe, ces retentissemens en Amérique et en Asie, cette impulsion irréfléchie et irrésistible, qui imprime, en dépit des volontés individuelles, tant d'agitation et d'ensemble aux forces collectives : tout cela n'est pas un effet sans cause ; tout cela a un sens, un sens profond et caché, mais un sens évident pour l'œil du philosophe. Ce sens, c'est précisément ce que vous vous plaignez d'avoir perdu, ce que vous niez dans le monde d'aujourd'hui ; c'est une idée commune ; c'est une conviction ; c'est une loi sociale ; c'est une vérité qui, entrée involontairement dans tous les esprits, et même, à leur insu, dans l'esprit des masses, travaille à se produire dans les faits avec la force d'une vérité divine, c'est-à-dire avec une force invincible. Cette foi, c'est la raison générale ; la parole est son organe ; la presse est son apôtre : elle se répand sur le monde avec l'infaillibilité et l'intensité d'une religion nouvelle ; elle veut refaire à son image les religions, les civilisations, les sociétés, les législations imparfaites ou altérées par les erreurs et les ignorances des âges ténébreux qu'elles ont traversés ; elle veut reposer en religion, — Dieu un et parfait pour dogme, la morale éternelle pour symbole, l'adoration et la charité pour culte ; — en politique, l'humanité au-dessus des nationalités ; en législation, l'homme égal à l'homme, l'homme frère de l'homme ;

la société comme un fraternel échange de services et de devoirs réciproques, régularisés et garantis par la loi ; le christianisme législaté !

Elle le veut et elle le fait. Dites encore qu'il n'y a pas de croyances, qu'il n'y a pas de foi commune dans les hommes de ce temps-ci. Depuis le christianisme, jamais si grande œuvre ne s'accomplit dans le monde avec de si faibles moyens. Une croix et une presse; voilà les deux instrumens des deux plus grands mouvemens civilisateurs du monde.

25 mai 1833.

Ce soir, par un clair de lune splendide, qui se réverbérait sur la mer de Marmara et jusque sur les lignes violettes des neiges éternelles du mont Olympe, je me suis assis seul sous les cyprès de l'échelle des morts, ces cyprès qui ombragent les innombrables tombeaux des musulmans, et qui descendent des hauteurs de Péra jusqu'aux bords de la mer; ils sont entrecoupés de quelques sentiers plus ou moins rapides, qui montent du port de Constantinople à la mosquée des derviches tourneurs. Personne n'y passait à cette heure, et l'on se serait cru à cent lieues d'une grande ville, si les mille bruits du soir, apportés par le vent, n'étaient venus mourir dans les rameaux frémissans des cyprès. Tous ces bruits, affaiblis déjà par l'heure avancée; chants de matelots sur les navires, coups de rames des caïques dans les eaux, sons des instrumens sauvages des Bulgares, tambours des casernes et des arsenaux ; voix de femmes qui chantent, pour endormir leurs enfans, à leurs fenêtres grillées ; longs murmures des rues populeuses et des bazars de Galata ; de temps en temps le cri des muetzlins, du haut des minarets, ou un coup de canon, signal de la retraite, qui partait de la flotte mouillée à l'entrée du Bosphore, et venait, répercuté par les mosquées sonores et par les collines, s'engouffrer dans le bassin de la Corne-d'Or et retentir sous les saules paisibles des eaux douces d'Europe ; tous ces bruits, dis-je, se fondaient par instans dans un seul bourdonnement sourd et indécis, et formaient comme une harmonieuse musique où les bruits humains, la respiration étouffée d'une grande ville qui s'endort, se mêlaient, sans qu'on pût les distinguer, avec les bruits de la nature, le retentissement lointain des vagues et les bouffées du vent qui courbaient les cimes aiguës des cyprès. C'est une de ces impressions les plus infinies et les plus pesantes qu'une âme poétique puisse supporter. Tout s'y mêle, l'homme et Dieu, la nature et la société, l'agitation intérieure et le repos mélancolique de la pensée. On ne sait si on participe davantage de ce grand mouvement d'êtres animés qui jouissent ou qui souffrent dans ce tumulte de voix qui s'élèvent, ou de cette paix nocturne des élémens qui murmurent aussi, et enlèvent l'âme au-dessus des villes et des empires, dans la sympathie de la nature et de Dieu.

Le sérail, vaste presqu'île, noire de ses platanes et

de ses cyprès, s'avançait comme un cap de forêts entre les deux mers, sous mes yeux. La lune blanchissait les nombreux kiosques, et les vieilles murailles du palais d'Amurath sortaient, comme un rocher, du vert obscur des platanes. J'avais sous les yeux et dans la pensée toute la scène où tant de drames sinistres ou glorieux s'étaient déroulés depuis des siècles. Tous ces drames apparaissaient devant moi avec leurs personnages et leurs traces de sang ou de gloire.

Je voyais une horde sortir du Caucase, chassée par cet instinct de pérégrination que Dieu donna aux peuples conquérans, comme il l'a donné aux abeilles, qui sortent du tronc d'arbre pour jeter de nouveaux essaims. La grande figure patriarcale d'Othman, au milieu de ses tentes et de ses troupeaux, répandant son peuple dans l'Asie mineure, s'avançant successivement jusqu'à Brousse, mourant entre les bras de ses fils, devenus ses lieutenans, et disant à Orchan :

« Je meurs sans regret, puisque je laisse un suc-
« cesseur tel que toi ; va propager la loi divine, la
« pensée de Dieu, qui est venu nous chercher de la
« Mecke au Caucase ; sois charitable et clément comme
« elle ; c'est ainsi que les princes attirent sur leur
« nation la bénédiction de Dieu ! Ne laisse pas mon
« corps dans cette terre, qui n'est pour nous qu'une
« route ; mais dépose ma dépouille mortelle dans
« Constantinople, à la place que je m'assigne moi-
« même en mourant. »

Quelques années plus tard, Orchan, fils d'Othman,

était campé à Scutari, sur ces mêmes collines que tache de noir le bois de cyprès. L'empereur grec, Cantacuzène, vaincu par la nécessité, lui donnait la belle Théodora, sa fille, pour cinquième épouse dans son sérail. La jeune princesse traversait, au son des instrumens, ce bras de mer où je vois flotter aujourd'hui les vaisseaux russes, et allait, comme une victime, s'immoler inutilement pour prolonger de peu de jours la vie de l'empire. Bientôt les fils d'Orchan s'approchent du rivage, suivis de quelques vaillans soldats; ils construisent, en une nuit, trois radeaux soutenus par des vessies de bœuf gonflées d'air; ils passent le détroit, à la faveur des ténèbres; les sentinelles grecques sont endormies. Un jeune paysan, sortant à la pointe du jour pour aller au travail, rencontre les Ottomans égarés, et leur indique l'entrée d'un souterrain qui conduit dans l'intérieur du château, et les Turcs ont le pied et une forteresse en Europe.

A quatre règnes de là, Mahomet II répondait aux ambassadeurs grecs : « Je ne forme pas d'entreprises « contre vous ; l'empire de Constantinople est borné « par ses murailles. » Mais Constantinople même, ainsi bornée, empêche le sultan de dormir ; il envoie éveiller son visir, et lui dit : « — Je te demande Con- « stantinople ; je ne puis plus trouver le sommeil sur « cet oreiller; Dieu veut me donner les Romains. » Dans son impatience brutale, il lance son cheval dans les flots, qui menacent de l'engloutir.—«Allons, « dit-il à ses soldats, le jour du dernier assaut, je ne

« me réserve que la ville ; l'or et les femmes sont à
« vous. Le gouvernement de ma plus vaste province
« à celui qui arrivera le premier sur les remparts. »
Toute la nuit, la terre et les eaux sont éclairées de
feux innombrables, qui remplacent le jour, tant il
tardait aux Ottomans, ce jour qui devait leur livrer
leur proie.

Pendant ce temps-là, sous cette coupole sombre
de Sainte-Sophie, le brave et infortuné Constantin
venait, dans sa dernière nuit, prier le Dieu de l'empire et communier, les larmes aux yeux ; au lever de
l'aurore, il en sortait à cheval, accompagné des cris
et des gémissemens de sa famille, et il allait mourir
en héros, sur la brèche de sa capitale : c'était le
29 mai 1453.

Quelques heures plus tard, la hache enfonçait les
portes de Sainte-Sophie ; les vieillards, les femmes,
les jeunes filles, les moines, les religieuses, encombraient cette vaste basilique, dont les parvis, les
chapelles, les galeries, les souterrains, les tribunes immenses, les dômes et plates-formes, peuvent contenir
la population d'une ville entière ; un dernier cri s'éleva vers le ciel, comme la voix du christianisme
agonisant ; en peu d'instans soixante mille vieillards,
femmes ou enfans, sans distinction de rang, d'âge ni
de sexe, furent liés par couple, les hommes avec des
cordes, les femmes avec leurs voiles ou leurs ceintures. Ces couples d'esclaves furent jetés sur les
vaisseaux, emportés au camp des Ottomans, insultés,
échangés, vendus, troqués, comme un vil bétail.

Jamais lamentations pareilles ne furent entendues sur les deux rives d'Europe et d'Asie; les femmes se séparaient pour jamais de leurs époux, les enfans de leurs mères, et les Turcs chassaient, par des routes différentes, ce butin vivant de Constantinople vers l'intérieur de l'Asie. Constantinople fut saccagée pendant huit heures; puis Mahomet II entra par la porte Saint-Romain, entouré de ses visirs, de ses pachas et de sa garde. Il mit pied à terre devant le portail de Sainte-Sophie, et frappa de son yatagan un soldat qui brisait les autels. Il ne voulut rien détruire. Il transforma l'église en mosquée, et un muetzlin monta pour la première fois sur cette même tour, d'où je l'entends chanter à cette heure pour appeler les musulmans à la prière et glorifier, sous une autre forme, le Dieu qu'on y adorait la veille. De là, Mahomet II se rendit au palais désert des empereurs grecs, et récita, en y entrant, ces vers persans :

« L'araignée file sa toile dans le palais des empe-
« reurs, et la chouette entonne son chant nocturne
« sur les tours d'Érasiab ! »

Le corps de Constantin fut retrouvé ce jour-là sous des monceaux de morts ; des janissaires avaient entendu un Grec magnifiquement vêtu et luttant avec l'agonie, s'écrier : « Ne se trouvera-t-il pas un chré-
« tien qui veuille m'ôter la vie ? » Ils lui avaient coupé la tête. Deux aigles brodés en or sur ses brodequins et les larmes de quelques Grecs fidèles ne permirent pas de douter que ce soldat inconnu ne fût le brave

et malheureux Constantin. Sa tête fut exposée, pour que les vaincus ne conservassent ni doute sur sa mort ni espérance de le voir reparaître; puis il fut enseveli avec les honneurs dus au trône, à l'héroïsme et à la mort.

Mahomet n'abusa pas de la victoire. La tolérance religieuse des Turcs se révéla dans ses premiers actes. Il laissa aux chrétiens leurs églises et la liberté de leur culte public. Il maintint le patriarche grec dans ses fonctions. Lui-même, assis sur son trône, remit la crosse et le bâton pastoral au moine Gennadius, et lui donna un cheval richement caparaçonné. Les Grecs fugitifs se sauvèrent en Italie, et y portèrent le goût des disputes théologiques, de la philosophie et des lettres. Le flambeau éteint à Constantinople jeta ses étincelles au-delà de la Méditerranée, et se ralluma à Florence et à Rome. Pendant trente ans d'un règne qui ne fut qu'une conquête, Mahomet II ajouta à l'empire deux cents villes et douze royaumes. Il meurt au milieu de ses triomphes, et reçoit le nom de Mahomet-le-Grand. Sa mémoire plane encore sur les dernières années du peuple qu'il a jeté en Europe, et qui bientôt remportera son tombeau en Asie. Ce prince avait le teint d'un Tartare, le visage poli, les yeux enfoncés, le regard profond et perçant. Il eut toujours toutes les vertus et tous les crimes que la politique lui commanda.

Bajazet II, ce Louis XI des Ottomans, fait jeter ses fils dans la mer; et lui-même, chassé du trône par Sélim, s'enfuit avec ses femmes et ses trésors, et meurt du poison préparé par son fils. Ce Sélim, pour toute réponse au visir qui lui demandait où il fallait placer ses tentes, fait étrangler le visir; le successeur du visir fait la même question et éprouve le même sort; un troisième fait placer les tentes, sans rien demander, vers les quatre points de l'univers, et quand Sélim demande où est son camp : « Partout, lui ré- « pond le visir : tes soldats te suivront, de quelque « côté que tu tournes tes armes. — Voilà, dit le ter- « rible sultan, comment on doit me servir. » C'est lui qui conquiert l'Égypte, et qui, monté sur un trône magnifique élevé au bord du Nil, se fait amener la race entière des oppresseurs de ce beau pays, et fait massacrer vingt mille Mameluks sous ses yeux. Leurs corps sont jetés dans le fleuve. Tout cela sans cruauté personnelle, mais par ce sentiment de fatalisme qui croit à sa mission, et qui, pour accomplir la volonté de Dieu, dont il se sent l'instrument, regarde le monde comme sa conquête et les hommes comme la poussière de ses pieds. Cette même main, teinte du sang de tant de milliers d'hommes, écrivait des vers pleins de résignation, de douceur et de philosophie. Le morceau de marbre blanc subsiste encore où il écrivit ces sentences :

« Tout vient de Dieu; il nous donne à son gré ou « nous refuse ce que nous lui demandons. Si quel- « qu'un sur la terre pouvait quelque chose par soi- « même, il serait égal à Dieu. » On lit plus bas : « Sé- « lim, le serviteur des pauvres, a composé et écrit « ces vers. » Conquérant de la Perse, il meurt en commandant à son visir de pieuses restitutions aux familles persanes que la guerre a ruinées. Son tombeau est placé à côté de celui de Mahomet II, avec cette orgueilleuse épitaphe : « En ce jour, sultan « Sélim a passé au royaume éternel, laissant l'empire « du monde à Soliman. »

J'aperçois d'ici briller entre les dômes des mosquées la resplendissante coupole de la mosquée de Soliman, une des plus magnifiques de Constantinople. Il venait de perdre son premier fils, Mahomet, qu'il avait eu de la célèbre Roxelane. Cette mosquée rappelle un touchant témoignage de la douleur de ce prince. Pour honorer la mémoire de son enfant, il délivra une foule d'esclaves des deux sexes, et voulut associer ainsi des sympathies à sa douleur.

Bientôt, hélas! les environs de cette même mosquée furent la scène d'un drame terrible. Soliman, excité contre un fils d'une autre femme, Mustapha, fait venir le muphti et lui demande : « Quelle peine « mérite Zaïr, esclave d'un marchand de cette ville, « qui lui a confié, pendant un voyage, son épouse, « ses enfans, ses trésors? Zaïr a mis le trouble dans « les affaires de son maître, il a tenté de séduire sa « femme, il a dressé des embûches contre les enfans. « Quelle peine mérite l'esclave Zaïr?

« — L'esclave Zaïr mérite la mort, écrit le muphti. « Dieu soit le meilleur! »

Soliman, armé de cette réponse, mande Mustapha dans son camp. Il arrive accompagné de Zéangir, un fils de Roxelane, mais qui, loin de partager la haine de sa mère, portait à Mustapha, son frère, la plus tendre amitié. Arrivé devant la tente de Soliman, Mustapha est désarmé. Il s'avance seul dans la première enceinte, où régnait une solitude complète et un morne silence. Quatre muets s'élancent sur lui et s'efforcent de l'étrangler; il les terrasse, et est prêt à s'échapper et à appeler à son secours l'armée qui l'adore, quand Soliman lui-même, qui suivait de l'œil la lutte des muets contre son fils, soulève un des coins du rideau de la tente, et leur lance un regard étincelant de fureur. A cet aspect les muets se relèvent, et parviennent à étrangler le jeune prince. Son corps est exposé sur un tapis, devant la tente du sultan. Zéangir expire de désespoir sur le corps de son frère, et l'armée contemple d'un œil terrifié l'implacable vengeance d'une femme à qui l'amour a soumis l'infortuné Soliman. Mustapha avait un fils de dix ans; l'ordre de sa mort est surpris au sultan par Roxelane. Un envoyé secret est chargé de tromper la vigilance de la mère de cet enfant. On imagine un prétexte pour la conduire à une maison de plaisance peu éloignée de Brousse. Le jeune sultan était à cheval et précédait la litière de la princesse. La litière se brise; le jeune prince prend les devans, suivi de l'eunuque chargé de l'ordre secret de sa mort. A peine entré dans la maison, l'eunuque, l'arrêtant sur le seuil de la porte, lui présente le lacet: « Le sultan veut que vous mou« riez sur l'heure, » lui dit-il. — « Cet ordre m'est « aussi sacré que celui de Dieu même, » répond l'enfant, et il présente sa tête au bourreau. La mère arrive, et trouve le corps palpitant de son fils sur le seuil de la porte. La passion insensée de Soliman pour Roxelane remplit le sérail de plus de crimes que n'en vit le palais d'Argos.

Les Sept-Tours me rappellent la mort du premier sultan immolé par les janissaires. Othman, traîné par eux dans ce château, tombe deux jours après sous les coups de Daoud, visir. Ce visir, peu de temps après, est conduit lui-même aux Sept-Tours. On lui arrache son turban, on le fait boire à la même fontaine où s'était désaltéré l'infortuné Othman, on l'étrangle dans la même chambre où il avait étranglé son maître. L'ada des janissaires, dont un soldat avait porté la main sur Othman, est cassée ; et, jusqu'à l'abolition de ce corps, lorsqu'un officier appelait la soixante-cinquième ada, un autre officier répondait :

« Que la voix de cette ada périsse ! Que la voix de « cette ada s'anéantisse à jamais ! »

Les janissaires, repentans du meurtre d'Othman, déposent Mustapha, et vont demander à genoux au sérail un enfant de douze ans pour lui donner l'empire. Vêtu d'une robe de toile d'argent, le turban impérial sur la tête, assis sur un trône portatif, quatre officiers des janissaires l'enlèvent sur leurs épaules, et promènent le jeune empereur au milieu de son peuple. Ce fut Amurath IV, digne du trône où la révolte et le repentir l'avaient fait monter avant l'âge.

Là finissent les jours de gloire de l'empire ottoman. — La loi de Soliman, qui ordonnait que les enfans des sultans fussent prisonniers dans le sérail parmi des eunuques et des femmes, énerva le sang d'Othman, et jeta l'empire en proie aux intrigues des eunuques et aux révoltes des janissaires. De loin en loin brillent quelques beaux caractères ; mais ils sont sans puissance, parce qu'ils ont été habitués de bonne heure à être sans volonté. Quoi qu'on en dise en Europe, il est évident que l'empire est mort, et qu'un héros même ne pourrait lui rendre qu'une apparence de vie.

Le sérail, déjà abandonné par Mahmoud, n'est plus qu'un brillant tombeau. Mais que son histoire secrète serait dramatique et touchante, si les murs pouvaient la raconter !

Une des plus graves et des plus douces figures de ce drame mystérieux est celle de l'infortuné Sélim, qui, déposé et emprisonné dans le sérail pour n'avoir pas voulu verser le sang de ses neveux, y devint l'instituteur du sultan actuel, Mahmoud. Sélim était philosophe et poëte. Le précepteur avait été roi, l'élève devait l'être un jour. Pendant cette longue captivité des deux princes, Mahmoud, irrité par la négligence d'un esclave, s'emporta et le frappa au visage. « Ah ! Mahmoud, dit Sélim, lorsque vous au-
« rez passé par la fournaise du monde, vous ne vous
« emporterez pas ainsi. Quand vous aurez souffert
« comme moi, vous saurez compatir aux souffrances,
« même à celles d'un esclave. »

Le sort de Sélim fut malheureux jusqu'au bout. Mustapha Baraictar, un de ses fidèles pachas, armé pour sa cause, arrive jusqu'à Constantinople, et se présente aux portes du sérail. Le sultan Mustapha s'endormait dans les voluptés, et était en ce moment même dans un de ses kiosques, sur le Bosphore. Les bostangis défendent les portes; Mustapha rentre au sérail; et tandis que Baraictar enfonçait les portes avec de l'artillerie, en demandant qu'on lui rendît son maître Sélim, ce malheureux prince tombe sous le poignard du kislar aga et de ses eunuques. Le sultan Mustapha fait jeter son corps à Baraictar; celui-ci se précipite sur le cadavre de Sélim, le couvre de baisers et de larmes. On cherche Mahmoud, caché dans le sérail; on craint que Mustapha n'ait versé en lui la dernière goutte du sang d'Othman; on le trouve enfin, caché sous des rouleaux de tapis, dans un coin obscur du sérail. Il croit qu'on le cherche pour l'immoler. On le place sur le trône; Baraictar se prosterne devant lui. Les têtes des partisans de Mustapha sont exposées sur les murs; ses femmes sont cousues dans des sacs de cuir et jetées à la mer. Mais peu de jours après, Constantinople devient un champ de bataille. Les janissaires se révoltent contre Baraictar, et redemandent pour sultan Mustapha, que la clémence de Mahmoud avait laissé vivre. Le sérail est assiégé; l'incendie dévore la moitié de Stamboul. Les amis de Mahmoud lui demandent la mort de son père Mustapha, qui peut seule sauver la vie du sultan et la leur : la sentence expire sur ses lèvres; il se couvre la tête d'un schall et se roule sur un sopha. On profite de son silence, et Mustapha est étranglé. Mahmoud, devenu ainsi le dernier et unique rejeton d'Othinan, était un être inviolable et sacré pour tous les partis. Baraïctar avait trouvé la mort dans les flammes en combattant autour du sérail; et Mahmoud commença son règne.

La place de l'Atméidan, qui se dessine d'ici en noir derrière les murs blancs du sérail, témoigne du plus grand acte du règne de ce prince, l'extinction de la race des janissaires. Cette mesure, qui pouvait seule rajeunir et revivifier l'empire, n'a rien produit qu'une des scènes les plus sanglantes et les plus lugubres qu'aucun empire ait dans ses annales. Elle est encore écrite sur tous les monumens de l'Atméidan en ruines, et en traces de boulets et d'incendie. Mahmoud la prépara en profond politique et l'exécuta en héros. Un accident détermina la dernière révolte.

Un officier égyptien frappa un soldat turc; les janissaires renversent leurs marmites. Le sultan, instruit et prêt à tout, était avec ses principaux conseillers dans un de ses jardins, à Beschiktasch, sur le Bosphore. Il accourt au sérail, prend l'étendard sacré de Mahomet. Le muphti et les ulémas, réunis autour de l'étendard sacré, prononcent l'abolition des janissaires. Les troupes régulières et les fidèles Musulmans s'arment et se rassemblent à la voix du sultan; lui-même s'avance à cheval à la tête des troupes du sérail. Les janissaires, réunis sur l'Atméidan, le respectent; il traverse plusieurs fois leur foule mutinée, seul, à cheval, risquant mille morts, mais animé de ce courage surnaturel qu'inspire une résolution décisive. Ce jour-là doit être le dernier de sa

vie, ou le premier de son affranchissement et de sa
puissance. Les janissaires, sourds à sa voix, se refusent à reprendre leurs agas; ils accourent de tous les
points de la capitale, au nombre de quarante mille
hommes. Les troupes fidèles du sultan, les canonniers et les bostangis occupent les débouchés des
rues voisines de l'Hippodrome. Le sultan ordonne le
feu : les canonniers hésitent; un officier déterminé,
Kara-Djehennem, court à un des canons, tire son
pistolet sur l'amorce de la pièce, et couche à terre
sous la mitraille les premiers groupes des janissaires :
les janissaires reculent; le canon laboure en tout sens
la place; l'incendie dévore les casernes; prisonniers
dans cet étroit espace, des milliers d'hommes périssent sous les pans de murs écroulés, sous la mitraille
et dans les flammes : l'exécution commence et ne
s'arrête qu'au dernier des janissaires. Cent vingt
mille hommes, dans la capitale seulement, enrôlés
dans ce corps, sont la proie de la fureur du peuple
et du sultan. Les eaux du Bosphore roulent leurs cadavres à la mer de Marmara. Le reste est relégué dans
l'Asie mineure et périt en route : l'empire est délivré;
le sultan, plus absolu qu'aucun prince ne le fut
jamais, n'a plus que des esclaves obéissans; il peut à
son gré régénérer l'empire; mais il est trop tard :
son génie n'est pas à la hauteur de son courage;
l'heure de la décadence de l'empire ottoman a sonné;
il ressemble à l'empire grec : Constantinople attend
de nouveaux arrêts du destin. Je vois d'ici la flotte
russe, comme le camp flottant de Mahomet II, pres-

ser de jour en jour davantage la ville et le port ; j'aperçois le feu des bivouacs des Kalmouks sur les collines de l'Asie ; les Grecs reviennent sous le nom et sous le costume des Russes, et la Providence sait le jour où un dernier assaut, donné par eux aux murs de Constantinople, qui est aujourd'hui tout l'empire, couvrira de feu, de fumée et de ruines cette ville resplendissante, qui dort sous mes yeux son dernier sommeil.

Le plus beau point de vue de Constantinople est au-dessus de notre appartement, du haut d'un belvédère bâti par M. Truqui, sur le toit en terrasse de sa maison. Ce belvédère domine le groupe entier des collines de Péra, de Galata et des coteaux qui environnent le port du côté des eaux douces. C'est le vol de l'aigle au-dessus de Constantinople et de la mer. L'Europe, l'Asie, l'entrée du Bosphore et la mer de Marmara sont sous le regard à la fois. La ville est à vos pieds. Si l'on n'avait qu'un coup d'œil à donner sur la terre, c'est de là qu'il faudrait la contempler. Je ne puis comprendre, chaque fois que j'y monte, et j'y monte plusieurs fois par jour, et j'y passe les soirées entières ; je ne puis comprendre comment, de tant de voyageurs qui ont visité Constantinople, si peu ont senti l'éblouissement que cette scène donne à mes yeux et à mon âme ; comment aucun ne l'a décrite. Serait-ce que la parole n'a ni espace, ni horizon, ni couleurs, et que le seul langage de l'œil c'est la peinture ? Mais la peinture elle-même n'a rien rendu de tout ceci. Des lignes mortes, des scènes tronquées, des couleurs sans vie. Mais l'innombrable gradation et variété de ces teintes selon le ciel et l'heure, mais l'ensemble harmonieux et la colossale grandeur de ces lignes; mais les mouvemens, les fuites, les enlacemens de ces divers horizons; mais le mouvement de ces voiles sur les trois mers; mais le murmure de vie de ces populations entre ces rivages; mais ces coups de canon qui tonnent et montent des vaisseaux; ces pavillons qui glissent ou s'élèvent du haut des mâts; la foule des caïques ; la réverbération vaporeuse des dômes, des mosquées, des flèches, des minarets dans la mer : tout cela, où est-il? Essayons encore.

Les collines de Galata, de Péra et trois ou quatre autres collines, glissant de mes pieds à la mer, couvertes de villes de différentes couleurs; les unes ont leurs maisons peintes en rouge de sang, les autres en noir avec une foule de coupoles bleues qui entrecoupent ces sombres teintes; entre chaque coupole s'élancent des groupes de verdure formés par les platanes, les figuiers, les cyprès des petits jardins attenant à chaque maison. De grands espaces vides, entre les maisons, sont des champs cultivés et des jardins où l'on aperçoit les femmes turques, couvertes de leurs voiles noirs, et jouant avec leurs enfans et leurs esclaves à l'ombre des arbres. Des nuées de tourterelles et de pigeons blancs nagent dans l'air bleu au-dessus de ces jardins et de ces toits, et se détachent, comme des fleurs blanches balancées par le vent, du bleu de la mer qui fait le fond de l'horizon. — On distingue les rues qui serpentent en descendant vers la mer comme des ravines, et, plus bas, le mouvement de la population dans les bazars, qu'enveloppe un voile de fumée légère et transparente. Ces villes ou ces quartiers de ville sont séparés les uns des autres par des promontoires de verdure couronnés de palais de bois peints et de kiosques de toutes les nuances, ou par des gorges profondes où le regard se perd entre les racines des coteaux, et d'où l'on voit s'élever seulement les têtes de cyprès et les flèches aiguës et brillantes des minarets. Arrivé à la mer, l'œil s'égare sur sa surface bleue au milieu d'un dédale de bâtimens à l'ancre ou à la voile. Les caïques, comme des oiseaux d'eau qui nagent tantôt en groupe, tantôt isolément sur le canal, se croisent en tout sens, allant de l'Europe à l'Asie, ou de Péra à la pointe du sérail. Quelques grands vaisseaux de guerre passent à pleines voiles, débouchent du Bosphore, saluent le sérail de leurs bordées, dont la fumée les enveloppe un instant comme des ailes grises, puis en sortent resplendissant de la blancheur de leur toile, et doublent, en paraissant les toucher, les hauts cyprès et les larges platanes du jardin du Grand-Seigneur, pour entrer dans la mer de Marmara. D'autres bâtimens de guerre, c'est la flotte entière du sultan, sont mouillés, au nombre de trente ou quarante, à l'entrée du Bosphore; leurs masses immenses jettent une ombre sur les eaux du côté de terre; on n'en aperçoit en entier que cinq ou six; la colline et les arbres cachent une partie des autres, dont les flancs élevés, les mâts et les vergues, qui semblent entrelacés avec les cyprès, forment une avenue circulaire qui fuit vers le fond du Bosphore. Là, les montagnes de la côte opposée ou de la rive d'Asie forment le fond du tableau : elles s'élèvent plus hautes et plus vertes que celles de la rive d'Europe ; des forêts épaisses les couronnent et glissent dans les gorges qui les échancrent ; leurs croupes, cultivées en jardins, portent des kiosques solitaires, des galeries, des villages, de petites mosquées toutes cernées de rideaux de grands arbres ; leurs anses sont pleines de bâtimens mouillés, de caïques à rames, de petites barques à voiles. La grande ville de Scutari s'étend à leurs pieds sur une large marge, dominée par leurs cimes ombragées et enceinte de sa noire forêt de cyprès. Une file non interrompue de caïques et de barques chargées de soldats asiatiques, de chevaux ou de Grecs cultivateurs apportant leurs légumes à Constantinople, règne entre Scutari et Galata, et s'ouvre sans cesse pour donner passage à une autre file de grands navires qui débouchent de la mer de Marmara.

En revenant à la côte d'Europe, mais de l'autre côté du canal de la Corne-d'Or, le premier objet que l'œil rencontre, après avoir franchi le bassin bleu du canal, c'est la pointe du sérail. C'est le site le plus majestueux, le plus varié, le plus magnifique et le plus sauvage à la fois que le regard d'un peintre puisse chercher. La pointe du sérail s'avance comme un promontoire ou comme un cap aplati entre ces trois mers, en face de l'Asie : ce promontoire, à partir de la porte du sérail, sur la mer de Marmara, en finissant au grand kiosque du sultan, vis-à-vis l'échelle de Péra, peut avoir trois quarts de lieue de circonférence; — c'est un triangle dont la base est le palais ou le sérail lui-même, dont la pointe plonge dans la mer, dont le côté le plus étendu donne sur le port intérieur ou canal de Constantinople. Du point où je suis, on le domine en entier ; c'est une forêt d'arbres gigantesques dont les troncs sortent, comme des colonnes, des murs et des terrasses de l'enceinte, et étendent leurs rameaux sur les kiosques, sur les batteries et les vaisseaux de la mer. Ces forêts, d'un vert sombre et vernissé, sont entrecoupées de pelouses vertes, de parterres de fleurs, de balustrades, de gradins de marbre, de coupoles d'or ou de plomb, de minarets aussi minces que les mâts de vaisseaux; et des larges dômes des palais, des mosquées et des kiosques qui entourent ces jardins : vue à peu près semblable à celle qu'offrent les terrasses, les pentes et le palais de Saint-Cloud, quand on les regarde des bords opposés de la Seine ou des collines de Meudon ; mais ces sites champêtres sont entourés de trois côtés par la mer, et dominés du quatrième côté par les coupoles des nombreuses mosquées et par un océan de maisons et de rues qui forment la véritable Constantinople ou la ville de Stamboul. La mosquée de Sainte-Sophie, le Saint-Pierre de la Rome d'Orient, élève son dôme massif et gigantesque au-dessus et tout près des murs d'enceinte du sérail. Sainte-Sophie est une colline informe de pierres accumulées et surmontées d'un dôme qui brille au soleil comme une mer de plomb. Plus loin, les mosquées plus modernes d'Achmet, de Bajazet, de Soliman, de Sultanié, s'élancent dans le ciel avec leurs minarets entrecoupés de galeries mauresques; des cyprès aussi gros que le fût des minarets les accompagnent, et contrastent partout, par leur noir feuillage, avec l'éclat resplendissant des édifices. Au sommet de la colline aplatie de Stamboul, on aperçoit, parmi les murs des maisons et les tiges des minarets, une ou deux collines antiques noircies par les incendies et bronzées par le temps : ce sont quelques débris de l'antique Bysance debout sur la place de l'Hippodrome ou de l'Atmeïdan. Là aussi s'étendent les vastes lignes de plusieurs palais du sultan ou de ses visirs; le Divan, avec sa porte qui a donné le nom à l'empire, est dans ce groupe d'édifices; plus haut, et se détachant à cru sur l'horizon azuré du ciel, une splendide mosquée couronne la colline et regarde les deux mers : sa coupole d'or, frappée des rayons du soleil, semble réverbérer l'incendie, et la transparence de son dôme et de ses murailles, surmontées de galeries aériennes, lui donne l'apparence d'un monument d'argent ou de porcelaine bleuâtre. L'horizon de ce côté finit là, et l'œil redescend sur deux autres larges collines, couvertes sans interruption de mosquées, de palais, de maisons peintes jusqu'au fond du port, où la mer diminue insensiblement de largeur et se perd à l'œil sous les arbres dans le vallon arcadien des eaux douces d'Europe. Si le regard remonte le canal, il flotte sur des mâts groupés au bord de l'échelle des Morts de l'arsenal et sous les forêts de cyprès qui couvrent les flancs de Constantinople; il voit la tour de Galata, bâtie par les Génois, sortir, comme le mât d'un navire, d'un océan de toits de maisons, et blanchir entre Galata et Péra, semblable à une borne colossale entre deux villes, et il revient se reposer enfin sur le tranquille bassin du Bosphore, incertain entre l'Europe et l'Asie. Voilà le matériel du tableau. Mais si vous ajoutez à ces principaux traits dont il se compose le cadre immense qui l'enveloppe et le fait ressortir du ciel et de la mer, les lignes noires des montagnes d'Asie, les horizons bas et vaporeux du golfe de Nicomédie, les crêtes des montagnes de l'Olympe de Brousse qui apparaissent derrière le sérail, au-delà de la mer de Marmara, et qui étendent leurs vastes neiges comme des nuées blanches dans le firmament; si vous joignez à ce majestueux ensemble la grâce et la couleur infinie de ces innombrables détails; si vous vous figurez par la pensée les effets variés du ciel, du vent, des heures du jour sur la mer et sur la ville; si vous voyez les flottes de vaisseaux marchands se détacher, comme des volées d'oiseaux de mer, de la pointe des forêts noires du sérail, prendre le milieu du canal et s'enfoncer lentement dans le Bosphore en formant des groupes toujours nouveaux; si les rayons du soleil couchant viennent à raser les cimes des arbres et des minarets, et à enflammer, comme des réverbérations d'incendie, les murs rouges de Scutari et de Stamboul ; si le vent qui fraîchit ou qui tombe aplatit la mer de Marmara comme un lac de plomb fondu, ou, ridant légèrement les eaux du Bosphore, semble étendre sur elles les mailles resplendissantes d'un vaste filet d'argent; si la fumée des bateaux à vapeur s'élève et tournoie au milieu des grandes voiles frissonnantes des vaisseaux ou des frégates du sultan; si le canon de la prière retentit, en échos prolongés, du pont des bâtimens de la flotte jusque sous les cyprès du champ des Morts; si les innombrables bruits des sept villes et des milliers de bâtimens s'élèvent par bouffées de la ville et de la mer, et vous arrivent, portés par la brise, jusque sur la colonne d'où vous planez; si vous pensez que ce ciel est presque toujours aussi profond et aussi pur, que ces mers et ces ports naturels sont toujours tranquilles et sûrs, que chaque maison de ces longs rivages est une anse où le navire peut mouiller en tout temps sous les fenêtres, où l'on construit et on lance à la mer des vaisseaux à trois ponts sous l'ombre même des platanes du rivage; si vous vous souvenez que vous êtes à Constantinople, dans cette ville reine de l'Europe et de l'Asie, au point précis où ces deux parties du monde sont venues, de temps en temps, ou s'embrasser ou se combattre; si la nuit vous surprend dans cette contemplation dont jamais l'œil ne se lasse; si les phares de Galata, du sérail, de Scutari et les lumières des hautes poupes de vaisseaux s'allument; si les étoiles se détachent peu à peu, une à une ou par groupes, du bleu firmament, et enveloppent les noires cimes de la côte d'Asie, les cimes de neige de l'Olympe, les îles des Princes, dans la mer de Marmara, le sombre plateau du sérail, les collines de Stamboul et les trois mers, comme d'un réseau bleu semé de perles, où toute cette nature semble nager; si la lueur plus douce du firmament où monte la lune naissante laisse assez de lumière pour voir les grandes masses de ce tableau, en effaçant ou en adoucissant les détails; — vous avez à toutes les heures du jour et de la nuit le plus magnifique et le plus délicieux spectacle dont puisse s'emparer un regard humain; c'est une ivresse des yeux qui se communique à la pensée, un éblouissement du regard et de l'âme. C'est le spectacle dont je jouis tous les jours et toutes les nuits depuis un mois.

L'ambassadeur de France m'ayant proposé de l'accompagner dans la visite que tous les ambassadeurs nouvellement arrivés ont le droit de faire à Sainte-Sophie, je me suis trouvé ce matin, à huit heures, à une porte de Stamboul, qui donne sur la mer, derrière les murs du sérail. Un des principaux officiers de Sa Hautesse nous attendait sur le rivage, et nous a conduits d'abord dans sa maison, où il avait fait préparer une collation. Les appartemens étaient nombreux et élégamment décorés, mais sans autres meubles que des divans et des pipes. Les divans sont adossés aux fenêtres qui donnent sur la mer de Marmara. Le déjeuner était servi à l'européenne ; les mets seuls étaient nationaux ; ils étaient nombreux et recherchés ; mais tous nouveaux pour nous. Après le déjeuner, les dames sont allées voir les femmes du colonel turc, renfermées pour ce jour-là dans un appartement inférieur. Le harem ou appartement des femmes était celui même où nous avions été reçus. Nous étions munis tous de babouches de maroquin jaune pour nous chausser dans la mosquée, sans cela il aurait fallu ôter nos bottes et y marcher pieds nus. Nous sommes entrés dans l'avant-cour de la mosquée de Sainte-Sophie, au milieu d'un certain nombre de gardes qui écartaient la foule réunie pour nous voir. Les visages des osmanlis avaient l'air soucieux et mécontent. Les zélés musulmans regardent l'introduction des chrétiens comme une profanation de leurs sanctuaires. Après nous, on a fermé la porte de la mosquée.

La grande basilique de Sainte-Sophie, bâtie par Constantin, est un des plus vastes édifices que le génie de la religion chrétienne ait fait sortir de la terre ; mais on sent, à la barbarie de l'art qui a présidé à cette masse de pierre, qu'elle fut l'œuvre d'un temps de corruption et de décadence. C'est le souvenir confus et grossier d'un goût qui n'est plus ; c'est l'ébauche informe d'un art qui s'essaie. Le temple est précédé d'un long et large péristyle couvert et fermé comme celui de Saint-Pierre de Rome. Des colonnes de granit, d'une prodigieuse élévation, mais encaissées dans les murailles et faisant massif avec elles, séparent ce vestibule du parvis. Une grande porte ouvre sur l'intérieur. L'enceinte de l'église est décorée sur ses flancs de superbes colonnes de porphyre, de granit égyptien et de marbres précieux ; mais ces colonnes, de grosseur, de proportion et d'ordres divers, sont évidemment des débris empruntés à d'autres temples, et placés là sans symétrie et sans goût, comme des barbares font supporter une masure par les fragmens mutilés d'un palais. Des piliers gigantesques, en maçonnerie vulgaire, portent un dôme aérien comme celui de Saint-Pierre, et dont l'effet est au moins aussi majestueux. Ce dôme, revêtu jadis de mosaïques qui formaient des tableaux sur la voûte, a été badigeonné quand Mahomet II s'empara de Sainte-Sophie pour en faire une mosquée. Quelques parties de l'enduit sont tombées et laissent réapparaître l'ancienne décoration chrétienne. Des galeries circulaires, adossées à de vastes tribunes, règnent autour de la basilique à la hauteur de la naissance de la voûte. L'aspect de l'édifice est beau de là : vaste, sombre, sans ornement, avec ses voûtes déchirées et ses colonnes bronzées, il ressemble à l'intérieur d'un tombeau colossal dont les reliques ont été dispersées. Il inspire l'effroi, le silence, la méditation sur l'instabilité des œuvres de l'homme qui bâtit pour des idées qu'il croit éternelles, et dont les idées successives, un livre ou un sabre à la main, viennent tour à tour habiter ou ruiner les monumens. Dans son état présent, Sainte-Sophie ressemble à un grand karavansérail de Dieu. Voilà les colonnes du temple d'Éphèse, voilà les images des apôtres avec leurs auréoles d'or sur la voûte qui regardent les lampes suspendues de l'iman. En sortant de Sainte-Sophie, nous allâmes visiter les sept mosquées principales de Constantinople ; elles sont moins vastes, mais infiniment plus belles. On sent que le mahométisme avait son art à lui, son art tout fait et conforme à la lumineuse simplicité de son idée, quand il éleva ces temples simples, réguliers, splendides, sans ombres pour ses mystères, sans autels pour ses victimes. Ces mosquées se ressemblent toutes, à la grandeur et à la couleur près ; elles sont précédées de grandes cours entourées de cloîtres, où sont les écoles et les logemens des imans. Des arbres superbes ombragent ces cours, et de nombreuses fontaines y répandent le bruit et la fraîcheur voluptueuse de leurs eaux. Des minarets d'un travail admirable s'élèvent, comme quatre bornes aériennes, aux quatre coins de la mosquée ; ils s'élancent au-dessus de leurs dômes ; de petites galeries circulaires, avec un parapet de pierre sculptée à jour comme de la dentelle, environnent à diverses hauteurs le fût léger du minaret : là se place, aux différentes heures du jour, le muezlim qui crie l'heure et appelle la ville à la pensée constante du mahométan, la pensée de Dieu. Un portique à jour sur les jardins et les cours, et élevé de quelques marches, conduit à la porte du temple. Le temple est un parvis carré ou rond, surmonté d'une coupole portée par d'élégans piliers ou de belles colonnes cannelées. Une chaire est adossée à un des piliers. La frise est formée par des versets du Koran, écrits en caractères ornés sur le mur. Les murs sont peints en arabesques. Des fils de fer traversent la mosquée d'un pilier à l'autre, et portent une multitude de lampes, des œufs d'autruche suspendus, des bouquets d'épis ou de fleurs. Des nattes de jonc et de riches tapis couvrent les dalles du parvis. L'effet est simple et grandiose. Ce n'est point un temple où habite un Dieu ; c'est une maison de prière et de contemplation où les hommes se rassemblent pour adorer le Dieu unique et universel. Ce qu'on appelle culte n'existe pas dans la religion. Mahomet a prêché à des peuplades barbares chez qui les cultes cachaient le Dieu. Les rites sont simples : une fête annuelle, des ablutions et la prière aux cinq divisions du jour, voilà tout. Point de dogmes que la croyance en un Dieu créateur et rémunérateur ; les images supprimées, de peur qu'elles ne tentent la faible imagination humaine et ne convertissent le souvenir en coupable adoration. Point de prêtres, ou du moins tout fidèle pouvant faire les fonctions de prêtre. Le corps sacerdotal ne s'est formé que plus tard et par corruption. Toutes les fois que je suis entré dans les mosquées, ce jour-là ou d'autres jours, j'y ai trouvé un petit nombre de Turcs accroupis ou couchés sur les tapis, et priant avec tous les signes extérieurs de la ferveur et de la complète absorption d'esprit.

Dans la cour de la mosquée de Bajazet, je vois le tombeau vide de Constantin. C'est un vase de porphyre d'une prodigieuse grandeur ; il y tiendrait vingt héros. Le morceau de porphyre est évidemment de l'époque grecque. C'est quelque débris arraché aussi des temples de Diane à Éphèse. Les siècles se prêtent leurs temples comme leurs tombeaux, et se les rendent vides. Où sont les os de Constantin ? Les Turcs ont enfermé son sépulcre dans un kiosque, et ne le laissent point profaner. Les tombeaux des sultans et de leurs familles sont dans les jardins des mosquées qu'ils ont construites, sous des kiosques de marbre ombragés d'arbres et parfumés de fleurs ; des jets d'eau murmurent auprès ou dans le kiosque même; et le culte du souvenir est si immortel parmi les musulmans, que je n'ai jamais passé devant un de ces tombeaux sans trouver des bouquets de fleurs fraîchement cueillies déposés sur la porte ou sur les fenêtres de ces nombreux monumens.

Je viens de descendre et de remonter le canal du Bosphore de Constantinople à l'embouchure de la mer Noire. Je veux esquisser pour moi quelques traits de cette nature enchantée. Je ne croyais pas que le ciel, la terre, la mer et l'homme pussent enfanter de concert d'aussi ravissans paysages. Le miroir transparent du ciel ou de la mer peut seul les voir et les réfléchir tout entiers : mon imagination les voit et les conserve ainsi ; mais mon souvenir ne peut les garder et les peindre que par quelques détails successifs. Écrivons donc vue par vue, cap par cap, anse par anse, coup de rame par coup de rame. Il faudrait des années à un peintre pour rendre une seule des rives du Bosphore. Le pays change à chaque regard, et toujours il se renouvelle aussi beau en se variant. Que puis-je dire en quelques paroles ?

Conduit, par quatre rameurs arnautes, dans un de ces longs caïques qui fendent la mer comme un poisson, je me suis embarqué seul à sept heures du matin par un ciel pur et par un soleil éclatant. Un interprète couché dans la barque, entre les rameurs et moi, me disait les noms et les choses. Nous avons longé d'abord les quais de Tophana, avec sa caserne d'artillerie. La ville de Tophana s'élevant en gradins de maisons peintes, comme des bouquets de fleurs groupés autour de la mosquée de marbre, allait mourir sous les hauts cyprès du grand champ des Morts de Péra. Ce rideau de bois sombre termine les collines de ce côté. Nous glissions à travers une foule de bâtimens à l'ancre et de caïques innombrables qui ramenaient à Constantinople les officiers du sérail, les ministres et leurs kiaias, et les familles des Arméniens que l'heure du travail rappelle à leurs comptoirs. Ces Arméniens sont une race d'hommes superbes, vêtus noblement et simplement d'un turban noir et d'une longue robe bleue nouée au corps par un schall de cachemire blanc; leurs formes sont athlétiques; leurs physionomies intelligentes, mais communes; le teint coloré, l'œil bleu, la barbe blonde; ce sont les Suisses de l'Orient : laborieux, paisibles, réguliers comme eux; mais comme eux calculateurs et cupides : ils mettent leur génie trafiquant aux gages du sultan ou des Turcs; rien d'héroïque ni de belliqueux dans cette race d'hommes : le commerce est leur génie; ils le feront sous tous les maîtres. Ce sont les chrétiens qui sympathisent le mieux avec les Turcs. Ils prospèrent et accumulent les richesses que les Turcs négligent et qui échappent aux Grecs et aux Juifs : tout est ici entre leurs mains; ils sont les drogmans de tous les pachas et de tous les visirs. Leurs femmes, dont les traits aussi purs, mais plus délicats, rappellent la beauté calme des Anglaises ou des paysannes des montagnes de l'Helvétie, sont admirables; les enfans de même. Les caïques en sont pleins. Ils rapportent de leurs maisons de campagne des corbeilles de fleurs étalées sur la proue.

Nous commençons à tourner la pointe de Tophana, et à glisser à l'ombre des grands vaisseaux de guerre de la flotte ottomane, mouillée sur la côte d'Europe. Ces énormes masses dorment là comme sur un lac. Les matelots, vêtus, comme les soldats turcs, de vestes rouges ou bleues, sont nonchalamment accoudés sur les haubans, ou se baignent autour de la quille. De grandes chaloupes chargées de troupes vont et viennent de la terre aux vaisseaux; et les canots élégans du capitan-pacha, conduits par vingt rameurs, passent comme la flèche à côté de nous. L'amiral Tahir-Pacha et ses officiers sont vêtus de redingotes brunes et coiffés du fez, grand bonnet de laine rouge qu'ils enfoncent sur leurs fronts et sur leurs yeux, comme honteux d'avoir dépouillé le noble et gracieux turban. Ces hommes ont l'air mélancolique et résigné; ils fument leurs longues pipes à bout d'ambre. Il y a là une trentaine de bâtimens de guerre d'une belle construction, et qui semblent prêts à mettre à la voile; mais il n'y a ni officiers ni matelots, et cette flotte magnifique n'est qu'une décoration du Bosphore. Pendant que le sultan la contemple de son kiosque de Beglierbeg, situé vis-à-vis, sur la côte d'Asie, les deux ou trois frégates d'Ibrahim-Pacha possèdent en paix la Méditerranée, et les barques de Samos dominent l'Archipel. A quelques pas de ces vaisseaux, sur la rive d'Europe que je suis, je glisse sous les fenêtres d'un long et magnifique palais du sultan, inhabité maintenant. Il ressemble à un palais d'amphibies ; les flots du Bosphore, pour peu qu'ils s'élèvent sous le vent, rasent les fenêtres et jettent leur écume dans les appartemens du rez-de-chaussée ; les marches des perrons trempent dans l'eau ; des portes grillées donnent entrée à la mer jusque dans les cours et les jardins. Là sont des remises pour les caïques et des bains pour les sultanes, qui peuvent nager dans la mer à l'abri des persiennes de leurs salons. Derrière ces cours maritimes, les jardins d'arbustes, de lilas et de roses, s'élèvent en gradins successifs, portant des terrasses et des kiosques grillés et dorés. Ces pelouses de fleurs vont se perdre dans de grands bois de chênes, de lauriers et de platanes, qui couvrent les pentes et s'élèvent avec les rochers jusqu'au sommet de la colline. Les appartemens du sultan sont ouverts, et je vois à travers les fenêtres les riches moulures dorées des plafonds, les lustres de cristal, les divans et les rideaux de soie. Ceux du harem sont fermés par d'épais grillages de bois élégamment sculptés. Immédiatement après ce palais commence une série non interrompue de palais, de maisons et de jardins des principaux favoris, ministres ou pachas du Grand-Seigneur. Tous dorment sur la mer, comme pour en aspirer la fraicheur. Leurs fenêtres sont ouvertes ; les maîtres sont assis sur des divans, dans de vastes salles toutes brillantes d'or et de soie ; ils fument, causent, boivent des sorbets en nous regardant passer. Leurs appartemens donnent aussi sur des terrasses en gradins chargées de treillis, d'arbustes et de fleurs. Les nombreux esclaves, en riches costumes, sont en général assis sur les marches d'escaliers que baigne la mer ; et les caïques, armés de rameurs, sont au bord de ces escaliers, prêts à recevoir et à emporter les maîtres de ces demeures. Partout les harems forment une aile un peu séparée par des jardins ou des cours de l'appartement des hommes. Ils sont grillés. Je vois seulement de temps en temps la tête d'un joli enfant qui se colle aux ouvertures du treillis enlacé de fleurs grimpantes, pour regarder la mer, et le bras blanc d'une femme qui entr'ouvre ou referme une persienne.

Ces palais, ces maisons sont tout en bois, mais très-richement travaillé, avec des avant-toits, des galeries, des balustrades sans nombre, et tout noyés dans l'ombre des grands arbres, dans les plantes grimpantes, dans les bosquets de jasmins et de roses. Tous sont baignés par le courant du Bosphore, et ont des cours intérieures où l'eau de la mer pénètre et se renouvelle, et où les caïques sont à l'abri.

Le Bosphore est si profond partout que nous passons assez près du bord pour respirer l'air embaumé des fleurs, et reposer nos rameurs à l'ombre des arbres.

Les plus grands bâtimens passent aussi près de nous, et souvent une vergue d'un brick ou d'un vaisseau s'engage dans les branches d'un arbre, dans les treillis d'une vigne, ou même dans les persiennes d'une croisée, et fuit en emportant des lambeaux du feuillage ou de la maison. Ces maisons ne sont séparées les unes des autres que par des groupes d'arbres sur quelques petits corps avancés, ou par quelques angles de rochers couverts de lierre et de mousse, qui descendent des arêtes des collines et se prolongent de quelques pieds dans les flots. De temps en temps seulement une anse plus profonde et plus creuse entre deux collines séparées et fendues par le lit creux d'un torrent ou d'un ruisseau. Un village s'étend alors sur les bords aplanis de ces golfes, avec ses belles fontaines moresques, sa mosquée à coupole d'or ou d'azur, et son léger minaret qui confond sa cime dans celle des grands platanes. Les maisonnettes peintes s'élèvent en amphithéâtre des deux côtés et au fond de ces petits golfes, avec leurs façades et leurs kiosques à mille couleurs; sur la cime des collines, de grandes villas s'étendent, flanquées de jardins suspendus et de groupes de sapins à larges têtes, et terminent les horizons. Au pied de ces villages est une grève ou un quai de granit de quelques pieds seulement de large; ces grèves sont plantées de sycomores, de vignes, de jasmins, et forment des berceaux jusque sur la mer, où les caïques s'abritent. Là sont à l'ancre des multitudes d'embarcations et de bricks de commerce de toutes les nations.

Ils mouillent en face de la maison ou des magasins de l'armateur, et souvent un pont jeté du pont du brick à la fenêtre de la villa sert à transporter les marchandises. Une foule d'enfans, de marchands de légumes, de dattes, de fruits, circulent sur ces quais; c'est le bazar du village et du Bosphore. Des matelots de tous les costumes et de toutes les langues y sont groupés au milieu des osmanlis, qui fument accroupis sur leurs tapis, auprès de la fontaine, autour du tronc des platanes. Aucune vue des villages de Lucerne ou d'Interlaken ne peut donner une idée de la grâce et du pittoresque exquis de ces petites anses du Bosphore. Il est impossible de ne pas s'arrêter un moment sur ses rames pour les contempler. On trouve de ces villes, ports ou villages, à peu près toutes les cinq minutes, sur la première moitié de la côte d'Europe, c'est-à-dire pendant deux ou trois lieues. Elles deviennent ensuite un peu plus rares, et le paysage prend un caractère plus agreste par l'élévation croissante des collines et la profondeur des forêts. Je ne parle ici que de la côte d'Europe, parce que je décrirai au retour la côte d'Asie, bien plus belle encore; mais il ne faut pas oublier, pour se faire une image exacte, que cette côte d'Asie n'est qu'à quelques coups de rames de moi; que souvent on est aussi rapproché de l'une que de l'autre, en tenant le milieu du courant dans les endroits où le canal se rétrécit et se coude, et que les mêmes scènes que je peins en Europe ravissent le regard chaque fois qu'il tombe sur la côte d'Asie. Mais je reviens à la rive que je touche de plus près. Il y a un endroit, après le dernier de ces ports naturels, où le Bosphore s'encaisse, comme un large et rapide fleuve, entre deux caps de rochers qui descendent à pic du haut de ses doubles montagnes; le canal, qui serpente, semble à l'œil fermé là tout à fait; ce n'est qu'à mesure qu'on avance, qu'on le voit se déplier et tourner derrière le cap de l'Europe, puis s'élargir et se creuser en lac, pour porter les deux villes de Thérapia et de Buyukdéré. Du pied au sommet de ces deux caps de rochers revêtus d'arbres et de touffes épaisses de végétation, montent des fortifications à demi ruinées et s'élancent d'énormes tours blanches, crénelées, avec des ponts-levis et des donjons, de la forme des belles constructions du moyen-âge. Ce sont les fameux châteaux d'Europe et d'Asie, d'où Mahomet II assiégea et menaça si longtemps Constantinople avant d'y pénétrer. Ils s'élèvent, comme deux fantômes blancs, du sein noir des pins et des cyprès, comme pour fermer l'accès de ces deux mers. Leurs tours et leurs tourelles suspendues sur les vaisseaux à pleines voiles, les longs rameaux de lierre qui pendent, comme des manteaux de guerriers, sur leurs murs à demi ruinés, les rochers gris qui les portent, et dont les angles sortent de la forêt qui les enveloppe; les grandes ombres qu'ils jettent sur les eaux, en font un des points les plus caractérisés du Bosphore. C'est là qu'il perd de son aspect exclusivement gracieux pour prendre un aspect tour à tour gracieux et sublime. Des cimetières turcs s'étendent à leurs pieds, et les turbans sculptés en marbre blanc sortent çà et là des touffes de feuillage, baignés par le flot. Heureux les Turcs! ils reposent toujours dans le site de leur prédilection, à l'ombre de l'arbuste qu'ils ont aimé, au bord du courant dont le murmure les a charmés, visités par les colombes qu'ils nourrissaient de leur vivant, embaumés par les fleurs qu'ils ont plantées; s'ils ne possèdent pas la terre pendant leur vie, ils la possèdent après leur mort, et on ne relègue pas les restes de ceux qu'on a aimés, dans ces voiries humaines d'où l'horreur repousse le culte et la piété des souvenirs.

Au-delà des châteaux, le Bosphore s'élargit ; les montagnes de l'Europe et de l'Asie s'élèvent plus âpres et plus désertes. Les bords seuls de la mer sont encore semés çà et là de maisonnettes blanches, et de petites mosquées rustiques assises sur un mamelon auprès d'une fontaine et sous le dôme d'un platane. Le village de Thérapia, séjour des ambassadeurs de France et d'Angleterre, borde la rive un peu plus loin; les hautes forêts qui le dominent jettent leurs ombres sur les terrasses et les pelouses des deux palais ; de petites vallées serpentent, encaissées entre les rochers, et forment les limites des deux puissances. Deux frégates, anglaise et française, à l'ancre dans le canal en face de chaque palais, sont là pour attendre le signal des ambassadeurs; et porter aux flottes de la Méditerranée les messages de guerre ou de paix. Buyukdéré, charmante ville au fond du golfe que forme le Bosphore; au moment où il se coude pour aller se perdre dans la mer Noire, s'étend comme un rideau de palais et de villas sur les flancs de deux sombres montagnes. Un beau quai sépare les jardins et les maisons de la mer. La flotte russe, composée de cinq vaisseaux, de trois frégates et de deux bâtimens à vapeur, est mouillée devant les terrasses des palais de Russie, et forme une ville sur les eaux, en face de la ville et des délicieux ombrages de Buyukdéré. Les canots qui portent des ordres d'un vaisseau à l'autre, les embarcations qui vont chercher l'eau aux fontaines ou promener les malades sur le rivage, les yachts des jeunes officiers, qui luttent comme des chevaux de course, et dont les voiles, penchées sous le vent, trempent dans la vague, les coups de canon qui résonnent dans les profondeurs des vallées d'Asie, et qui annoncent de nouveaux vaisseaux débouchant de la mer Noire ; un camp russe assis sur les flancs brûlés de la montagne du Géant, vis-à-vis la flotte ; la belle prairie de Buyukdéré, sur la gauche, avec son groupe de merveilleux platanes, dont un seul ombrage un régiment tout entier; les magnifiques forêts des palais de Russie et d'Autriche, qui dentellent la cime des collines; une foule de maisons élégantes et décorées de balcons qui bordent les quais, et dont les roses et les lilas pendent en festons du bord des terrasses; des Arméniens avec leurs enfans, arrivant ou partant sans cesse dans leurs caïques pleins de branchages et de fleurs; le bras du Bosphore plus sombre et plus étroit que l'on commence à découvrir, étendu vers l'horizon brumeux de la mer Noire; d'autres chaînes de montagnes, entièrement dégarnies de villages et de maisons, et s'élevant dans les nues avec leurs noires forêts, comme des limites redoutables, entre les orages de la mer, des tempêtes, et la magnifique sérénité des mers de Constantinople; deux châteaux forts, en face l'un de l'autre, sur chaque rive, couronnant de leurs batteries, de leurs tours et de leurs créneaux les hauteurs avancées de deux sombres caps; puis, enfin, une double ligne de rochers tachés de forêts, allant mourir dans les flots bleus de la mer Noire : voilà le coup d'œil de Buyukdéré. Ajoutez-y le passage perpétuel d'une file de navires venant à Constantinople ou sortant du canal, selon que le vent souffle du nord ou du midi ; ces navires sont si nombreux quelquefois, qu'un jour, en revenant dans mon caïque, j'en comptai près de deux cents en moins d'une heure. Ils voguent par groupes, comme des oiseaux qui changent de climats ; si le vent varie, ils courent des bordées d'un rivage à l'autre, allant virer de bord sous les fenêtres ou sous les arbres de l'Asie ou de l'Europe ; si la brise fraîchit, ils mouillent dans une des innombrables anses, ou à la pointe des petits caps du Bosphore ; ils se couvrent de nouveau de voiles un moment après. A chaque minute, le paysage, vivifié et modifié par ces groupes de bâtimens à la voile ou à l'ancre, et par les diverses positions qu'ils prennent le long des terres, change l'aspect du paysage, et fait du Bosphore un kaléidoscope merveilleux.

Arrivé à Buyukdéré, je pris possession de la charmante maison sur le quai, où M. Troqui avait bien voulu m'offrir sa double hospitalité ; nous y passerons l'été.

Même date.

Il semble, après la description de cette côte du Bosphore, que la nature ne pourra se surpasser elle-même, et qu'aucun paysage ne peut l'emporter sur celui dont mes yeux sont pleins. Je viens de longer la côte d'Asie en rentrant ce soir à Constantinople, et je la trouve mille fois plus belle encore que la côte d'Europe. La côte d'Asie ne doit presque rien à l'homme, la nature y a tout fait. Il n'y a plus là ni Buyukdéré, ni Thérapia, ni palais d'ambassadeurs, ni ville d'Arméniens ou de Francs ; il n'y a que des montagnes, des gorges qui les séparent, des petits vallons tapissés de prairies qui se creusent entre les racines de rochers, des ruisseaux qui y serpentent, des torrens qui les blanchissent de leur écume, des forêts qui se suspendent à leurs flancs, qui glissent dans leurs ravines, qui descendent jusqu'aux bords des golfes nombreux de la côte ; une variété de formes, et de teintes, et de feuillage, et de verdure, que le pinceau du peintre de paysage ne pourrait même inventer ; quelques maisons isolées de matelots ou de jardiniers turcs répandues de loin en loin sur la grève, ou jetées sur la plate-forme d'une colline boisée, ou groupées sur la pointe des rochers où le cou-

rant vous porte et se brise en vagues bleues comme
le ciel de nuit ; quelques voiles blanches de pêcheurs
qui se traînent dans les anses profondes, et qu'on
voit glisser d'un platane à l'autre, comme une toile
sèche que les laveuses replient; d'innombrables volées d'oiseaux blancs qui s'essuient sur le bord des
prés, des aigles qui planent du haut des montagnes
sur la mer ; les criques les plus mystérieuses, entièrement fermées de rochers et de troncs d'arbres gigantesques, dont les rameaux, chargés de nuages de
feuilles, se courbent sur les flots et forment sur la
mer des berceaux où les caïques s'enfoncent. Un ou
deux villages cachés dans l'ombre de ces criques,
avec leurs jardins jetés derrière eux sur des pentes
vertes, et leurs groupes d'arbres au pied des rochers,
avec leurs barques bercées par la douce vague à leur
porte, leurs nuées de colombes sur leur toit, leurs
femmes et leurs enfans aux fenêtres, leurs vieillards
assis sous le platane au pied du minaret; des laboureurs qui rentrent des champs dans leurs caïques ;
d'autres qui remplissent leurs barques de fagots verts,
de myrte ou de bruyère en fleurs pour les sécher et
les brûler l'hiver. Cachés derrière ces monceaux de
verdure pendante, qui débordent et trempent dans
l'eau, on n'aperçoit ni la barque ni le rameur, et
l'on croit voir un morceau de la rive, détaché de
terre par le courant, flotter au hasard sur la mer,
avec ses feuillages verts et ses fleurs encore parfumées. Le rivage offre cet aspect jusqu'au château de
Mahomet II, qui, de ce côté aussi, semble fermer le

Bosphore comme un lac de Suisse. Là il change de caractère : les collines moins âpres affaissent leurs croupes et creusent plus mollement leurs étroites vallées ; des villages asiatiques s'y étendent plus riches et plus pressés ; les eaux douces d'Asie, charmante petite plaine ombragée d'arbres et semée de kiosques et de fontaines mauresques, s'ouvrent à l'œil ; un grand nombre de voitures de Constantinople, espèces de cages de bois doré, portées sur quatre roues et traînées par deux bœufs, sont éparses sur les pelouses ; des femmes turques en sortent voilées, et se groupent assises au pied des arbres ou sur le bord de la mer, avec leurs enfans et leurs esclaves noires ; des groupes d'hommes sont assis plus loin, prennent le café ou fument la pipe. La variété des couleurs des vêtemens des hommes et des enfans, la couleur brune du voile monotone des femmes, forment sous tous ces arbres la mosaïque la plus bizarre de teintes qui enchantent l'œil. Les bœufs et les buffles d'étables ruminent dans les prairies ; les chevaux arabes, couverts d'équipemens de velours, de soie et d'or, piaffent auprès des caïques qui abordent en foule, pleins d'Arméniennes ou de femmes juives : celles-ci s'asseyent dévoilées sur l'herbe, au bord du ruisseau ; elles forment une chaîne de femmes, de jeunes filles, dans des costumes et des attitudes diverses : il y en a d'une beauté ravissante, que l'étrange variété des coiffures et des costumes relève encore. J'ai vu là souvent une grande quantité de femmes turques des harems dévoilées ; elles sont presque toutes d'une petite taille, très-pâles, l'œil triste et l'aspect grêle et maladif. En général, le climat de Constantinople, maigré toutes ses conditions apparentes de salubrité, me paraît malsain; les femmes du moins sont loin d'y mériter la réputation de beauté dont elles jouissent; les Arméniennes et les Juives seules m'ont paru belles. Mais quelle différence encore avec la beauté des Juives et des Arméniennes de l'Arabie, et surtout avec l'indescriptible charme des femmes grecques de la Syrie et de l'Asie mineure! Un peu au-delà, tout à fait sur le bord des flots du Bosphore, s'élève le magnifique palais nouveau, habité maintenant par le Grand-Seigneur. Beglierbeg est un édifice dans le goût italien, mêlé de souvenirs indiens et mauresques; immenses corps de logis à plusieurs étages, avec des ailes et des jardins intérieurs; de grands parterres plantés de roses et arrosés de jets d'eau s'étendent derrière les bâtimens, entre la montagne et le palais; un quai étroit en granit sépare les fenêtres de la mer. Je passai lentement sous ce palais, où veillent sous le marbre et l'or tant de soucis et tant de terreurs; j'aperçus le Grand-Seigneur, assis sur un divan, dans un des kiosques sur la mer; Achmet-Pacha, un de ses jeunes favoris, était debout près de lui. Le sultan, frappé de l'habit européen, nous montra du doigt à Achmet-Pacha, comme pour lui demander qui nous étions. Je saluai le maître de l'Asie à la manière orientale; il me rendit gracieusement mon salut. Toutes les persiennes du palais étaient ouvertes, et l'on voyait étinceler les riches décorations de cette magnifique et délicieuse demeure. L'aile habitée par les femmes, ou le harem, était fermée; elle est immense, mais on ignore le nombre des femmes qui l'habitent. Deux caïques, entièrement dorés et montés de vingt-quatre rameurs chacun, étaient à la porte du palais, sur la mer. Ces caïques sont dignes du goût le plus exquis du dessin de l'Europe et de la magnificence de l'Orient: la proue de l'un d'eux, qui s'avançait d'au moins vingt-cinq pieds, était formée par un cygne d'or, les ailes étendues, qui semblait emporter la barque d'or sur les flots; un pavillon de soie monté sur des colonnes d'or formait la poupe, et de riches schalls de cachemire servaient de siége pour le sultan; la proue du second caïque était une flèche d'or empennée qui semblait voler détachée de l'arc sur la mer. Je m'arrêtai longtemps, hors de la vue du sultan, à admirer ce palais et ces jardins : tout y semble disposé avec un goût parfait; je ne connais rien en Europe qui présente à l'œil plus de magnificence et de féerie dans des demeures royales: tout semblait sortir des mains de l'artiste, pur, rayonnant d'éclat et de peinture; les toits du palais sont masqués par des balustrades dorées, et les cheminées mêmes, qui défigurent en Europe les lignes de tous nos édifices publics, étaient des colonnes dorées et cannelées, dont les élégans chapiteaux ajoutaient à la décoration de ce séjour. J'aime ce prince, qui a passé son enfance dans l'ombre des cachots du sérail : menacé tous les jours de la mort; instruit dans l'infortune par le sage et malheureux Sélim; jeté sur le trône par la mort de son frère ; couvant pendant quinze ans, dans le silence de sa pensée, l'affranchissement de l'empire et la restauration de l'islamisme par la destruction des janissaires; l'exécutant avec l'héroïsme et le calme de la fatalité; bravant sans cesse son peuple pour le régénérer; hardi et impassible dans le péril; doux et miséricordieux quand il peut consulter son cœur, mais manquant d'appui autour de lui; sans instrumens pour exécuter le bien qu'il médite; méconnu de son peuple; trahi par ses pachas; ruiné par ses voisins; abandonné par la fortune, sans laquelle l'homme ne peut rien; assistant debout à la ruine de son trône et de son empire; s'abandonnant à la fin à lui-même; se hâtant d'user dans les voluptés du Bosphore sa part d'existence et son ombre de souveraineté. Homme de bon désir et de volonté droite, mais homme de génie insuffisant et de volonté trop faible : semblable à ce dernier des empereurs grecs dont il occupe la place et dont il semble représenter le destin; digne d'un autre peuple et d'un meilleur temps, et capable de mourir au moins en héros. Il fut un jour grand homme. L'histoire n'a pas de pages comparables à celles de la destruction des janissaires; c'est la révolution la plus fortement méditée et la plus héroïquement accomplie dont je connaisse un exemple. Mahmoud emportera cette page ; mais pourquoi est-elle la seule? Le plus difficile était fait; les tyrans de l'empire abattus, il ne fallait que de la volonté et de la suite pour vivifier cet empire en le civilisant. Mahmoud s'est arrêté. Serait-ce que le génie est plus rare encore que l'héroïsme?

Après le palais de Beglierbeg, la côte d'Asie redevient boisée et solitaire jusqu'à Scutari, qui brille, comme un jardin de roses à l'extrémité d'un cap, à l'entrée de la mer de Marmara. Vis-à-vis, la pointe verdoyante du sérail se présente à l'œil, et entre la côte d'Europe, couronnée de ses trois villes peintes, et la côte du Stamboul, tout éclatante de ses coupoles et de ses minarets, s'ouvre l'immense port de Constantinople, où les navires, mouillés sur les deux rives, ne laissent qu'une large rue aux caïques. Je glisse, à travers ce dédale de bâtimens, comme la gondole vénitienne sous l'ombre des palais, et je débarque à l'échelle des Morts, sous une avenue de cyprès.

29 mai.

J'ai été conduit ce matin, par un jeune homme de Constantinople, au marché des esclaves.

Après avoir traversé les longues rues de Stamboul qui longent les murs du vieux sérail, et passé par plusieurs magnifiques bazars encombrés d'une foule innombrable de marchands et d'acheteurs, nous sommes montés, par de petites rues étroites, jusqu'à une place fangeuse sur laquelle s'ouvre la porte d'un autre bazar. Grâce au costume turc dont nous étions revêtus, et à la perfection d'idiome de mon guide, on nous a laissés entrer dans ce marché d'hommes. Combien il a fallu de temps et de révélations successives à la raison de l'homme, pour que la force ait cessé d'être un droit à ses yeux, et pour que l'esclavage soit devenu un crime et un blasphème à son intelligence! Quel progrès! et combien n'en promet-il pas! Qu'il y a de choses dont nous ne sommes pas choqués, et qui seront des crimes incompréhensibles aux yeux de nos descendans! Je pensais à cela en entrant dans ce bazar où l'on vend la vie, l'âme, le corps, la liberté d'autrui, comme nous vendons le bœuf ou le cheval, et où l'on se croit légitime possesseur de ce qu'on a acheté ainsi! Que de légitimités de ce genre dont nous ne nous rendons pas compte! Elles le sont cependant, car on ne peut pas demander à l'homme plus qu'il ne sait. Ses convictions sont ses vérités; il n'en possède par d'autres. Dieu seul les a toutes à lui, et nous les distribue à proportion et à mesure de nos intelligences progressives.

Le marché d'esclaves est une vaste cour découverte, et environnée d'un portique surmonté d'un toit. Sous ce portique, environné du côté de la cour d'un mur à hauteur d'appui, s'ouvrent des portes qui donnent dans les chambres où les marchands tiennent les esclaves. Ces portes restent ouvertes pour que les acheteurs, en se promenant, puissent voir les esclaves. Les hommes et les femmes sont tenus dans des chambres séparées; les femmes ne sont pas voilées. Outre les esclaves renfermés dans ces chambres basses, il y en a un grand nombre groupés dans la galerie sous le portique et dans la cour. Nous commençâmes par parcourir ces différens groupes. Le plus remarquable était une troupe de jeunes filles d'Abyssinie au nombre de douze ou quinze; adossées les unes aux autres comme ces figures antiques de cariatides qui soutiennent un vase sur leurs têtes, elles formaient un cercle dont tous les visages étaient tournés vers les spectateurs. Ces visages étaient en général d'une grande beauté. Les yeux en amande, le nez aquilin, les lèvres minces, le contour ovale et délicat des joues, les longs cheveux noirs luisans comme des ailes de corbeaux. L'expression pensive, triste et languissante de la physionomie fait, des Abyssiniennes, malgré la couleur cuivrée de leur teint, une race de femmes des plus admirables; elles sont grandes, minces de taille, élancées comme les tiges de palmier de leur beau pays. Leurs bras ont des attitudes ravissantes. Ces jeunes filles n'avaient pour vêtemens qu'une longue chemise de toile grossière et jaunâtre. Elles avaient aux jambes des bracelets de perles de verre bleu. Assises sur leurs talons, immobiles, la tête appuyée sur le revers de leur main ou sur le genou, elles nous regardaient d'un œil aussi doux et aussi triste que l'œil de la chèvre ou de l'agneau que la paysanne tient par la corde et marchande à la foire de nos villages; quelquefois l'une disait un mot à l'autre et elles souriaient. Il y en avait une qui tenait un petit enfant dans ses bras et qui pleurait parce que le marchand voulait le vendre sans elle à un revendeur d'enfans. Il y avait, non loin de ce groupe, sept ou huit petits nègres de l'âge de huit à douze ans assez bien vêtus, avec l'apparence de la santé et du bien-être ; ils jouaient ensemble à un jeu de l'Orient dont les instrumens sont de petits cailloux que l'on combine de différentes manières dans de petits trous qu'on fait dans le sable ; pendant ce temps-là, les marchands et revendeurs circulaient autour d'eux, prenaient tantôt l'un, tantôt l'autre, par le bras, l'examinaient avec attention de la tête aux pieds, le palpaient, lui faisaient montrer ses dents, pour juger de son âge et de sa santé, puis l'enfant, un moment distrait de ses jeux, y retournait avec empressement. Je passai ensuite sous les portiques couverts, remplis d'une foule d'esclaves et d'acheteurs. Les Turcs qui font ce commerce se promenaient, superbement vêtus de pelisses fourrées, une longue pipe à la main, parmi les groupes, le visage inquiet et préoccupé, et épiant d'un œil jaloux le moindre regard jeté dans l'intérieur de leurs magasins d'hommes et de femmes ; mais, nous prenant pour des Arabes ou des Égyptiens, ils n'osèrent cependant nous interdire l'accès d'aucune chambre. Des marchands ambulans de petits gâteaux et de fruits secs parcouraient la galerie, vendant aux esclaves quelque nourriture. Je glissai plusieurs piastres dans la main de l'un d'eux pour qu'il distribuât sa corbeille à un groupe de petits enfans nègres qui dévorèrent ces pâtisseries.

Je remarquai là une pauvre négresse de dix-huit ou vingt ans, remarquablement belle, mais d'une beauté dure et chagrine. Elle était assise sur un banc de la galerie, le visage découvert et richement vêtue, au milieu d'une douzaine d'autres négresses en haillons exposées en vente à très-bas prix ; elle tenait sur ses genoux un superbe petit garçon de trois ou quatre ans, magnifiquement habillé aussi. Cet enfant, qui était mulâtre, avait les traits les plus nobles, la bouche la plus gracieuse et les yeux les plus intelligens et les plus fiers qu'il soit possible de se figurer. Je jouai avec lui et je lui donnai des gâteaux et des dragées que j'achetai d'une échoppe voisine ; mais sa mère lui arrachant des mains ce que je lui avais donné, le rejeta avec colère et fierté sur le pavé. Elle tenait le visage baissé et pleurait ; je crus que c'était par crainte d'être vendue séparément de son fils, et, touché de son infortune, je priai M. Morlach, mon obligeant conducteur, de l'acheter avec l'enfant pour mon compte. Je les aurais emmenés ensemble, et j'aurais élevé le bel enfant en le laissant auprès de la mère. Nous nous adressâmes à un courtier de la connaissance de M. Morlach, qui entra en pourparler avec le propriétaire de la belle esclave et de l'enfant. Le propriétaire fit d'abord semblant de vouloir effectivement la vendre, et la pauvre femme se mit à sangloter plus fort, et le petit garçon se prit à pleurer aussi en passant ses bras autour du cou de sa mère. Mais ce marché n'était qu'un jeu de la part du marchand, et quand il vit que nous donnions tout de suite le prix élevé qu'il avait mis à ce couple, il prit le courtier à l'écart et lui avoua que l'esclave n'était pas à vendre, qu'elle était l'esclave d'un riche Turc dont cet enfant était fils ; qu'elle était d'une humeur trop fière et trop indomptable dans le harem, et que, pour la corriger et l'humilier, son maître l'avait envoyée au bazar comme pour s'en défaire, mais avec l'ordre secret de ne pas la vendre. Cette correction a souvent lieu, et quand un Turc est mécontent, sa menace la plus ordinaire est d'envoyer au bazar. Nous passâmes donc. Nous suivîmes un grand nombre de chambres contenant chacune quatre ou cinq femmes presque toutes noires et laides, mais avec les apparences de la santé. La plupart semblaient indifférentes à leur situation et même sollicitaient les acheteurs; elles causaient, riaient entre elles, et faisaient elles-mêmes des observations critiques sur la figure de ceux qui les marchandaient. Une ou deux pleuraient et se cachaient dans le fond de la chambre, et ne revenaient qu'en résistant se placer en évidence sur l'estrade où elles étaient assises. Nous en vîmes emmener plusieurs qui s'en allaient gaiement avec le Turc qui venait de les acheter, prenant leur petit paquet plié dans un mouchoir et recouvrant leurs visages de leurs voiles blancs. Nous fûmes témoins de deux ou trois actes de miséricorde que la charité chrétienne envierait à celle des bons musulmans. Des Turcs vinrent acheter de vieilles esclaves rejetées de la maison de leurs maîtres pour leur vieillesse et leurs infirmités, et les emmenèrent. Nous demandâmes à quoi ces pauvres femmes pouvaient leur être utiles? A plaire à Dieu, nous répondit le courtier; et M. Morlach m'apprit que plusieurs musulmans envoyaient ainsi dans les marchés acheter de pauvres esclaves infirmes des deux sexes pour les nourrir par charité dans leurs maisons. L'esprit de Dieu n'abandonne jamais tout à fait les hommes.

Les dernières chambres que nous visitâmes étaient à demi fermées, et on nous disputa quelque temps l'entrée ; il n'y avait qu'une seule esclave dans chacune, sous la garde d'une femme. C'étaient de jeunes et belles Circassiennes nouvellement arrivées de leur pays. Elles étaient vêtues de blanc et avec une élégance et une coquetterie remarquables. Leurs beaux traits ne témoignaient ni chagrin ni étonnement, mais une dédaigneuse indifférence. Ces belles esclaves blanches de Géorgie ou de Circassie sont devenues extrêmement rares, depuis que les Grecques ne peuplent plus les sérails, et que la Russie a interdit le commerce des femmes. Cependant les familles géorgiennes élèvent toujours leurs filles pour ce honteux commerce, et des courtiers de contrebande parviennent à en emmener de temps en temps des cargaisons. Le prix de ces belles créatures va jusqu'à douze ou vingt mille piastres (de trois à cinq mille francs), tandis que les esclaves noires d'une beauté ordinaire ne se vendent que cinq ou six cents francs, et les plus belles mille à douze cents. En Arabie et en Syrie, on en aurait pour cinq à six cents piastres (de cent cinquante à deux cents francs). Une de ces Géorgiennes était d'une beauté accomplie : les traits délicats et sensibles, l'œil doux et pensif, la peau d'une blancheur et d'un éclat admirables. Mais la physionomie des femmes de ce pays est loin du charme et de la pureté de celles des Arabes : on sent le Nord dans ces figures. Elle fut vendue sous nos yeux pour le harem du jeune pacha de Constantinople. Nous sortîmes le cœur flétri et les yeux humides de cette scène qui se renouvelle tous les jours et à toutes les heures dans les villes de l'Orient, et nous revînmes pensifs au bazar de Stamboul. Voilà ce que c'est que les législations immobiles! Elles consacrent les barbaries séculaires et donnent le droit d'antiquité et de légitimité à tous les crimes. Les fanatiques du passé sont aussi coupables et aussi funestes à l'humanité que les fanatiques de l'avenir. Les uns immolent l'homme à leurs ignorances et à leurs souvenirs; les autres à leurs espérances et à leur précipitation. Si l'homme faisait, pensait, croyait ce que faisaient et croyaient ses pères, le genre humain tout entier en serait au fétichisme et à l'esclavage. La raison est le soleil de l'humanité : c'est l'infaillible et perpétuelle révélation des lois divines, applicable aux sociétés. Il faut marcher pour la suivre, sous peine de demeurer dans le mal et dans les ténèbres ; mais il ne faut pas la devancer, sous peine de tomber dans des précipices. Comprendre le passé sans le regretter; tolérer le présent en l'améliorant; espérer l'avenir en le préparant; voilà la loi des hommes sages et des institutions bienfaisantes. Le péché contre l'Esprit-Saint, c'est ce combat de certains hommes contre l'amélioration des choses; c'est cet effort égoïste et stupide pour rappeler toujours en arrière le monde moral et social que Dieu et la nature poussent toujours en avant : le passé est le sépulcre de l'humanité écroulée;

il faut le respecter, mais il ne faut pas s'y enfermer et vouloir y vivre.

Les grands bazars de différentes marchandises, et celui des épiceries surtout, sont de longues et larges galeries voûtées, bordées de trottoirs, et de boutiques pleines de toutes sortes d'objets de commerce. Armures, harnachement de chevaux, bijouterie, comestibles, maroquinerie, schalls des Indes et de Perse; étoffes de l'Europe, tapis de Damas et de Caramanie, essences et parfums de Constantinople, narghilés et pipes de toutes formes et de toute magnificence; ambre et corail taillés à l'usage des Orientaux pour fumer le toumbach; étalage de tabac haché ou plié comme des rames de papier jaune; boutiques de pâtisseries appétissantes par leur forme et leur variété; beaux magasins de confiseurs, avec l'innombrable variété de leurs dragées, de leurs fruits confits, de leurs sucreries de tout genre; drogueries d'où s'exhale un parfum qui embaume tous les bazars; manteaux arabes tissés d'or et de poil de chèvre; voiles de femmes brodés de paillettes d'argent et d'or: au milieu de tout cela une foule immense et sans cesse renouvelée de Turcs à pied, la pipe à la bouche ou à la main, suivis d'esclaves, de femmes voilées, accompagnées de négresses portant de beaux enfans; de pachas à cheval, traversant au petit pas cette foule pressée et silencieuse, et de voitures turques, fermées de leur treillis doré, conduites au pas par des cochers à longues barbes blanches, et pleines de femmes qui s'arrêtent de temps en temps pour marchander aux portes des bijoutiers : voilà le coup d'œil de tous ces bazars. Il y en aurait plusieurs lieues de longueur, s'ils étaient réunis en une seule galerie. Ces bazars, où l'on est obligé de se coudoyer sans cesse, et où les Juifs étalent et vendent les vêtemens des pestiférés, sont les véhicules les plus actifs de la contagion. La peste vient d'éclater ces jours-ci à Péra, par cinq ou six accidens mortels, et nous passâmes avec inquiétude dans cette foule qu'elle peut décimer demain.

18 juin.

Jours passés dans notre solitude de Buyukdéré avec le Bosphore et la mer Noire sous nos yeux; étude, lecture. Le soir, courses en caïques à Constantinople, à Belgrade et dans ses forêts incomparables; à la côte d'Asie, à l'embouchure de l'Euxin, à la vallée des Roses, située derrière les montagnes de Buyukdéré. J'y vais souvent. Cette délicieuse vallée est arrosée d'une source où les Turcs viennent s'enivrer d'eau, de fraîcheur, de l'odeur des roses, et des chants du bulbul ou rossignol ; sur la fontaine cinq arbres immenses; un café en feuillage sous leur ombre: au-delà, la vallée rétrécie conduit à une pente de la montagne où deux petits lacs artificiels, recueillis de l'eau qui tombe d'une source, dorment sous les vastes voûtes des platanes. Les Arméniennes viennent le soir avec leurs familles s'asseoir sur leurs bords et prendre leur souper. Groupes ravissans autour des troncs d'arbres; jeunes filles qui dansent ensemble; plaisirs décens et silencieux des Orientaux. On voit que la pensée intime jouit en elle-même. Ils sentent la nature mieux que nous. Nulle part, l'arbre et la source n'ont de plus sincères adorateurs. Il y a sympathie profonde entre leurs âmes et les beautés de la terre, de la mer et du ciel. Quand je reviens le soir de Constantinople en caïque, et que je longe les bords de la côte d'Europe, au clair de la lune, il y a une chaîne, d'une lieue, de femmes et de jeunes filles et d'enfans, assises en silence, par groupes, sur les bords du quai de granit, ou sur les parapets des terrasses des jardins : elles passent là des heures délicieuses à contempler la mer, les bois, la lune, à respirer le calme de la nuit. Notre peuple ne sent plus rien de ces voluptés naturelles : il a usé ses sensations ; il lui faut des plaisirs factices, et il n'y a que des vices pour l'émouvoir. Ceux chez qui la nature parle encore assez haut pour être comprise et adorée sont les rêveurs et les poëtes : misérables à qui la voix de Dieu dans ses œuvres, la nature, l'amour, et la contemplation silencieuse, suffisent.

Je retrouve à Buyukdéré et à Thérapia plusieurs personnes de ma connaissance; parmi les Russes et les diplomates, le comte Orloff, M. de Boutenieff, ambassadeur de Russie à Constantinople, homme charmant et moral, philosophe et homme d'état. Le baron de Sturmer, internonce d'Autriche, me comble de bontés. Nouvelles politiques de l'Europe. C'est ici le point important maintenant. Les Russes, campés

en Asie et à l'ancre sous nos fenêtres, se retireront-
ils? Pour moi, je n'en doute pas. On n'est pas pressé
de saisir une proie qui ne peut échapper. Le comte
Orloff me faisait lire hier une lettre admirable que
l'empereur Nicolas lui écrit. Voici le sens : « Mon
cher Orloff, quand la Providence a placé un homme
à la tête de quarante millions d'hommes, c'est pour
qu'il donne de plus haut au monde l'exemple de la
probité et de la fidélité à sa parole. Je suis cet homme.
Je veux être digne de la mission que j'ai reçue de
Dieu. Aussitôt les difficultés aplanies entre Ibrahim
et le Grand-Seigneur, n'attendez pas un jour, rame-
nez ma flotte et mon armée. »

Voilà un noble langage, une situation bien saisie,
une générosité féconde. Constantinople ne s'envo-
lera pas, et la nécessité y ramènera les Russes, que
leur probité politique en éloigne un moment.

20 juin.

J'ai connu ici un homme aimable et distingué, un
de ces hommes plus forts que leur mauvaise fortune,
et qui se servent du flot qui devait les noyer pour
aborder au rivage. M. Calosso, officier piémontais,
compromis, comme beaucoup de ses camarades,
dans la velléité de révolution militaire du Piémont
en 1820, proscrit comme les autres, sans asile et sans
sympathie nulle part, est venu en Turquie. Il s'est
présenté au sultan pour former sa cavalerie; il est
devenu son favori et son inspirateur militaire. Probe,

habile et réservé, il a modéré lui-même une faveur périlleuse qui pouvait le mettre trop en vue de l'envie. Sa modestie et sa cordialité ont plu aux pachas de sa cour et aux ministres du divan. Il s'est fait des amis partout, et a su les conserver par le mérite qui les lui avait acquis. Le sultan l'a élevé en dignité sans lui demander d'abjurer sa nationalité ni son culte. Il est maintenant pour tous les Turcs Rustem-Bey, et pour les Francs, un Franc obligeant et aimable. Il m'a recherché ici et offert tout ce que sa familiarité au divan et au sérail pouvait lui procurer pour moi : accès partout, amitié de quelques principaux officiers de la cour, facilités pour tout voir et tout connaître, qu'aucun voyageur chrétien n'a jamais pu obtenir, pas même les ambassadeurs. J'ai préparé avec son assistance une visite complète du sérail, où personne n'a pénétré depuis lady Worthley Montagu. Nous essaierons demain de parcourir ensemble ce mystérieux séjour, qu'il ne connaît pas lui-même, mais où il a des intelligences dans les premiers officiers du palais.

Nous commençâmes par rendre visite à Namuk-Pacha, un des jeunes favoris du Grand-Seigneur, qui m'avait invité à un déjeuner à sa caserne de Scutari et qui avait mis ses chevaux à ma disposition pour visiter les montagnes d'Asie. Namuk-Pacha était ce jour-là de service au palais du sultan, à Beglierbeg, sur les rives du Bosphore. Nous allâmes y débarquer. Grâce au grade et à la faveur de Rustem-Bey, on nous laissa franchir les portes et examiner les alentours de la demeure du Grand-Seigneur. Le sultan se disposait à se rendre à une petite mosquée d'un village d'Europe, de l'autre côté du Bosphore, en face de Beglierbeg. Ses caïques, superbement équipés, étaient amarrés le long du quai qui borde le palais, et ses chevaux arabes de toute beauté étaient tenus prêts dans les cours par des saïs, pour que le sultan les montât en traversant ses jardins. Nous entrâmes dans une aile du palais, séparée du corps de logis principal, et où se tiennent les pachas, les officiers de service et l'état-major du palais. Nous traversâmes de vastes salles où circulaient une foule de militaires, d'employés et d'esclaves. Tout était en mouvement, comme dans un ministère ou dans un palais d'Europe un jour de cérémonie. L'intérieur de ce palais n'était pas magnifiquement meublé : des divans et des tapis, des murs peints à fresque et des lustres de cristal étaient toute sa décoration. Les costumes orientaux, le turban, la pelisse, le pantalon large, la ceinture, le cafetan d'or, abandonnés par les Turcs pour un misérable costume européen, mal coupé et ridiculement porté, a changé l'aspect grave et solennel de ce peuple en une pauvre parodie des Francs. L'étoile de diamans qui brille sur la poitrine des pachas et des visirs est la seule décoration qui les distingue et qui rappelle leur ancienne magnificence. On nous conduisit, à travers plusieurs salons encombrés de monde, jusqu'à un petit salon qui donne sur les jardins extérieurs du palais du Grand-Seigneur. Là Namuk-Pacha vint nous joindre, s'assit avec nous, nous fit apporter la pipe et les sorbets, et nous présenta plusieurs des jeunes pachas qui possèdent avec lui la faveur du maître. Des colonels du nisam, ou des troupes régulières de la garde, vinrent se joindre à nous et prendre part à la conversation. Namuk-Pacha, récemment de retour de son ambassade à Pétersbourg, parlait français avec goût et facilité ; ses manières, étudiées des Russes, étaient celles d'un élégant diplomate européen ; il me parut spirituel et fin. Kalil-Pacha, alors capitan-pacha, et qui depuis a épousé la fille du sultan, parle également très-bien français. Achmet-Pacha est aussi un jeune élégant osmanli, qui a toutes les formes d'un Européen. Rien dans ce palais ne rappelait une cour asiatique, excepté les esclaves noirs, les eunuques, les fenêtres grillées des harems, les beaux ombrages et les eaux bleues du Bosphore, sur lesquelles tombaient nos regards quand ils s'égaraient sur les jardins. Nous parlâmes avec discrétion, mais avec franchise, de l'état des négociations entre l'Égypte, l'Europe et la Turquie ; des progrès faits et à faire par les Turcs dans la tactique, dans la législation et dans la politique des diverses puissances, relativement à la Turquie. Rien n'eût annoncé dans nos entretiens que nous causions de ce qu'on appelle des Barbares avec des Barbares, et que l'oreille du Grand-Seigneur lui-même, de cette ombre d'Allah, pouvait être frappée par le murmure de notre conversation. Elle n'eût été ni moins intime, ni moins profonde, ni moins élégamment soutenue dans un salon de Londres ou de Vienne. Ces jeunes hommes, avides de lumières et de progrès, parlaient de leur situation et d'eux-mêmes avec une noble et touchante modestie. L'heure de la prière approchant, nous prîmes congé de nos hôtes; nous ajournâmes à un autre moment la demande de notre présentation directe au sultan. Namuk-Pacha nous confia à un colonel de la garde impériale, qu'il chargea de nous diriger et de nous introduire dans l'avant-cour de la mosquée où le sultan allait se rendre. Nous franchîmes le Bosphore; nous fûmes placés à la porte même de la petite mosquée, sur les degrés qui y conduisent. Peu de minutes après, nous entendîmes retentir les coups de canon de la flotte et des forts qui annoncent tous les vendredis à la capitale que le sultan se rend à la mosquée, et nous vîmes les deux caïques impériaux se détacher de la côte d'Asie, et traverser le Bosphore comme une flèche. Aucun luxe de chevaux et de voitures ne peut approcher du luxe oriental de ces caïques dorés, dont les proues s'élancent, comme des aigles d'or, à vingt pieds en avant du corps du caïque, dont les vingt-quatre rameurs, relevant et abaissant simultanément leurs longs avirons, imitent le battement de deux vastes ailes, et soulèvent chaque fois un voile d'écume qui enveloppe les flancs du caïque; et enfin de ce pavillon de soie, d'or et de plumes, dont les rideaux repliés laissent voir le Grand-Seigneur assis sur un trône de cachemire, avec ses pachas et ses amiraux à ses pieds. En touchant au bord, il s'élança légèrement, appuyant ses mains sur l'épaule d'Achmet et de Namuk-Pacha. La musique de sa garde, rangée vis-à-vis de nous, sur la place de la mosquée, éclata en fanfares; et il s'avança rapidement entre deux lignes d'officiers et de spectateurs. Le sultan Mahmoud est un homme de quarante-cinq ans, d'une taille moyenne, d'une tournure élégante et noble ; son œil est bleu et doux, son teint coloré et brun, sa bouche gracieuse et intelligente; sa barbe, noire et brillante comme le jais, descend à flots épais sur sa poitrine; c'est le seul reste du costume national qu'il ait conservé; on le prendrait, du reste, au chapeau près, pour un Européen. Il portait des pantalons et des bottes, une redingote brune avec un collet brodé de diamans, un petit bonnet de laine rouge, surmonté d'un gland de pierres précieuses; sa démarche était saccadée, et son regard inquiet ; quelque chose l'avait choqué ou le préoccupait fortement : il parlait avec énergie et trouble aux pachas qui l'accompagnaient; il ralentit son pas quand il fut près de nous, sur les degrés de la porte, nous jeta un coup d'œil bienveillant, inclina légèrement la tête, commanda du geste à Namuk-Pacha de prendre le placet qu'une femme turque voilée lui tendait, et entra dans la mosquée. Il n'y resta que vingt minutes. La musique militaire joua pendant tout ce temps des morceaux d'opéra de Mozart et de Rossini. Il ressortit ensuite avec le visage plus ouvert et plus serein, salua à droite et à gauche, marcha lentement vers la mer, et s'élança, en riant, dans sa barque. En un clin d'œil, nous le vîmes toucher à la côte d'Asie, et rentrer dans ses jardins de Beglierbeg. Il est impossible de n'être pas frappé de la physionomie de Mahmoud, et de ne pas faire des vœux secrets pour un prince dont les traits révèlent une mâle énergie et une profonde sensibilité. Mais, hélas! ces vœux retombent sur le cœur quand on pense au sombre avenir qui l'attend. S'il était un véritable grand homme, il changerait sa destinée et vaincrait la fatalité qui l'enveloppe. Il est temps encore : tant qu'un peuple n'est pas mort, il y a en lui, il y a dans sa religion et dans sa nationalité un principe d'énergie et de résurrection qu'un génie habile et fort peut féconder, remuer, régénérer et conduire à une glorieuse transformation; mais Mahmoud n'est un grand homme que par le cœur. — Intrépide pour combattre et mourir, le ressort de sa volonté faiblit quand il faut agir et régner. Quel que soit son sort, l'histoire le plaindra et l'honorera. Il a tenté de grandes choses ; il a compris que son peuple était mort s'il ne le transformait pas; il a porté la cognée aux branches mortes de l'arbre : il ne sait pas donner la séve et la vie à ce qui reste debout de ce tronc sain et vigoureux. Est-ce sa faute? Je le pense. Ce qui restait à faire n'était rien, comparé à la destruction des janissaires : rien ne résistait en Turquie ; l'Europe timide et aveugle le favorisait de sa lâcheté et de son inertie. De belles circonstances sont perdues. Les années ont passé. L'audacieux Ibrahim a tourné en sa faveur l'impopularité du sultan. La Russie a été acceptée comme protectrice : cette protection honteuse d'un ennemi naturel contre un esclave révolté a indigné l'islamisme. Mahmoud n'a plus rien pour lui que son courage personnel. Environné de courtisans et de traitres, une émeute peut le renverser du trône et jeter l'empire dans une anarchie finale. La Turquie tient à la vie de Mahmoud ; l'empire et lui périront le même jour. Grande et fatale destinée d'un prince qui emportera avec lui les deux plus belles moitiés de l'Europe et de l'Asie !

21 juin 1833.

A onze heures nous abordâmes à l'échelle du vieux sérail, et nous entrâmes dans les rues qui l'enveloppent. Je visitai en passant le divan de la Porte, vaste palais où se tient le grand visir et où se discute la politique de l'empire : cela n'a rien de remarquable que l'impression des scènes dont ce lieu fut le théâtre ; rien dans le caractère de l'édifice ne rappelle tant de drames sanglans. C'est un grand palais de bois peint, avec un escalier extérieur, couvert d'un avant-toit découpé en festons à la manière des Indes ou de la Chine. Les salles sont nues et recouvertes de nattes ; nous descendîmes de là dans la place où la redoutable porte du sérail s'ouvrit si souvent pour vomir les têtes sanglantes des visirs ou même des sultans. Nous franchîmes cette porte sans obstacle. Le public entre dans la première cour du sérail. Cette vaste cour, plantée de groupes de beaux arbres, descend sur la gauche vers un magnifique hôtel des monnaies, bâtiment moderne, sans aucun caractère oriental. Les Arméniens, directeurs de la monnaie, nous reçurent et nous ouvrirent les cassettes où les bijoux qu'ils font fabriquer pour le sérail étaient renfermés. Pluie de perles et de diamans, richesses pauvres, qui ruinent un empire ! Dès qu'un état se civilise, ces représentations idéales de la richesse s'échangent contre la richesse réelle et productive, la terre et le crédit. J'y reste peu : nous entrons dans la dernière cour du sérail, inaccessible à tout le monde, excepté aux employés du sérail et aux ambassadeurs, les jours de leur réception : elle est bordée de plusieurs ailes de palais, de kiosques, séparés les uns des autres ; logemens des eunuques, des gardes, des esclaves ; les fontaines et les arbres y répandent la fraîcheur et l'ombre. Arrivés à la troisième porte, les soldats de garde sous la voûte refusèrent obstinément de nous laisser entrer. En vain Rustem-Bey se fit reconnaître de l'officier turc qui commandait ; il lui opposa sa consigne, et lui dit qu'il compromettrait sa tête, s'il me laissait pénétrer. Nous rebroussions chemin tristement, lorsque nous fûmes abordés par le kesnedar, ou grand-trésorier, qui revenait de la monnaie, et rentrait dans l'intérieur du sérail où il est logé. Ami de Rustem-Bey, il l'aborda, et, s'étant informé de la cause de notre embarras, il nous dit de le suivre, et nous introduisit sans aucune difficulté dans la cour des Icoglans. Cette cour, moins vaste que les premières, est formée par plusieurs petits palais, en forme de kiosques, avec des toits très-bas, qui débordent de sept ou huit pieds au-delà des murs, et sont supportés par de petites colonnes, ou de petits piliers mauresques, de bois peint. Les colonnes, les piliers, les murs et les toits sont aussi de bois sculpté et peint de couleurs variées. Les cours et jardins, formés par les vides que laissent entre eux les kiosques, irrégulièrement disséminés dans l'espace, sont plantés irrégulièrement aussi d'arbres de toute beauté et de toute vieillesse : leurs branches retombent sur les édifices et enveloppent les toits et les terrasses. L'aile droite de ces bâtimens est formée par les cuisines, immenses corps de logis, dont les nombreuses cheminées et les murs extérieurs, noircis par la fumée, annoncent la destination. On aura une idée de la grandeur de cet édifice, quand on saura que le sultan nourrit toutes les personnes attachées à la cour et au palais, et que ce nombre de commensaux s'élève au moins à dix mille par jour. Un peu en avant du corps de logis des cuisines, est un charmant petit palais, entouré d'une galerie ou portique au rez-de-chaussée : c'est celui des pages ou icoglans du sérail : c'est là que le Grand-Seigneur fait élever et instruire les fils des familles de sa cour, ou de jeunes esclaves destinés aux emplois du sérail ou de l'empire. Ce palais, qui a servi jadis de demeure aux sultans eux-mêmes, est décoré au dehors et au dedans avec une profusion de ciselures, de sculptures et de moulures dorées qui n'en exclut pas le bon goût. Les plafonds sont aussi riches que ceux des plus beaux palais de France ou d'Italie; les planchers sont en mosaïques.

Il est divisé en plusieurs salles, à peu près d'égale grandeur : ces salles sont obstruées à droite et à gauche par des niches et des stalles en bois sculpté, à peu près semblables aux stalles du plus beau travail, dans les chœurs de nos anciennes cathédrales. Chacune d'elles forme la chambre d'un icoglan : il y a au fond une estrade, où il replie ses coussins et ses tapis, et où ses vêtemens sont suspendus ou serrés dans son coffre de bois doré : au-dessus de ces stalles règne une espèce de tribune, également avancée, divisée, ornée et décorée, qui renferme autant de stalles que la salle inférieure. Le tout est éclairé par des coupoles ou par de petites fenêtres au sommet de l'édifice. Les jeunes icoglans, qui étaient tous d'anciens élèves de Rustem-Bey, le reçurent avec une joie et des démonstrations d'attachement touchantes. Un père, longtemps attendu, ne serait pas plus tendrement accueilli. L'excellent cœur de ces enfans le toucha jusqu'aux larmes ; j'étais ému moi-même de ces marques si spontanées et si franches d'affection et de reconnaissance : ils lui prenaient les mains, ils baisaient les pans de sa redingote.

Rustem-Bey ! Rustem-Bey ! s'écriaient-ils les uns aux autres ; et tous accouraient au-devant de leur ami, palpitant et rougissant d'émotion et de plaisir. Il ne pouvait se débarrasser de leurs caresses : ils lui disaient des paroles charmantes : Rustem-Bey, pourquoi nous abandonnez-vous depuis si long-temps ? Vous étiez notre père, nous languissons sans vous. Tout ce que nous savons, c'est à vous que nous le devons. Allah et le sultan vous ont envoyé pour faire de nous des hommes ; nous n'étions que des esclaves, des fils d'esclaves. Le nom des osmanlis était une injure, une moquerie en Europe ; maintenant nous saurons le défendre et l'honorer : mais dites au sultan qu'il vous renvoie vers nous; nous n'étudions plus, nous séchons d'ennui et de tristesse. — Cinq ou six de ces jeunes gens, de figure douce, franche, intelligente, admirable, nous prirent par la main, et nous conduisirent partout. Ils nous ramenèrent ensuite dans leur salon de récréation : c'est un kiosque entouré de fontaines ruisselantes qui s'échappent des murs dans des coupes de marbre : des divans règnent tout autour ; un escalier, caché dans l'épaisseur des murs, conduit aux offices, où de nombreux esclaves, aux ordres des icoglans, tiennent sans cesse le feu pour les pipes, le café, les sorbets, l'eau et la glace, prêts pour eux. Il y a toutes sortes de jeux dans ce salon; plusieurs jouaient aux échecs. Ils nous firent servir des sorbets et des glaces ; et, couchés sur le divan, nous causâmes longtemps de leurs études et de leurs progrès, de la politique de l'Europe, de la destinée de l'empire : ils en parlaient à merveille; ils frémissaient d'indignation de leur état actuel, et faisaient des vœux pour le succès du sultan dans ses entreprises d'innovations. Je n'ai jamais vu une ardeur plus vive pour la régénération d'un pays, que celle qui enflammait les yeux et les paroles de ces jeunes gens. Les jeunes Italiens à qui on parle d'indépendance, et de lumières ne palpitent pas de plus

d'élan. Leurs figures rayonnaient pendant que nous
leur parlions. Les plus âgés pouvaient avoir de vingt
à vingt-deux ans ; les plus jeunes de douze à treize.
Excepté à l'hospice militaire des orphelins de la marine à Greenwich, je n'ai jamais vu de plus admirables figures que celles de quelques-uns de ces enfans. Ils ne voulaient plus nous laisser partir, et nous
accompagnèrent jusqu'où il leur est permis d'aller,
dans tous les jardins, cours et kiosques d'alentour.
Un ou deux avaient les yeux mouillés en quittant
Rustem-Bey. Le kesnedar était allé pendant ce temps-là
donner ordre aux eunuques et gardiens des jardins et
des palais, de nous laisser circuler, et de nous introduire partout où nous le désirerions. Au fond de la
cour, un peu plus loin que le palais des icoglans, un
large palais nous fermait la vue et le passage; c'est
celui qu'habitent les sultans eux-mêmes : il est entouré, comme les kiosques et les palais que nous
venions de visiter, d'une galerie formée par une pro-
longation des toits. Sur cette galerie ouvrent les
portes et les fenêtres sans nombre des appartemens.
Le palais n'a qu'un rez-de-chaussée. Nous entrâmes
dans les grandes salles qui servent de vestibule et
donnent accès aux différentes pièces. Ce vestibule est
régulier ; c'est un labyrinthe formé par les piliers qui
supportent les toits et les plafonds, et donnent naissance à de vastes corridors circulaires pour le service
des appartemens. Les piliers, les plafonds, les murs,
tout est de bois peint et sculpté en ornemens mauresques. Les portes des chambres impériales étaient

ouvertes ; nous en vîmes un grand nombre, toutes à peu près semblables pour la disposition et la décoration des plafonds moulés et dorés. Des coupoles de bois ou de marbre, percées de découpures arabesques, d'où le jour glisse doux et voilé sur les murs; des divans larges et bas autour de ces murs ; aucuns meubles, aucuns siéges, que les tapis, les nattes et les coussins; des fenêtres qui prennent naissance à un demi-pied du plancher et qui donnent sur les cours, les galeries, les terrasses et les jardins, voilà tout. Du côté du palais opposé à celui par lequel nous étions entrés, règne une plate-forme en terrasse, bâtie en pierre et pavée en dalles de marbre. Un beau kiosque, où le sultan s'assied quand il reçoit les ambassadeurs, est séparé du palais de quelques toises, et élevé de quelques pieds sur cette plate-forme ; il ressemble à une petite chapelle mauresque. Un divan le remplit ; des fenêtres circulaires l'entourent : la vue de Constantinople, du port, de la mer de Marmara et du Bosphore y est libre et admirable. Des fontaines de marbre coulent et jaillissent en jets d'eau sur la galerie ouverte entre ce kiosque et le palais. C'est une promenade délicieuse. Les branches des arbustes et des rosiers des petits jardins qui couvrent les petites terrasses inférieures viennent ramper sur les balustrades et les taillis et embaumer le palais. Quelques tableaux en marbre et en bois sont suspendus aux murailles : ce sont des vues de la Mecque et de Médine. Je les examinai curieusement. Ces vues sont comme des plans sans perspective : elles sont parfaitement conformes à ce qu'Aly-Bey rapporte de la Mecque, de la Kaaba et de la disposition de ces divers monumens sacrés de la ville sainte. Elles prouvent que ce voyageur est allé réellement les visiter. Ce qu'il dit de la galerie circulaire qui entoure l'aire des différentes mosquées est attesté par ces peintures. On y voit ce portique qui rappelle celui de Saint-Pierre de Rome.

En suivant la plate-forme du palais, à gauche, on arrive, par un étroit balcon supporté par de hautes terrasses, au harem ou palais des sultanes. Il était fermé ; il n'y restait qu'un petit nombre d'odalisques. Nous n'approchâmes pas plus près de ce séjour interdit à l'œil. Nous vîmes seulement les fenêtres grillées et les délicieux balcons entourés aussi de treillis et de persiennes entrelacées de fleurs, où les femmes passent leurs jours à contempler les jardins, la ville et la mer. Nous plongions de l'œil sur une multitude de parterres, entourés de murs de marbre, arrosés de jets d'eau, et plantés avec soin et symétrie, de toutes sortes de fleurs et d'arbustes embaumés. Ces jardins, auxquels on descend par des escaliers, et qui communiquent de l'un à l'autre, ont quelquefois aussi d'élégans kiosques ; c'est là que les femmes et les enfans du harem se promènent et jouissent de la nature.

Nous étions arrivés à la pente du sérail, qui commence à redescendre de là vers le port et vers la mer de Marmara. C'est le sol le plus élevé de ce site unique dans le monde, et d'où le regard possède toutes les collines et toutes les mers de Constantinople. Nous nous arrêtâmes longtemps pour en jouir. C'est l'inverse de la vue que j'ai décrite du haut du belvédère de Péra. Pendant que nous étions sur cette terrasse du palais, l'heure du repas sonna, et nous vîmes passer un grand nombre d'esclaves, portant sur leurs têtes de grands plateaux d'étain qui contenaient les dîners des officiers, des employés, des eunuques et des femmes du sérail. Nous assistâmes à plusieurs de ces dîners. Ils se composaient de pilaus, de volailles, de koubés, petites boulettes de riz et de viandes hachées, rôties dans une feuille de vigne, de galettes de pain semblables à des oublies, et d'un vase d'eau. Partout où l'esclave rencontrait son maître, là se déposait le dîner, tantôt dans le coin d'une salle du palais, tantôt sur la terrasse, à l'ombre du toit; tantôt dans les jardins, sous un arbre, auprès d'un jet d'eau.

Le kesnedar vint nous chercher, et nous conduisit dans le kiosque où il loge, en face du trésor du sérail. Ce trésor, où sont enfouies tant de richesses incalculables, depuis la création de l'empire, est un grand bâtiment en pierre, précédé d'un portique couvert. Le bâtiment est très-peu élevé au-dessus de terre; les portes sont basses et les chambres souterraines. De grands coffres de bois peints en rouge contiennent les monnaies d'or et d'argent. On en tire un certain nombre chaque semaine pour le service de l'empire. Il y en avait plusieurs sous le portique. Nous ne demandâmes point à y entrer; mais on dit qu'indépendamment des espèces d'or ou d'argent, ce Kesné renferme des monceaux de perles et de diamans. Cela est vraisemblable, d'après l'usage des sultans d'y déposer toujours et de n'en tirer qu'aux dernières extrémités de l'état. Mais comme ces valeurs en pierres précieuses ne sont que conventionnelles, si le Grand Seigneur voulait en faire usage en les vendant, il en diminuerait le prix par la profusion qu'il répandrait dans le commerce, et cette ressource qui semble immense pour ses finances n'en est peut-être pas une.

Le kesnedar, homme ouvert, gai et spirituel, m'introduisit dans l'appartement qu'il occupe. J'y trouvai, pour la première fois en Turquie, un peu de luxe d'ameublement et des commodités de l'Europe : les divans étaient hauts et couverts de coussins de soie ; il y avait des tables, des rayons de bois autour de la chambre ; sur ces rayons, des registres, des livres, des cartes de géographie et un globe terrestre. On nous apporta des confitures et des sorbets. Nous causâmes des arts, des sciences de l'Europe comparés à l'état des connaissances humaines dans l'empire ottoman. Le kesnedar me parut aussi instruit et aussi libre de préjugés qu'un Européen. Il comprenait tout ; il désirait le succès de Mahmoud dans ses tentatives d'améliorations ; mais vieux, et ayant passé sa vie dans les emplois de confiance du sérail sous quatre sultans, il semblait espérer peu et se résigner philosophiquement à l'avenir. Il menait une vie paisible et solitaire dans le fond de ce sérail abandonné. Il m'interrogea longuement sur toutes choses : philosophie, religion, poésie, croyances populaires de l'Europe, régime des divers états, soit monarchies, soit républiques; politique, tactique; tout fut passé en revue par lui avec une rectitude d'esprit, un à-propos et un bon sens de réflexions qui me montrèrent assez que j'avais affaire à un des hommes les plus distingués de l'empire. — Il m'apporta une sphère et son globe terrestre, et voulut que je lui expliquasse les mouvemens des astres et les divisions de la terre. Il prit note de tout et parut enchanté. Il me supplia d'accepter à souper chez lui et d'y passer la nuit. Nous eûmes beaucoup de peine à résister à ses instances, et nous ne pûmes les vaincre qu'en lui disant que ma femme et mes amis, qui me savaient au sérail, seraient dans une mortelle inquiétude s'ils ne me voyaient pas reparaître. Vous êtes en effet, me dit-il, le premier Franc qui y soit jamais entré, et c'est une raison pour que vous y soyez traité en ami. Le sultan est grand et Allah est pour tous! Il nous accompagna jusqu'aux escaliers intérieurs qui descendent, de la plate-forme du palais du sultan, dans le dédale de petits jardins du harem, dont j'ai parlé, et nous confia aux soins d'un chef de bostangis, qui nous fit passer, de kiosques en kiosques, de parterres en parterres, tous plantés de fleurs, tous arrosés de fontaines jaillissantes, jusqu'à la porte d'une haute muraille qui sépare les palais intérieurs du sérail des grandes pelouses extérieures. Là nous nous trouvâmes au pied des platanes énormes qui s'élèvent à plus de cent pieds de haut contre les murailles et les balcons élevés du harem. Ces arbres forment là une forêt et des groupes entrecoupés de pelouses vertes; plus loin sont des arbres fruitiers, et de grands jardins potagers cultivés par des esclaves nègres qui ont leurs cabanes sous les arbres. Des ruisseaux arrosent ces plantations irrégulières. Non loin du harem est un vieux et magnifique palais de Bajazet, abandonné aux lierres et aux oiseaux de nuit. Il est en pierre et d'une admirable architecture arabe. On le restaurerait aisément, et il vaudrait à lui seul le sérail tout entier; mais la tradition porte qu'il est peuplé par les mauvais esprits, et jamais aucun osmanli n'y pénètre. Comme nous étions seuls, j'entrai dans une ou deux arches souterraines de ce beau palais, encombrées de débris et de pierres; les murs et les escaliers que j'eus le temps d'entrevoir, me parurent du plus élégant travail. Arrivés là, près d'une des portes des murs du sérail, nous rétrogradâmes, toujours sous une forêt de platanes, de sycomores, et de cyprès les plus grands que j'aie jamais vus, et nous fîmes le tour des jardins extérieurs. Ils nous ramenèrent jusque sur les bords de la mer de Marmara, où sont deux ou trois palais magnifiques que les sultans habitent pendant l'été. Les appartemens ouvrent sur le courant du canal, et sont sans cesse rafraichis par la brise. Plus loin, des collines de gazon portent de petites mosquées, des kiosques, et des pièces d'eau entourées de parapets de marbre, et ombragées d'arbres gigantesques. Nous nous assîmes là, parmi les fleurs et les jets d'eau murmurante. Les hautes murailles du sérail derrière nous, et devant une pente de gazon finissant à la mer; entre la mer et nous un rideau de cyprès et de platanes qui bordent le mur d'enceinte; à travers ce rideau de cimes d'arbres, les flots de la mer de Marmara, les îles des Princes, les vaisseaux à la voile, dont les mâts glissaient d'un arbre à l'autre, Scutari rougi des rayons du soleil couchant : les cimes dorées du mont des Géans, et les cimes de neige des monts de Phrygie encadrant ce divin tableau.

Voilà donc l'intérieur de ce séjour mystérieux, le plus beau des séjours de la terre; scène de tant de drames sanglans, où l'empire ottoman est né et a grandi, mais où il ne veut pas mourir; car depuis le massacre des janissaires le sultan Mahmoud ne l'habite plus. Homme de mœurs douces et de volupté, ces taches de sang de son règne lui répugnent. Peut-être aussi ne s'y trouve-t-il pas en sûreté au milieu de la population fanatique de Stamboul, et préfère-t-il avoir un pied sur l'Asie et un pied sur sa flotte, dans ses trente palais des bords du Bosphore. Le caractère général de cette admirable demeure n'est ni la grandeur, ni la commodité, ni la magnificence; ce sont des tentes de bois doré et percées à jour. Le caractère de ces palais, c'est le caractère du peuple turc : l'intelligence et l'amour de la nature. Cet instinct des beaux sites, des mers éclatantes, des ombrages, des sources, des horizons immenses encadrés par les cimes de neige des montagnes, est l'instinct prédominant de ce peuple. On y sent le souvenir d'un peuple pasteur et cultivateur qui aime à se rappeler son origine, et dont tous les goûts sont simples et instinctifs. Ce peuple a placé le palais de ses maîtres, la capitale de sa ville impériale, sur le penchant de la plus belle colline qu'il y ait dans son empire et peut-être dans le monde entier. Ce palais n'a ni le luxe intérieur ni les mystérieuses voluptés d'un palais d'Europe; il n'a que de vastes jardins, où les arbres croissent libres et éternels comme dans une forêt vierge, où les eaux murmurent, où les colombes roucoulent; des chambres percées de fenêtres nombreuses toujours ouvertes; des terrasses planant sur les jardins et sur la mer, et des kiosques grillés où les sultans, assis derrière leurs persiennes, peuvent jouir à la fois de la solitude et de l'aspect enchanté du Bosphore. C'est partout de même en Turquie; maître et peuple, grands et petits, n'ont qu'un besoin, qu'un sentiment, dans le choix et l'arrangement de leurs demeures: jouir de l'œil, de la vue d'un bel horizon; ou, si la situation et la pauvreté de leur maison s'y refuse, avoir au moins un arbre, des oiseaux, un mouton, des colombes, dans un coin de terre autour de leur masure. Aussi, partout où il y a un site élevé, sublime, gracieux, dans le paysage, une mosquée, un santon, une cabane turque s'y placent. Il n'y a pas un site du Bosphore, un mamelon, un golfe riant de la côte d'Asie et d'Europe, où un pacha ou un visir n'ait bâti une villa et un jardin. S'asseoir à l'ombre, en face d'un magnifique horizon, avec de belles branches de feuillage sur la tête, une fontaine auprès, la campagne ou la mer sous les yeux, et là, passer les heures et les jours à s'ennuyer de contemplation vague et inarticulée, voilà la vie du musulman; elle explique le choix et l'arrangement de ses demeures; elle explique aussi pourquoi ce peuple reste inactif et silencieux, jusqu'à ce que des passions le soulèvent et lui rendent son énergie native, qu'il laisse dormir en lui, mais qu'il ne perd jamais. Il n'est pas loquace comme l'Arabe; il fait peu de cas des plaisirs de l'amour-propre et de la société; ceux de la nature lui suffisent : il rêve, il médite et il prie. C'est un peuple de philosophes; il tire tout de la nature, il rapporte tout à Dieu. *Dieu* est sans cesse dans sa pensée et dans sa bouche; il n'y est pas comme une idée stérile, mais comme une réalité palpable, évidente, pratique. Sa vertu est l'adoration perpétuelle de la volonté divine; son dogme, la fatalité. Avec cette foi, on conquiert le monde, et on le perd avec la même facilité, avec le même calme. — Nous sortons par la porte qui donne sur le port, et j'entre dans le beau kiosque, sur le quai, où le sultan vient s'asseoir quand ses flottes partent ou rentrent d'une expédition, et saluent leur maître.

22 juin.

Deux de mes amis me quittent, et partent pour l'Europe; je reste seul à Buyukdéré avec ma femme et M. de Capmas.

25 juin.

Passé deux jours à Belgrade, village au milieu de la forêt de ce nom, à quatre lieues de Constantinople : forêt immense de chênes, qui couvre des collines situées entre le Bosphore et la mer de Marmara, à égale distance des deux, et qui se prolonge presque sans interruption jusqu'aux Balkans. Site aussi sauvage et aussi gracieux qu'aucune des forêts d'Angleterre, avec un beau village grec construit dans un large vallon au milieu de la forêt; des prairies arcadiennes; une rivière qui coule sous les troncs des chênes; magnifiques lacs artificiels formés dans le bassin des collines élevées pour retenir les eaux et alimenter les fontaines de Constantinople. Hospitalité reçue là chez monsieur et madame Aléon, banquiers français établis de père en fils à Constantinople, qui possèdent une délicieuse villa à Buyukdéré et une maison de chasse dans le village de Belgrade; famille charmante, où l'élégance des mœurs, l'élévation des sentimens, la culture de l'esprit, sont associés à la grâce et à la simplicité affectueuse de l'Orient. Je trouve à Constantinople une autre société tout à fait française dans M. Salzani, frère de mon banquier à Smyrne, homme de bien, homme de cœur et d'esprit, qui nous traite en compatriotes et en amis. En général, la société franque de Constantinople, composée des officiers des ambassades, des consulats, des familles des drogmans et des négocians des diverses nations européennes, est très-au-dessus de sa réputation. Constituée en petite ville, elle a les défauts des petites villes, le commérage et les jalousies tracassières ; mais il y a de la probité, de l'instruction, de l'élégance, une hospitalité gracieuse et cordiale pour les étrangers. On y est au courant de l'Europe comme à Vienne ou à Paris; on y participe fortement au mouvement de vie qui remue l'Occident. Il y a des hommes de mérite, et des femmes de grâce et de hautes vertus. J'ai vu tel salon de Péra, de Thérapia et de Buyukdéré, où l'on se serait cru dans un des salons les plus distingués de nos grandes villes d'Europe, si l'on n'avait jeté les yeux sur le Bosphore, ou sur la Corne-d'Or qui étincelait, au pied des jardins, entres les feuilles des arbres.

29 juin 1833.

Courses aux eaux douces d'Europe. Au fond du port de Constantinople, les collines d'Eyoub et celles qui portent Péra et Galata se rapprochent insensiblement, et ne laissent qu'un bras de mer étroit entre leurs rives ; à gauche s'étend le faubourg d'Eyoub avec sa mosquée, où les sultans à leur avénement au trône vont ceindre le sabre de Mahomet, sacre de sang, consécration de la force, religion du despotisme musulman. Cette mosquée pyramide gracieusement au-dessus des maisons peintes du faubourg, et la cime de ses minarets va se confondre à l'horizon avec les hautes murailles grecques ruinées de Constantinople. Au bord du canal, un beau palais des sultanes s'étend le long des flots. Les fenêtres sont au niveau de l'eau; les cimes larges et touffues des arbres du jardin dominent le toit et se réfléchissent dans la mer. Au-delà la mer n'est plus qu'un fleuve qui passe entre deux pelouses. Des collines, des jardins et des bois couvrent ces belles croupes. Quelques pasteurs bulgares y jouent de la musette, assis sur les rochers, en gardant des troupeaux de chevaux et de chèvres. Enfin le fleuve n'est plus qu'un ruisseau dont les rames des caïques touchent les deux bords, et où les racines d'ormes superbes, croissant sur les bords, embarrassent la navigation. Une vaste prairie, ombragée de groupes de platanes, s'étend à droite; à gauche, montent les croupes boisées et verdoyantes; au fond, le regard se perd entre les colonnades vertes et irrégulières des arbres qui ombragent le ruisseau et serpentent avec lui. Ainsi finit le beau port de Constantinople; ainsi finit la vaste, belle et orageuse Méditerranée. Vous échouez dans une anse ombragée, au fond d'un golfe de verdure, sur un banc de gazon et de fleurs, loin du bruit et du mouvement de la mer et de la ville. Oh! qu'une vie d'homme qui finirait ainsi finirait bien! Dieu donne une telle fin à la vie de mes amis, qui s'agitent et brillent aujourd'hui dans la mêlée humaine! Du silence après le bruit, de l'obscurité douce après le grand jour, du repos après l'agitation. Un nid d'ombre et de solitude pour réfléchir à la vie passée, et mourir en paix et en amitié avec la nature et les hommes. Pour moi-même, je ne fais plus de vœu, je ne demande même pas cela : ma solitude ne sera ni si belle ni si douce.

Descendu du caïque, je suis les bords du ruisseau jusqu'à un kiosque que je vois blanchir entre les arbres. A chaque tronc, j'aperçois un groupe de femmes turques et arméniennes qui, entourées de beaux enfans jouant sur la pelouse, prennent leur repas à l'ombre. Des chevaux de selle superbement enharnachés, et des arabas, voitures de Constantinople, attelés de bœufs, sont épars sur la prairie. Le kiosque est précédé et entouré d'un canal et de pièces d'eau, où nagent des cygnes. Les jardins sont petits, mais la prairie entière est un jardin. Là venait souvent jadis le sultan actuel passer les saisons de chaleur. Il aimait ce délicieux séjour, parce que ce séjour plaisait à une odalisque favorite. L'amour avait trouvé place dans ce cœur après les massacres de l'Atméidan ; et au milieu des sensualités du harem, la belle odalisque mourut ici. Depuis ce temps, Mahmoud a abandonné ce beau lieu. Le tombeau de l'odalisque est souvent, dit-on, visité par lui, et consacre seul les jardins de ce palais abandonné. Journée passée au fond de la vallée, à l'ombre des arbres. Vers écrits à V...

3 juillet.

Je me suis embarqué ce matin pour Constantinople. J'ai remonté le Bosphore ; je suis entré dans

la mer de Marmara; et, après avoir suivi environ
deux heures les murs extérieurs qui séparent Stamboul de cette mer, je suis descendu au pied du château des Sept-Tours. Nous n'avions ni teskéré ni
guide. Les soldats turcs, après beaucoup de difficultés, nous ont laissés entrer dans la première cour de
ce château de sang, où les sultans détrônés étaient
traînés par la populace, et allaient attendre la mort,
qui ne tarde jamais quand le peuple est à la fois juge
et bourreau. Six ou sept têtes d'empereurs décapités
ont roulé sur les marches de cet escalier. Des milliers de têtes plus vulgaires ont couvert les créneaux
de cette tour. Le gardien refuse de nous laisser entrer plus avant. Pendant qu'il va demander des
ordres au commandant du château, s'entr'ouvre la
porte d'une salle basse et voûtée dans la tour orientale. Je fais quelques pas, j'entends un rugissement
qui fait vibrer la voûte, et je me trouve face à face
avec un superbe lion enchaîné. Le lion s'élance sur
un beau lévrier qui me suivait. Le lévrier s'échappe
et se réfugie entre mes jambes. Le lion se dressait sur
ses pattes de derrière; mais sa chaîne le retenait
contre la muraille. Je sortis et fermai la porte. Le
gardien vint me dire qu'il risquerait sa tête s'il m'introduisait plus avant. Je me retirai, et je sortis de
l'enceinte de la ville par une porte des anciens murs
qui descend dans la campagne. Les murs de Constantinople prennent naissance au château des Sept-Tours, sur la mer de Marmara, et s'étendent jusqu'aux
sommités des collines qui couvrent le faubourg

d'Eyoub, vers l'extrémité du port, aux eaux douces d'Europe, — enceignant ainsi toute la ville ancienne des empereurs grecs, et la ville de Stamboul des empereurs turcs, par le seul côté du triangle qui ne soit pas protégé par la mer. De ce côté, rien ne défendrait Constantinople que les pentes insensibles de ses collines, qui vont mourir dans une belle plaine cultivée. Là, on construisit ce triple rang de murs où tant d'assauts échouèrent, et derrière lesquels le misérable empire grec se crut si longtemps impérissable. Ces murs admirables existent toujours ; et ce sont, après le Parthénon et Balbek, les plus majestueuses ruines qui attestent la place d'un empire. J'en ai suivi le pied du côté extérieur, ce matin. Ce sont des terrasses de pierre, de cinquante à soixante pieds d'élévation, et quelquefois de quinze à vingt pieds de large, revêtues de pierre de taille, d'une belle couleur gris blanc, souvent même entièrement blanches, et comme sortant du ciseau de l'ouvrier. On en est séparé par d'anciens fossés, comblés de débris et de terre végétale luxuriante, où les arbres et les plantes pariétaires ont pris racine depuis des siècles, et forment un impénétrable glacis. C'est une forêt vierge de trente ou quarante pas de large, remplie de nids d'oiseaux et peuplée de reptiles. Quelquefois cette forêt cache entièrement les flancs des murs et des tours carrées dont elle est flanquée, ou n'en laisse apercevoir que les créneaux élevés. Souvent la muraille reparaît dans toute sa hauteur, et réverbère, avec un éclat doré, les rayons du soleil. Elle est échancrée du haut par des brèches de toutes les formes, d'où la verdure descend comme dans des ravines de montagnes, et vient se confondre avec celle des fossés. Presque partout son sommet est couronné de végétation qui déborde, et forme un bourrelet de plantes, des chapiteaux et des volutes de lianes et de lierres. Çà et là, du sein des tours comblées par les pierres et la poussière, s'élance un platane ou un cyprès qui entrelace ses racines à travers les fentes de ce piédestal. Le poids des branches et des feuilles, et les coups de vent dont ces arbres aériens sont sans cesse battus, font incliner leurs troncs vers le midi, et ils pendent comme des arbres déracinés avec leurs vastes branchages chargés de nids d'une multitude d'oiseaux. Tous les trois ou quatre cents pas on rencontre une des tours accouplées, d'une magnifique construction, avec les énormes voûtes d'une porte ou d'un arc antique entre ces tours. La plupart de ces portes sont murées aujourd'hui, et la végétation, qui a tout envahi, murs, portes, créneaux, tourelles, forme dans ces endroits ses plus bizarres et ses plus beaux accouplemens avec les ruines et les œuvres de l'homme. Il y a des pans de lierre qui descendent du sommet des tours, comme des plis d'immenses manteaux ; il y a des lianes formant des ponts de verdure de cinquante pieds d'arche d'une brèche à l'autre ; il y a des parterres de giroflées, semés sur des murs perpendiculaires, que le vent balance sans cesse comme des vagues de fleurs ; des milliers d'arbustes forment des créneaux dentelés de feuillages et de couleurs diverses.

Il sort de tout cela des nuées d'oiseaux, quand on jette une pierrre contre les flancs des murs tapissés, ou dans les abimes des fourrés qu'on a à ses pieds. Nous vimes surtout un grand nombre d'aigles qui habitent les tours et qui planent tout le jour au soleil, au-dessus des aires où ils nourrissent leurs petits, etc., etc.

Juillet.

Même vie solitaire à Buyukdéré. Le soir sur la mer ou dans la vallée des Roses. Visites de M. de Truqui toutes les semaines. Les bons cœurs ont seuls en eux une vertu qui console. Dieu leur a donné l'unique dictame qu'il y ait pour les blessures incurables du cœur, la sympathie. —

Hier le comte Orloff, commandant de la flotte et de l'armée russes, et ambassadeur extraordinaire de l'empereur de Russie auprès de la Porte, a célébré son succès et son départ par une fête militaire donnée au sultan sur le Bosphore. Les jardins de l'ambassade de Russie à Buyukdéré couvrent les flancs boisés d'une montagne qui ferme le golfe et dont la mer baigne le pied. On a, des terrasses des palais, la vue du Bosphore dans son double cours vers Constantinople et vers la mer Noire. Tout le jour, le canon de la flotte russe, mouillée au pied des jardins devant nos fenêtres, a retenti de minute en minute, et ses mâts pavoisés se sont confondus avec la verdure des grands arbres des deux rives. La mer a été couverte dès le matin de petits navires et de

caïques apportant de Constantinople quinze ou vingt
mille spectateurs qui se sont répandus dans les kiosques, dans les prairies, sur les rochers des environs.
Un grand nombre est resté dans les caïques qui, remplis de femmes juives, turques, arméniennes, vêtues
de couleurs éclatantes, flottent comme des bouquets
de fleurs çà et là sur la mer. Le camp des Russes sur
les flancs de la montagne du Géant, à une demi-lieue
de la flotte, se détache avec ses tentes blanches et
bleues, de la sombre verdure et des pentes brûlées de
la montagne. Le soir, les jardins de l'ambassade russe
étaient illuminés par des milliers de lampions suspendus à toutes les branches de ses forêts. Les vaisseaux,
illuminés aussi sur tous les mâts, sur toutes les vergues, sur tous les cordages, ressemblaient à des navires de feu dont l'incendie fait partir les batteries.
Leurs flancs vomissaient des torrens d'éclairs, et le
camp des troupes de débarquement, éclairé par de
grands feux sur les caps et sur les mamelons des montagnes d'Asie, se réfléchissait en traînées lumineuses
dans la mer, et jetait les lueurs d'un incendie dans
tout l'immense lit du Bosphore. Le Grand-Seigneur
arrivait, au milieu de cette nuit étincelante, sur un
bâtiment à vapeur qui venait se ranger sous les terrasses du palais de Russie, pour jouir du spectacle
qui lui était offert. On le voyait sur le pont du bâtiment, entouré de son visir et de ses pachas favoris.
Il est resté à bord et a envoyé le grand visir assister
au souper du comte Orloff. Des tables immenses
dressées sous les longues avenues des platanes, et

d'autres tables cachées dans tous les bosquets des jardins, étaient couvertes d'or et d'argent qui répercutait les clartés des arbres illuminés. A l'heure la plus sombre de la nuit, un peu avant le lever de la lune, un feu d'artifice, porté sur les flots dans des radeaux, au milieu du Bosphore, à égale distance des trois rivages, s'est élancé dans les airs, a couru sur les flots, et répandu une clarté sanglante sur les montagnes, sur la flotte et sur cette foule innombrable de spectateurs, dont les caïques couvraient la mer. Jamais plus beau spectacle ne peut frapper un regard d'homme : on eût dit que la voûte des nuits se déchirait et laissait voir un coin d'un monde enchanté, avec des élémens, des montagnes, des mers et des cieux, d'une forme et d'une couleur inconnues, et des milliers d'ombres vaporeuses et fugitives flottant sur des flots de lumière et de feu. Puis tout est rentré dans le silence et dans la nuit. Les lampions, éteints comme au souffle du vent, ont disparu de toutes les vergues, de tous les sabords des vaisseaux, et la lune, sortant d'un vallon élevé entre les crêtes de deux montagnes, est venue répandre sa lumière plus douce sur la mer, et détacher sur un fond de perles les énormes masses noires et les spectres disséqués des mâts, des vergues et des haubans des navires. Le sultan est reparti sur son léger brick à vapeur, dont la colonne de fumée traînait sur la mer, et s'est évanoui en silence comme une ombre qui serait venue assister à la ruine d'un empire.

Ce n'était pas Sardanapale éclairant des lueurs de

son bûcher les débris de son trône écroulé. C'était le meurtre d'un empire chancelant, obligé de demander à ses ennemis appui et protection contre un esclave révolté, et assistant à leur gloire et à sa propre humiliation. Que pouvaient penser les vieux osmanlis qui voyaient les lueurs du camp des barbares chrétiens et les étoiles de leurs feux de joie éclater sur les montagnes sacrées de l'Asie, retomber sur le dôme des mosquées, et aller se réverbérer jusque sur les murailles des vieux sérails? Que pensait Mahmoud lui-même sous le sourire affecté de ses lèvres? — Quel serpent lui dévorait le cœur? Ah! il y avait là-dedans quelque chose de profondément triste, quelque chose qui brisait le cœur pour lui, et qui aurait dû suffire, selon moi, pour lui rendre l'héroïsme par le remords. — Et il y avait aussi quelque chose de profondément consolant pour la pensée du philosophe qui reconnaît la Providence et qui aime les hommes. C'était cette marche du temps et des choses qui faisait tomber en débris un empire immense, obstacle à la civilisation de la moitié de l'Orient, et qui ramenait pas à pas, vers ces beaux pays, des races d'hommes moins usées, des dominations plus humaines, et des religions plus progressives.

Juillet.

J'ai dîné aujourd'hui chez le baron de Sturmer avec le prince royal de Bavière, qui revient de Grèce et s'arrête quelques jours à Constantinople. Ce jeune prince, avide d'instruction, et ayant le bon esprit d'oublier en apparence le trône qui l'attend, recherche l'entretien des hommes qui n'ont pas intérêt à le flatter, et se forme en les écoutant. Il cause à merveille lui-même. « Le roi mon frère, m'a-t-il dit, hésite encore sur le choix de sa capitale. Je désire avoir votre avis. — La capitale de la Grèce, lui ai-je répondu, est donnée par la nature même de l'événement qui a reconstitué la Grèce. La Grèce est une résurrection. Quand on ressuscite, il faut renaître avec sa forme et son nom, avec son individualité complète. Athènes avec ses ruines et ses souvenirs est le signe de reconnaissance de la Grèce. Il faut qu'elle renaisse à Athènes, ou elle ne sera plus que ce qu'elle est aujourd'hui, — une pauvre peuplade disséminée sur les rochers du Péloponèse et des îles. »

Juillet.

Départ de la flotte et de l'armée russes. Ils savent maintenant le chemin ; ils ont accoutumé les yeux des Turcs à les voir. Le Bosphore reste désert et inanimé.

Mes chevaux arabes arrivent par l'Asie mineure. Tedmor, le plus beau et le plus animé de tous, a péri à Magnésie, presque au terme de la route. Les Saïs l'ont pleuré, et pleurent encore en me racontant sa fin. Il avait fait l'admiration de toutes les villes de la Caramanie où il avait passé. Les autres sont si maigres et si fatigués qu'il leur faudrait un mois de repos pour être en état de faire le voyage de la Turquie d'Europe et de l'Allemagne. Je vends les deux plus beaux à M. de Boutenieff pour les haras de l'empereur de Russie, et les trois autres à différentes personnes de Constantinople. Je regretterai toujours Tedmor et Saïde.

Je viens de faire un marché avec des Turcs de Stamboul et du faubourg d'Eyoub, possesseurs de ces voitures qui portent les femmes dans les rues de Constantinople; ils me louent cinq arabas, attelés chacun de quatre chevaux, pour conduire en vingt-cinq jours de marche à Belgrade ma femme et moi, M. de Capmas, mes domestiques et nos bagages. Je loue deux Tartares pour diriger la caravane, des moukres, conducteurs de mulets, pour porter les lits, la cuisine, les caisses de livres, etc., et enfin six chevaux de selle pour nous, si les chemins ne permettent pas de se servir des arabas. — Le prix de tous ces chevaux et voitures est d'environ quatre mille francs. Un excellent interprète à cheval nous accompagne. Le départ est fixé au 23 juillet.

Juillet.

Parti cette nuit à deux heures de Constantinople; les chevaux et les équipages nous attendaient dans le faubourg d'Eyoub, sur une petite place non loin d'une fontaine ombragée de platanes. Un café turc est auprès. La foule s'assemble pour nous voir partir; mais nous n'éprouvons ni insulte ni perte d'aucun objet. La probité est la vertu des rues, en Turquie; elle est moins commune aux palais. Les Turcs qui sont assis sous les arbres devant le café, les enfans qui passent, nous aident à charger nos arabas et nos chevaux, ramassent et nous rapportent eux-mêmes les objets qui tombent ou que nous oublions.

Nous nous mettons en marche au soleil levé, tous à cheval, et gravissant les longues rues solitaires et montueuses qui vont du faubourg d'Eyoub aux murailles grecques de Stamboul. Nous sortons des murs sur un coteau nu et désert dominé par une superbe caserne. Deux bataillons du nysam Djédid, troupes régulières, font l'exercice devant la caserne. M. Truqui et les jeunes Grecs de son consulat ont voulu nous accompagner. Nous nous séparons là. Nous embrassons cet excellent homme; qui a été pour nous une providence dans ces jours d'isolement. Dans le désespoir, une amitié de deux mois est pour nous une amitié de longues années. Que Dieu récompense et console les dernières années de cet homme de consolation! Qui sait si nous nous reverrons ici-bas? Nous partons pour une longue et chanceuse pérégrination. Il reste triste et malade, loin de sa femme et de sa patrie. Il veut en vain nous cacher ses larmes, et les nôtres mouillent sa main tremblante. — Nous faisons halte à trois lieues de Constantinople pour laisser passer la chaleur du jour. Nous avons traversé un pays onduleux de coteaux qui dominent la mer de Marmara. Peu de maisons, disséminées dans les champs; point de villages. Nous

nous remettons en route à quatre heures ; et, suivant toujours les collines basses, larges et nues, nous arrivons à une petite ville, où nos Tartares, qui nous devancent, nous ont fait préparer une maison. Cette maison appartient à une famille grecque, famille charmante : trois femmes gracieuses ; enfans d'une beauté admirable. Ils étendent des tapis et des coussins sur le plancher de bois de sapin pour la nuit. Mon cuisinier trouve à se procurer du riz, des poules et des légumes en abondance. — Notre caravane est sur pied à trois heures du matin. Un de mes Tartares marche pendant quelques heures à la tête de la troupe. Après le repos du milieu du jour, que nous prenons au bord d'une fontaine, ou sous quelque masure de caravansérail, il prend mes ordres et va au galop dans la ville ou dans le village où nous devons coucher. Il porte mes lettres du grand visir au pacha, à l'aga, à l'ayam ou seigneur du village. Ceux-ci choisissent la meilleure maison grecque, arménienne ou juive du pays, avertissent le propriétaire de la préparer pour des étrangers. Ils y font porter des fourrages pour les trente-deux chevaux dont se compose notre suite, et souvent un souper pour nous. L'ayam, accompagné des principaux habitans, et de quelques cavaliers, s'il y a des troupes dans la ville, vient au-devant de nous à une certaine distance sur la route, et nous accompagne à notre logement. Ils descendent de cheval avec nous, nous introduisent, font apporter la pipe et le café, et après quelques instans se retirent chez eux, où je vais bientôt après leur rendre leur visite.

De Constantinople à Andrinople, rien de remarquable, rien de pittoresque que l'immense étendue des plaines sans habitations et sans arbres, traversées de loin en loin par un fleuve encaissé et à demi tari qui passe sous des arches de pont ruiné. Le soir, on trouve à peine un mauvais village au fond d'un vallon entouré de vergers. Les habitans sont tous Grecs, Arméniens ou Bulgares. Les kans de ces villages sont des masures presque sans toits, où l'on entasse les hommes et les chevaux. La route continue ainsi pendant cinq jours. Nous ne rencontrons personne; cela ressemble au désert de Syrie. Une fois seulement nous nous trouvons au milieu de trente ou quarante paysans bulgares, vêtus comme des Européens, coiffés d'un bonnet de poil de mouton noir. Ils marchent vers Constantinople aux sons de deux cornemuses. Ils poussent de grands cris en nous voyant, et s'élancent vers nous en nous demandant quelques piastres. Ce sont les Savoyards de la Turquie d'Europe. Ils vont garder les chevaux du Grand-Seigneur et des pachas dans les prairies des eaux douces d'Asie et de Buyukdéré. Ils sont les jardiniers de Stamboul.

Le sixième jour au matin, nous apercevons Andrinople à l'issue de ces plaines, dans un beau bassin, entre des montagnes. La ville paraît immense, et sa belle mosquée la domine. C'est le plus beau monument religieux de la Turquie après Sainte-Sophie, construit par Bajazet dans le temps où la capitale de l'empire était Andrinople. Les champs, deux lieues avant la ville, sont cultivés en blé, en vignes, en arbres fruitiers de toute espèce. L'aspect du pays rappelle les environs de Dijon ou de Lyon. De nombreux ruisseaux serpentent dans la plaine. Nous entrons dans un long faubourg; nous traversons la ville au milieu d'une foule de Turcs, de femmes et d'enfans qui se pressent pour nous voir, mais qui, loin de nous importuner, nous donnent toutes sortes de marques de politesse et de respect. Les personnes qui sont venues au-devant de nous nous conduisent à la porte d'une belle maison, appartenant à M. Vernazza, consul de Sardaigne à Andrinople.

Deux jours passés à Andrinople dans la délicieuse maison de ce consul. Sa famille est à quelques lieues de là, aux bords de la rivière Maritza (l'Èbre des anciens); vue ravissante d'Andrinople, le soir, du haut de la terrasse de M. Vernazza. La ville, grande à peu près comme Lyon, est arrosée par trois fleuves : l'Èbre, l'Arda et le Tundicha; elle est enveloppée de toutes parts par les bois et les eaux; les belles chaînes de montagnes encadrent ce bassin fertile. — Visite à la mosquée, édifice semblable à toutes les mosquées, mais plus élevé et plus vaste. Nos arts n'ont rien produit de plus hardi, de plus original et de plus d'effet que ce monument et son minaret, colonne percée à jour de plus de cent pieds de tronc.

Reparti d'Andrinople pour Philippopoli; la route traverse des défilés et des bassins boisés et rians, quoique déserts, entre les hautes chaînes des montagnes du Rhodope et de l'Hémus. Trois jours de marche. Beaux villages. Le soir, à trois lieues de Philippopoli, j'aperçois dans la plaine une nuée de cavaliers turcs, arméniens et grecs, qui accourent sur nous au galop. Un beau jeune homme, monté sur un cheval superbe, arrive le premier et touche mon habit du doigt; il se range ensuite à côté de moi; il parle italien, et m'explique qu'ayant été le premier qui m'ait touché, je dois accepter sa maison, quelles que soient les instances des autres cavaliers pour me conduire ailleurs. Le kiaia du gouverneur de Philippopoli arrive ensuite, me complimente au nom de son maître, et me dit que le gouverneur m'a fait préparer une maison vaste et commode et un souper, et qu'il veut me retenir quelques jours dans la ville; mais je persiste à accepter la maison du jeune Grec, M. Mauridès.

Nous entrons dans Philippopoli au nombre de soixante ou quatre-vingts cavaliers; la foule est aux fenêtres et dans les rues pour voir ce cortége; nous sommes reçus par la sœur et les tantes de M. Mauridès: — maison vaste et élégante; — beau divan percé de vingt-quatre fenêtres et meublé à l'européenne, où le gouverneur et le chef des différentes nations de la ville viennent nous complimenter et prendre le café. Trois jours passés à Philippopoli, à jouir de l'admirable hospitalité de M. Mauridès, à parcourir les environs et à recevoir et rendre les visites des Turcs, des Grecs et des Arméniens.

Philippopoli est une ville de trente mille âmes, à quatre journées d'Andrinople, à huit journées de Sophia, située au bord d'un fleuve, sur un monticule de rochers isolés au milieu d'une large et fertile vallée ; c'est un des plus beaux sites naturels de ville que l'on puisse se représenter ; la montagne forme une corne à deux sommets, tous les deux également couronnés de maisons et de jardins, et les rues descendent en serpentant circulairement, pour en adoucir les pentes, jusqu'aux rives du fleuve, qui circule lui-même au pied de la ville et l'enveloppe d'un fossé d'eau courante; l'aspect des ponts, des jardins, des maisons, des grands arbres qui s'élèvent des rives du fleuve, de la plaine boisée qui sépare le fleuve des montagnes de la Macédoine, de ces montagnes elles-mêmes dont les flancs sont coupés de torrens dont on voit blanchir l'écume, et semés de villages ou de grands monastères grecs, fait du jardin de M. Mauridès un des plus admirables points de vue du monde ; la ville est peuplée par moitié de Grecs, d'Arméniens et de Turcs. Les Grecs sont en général instruits et commerçans ; les principaux d'entre eux font élever leurs enfans en Hongrie ; l'oppression des Turcs ne leur semble que plus pesante ensuite ; ils soupirent après l'indépendance de leurs frères de la Morée. J'ai connu là trois jeunes Grecs charmans, et dignes, par leurs sentimens et leur énergie d'esprit, d'un autre sort et d'une autre patrie.

Quitté Philippopoli, et arrivé en deux jours à une jolie ville dans une plaine cultivée, appelée *Tatar Bazargik;* elle appartient, ainsi que la province environnante, à une de ces grandes familles féodales turques, dont il existait cinq ou six races en Asie et en Europe, respectées par les sultans. Le jeune prince qui possède et gouverne *Tatar Bazargik* est le fils de l'ancien visir Husseim-Pacha. Il nous reçoit avec une hospitalité chevaleresque, nous donne une maison construite à neuf au bord d'une rivière qui entoure la ville, maison vaste, élégante, commode, appartenant à un riche Arménien; à peine y sommes-nous installés, que nous voyons arriver quinze ou vingt esclaves, portant chacun un plateau d'étain sur la tête; ils déposent à nos pieds sur le plancher une multitude de pilaus, de pâtisseries, de plats de gibier et de sucreries de toute espèce, des cuisines du prince; on m'amène deux beaux chevaux en présent, que je refuse; des veaux et des moutons pour nourrir ma suite. — Le lendemain nous commençons à voir les Balkans devant nous; ces belles montagnes, boisées et entrecoupées de grands villages et de riches cultures, sont peuplées par les Bulgares. Nous suivons tout le jour les bords d'un torrent qui forme des marais dans la plaine; arrivés au pied du Balkan, je trouve tous les principaux habitans du village bulgare d'*Yenikeui* qui nous attendent, prennent les rênes de nos chevaux, se placent à droite et à gauche de nos voitures, les soutiennent de la main et des épaules, les soulèvent quelquefois pour empêcher la roue de couler dans les précipices, et nous conduisent ainsi dans le misérable village où mes Tartares nous ont devancés; les maisons, éparses sur les flancs ou les croupes de deux collines séparées par un profond ravin, sont entourées de jolis vergers et de prairies; toutes les montagnes sont cultivées à leur base, et couvertes de belles forêts sur leurs croupes ; les cimes sont de rochers ; ces maisonnettes bulgares sont bâties en claie et couvertes de branches d'arbres avec leurs feuilles ; nous en occupons sept à huit, et nos moukres, Tartares et cavaliers, bivouaquent dans les vergers ; chaque maison n'a qu'une chambre, et la terre nue sert de plancher ; je prends la fièvre et une inflammation du sang, suite de chagrin et de fatigue ; je passe vingt jours couché sur une natte dans cette misérable chaumière sans fenêtre, entre la vie et la mort. Admirable dévouement de ma femme qui passe quinze jours et quinze nuits sans fermer les yeux, à côté de mon lit de paille ; elle envoie dans les marais de la plaine chercher des sangsues ; les Bulgares finissent par en découvrir ; soixante sangsues sur la poitrine et sur les tempes diminuent le danger ; je sens mon état, je pense nuit et jour à ma femme abandonnée, si je venais à mourir à quatre cents lieues de toute consolation, dans les montagnes de la Macédoine ; heures affreuses ! Je fais appeler M. de Capmas et lui donne mes dernières instructions en cas de ma mort ; je le prie de me faire ensevelir sous un arbre que j'ai vu en arrivant au bord de la route, avec un seul mot, écrit sur la pierre, ce mot au-dessus de toutes les consolations : — Dieu. — Le sixième jour de la fièvre, le péril déjà passé, nous entendons un bruit de chevaux et d'armes dans la cour ; plusieurs cavaliers descendent de cheval ; c'est le jeune et aimable Grec de Philippopoli, M. Mauridès, avec un jeune médecin macédonien, et plusieurs serviteurs, déchargeant des chevaux chargés de provisions, de meubles, de médicamens. Un Tartare, qui traversait le Balkan pour aller à Andrinople, s'était arrêté au kan de Philippopoli et avait répandu le bruit qu'un voyageur franc était tombé malade et se mourait à Yenikeui ; ce bruit parvient à M. Mauridès à dix heures du soir ; il présume que ce Franc c'est son hôte ; il envoie chercher son ami le médecin, rassemble ses domestiques, fait charger sur ses chevaux tout ce que sa prévoyance charitable lui fait juger nécessaire à un malade, part au milieu de la nuit, marche sans s'arrêter, et vient, à deux journées de route, apporter des secours, des remèdes et des consolations à un inconnu qu'il ne reverra jamais. Voilà de ces traits qui rafraîchissent l'âme, et montrent la généreuse nature de l'homme dans tous les lieux et dans tous les climats. M. Mauridès me trouva presque convalescent ; ses affaires le rappelaient à Philippopoli ; il repart le même jour et me laisse le jeune médecin macédonien ; c'était un homme de talent et d'instruction ; il avait fait ses études médicales à Semlin, en Hongrie, et parlait latin ; son talent nous fut inutile ; la tendresse, la présence d'esprit et l'énergie de résolution de ma femme avaient suppléé à tout ; mais sa société nous fut douce pendant les vingt mortelles journées de séjour à Yenikeui, nécessaires pour que la maladie se dissipât, et que je reprisse des forces pour remonter à cheval.

Le prince de Tatar-Bazargik, informé dès le premier moment de ma maladie, ne me donna pas des marques moins touchantes d'intérêt et d'hospitalité. Il m'envoya chaque jour des moutons, des veaux pour mes gens, et pendant tout le temps de mon séjour à Yenikeui, cinq ou six cavaliers de sa garde restèrent constamment dans ma cour avec leurs chevaux tout bridés et prêts à exécuter mes moindres désirs. Pendant les derniers jours de ma convalescence, ils m'accompagnèrent dans des courses à cheval dans la magnifique vallée et sur les montagnes des environs d'Yenikeui ; le prince me fit offrir jusqu'à des esclaves ; un détachement de ses cavaliers m'accompagna au départ jusqu'aux limites de son gouvernement. J'ai pu étudier là, dans l'intérieur même des familles, les mœurs des Bulgares ; ce sont les mœurs de nos paysans suisses ou savoyards : ces hommes sont simples, doux, laborieux, pleins de respect pour leurs prêtres et de zèle pour leur religion ; c'est la religion grecque. Les prêtres sont de simples paysans laboureurs, comme eux. Les Bulgares forment une population de plusieurs millions d'hommes qui s'accroît sans cesse ; ils vivent dans de grands villages et de petites villes séparées des Turcs : un Turc ou deux, délégués par le pacha ou l'ayam, parcourent toute l'année ces villages pour recueillir les impôts ; hors de là et de quelques corvées, ils vivent en paix et selon leurs propres mœurs. Leur costume est celui des paysans d'Allemagne ; les femmes et les filles ont un costume à peu près semblable à celui des montagnes de Suisse ; elles sont jolies, vives, gracieuses. Les mœurs m'ont paru pures, quoique les femmes cessent d'être voilées comme en Turquie et fréquentent librement les hommes ; j'ai vu des danses champêtres parmi les Bulgares comme dans nos villages de France ; ils méprisent et haïssent les Turcs ; ils sont complètement mûrs pour l'indépendance, et formeront avec les Serviens, leurs voisins, la base des États futurs de la Turquie d'Europe. Le pays qu'ils habitent serait bientôt un jardin délicieux, si l'oppression aveugle et stupide, non pas du gouvernement, mais de l'administration turque, les laissait cultiver avec un peu plus de sécurité ; ils ont la passion de la terre.

Je quittai Yenikeui et ses aimables et bons paysans avec regret : c'est un ravissant séjour d'été ; tout le village nous accompagna à une lieue dans le Balkan, et nous combla de vœux et de bénédictions ; nous franchîmes le premier Balkan en un jour : ce sont des montagnes à peu près semblables à celles d'Auvergne, accessibles et cultivables presque partout ; cinq cents ouvriers pendant une saison y feraient la plus belle route carrossable. En trois jours j'arrivai à Sophia, grande ville dans une plaine intérieure, arrosée d'une rivière ; un pacha turc y résidait ; il envoya son kiaia au-devant de moi et me fit donner la maison d'un négociant grec. J'y passai un jour ; le pacha m'envoya des veaux, des moutons, et ne voulut accepter aucun présent. La ville n'a rien de remarquable. En quatre petites journées de marche, tantôt dans des montagnes d'un abord facile, tantôt dans des vallées et des plaines admirablement fertiles, mais dépeuplées, j'arrivai dans la plaine de Nissa, dernière ville turque presque aux frontières de la Servie; je précédais, à cheval, d'une demi-heure, la caravane; le soleil était brûlant; à environ une lieue de la ville, je voyais une large tour blanche s'élever au milieu de la plaine brillante comme du marbre de Paros; le sentier m'y conduisait; je m'en approchai et, donnant mon cheval à tenir à un enfant turc qui m'accompagnait, je m'assis à l'ombre de la tour pour dormir un moment; à peine étais-je assis que, levant les yeux sur le monument qui me prêtait son ombre, je vis que ses murs, qui m'avaient paru bâtis de marbre ou de pierre blanche, étaient formés par des assises régulières de crânes humains. Ces crânes et ces faces d'hommes, décharnés et blanchis par la pluie et le soleil, cimentés par un peu de sable et de chaux, formaient entièrement l'arc triomphal qui m'abritait; il peut y en avoir quinze à vingt mille; à quelques-uns les cheveux tenaient encore et flottaient comme des lichens et des mousses au souffle du vent; la brise des montagnes soufflait vive et fraîche, et s'engouffrant dans les innombrables cavités des têtes, des faces et des crânes, leur faisait rendre des sifflemens plaintifs et lamentables. Je n'avais là personne pour m'expliquer ce monument barbare; l'enfant qui tenait les deux chevaux par la bride jouait avec les petits morceaux de crânes tombés en poussière au pied de la tour; j'étais si accablé de fatigue, de chaleur et de sommeil, que je m'endormis la tête appuyée contre ces murs de têtes coupées ; en me réveillant, je me trouvai entouré de la caravane et d'un grand nombre de cavaliers turcs, venus de Nissa pour nous escorter à notre entrée dans la ville ; ils me dirent que c'étaient les têtes des quinze mille Serviens tués par le pacha dans la dernière révolte de la Servie. Cette plaine avait été le champ de mort de ces généreux insurgés, et ce monument était leur sépulcre ; je saluai de l'œil et du cœur les restes de ces hommes héroïques dont les têtes coupées sont devenues la borne de l'indépendance de leur patrie.

La Servie, où nous allions entrer, est maintenant libre, et c'est un chant de liberté et de gloire que le vent des montagnes faisait rendre à la tour des Serviens morts pour leur pays ! Bientôt ils posséderont Nissa même ; qu'ils laissent subsister ce monument ! Il apprendra à leurs enfans ce que vaut l'indépendance d'un peuple, en leur montrant à quel prix leurs pères l'ont payée.

Nissa ressemble à Sophia et n'a aucun caractère. — Nous y passons un jour. — Après Nissa, on entre dans les belles montagnes et dans l'océan des forêts de la Servie. Ces forêts vierges s'étendent partout autant que l'horizon, laissant serpenter seulement une large route, récemment tracée par le prince Milosch, chef indépendant de la Servie. Pendant six jours nous nous enfonçons dans ces magnifiques et perpétuels ombrages, n'ayant d'autre spectacle que les colonnades sans fin des troncs énormes et élevé des hêtres, les vagues de feuillages balancées par les vents, les avenues de collines et de montagnes uniformément vêtues de leurs chênes séculaires.

Seulement de distance en distance, environ toutes les cinq à six lieues, en descendant dans un vallon un peu plus large et où serpente une rivière, de grands villages en bois avec quelques jolies maisons blanches et neuves qui commencent à sortir des forêts, une petite église et un presbytère s'étendent le long d'une jolie rivière, au milieu de prairies et de champs de melons. Les habitans, assis sur des divans de bois devant leurs boutiques, travaillent à différens métiers; leur physionomie, quoique douce et bienveillante, a quelque chose de septentrional, d'énergique, de fier, qui rappelle tout de suite à l'œil un peuple déjà libre, digne de l'être tout à fait. Partout on nous accueille avec hospitalité et respect; on nous prépare la maison la plus apparente du village; le curé vient s'entretenir avec nous. On commence à trouver dans les maisons quelques meubles d'Europe; les femmes ne sont plus voilées; on trouve dans les prairies et dans les bois des bandes de jeunes hommes et de jeunes filles, allant ensemble aux travaux des champs, et chantant des airs nationaux qui rappellent le ranz des vaches. Ces jeunes filles sont vêtues d'une chemise, plissée à mille plis, qui couvre les épaules et le sein, et d'un jupon court de laine brune ou rouge; leur fraîcheur, leur gaîté, la limpidité de leurs fronts et de leurs yeux les font ressembler aux belles femmes de Berne ou des montagnes de Lucerne.

Là nos fidèles compagnes de tous les konaks de Turquie nous abandonnent; nous ne voyons plus les cigognes dont les larges nids, semblables à des berceaux de jonc, couronnent le sommet de tous les dômes des mosquées dans la Turquie d'Europe, et servent de toit aux minarets écroulés. Tous les soirs, en arrivant dans les villages ou dans les kans déserts, nous les voyions deux à deux errer autour de notre tente ou de nos masures; les petits, élevant leurs longs cous hors du nid comme une nichée de serpens, tendent le bec à la mère, qui, suspendue à demi sur ses larges ailes, leur partage la nourriture qu'elle rapporte des marais voisins; et le père, planant immobile à une grande hauteur au-dessus du nid, semble jouir de ce touchant spectacle. Ces beaux oiseaux ne sont nullement sauvages : ils sont les gardiens du toit comme les chiens sont les gardiens du foyer; ils vivent en paix avec les nuées de tourterelles qui blanchissent partout le dôme des kans et des mosquées, et n'effarouchent pas les hirondelles. Les Turcs vivent en paix eux-mêmes avec toute la création animée et inanimée : arbres, oiseaux ou chiens, ils respectent tout ce que Dieu a fait ; ils étendent leur charité à ces pauvres espèces, abandonnées ou persécutées chez nous. Dans toutes les rues, il y a, de distance en distance, des vases pleins d'eau pour les chiens du quartier, et ils font quelquefois en mourant des fondations pieuses pour qu'on jette du grain aux tourterelles qu'ils nourrissent pendant leur vie.

2 septembre 1833.

Nous sommes sortis ce matin des éternelles forêts de la Servie, qui descendent jusqu'aux bords du Danube. Le point où l'on commence à apercevoir ce roi des fleuves est un mamelon couvert de chênes superbes; après l'avoir franchi, on découvre à ses pieds comme un vaste lac d'une eau bleue et transparente, encaissé dans des bois et des roseaux et semé d'îles vertes; en avançant, on voit le fleuve s'étendre à droite et à gauche, en côtoyant d'abord les hautes falaises boisées de la Servie, et en se perdant, à droite, dans les plaines de la Hongrie. Les dernières pentes de forêts qui glissent vers le fleuve sont un des plus beaux sites de l'univers. Nous couchons au bord du Danube, dans un petit village servien.

Le lendemain, nous quittons de nouveau le fleuve pendant quatre heures de marche. Le pays, comme tous les pays de frontières, devient aride, inculte et désert. Nous gravissons vers midi des coteaux stériles, d'où nous découvrons enfin Belgrade à nos pieds. Belgrade, tant de fois renversée par les bombes, est assise sur une rive élevée du Danube. Les toits de ses mosquées sont percés; les murailles sont déchirées; les faubourgs, abandonnés, sont jonchés de masures et de monceaux de ruines; la ville, semblable à toutes les villes turques, descend en rues étroites et tortueuses vers le fleuve. Semlin, première ville de la Hongrie, brille de l'autre côté du Danube avec toute la magnificence d'une ville d'Europe : les clochers s'élèvent en face des minarets. Arrivés à Belgrade, pendant que nous nous reposons dans une petite auberge, la première que nous ayons trouvée en Turquie, le prince Milosch m'envoie quelques-uns de ses principaux officiers pour m'inviter à aller passer quelques jours dans la forteresse où il réside, à quelques lieues de Belgrade; je résiste à leurs instances, et je commande les bateaux pour le passage du Danube. A quatre heures, nous descendons vers le fleuve. Au moment où nous allions nous embarquer, je vois un groupe de cavaliers, vêtus presque à l'européenne, accourir sur la plage : c'est le frère du prince Milosch, chef des Serviens, qui vient de la part de son frère me renouveler ses instances pour m'arrêter quelques jours chez lui. Je regrette vivement de ne pouvoir accepter une hospitalité si obligeamment offerte; mais mon compagnon de voyage, M. de Capmas, est gravement malade depuis plusieurs jours; on le soutient à peine sur son cheval : il est urgent pour lui de trouver le repos et les ressources qu'offrira une ville européenne et les secours des médecins d'un lazaret. Je cause une demi-heure avec le prince, qui me paraît un homme aussi instruit qu'affable et bon ; je salue en lui et dans sa noble nation l'espoir prochain d'une civilisation indépendante, et je pose enfin le pied dans la barque, qui nous transporte à Semlin. — Le trajet est d'une heure; le fleuve, large et profond, a des vagues comme la mer. On longe ensuite les prairies et les

vergers qui entourent Semlin. — Le 3 au soir, entré
au lazaret, où nous devons rester dix jours. Chacun
de nous a une cellule et une petite cour plantée
d'arbres. Je congédie mes Tartares, mes moukres,
mes drogmans, qui retournent à Constantinople :
tous nous baisent la main avec tristesse, et je ne puis
quitter moi-même sans attendrissement et sans reconnaissance ces hommes simples et droits, ces
fidèles et généreux serviteurs qui m'ont guidé, servi,
gardé, soigné comme des frères feraient pour un
frère, et qui m'ont prouvé, pendant les innombrables
vicissitudes de dix-huit mois de voyages dans la terre
étrangère, que toutes les religions avaient leur divine
morale, toutes les civilisations leur vertu, et tous les
hommes le sentiment du juste, du bien et du beau,
gravé en différens caractères dans leur cœur par la
main de Dieu.

NOTES SUR LA SERVIE.

Semlin, 12 septembre, au lazaret.

A peine sorti de ces forêts où germe un peuple
neuf et libre, on regrette de ne pas le connaître plus
à fond ; on aimerait à vivre et à combattre avec lui
pour son indépendance naissante ; on recherche avec
amour d'où il est éclos, et quelle destinée ses vertus
et la Providence lui préparent. Je me souviens toujours de la scène de Iagodina : nous admirions dans
une cabane de Serviens une jeune mère qui allaitait

deux jumeaux, et dont le troisième enfant jouait à terre à ses pieds avec le yatagan de son père. Le pope du village et quelques-uns des principaux habitans étaient en cercle autour de nous, et nous parlaient avec simplicité et enthousiasme du bien-être croissant de la nation, sous ce gouvernement de liberté, des forêts que l'on défrichait, des maisons de bois qui se multipliaient dans les vallées, des écoles nombreuses et pleines d'enfans qui s'ouvraient dans tous les villages : chacun de ces hommes, avançant la tête entre les épaules de ceux qui le précédaient, avait l'air fier et heureux de l'admiration que nous témoignions nous-mêmes ; leur œil était animé, leur front rougissait d'émotion pour leur patrie, comme si la gloire et la liberté de tous avait été l'orgueil de chacun. A ce moment, le mari de la belle Servienne chez qui nous étions logés rentra des champs, s'approcha de nous, nous salua avec ce respect et en même temps avec cette noblesse de manières naturelle aux peuples sauvages ; puis il se confondit dans le cercle des villageois et écouta, comme les autres, le récit que le pope nous faisait des combats de l'indépendance. Quand le pope en fut à la bataille de Nissa et aux trente drapeaux enlevés à quarante mille Turcs par trois mille montagnards, le père s'élança hors du cercle, et, prenant des bras de sa femme ses deux beaux enfans qu'il éleva vers le ciel : — Voilà des soldats de Milosch ! s'écria-t-il. Tant que les femmes seront fécondes, il y aura des Serviens libres dans les forêts de la Schumadia !

L'histoire de ce peuple n'est écrite qu'en vers populaires, comme toutes les premières histoires des peuples héroïques. Ces chants de l'enthousiasme national, éclos sur le champ de bataille, répétés de rang en rang par les soldats, apportés dans les villages à la fin de la campagne, y sont conservés par la tradition. Le curé ou le maître d'école les écrivent; des airs simples, mais vibrans comme le cœur des combattans, ou comme la voix du père de famille qui salue de loin la fumée du toit de ses enfans, les accompagnent; ils deviennent l'histoire populaire de la nation; le prince Milosch en a fait imprimer deux recueils répandus dans les campagnes. L'enfant slave apprend à lire dans ces récits touchans des exploits de ses pères, et le nom du libérateur de la Servie se trouve imprimé dans ses premiers souvenirs. Un peuple, nourri de ce lait, ne peut plus jamais redevenir esclave.

J'ai rencontré souvent au milieu de ces forêts vierges, dans des gorges profondes où l'on ne soupçonnait d'autres habitans que des bêtes féroces, des groupes de jeunes garçons et de jeunes filles qui cheminaient en chantant ensemble ces airs nationaux dont nos interprètes nous traduisaient quelques mots. Ils interrompaient un moment leurs chants pour nous saluer et nous regarder défiler; puis, quand nous avions disparu, ils reprenaient leur route et leurs airs, et les sombres voûtes de ces chênes séculaires, les rochers qui bordaient le torrent, frémissaient et résonnaient longtemps de ces chants à larges notes et à refrains monotones, qui promettent une longue félicité à cette terre. Que disent-ils? demandais-je un jour au drogman qui comprenait leur langue. — Hospodar, me répondit-il, ils disent des choses si niaises que cela ne vaut pas la peine d'être répété à des Francs. — Mais enfin, voyons, traduisez-moi les paroles mêmes qu'ils chantent en ce moment. — Eh bien, ils disent : « Que Dieu bénisse les eaux de la Morawa, car elles ont noyé les ennemis des Serviens! que Dieu multiplie le gland des chênes de la Schumadia, car chacun de ces arbres est un Servien! » — Et que veulent-ils dire par-là ? — Hospodar, ils veulent dire que, pendant la guerre, les Serviens trouvaient un rempart derrière le tronc de ces chênes ; leurs forêts étaient et sont encore leurs forteresses, chacun de ces arbres est pour eux un compagnon de combat ; ils les aiment comme des frères; aussi, quand le prince Milosch, qui les gouverne actuellement, a fait couper tant d'arbres pour tracer, à travers ces forêts, la longue route que nous suivons, les vieux Serviens l'ont bien souvent maudit. Abattre des chênes, disaient-ils, c'est tuer des hommes. En Servie les arbres et les hommes sont amis.

En traversant ces magnifiques solitudes, où, pendant tant de jours de marche, l'œil n'aperçoit, quelque part qu'il se porte, que l'uniforme et sombre ondulation des feuilles des chênes qui couvrent les vallées et les montagnes, véritable océan de feuillages, que ne perce pas même la pointe aiguë d'un minaret

ou d'un clocher ; en descendant de temps en temps
dans des gorges profondes où mugissait une rivière,
où la forêt s'écartait un peu pour laisser place à quelques champs bien cultivés, à quelques jolies maisons
de bois neuves, à des scieries, à des moulins qu'on
bâtissait sur le bord des eaux ; en voyant d'immenses
troupeaux, conduits par de jeunes et belles filles élégamment vêtues, sortir des colonnades de grands
arbres, et revenir le soir aux habitations; les enfans
sortir de l'école, le pope assis sur un banc de bois à
la porte de sa jolie maison, les vieillards entrer dans
la maison commune, ou dans l'église pour délibérer,
je me croyais au milieu des forêts de l'Amérique du
Nord, au moment de la naissance d'un peuple ou de
l'établissement d'une colonie nouvelle. Les figures
des hommes témoignaient de la douceur des mœurs,
de la politesse d'une civilisation antique, de la santé
et de l'aisance de ce peuple; la liberté est écrite sur
leurs physionomies et dans leurs regards. Le Bulgare
est bon et simple, mais on sent que, prêt à s'affranchir, il porte encore un reste du joug ; il y a dans la
pose de sa tête, et dans l'accent de sa langue, et dans
l'humble résignation de son regard, un souvenir et
une appréhension sensible du Turc ; il rappelle le Savoyard, ce bon et excellent peuple des Alpes, à qui
rien ne manque que la dignité de physionomie et de
parole qui ennoblit toutes les autres vertus. Le Servien, au contraire, rappelle le Suisse des petits cantons où les mœurs pures et patriarcales sont en harmonie parfaite, sur la figure du pasteur, avec la liberté

qui fait l'homme, et le courage calme qui fait le héros.
— Les jeunes filles ressemblent aux belles femmes des cantons de Lucerne et de Berne ; leur costume est à peu près le même : des jupons très-courts de couleur éclatante, et leurs cheveux tressés en longues cordes, traînant jusque sur leurs talons. Les mœurs sont pures comme celles des peuples pasteurs et religieux. Leur langue, comme toutes celles qui dérivent du slave, est harmonieuse, musicale et cadencée ; il y a entre eux peu d'inégalité de fortune, mais une aisance générale ; le seul luxe est celui des armes ; leur gouvernement actuel est une sorte de dictature représentative. Le prince Milosch, libérateur de la Servie, a conservé le pouvoir discrétionnaire qui s'était résumé en lui, par nécessité, pendant la guerre. Proclamé prince des Serviens (1829), le peuple lui a juré fidélité à lui et à ses successeurs. Les Turcs qui ont encore une part dans l'administration et dans les garnisons des forteresses, ont reconnu aussi le prince Milosch, et traitent directement avec lui ; il a constitué un sénat et des assemblées délibérantes de district qui concourent à la discussion et à la décision des affaires générales ; le sénat est convoqué tous les ans ; les députés des villages se rassemblent aux environs de la demeure du prince; ils tiennent, comme les hommes des temps héroïques, leurs assemblées délibérantes sous de grands arbres. Le prince descend du siége où il est placé, s'avance vers chacun des députés, l'interroge, écoute ses réponses, prend note de ses griefs ou de ses conseils, lui parle des

affaires, lui explique avec bonté sa politique, se justifie des mesures qui ont pu paraître sévères ou abusives : tout se passe avec la familiarité noble et grave d'hommes des champs, conversant avec leurs seigneurs. Ce sont des patriarches laboureurs et armés. L'idée de Dieu préside à leurs conseils comme à leurs combats : ils combattent, ils gouvernent pour leurs autels comme pour leurs forêts; mais les prêtres bornent ici leur influence aux choses de la religion. L'influence principale est aux chefs militaires, à cette noblesse de sang qu'ils appellent les weyvodes. La domination sacerdotale ne commence jamais que lorsque l'état de guerre a cessé, et que le sol de la patrie appartient sans contestation au peuple. Jusque-là, la patrie honore avant tout ceux qui la défendaient, elle n'honore qu'après ceux qui la civilisent.

La population servienne s'élève maintenant à environ un million d'hommes, et elle s'accroît rapidement : la douceur du climat, pareil à celui de la France entre Lyon et Avignon; la fertilité de la terre vierge et profonde qui se couvre partout de la végétation des prairies de la Suisse; l'abondance des rivières et des ruisseaux qui descendent des montagnes, circulent dans les vallées et forment çà et là des lacs au milieu des bois; des défrichemens de forêts qui fourniront, comme en Amérique, de l'espace à la charrue et des matériaux inépuisables aux constructions ; les mœurs douces et pures du peuple; des lois protectrices, éclairées déjà d'un vif reflet de nos meilleures lois européennes ; les droits des citoyens garantis par des représentations locales et par des assemblées délibératives ; enfin le pouvoir suprême, concentré, dans une proportion suffisante, entre les mains d'un homme digne de sa mission, le prince Milosch, se transmettant à ses descendans : tous ces élémens de paix, de civilisation et de prospérité promettent de porter la population servienne à plusieurs millions d'hommes avant un demi-siècle. Si ce peuple, comme il le désire et l'espère, devient le noyau d'un nouvel empire slave par sa réunion avec la Bosnie, une partie de la Bulgarie et les hordes belliqueuses des Monténégrins, l'Europe verra un nouvel état surgir des ruines de la Turquie, et couvrir ces vastes et belles régions qui règnent entre le Danube, l'Adriatique et les hauts Balkans. Si les différences de mœurs et de nationalité résistent trop à cette fusion, on verra, du moins dans la Servie, un des élémens de cette fédération d'états libres ou de protectorats européens, destinés à combler le vide que la disparition de l'empire ottoman va laisser en Europe comme en Asie. La politique européenne n'a pas d'autre vœu à former.

23 septembre 1833.

L'histoire de ce peuple devrait se chanter et non s'écrire. C'est un poëme qui s'accomplit encore. J'ai recueilli les principaux faits, sur les lieux, de la bouche de nos amis de Belgrade, qui viennent nous visiter à la grille du lazaret. Assis sous un tilleul, sur l'herbe où flotte le beau et doux soleil de ces contrées, au murmure voisin des flots rapides du Danube, à l'aspect des beaux rivages et des vertes forêts qui servent de remparts à la Servie du côté de la Hongrie, ces hommes, au costume semi-oriental, au visage mâle et doux des peuples guerriers, me racontent simplement les faits auxquels ils ont pris tant de part [1]. Quoique jeunes encore et couverts de blessures, ils semblent avoir oublié entièrement la guerre, et ne s'occupent que d'instruction publique, d'écoles pour le peuple, d'améliorations rurales et administratives, de progrès à faire dans la législation ; modestes et zélés, ils profitent de toutes les occasions qui se présentent pour perfectionner leurs institutions naissantes ; ils interrogent les voyageurs, les retiennent le plus longtemps possible parmi eux, et recueillent tout ce que disent ces hommes venus de loin, comme les envoyés de la Providence. Voici ce que j'ai recueilli sur leurs dernières années. Ce fut vers 1804, qu'à la suite de longs troubles, suscités d'abord par Passwanoglou, pacha de Widni, et qui s'étaient terminés par la domination des janissaires ; ce fut déjà vers 1804 que les Serviens se révoltèrent

[1] J'ai eu depuis des détails plus circonstanciés et plus authentiques sur l'histoire moderne de la Servie, et je dois à l'obligeance d'un voyageur qui m'a précédé et que j'avais rencontré à Jaffa, en Palestine, M. Adolphe de Caraman, la communication de ces notes sur la Servie, notes recueillies par lui pendant un séjour chez le prince Milosch. Ces notes, bien plus dignes que les miennes de fixer l'attention du public par le talent et la conscience avec lesquels elles sont rédigées, étaient accompagnées d'une traduction de l'histoire des Serviens par un Servien.

contre leurs tyrans. Trois chefs se réunirent dans cette partie centrale de la Servie qu'on nomme la Schumadia, région immense et couverte d'impénétrables forêts. Le premier de ces chefs était Kara-George; les deux autres Tanko-Kalisch et Wasso-Tcharapitsch. Kara-George avait été heiduk. Les heiduks étaient pour la Servie ce que les klephtes étaient en Grèce, une race d'hommes indépendans et aventuriers, vivant dans des montagnes inaccessibles, et descendant au moindre signal de guerre pour se mêler aux luttes des factions et s'entretenir dans l'habitude du sang et du pillage. Tout le pays s'insurgea à l'exemple de la Schumadia; chaque canton se choisit pour chef le plus brave et le plus considéré de ses weyvodes: ceux-ci, réunis en conseil de guerre, donnèrent à Kara-George le titre de généralissime. Ce titre lui conférait peu d'attributions; mais le génie dans les temps de troubles donne bien vite à un homme audacieux la souveraineté de fait. Le danger ne marchande jamais avec le courage. L'obéissance est l'instinct des peuples envers l'audace et le talent.

George Petrowistsch, surnommé Kara ou Zrin, c'est-à-dire George-le-Noir, était né, vers 1765, dans un village du district de Kragusewats; son père était un simple paysan laboureur et pasteur, nommé Pétroni. Une autre tradition fait naître Kara-George en France, mais elle n'a rien de vraisemblable. Pétroni emmena son fils, encore enfant, dans les montagnes de Topoli. L'insurrection de 1787, que l'Autriche devait appuyer, ayant eu un succès funeste, les insurgés, poursuivis par les Turcs et les Bosniaques, furent obligés de prendre la fuite. Pétroni et George son fils, qui avaient déjà vaillamment combattu, rassemblèrent leurs troupeaux, leur seule richesse, et se dirigèrent vers la Save; ils touchaient déjà à cette rivière, et allaient trouver leur salut sur le territoire autrichien, quand le père de Kara-George, vieillard affaibli par les années, et plus enraciné que son fils dans le sol de la patrie, se retourna, regarda les montagnes où il laissait toutes les traces de sa vie, sentit son cœur se fendre à l'idée de les quitter à jamais pour passer chez un peuple inconnu, et, s'asseyant sur la terre, conjura son fils de se soumettre plutôt que de passer en Allemagne. Je regrette de ne pouvoir rendre de mémoire les touchantes et pittoresques supplications du vieillard, telles qu'elles sont chantées dans les strophes populaires de la Servie. C'est une de ces scènes où les sentimens de la nature, si vivement éprouvés et si naïvement exprimés par le génie d'un peuple enfant, surpassent tout ce que l'invention des peuples lettrés peut emprunter à l'art. La Bible et Homère ont seuls de ces pages.

Cependant Kara-George, attendri d'abord par les regrets et les prières de son père, avait fait rebrousser chemin à ses serviteurs et à ses troupeaux. Dévoué à ce devoir rigoureux d'obéissance filiale, seconde religion des Orientaux, il courbait la tête sous la voix de son père, et allait reprendre tristement la route de l'esclavage, pour que les os de Pétroni ne fussent pas privés de la terre servienne, quand la voix et les coups de fusil des Bosniaques lui annoncèrent l'approche de leurs ennemis et le supplice inévitable que leur vengeance allait savourer. « Mon père, dit-il, décidez-vous, nous n'avons plus qu'un instant. Levez-vous, jetez-vous dans le fleuve : mon bras vous soutiendra, mon corps vous couvrira contre les balles des osmanlis; vous vivrez, vous attendrez de meilleurs jours sur le territoire d'un peuple ami. » Mais l'inflexible vieillard, que son fils s'efforçait en vain d'emporter, résistait à tous ses efforts et voulait mourir sur le sol de la patrie. Kara-George, désespéré, et ne voulant pas que le corps de son père tombât entre les mains des Turcs, se mit à genoux, demanda la bénédiction du vieillard, le tua d'un coup de pistolet, le précipita dans la Save, et, se jetant dans le fleuve, passa lui-même à la nage sur le territoire autrichien.

Peu de temps après, il rentra en Servie comme sergent-major d'un corps franc. Mécontent de n'avoir pas été compris dans une distribution de médailles d'honneur, il quitta ce corps et se jeta, comme heiduk, dans les montagnes. S'étant réconcilié avec son chef, il l'accompagna en Autriche quand la paix fut conclue, et obtint une place de garde forestier dans le monastère de Krushedal. Bientôt, las de ce genre d'existence, il rentra en Servie, sous le gouvernement de Hadgi-Mustapha. Il redevint pasteur; mais il reprit les armes toutes les fois qu'une émotion nouvelle souleva une partie du pays.

Kara-George était d'une haute stature, d'une constitution robuste, d'une figure noble et ouverte. Silencieux et pensif quand il n'était animé ni par le vin, ni par le bruit des coups de fusil, ni par la contradiction dans les conseils, on le voyait souvent rester une journée entière sans proférer une parole.

Presque tous les hommes qui ont fait où qui sont destinés à faire de grandes choses, sont avares de paroles. Leur entretien est avec eux-mêmes plus qu'avec les autres; ils se nourrissent avec leurs propres pensées, et c'est dans ces entretiens intimes qu'ils puisent cette énergie d'intelligence et d'action qui constitue les hommes forts. Napoléon ne devint causeur que quand son sort fut accompli, et que sa fortune fut à son déclin. Inflexible défenseur de la justice et de l'ordre, Kara-George fit pendre son propre frère qui avait attenté à l'honneur d'une jeune fille.

Ce fut en janvier 1806 que plusieurs armées pénétrèrent à la fois en Servie. Békir, pacha de Bosnie, et Ibrahim, pacha de Scutari, reçurent de la Porte l'ordre d'y porter toutes leurs forces. Békir y envoya deux corps d'environ quarante mille hommes. Ibrahim s'avança du côté de Nissa à la tête d'une armée formidable. Kara-George, avec des forces très-inférieures en nombre, mais animées d'un invincible patriotisme, pleines de confiance dans leurs chefs, et protégées par les forêts qui couvraient leurs mouvemens, repoussa toutes les attaques partielles de Békir et d'Ibrahim. Après avoir culbuté Hadgi-Bey près de Petzka, il marcha sur l'armée principale qui se retirait sur Schabaz, l'atteignit et la défit complètement à Schabaz, le 8 août 1806. Kulmi et le vieux Méhémet furent tués. Les débris de leur armée se sauvèrent à Schabaz. Les Bosniaques qui voulurent repasser la Drina furent faits prisonniers. Kara-George, qui n'avait avec lui que sept mille hommes d'infanterie et deux mille hommes de cavalerie, se porte rapidement sur Ibrahim-Pacha qui assiégeait Daligrad, ville servienne, défendue par un autre chef nommé Pierre Dobrinyas. A son approche, Ibrahim demanda à entrer en pourparler. Des conférences eurent lieu à Smaderewo ; il s'ensuivit une pacification momentanée de la Servie, à des conditions favorables au pays. Ce ne fut qu'un de ces entr'actes qui laissent respirer l'insurrection, et accoutument insensiblement les nations à cette demi-indépendance qui se change bientôt en impatience de liberté. Peu de temps après, Kara-George, qui n'avait pas licencié ses troupes parce que les décisions du muphti n'avaient pas ratifié les conditions de Smaderewo, marcha sur Belgrade, capitale de la Servie, ville forte sur le Danube, avec une citadelle et une garnison turque; il s'en empara. Guscharez-Ali, qui commandait la ville, obtint de Kara-George la permission de se rendre à Widin, en descendant le Danube. Soliman-Pacha resta dans la citadelle; mais, au commencement de 1807, s'étant mis en marche avec deux cents janissaires qui lui restaient pour rejoindre les Turcs, il fut massacré avec eux par l'escorte même que Kara-

George lui avait donnée pour protéger sa retraite. On n'accusa pas Kara-George de cette barbarie. Elle fut l'effet de la vengeance des Serviens contre la race des janissaires, dont la domination féroce les avait accoutumés à de pareilles exécutions.

Ces succès de la guerre de l'indépendance valurent à la Servie sa constitution toute municipale. Les chefs militaires, nommés weyvodes, s'étaient substitués partout aux pouvoirs civils. Ces weyvodes étaient soutenus par une cavalerie formée de jeunes gens des plus riches familles, qui ne recevaient pas de solde, mais vivaient aux frais des weyvodes, et partageaient avec eux le butin. Quelques-uns des weyvodes avaient autour d'eux jusqu'à cinquante de ces jeunes cavaliers. Les plus marquans de ces chefs étaient alors Jacob Nenadowitsch, Milenko, Dobrinyas, Ressava, et, au-dessus de tous, Kara-George.

Un sénat, composé de douze membres élus par chacun des douze districts, devait présider aux intérêts généraux de cette espèce de fédération armée, et servir de contre-poids à ces pouvoirs usurpés. Ce sénat se montra digne de ses fonctions. Il régularisa les finances, régla l'impôt, consacra la dîme à la solde des troupes, et s'occupa de l'enseignement du peuple avec un zèle et une intelligence qui indiquaient dès lors un profond instinct de civilisation. Ils substituèrent à l'enseignement routinier des cloîtres et des couvens, des écoles populaires dans chaque ville chef-lieu des districts. Malheureusement ces sénateurs, au lieu de tenir leur mandat du pays tout entier, ne représentaient que les weyvodes, et étaient par conséquent soumis à leur seule influence.

Un autre corps politique délibérant, composé de weyvodes et des hospodars eux-mêmes, retenait les affaires les plus importantes, et la souveraineté disputée se partageait entre ce corps et Kara-George. Tous les ans, vers Noël, les weyvodes qui le composaient se réunissaient à Belgrade, et y traitaient sous les yeux de ce chef, et au milieu des intrigues qui les enveloppaient, de la paix, de la guerre, de la forme du gouvernement, de la quotité de l'impôt. Ils y rendaient leurs comptes, et faisaient des règlemens pour l'administration et la justice. L'existence et les prétentions de ce corps aristocratique furent un obstacle à l'affranchissement complet et au développement plus rapide des destinées de la Servie. L'unité est la condition vitale d'un peuple armé en présence de ses ennemis; l'indépendance veut un despote pour s'établir; la liberté civile veut des corps délibérans. Si les Serviens eussent été mieux inspirés alors, ils auraient élevé Kara-George au-dessus de tous ses rivaux, et concentré les pouvoirs dans la même main. Les hospodars sentaient bien qu'un chef unique était nécessaire; mais chacun d'eux désirait que ce chef fût faible pour avoir l'espérance de le dominer. Les choix des sénateurs se ressentirent de cette pensée secrète. Ils espérèrent que ce corps leur servirait contre George. George espérait qu'il lui servirait contre les hospodars. Les guerres sourdes commencèrent entre les libérateurs de la Servie.

Le plus éloquent des sénateurs, Mladen Milowanowitsch, avait conquis, par l'influence de sa parole, la discussion principale des affaires dans le sénat. Enrichi par le pillage de Belgrade, et maître du commerce extérieur par les douanes du Danube, dont il avait pris la ferme, il faisait ombrage à Kara-George et à ses partisans. Le sénat, remué par eux, se souleva contre Milowanowitsch, qui se retira plein de pensées de vengeance à Doligrad. Il dénonça secrètement à George les sourdes intrigues de la Russie et des Grecs contre lui. Kara-George le crut, le rappela à Belgrade, résolut la guerre contre les Bosniaques, et ouvrit la campagne de 1809 en entrant en Bosnie.

Le même chant national slave, qui célèbre le commencement de l'insurrection, prédit des malheurs pour le jour où l'on tentera de passer la Drina et d'envahir la Bosnie. La prédiction du poëte fut l'oracle de la Providence. Cette campagne fut une série de fautes, de désastres et de ruines. Kara-George, assisté d'un corps russe, combattit en vain avec son héroïsme habituel. Ses soldats, découragés, faiblirent. Battu par les Turcs à Komenitza, il vint protéger Tagodina et la rive gauche de la Morawa, et ne dut même qu'à une importante diversion des Russes la conservation de cette partie du territoire.

Les revers accrurent la jalouse inimitié des weyvodes contre lui. On osa attenter à son pouvoir, le jour où ce pouvoir ne fut plus défendu par le prestige de la victoire. Jacob Nenadowitsch fut le premier qui ébranla sa fortune. Il parut au sénat le 1er janvier 1810, à la tête de six cents jeunes gens à cheval, sous ses ordres, et fut nommé président du sénat. L'influence de la Russie maintint seule pendant quelque temps l'autorité ébranlée de Kara-George. Il s'avança contre Curchid, pacha de Nissa, qui n'avait pas moins de trente mille hommes. La plaine de Wawarin fut le théâtre d'une bataille sanglante, où trois mille Serviens, animés par la voix et par l'exemple de leur général, refoulèrent cette masse de Turcs, les forcèrent à se retrancher, et bientôt à rentrer dans Nissa. Kara-George se porta aussitôt vers Lonitza, dont quarante mille ottomans faisaient le siége. La ville, qui résistait depuis douze jours à une formidable artillerie, allait tomber au pouvoir des assiégeans, quand l'apparition de Kara-George et la bravoure de ses Serviens força l'armée turque à repasser la Drina. Ce fut l'apogée de la gloire de Kara-George. Grâce à lui, la Servie, entièrement délivrée, étendait ses frontières depuis l'île de Poretsch, sur le Danube, jusqu'au confluent de ce fleuve et de la rivière Timok. Mais la paix, toujours plus funeste aux libérateurs de leur patrie que la guerre, vit fermenter de nouvelles intrigues et de nouvelles dissensions entre des chefs que le péril commun réunissait. Les hospodars voulurent diminuer l'autorité de Kara-George, pour le déposséder entièrement plus tard. Ce complot lui fut révélé à temps. Il profita de cette tentative, réprimée avec énergie, pour opérer en sa faveur une réaction définitive à la diète de 1811. Il porta une atteinte mortelle à l'influence des hospodars et des weyvodes, en subdivisant les districts et en multipliant les chefs qui, trop faibles pour agir seuls, devinrent dès lors des instrumens faciles à manier, et qui, jaloux d'ailleurs de l'ancienne supériorité des weyvodes, s'appuyèrent contre eux sur l'autorité du chef suprême, et attachèrent leur fortune à la sienne. Les attributions du sénat furent altérées. Ce corps, au lieu de concentrer tous les pouvoirs, fut partagé en deux assemblées, dont l'une, composée des membres les moins influens, devint une espèce de magistrature judiciaire, et dont l'autre eut les fonctions administratives et devint une sorte de ministère de Kara-George. On ne peut s'empêcher d'admirer dans ce grand homme un instinct politique aussi habile que son coup d'œil guerrier était sûr et vaste. En appelant et en retenant ainsi auprès de lui, par des fonctions lucratives et honorables, ses amis et ses ennemis mêmes, il les séparait des populations trop accoutumées à leur obéir, et ruinait leur olygarchie séditieuse. Une loi prononça le bannissement contre tout Servien qui résisterait à cette constitution des pouvoirs. Dobrinyas et Milenko la subirent, et se réfugièrent en Russie. Nenadowitsch se rallia au parti de George, par suite du mariage de sa fille avec un des partisans les plus puissans du dictateur, Mladen.

Le sultan proposa à Kara-George de le reconnaître comme hospodar de Servie, sous la garantie de la Russie. Les Turcs devaient conserver les forteresses et les armes des Serviens. Des négociations compliquées traînèrent sans résultat jusqu'en 1813, où Kara-George, n'ayant pu s'entendre avec la Porte, rappela aux armes ses compatriotes. Vous avez, leur dit-il, vaincu vos ennemis pendant neuf ans avec moi; vous avez combattu sans armes et sans places de guerre; vous avez maintenant des villes, des remparts, des fleuves entre les Turcs et vous; cent cinquante pièces de canon, sept forteresses, quarante portes fortifiées, et vos forêts, inexpugnable asile de votre liberté; les Russes vont marcher à votre aide : pouvez-vous hésiter?

Cependant les Turcs, commandés par le capitan, pacha de Widin, se mettaient en mouvement. Le grand-visir, profitant de la victoire des Français à Lutzen, pressait les pachas de terminer d'un coup cette longue lutte si humiliante pour la Porte. Dix-huit mille Turcs s'avançaient contre Weliko, qu'ils assiégeaient dans Negotin. Weliko, atteint d'un boulet de canon, restait sur la place. Son armée débandée se sauvait par les marais jusqu'à l'île de Poretsch. Au sud, Curchid-Pacha, à la tête d'une nombreuse armée, chassait devant lui Mladen et Sima, deux généraux serviens, et venait camper jusque sous les murs de Schabaz. Jamais la Servie n'avait été réduite à de pareilles extrémités. L'enthousiasme de l'indépendance semblait étouffé sous tant de revers, et peut-être aussi sous trois années de paix et de dissensions intestines. Sa nationalité et sa gloire s'éclipsèrent à la fois; et Kara-George lui-même, manquant à sa fortune et à sa patrie, soit qu'il prévît une catastrophe inévitable et voulût se conserver pour de meilleurs jours, soit qu'il fût au bout de son héroïsme et désirât sauver sa vie et ses trésors, passa sur le territoire autrichien avec son secrétaire Jainki et trois de ses confidens. Ainsi s'éclipsa à jamais ce héros de la Servie pour aller mourir dans une citadelle autrichienne, au lieu de trouver, parmi les siens et sur le sol de cette patrie qu'il avait réveillée le premier, une mort qui l'eût immortalisé! En apprenant sa fuite, l'armée se débanda, et Smaderewo et Belgrade retombèrent au pouvoir des Turcs. La Servie devint un pachalik, et Soliman, son vainqueur, devint son maître et son pacha. Les sénateurs s'étaient enfuis; un seul homme, presque enfant, le weyvode Milosch Obrenowitsch, resta fidèle à la cause désespérée de l'indépendance. Il souleva les districts du sud, et voulut occuper Osehiza. Mais, abandonné par ses troupes, il fut contraint d'accepter les propositions des Turcs. Soliman, à qui il fut présenté, l'accueillit avec distinction. Les Serviens, désarmés, furent employés à élever de leurs propres mains les fortifications qui devaient surveiller le pays. La tyrannie des spahis dépossédés se vengea, par une oppression plus insolente, de neuf ans d'exil, où la bravoure des Serviens les avait relégués. Cependant le caractère national se retrempait dans cette dure et honteuse servitude. Le feu de l'insurrection couvait. Milosch, qui observait d'un œil attentif le moment favorable, et qui ne le croyait pas venu, réprimait énergiquement lui-même les tentatives prématurées de ses amis. La barbare déloyauté du kiaïa de Soliman-Pacha fut plus puissante enfin sur lui que les conseils de la prudence. Milosch avait obtenu une amnistie pour les insurgés de Iagodina; au lieu de tenir leur parole, les Turcs firent venir les chefs de cette insurrection à Belgrade, en firent fusiller cent cinquante, et en empalèrent trente-six. Milosch, qui était lui-même à Belgrade, eut la douleur de voir le supplice de ses compatriotes. Leur sang se leva contre lui, et cria dans son cœur. Les Turcs s'aperçurent de sa rage; ils craignirent sa vengeance, et le firent prisonnier; mais il s'échappa à peine arrêté, franchit les remparts, se réfugia dans les montagnes de Ruduik, y rallia ses partisans, et l'insurrection se répandit comme le feu dans toutes les forêts de la Servie.

Milosch était né en 1780; sa mère, Wischnia, s'était mariée deux fois. Son premier mari se nommait Obren; elle en eut un fils nommé Milan. Son second mari s'appelait Tescho; elle en eut plusieurs enfans. L'un de ces enfans fut Milosch. Ses parens n'ayant aucune fortune, il fut obligé d'abord de conduire les troupeaux de bœufs que les riches marchands du pays envoyaient aux marchés de la Dalmatie. Il entra ensuite au service de Milan, son frère maternel, qui faisait le commerce de bétail. Les deux frères s'aimaient si tendrement que Milosch prit aussi le nom d'Obrenowitsch, qui était celui du père de Milan. Le commerce des deux frères prospéra. Riches et influens déjà à l'époque de la première insurrection, ils y prirent part, chacun selon la nature de son caractère. Milan, paisible et doux, restait à la maison et pourvoyait à l'administration du district; Milosch, remuant et intrépide, combattait sous Kara-George.

Lorsque Kara-George changea la constitution du pays, Milan, ayant pris parti contre lui dans le sénat, fut fusillé par ses ordres. Milosch dut en partie sa fortune et sa gloire actuelle à cette mort de son frère. La vengeance le jeta dans les rangs des mécontens. Il ne suivit pas les chefs qui s'enfuirent en 1813. Les regards se portèrent alors naturellement sur le seul qui fût resté dans le pays.

Le dimanche des Rameaux 1815, Milosch, fugitif de Belgrade, entre dans l'église de Takowo, où un peuple nombreux était assemblé. Il harangue ce peuple avec cette éloquence naturelle que possède le Slave, et avec cette toute-puissance d'un sentiment désespéré, partagé d'avance par ceux qui l'écoutent.

Les hostilités commencèrent. Milosch, à la tête de quelques jeunes cavaliers de son district et de mille hommes des montagnes, enlève une porte aux spahis et leur prend deux pièces de canon. Au bruit de ce succès, les émigrés rentrent, les fugitifs sortent des forêts, les heiduks descendent des montagnes. On attaque le kiaïa du pacha qui, à la tête de dix mille Turcs, était venu imprudemment camper dans les plaines de la Morawa. Le kiaïa est tué dans le combat; sa mort porte la terreur dans son camp : les Turcs fuient vers Sienitza. Là une nouvelle bataille est livrée; Milosch remporte la victoire : le butin, les femmes, l'artillerie du kiaïa tombent au pouvoir des Serviens. Ali-Pacha sort de Belgrade avec ce qui lui reste de troupes, et marche au-devant de Milosch; il est défait, et se retire à Kiupra à la faveur d'une escorte donnée par le vainqueur. Adem-Pacha capitule aussi honteusement, se renferme dans Novibazar et reçoit les présens de Milosch. Le pacha de Bosnie descend de ses montagnes avec une armée fraîche et nombreuse; il envoie Ali-Pacha, un de ses lieutenans, combattre Milosch dans le Matschwai; Ali-Pacha est fait prisonnier, et renvoyé comblé de présens au grand-visir. Les Serviens se montraient dignes déjà par leur générosité de cette civilisation au nom de laquelle ils combattaient, et Milosch traitait d'avance ses ennemis comme des amis futurs : il sentait que l'indépendance complète n'était pas encore venue pour sa patrie, et lui ménageait des traités, au lieu de la déshonorer par des massacres. Sur la frontière de la Morawa, Maraschli Ali-Pacha s'avançait à son tour. La division régnait heureusement entre ce général et Curchid-Pacha, l'ancien grand-visir et pacha de Bosnie; ils ne concertaient pas leurs plans, et chacun d'eux désirait secrètement les revers de l'autre pour se ménager à lui seul l'honneur de la victoire; tous deux voulaient négocier, et briguaient l'honneur de terminer la guerre. Milosch, informé de ces intrigues, sut en profiter; il osa se rendre de sa personne auprès du grand-visir, au milieu du camp des Turcs; il eut une entrevue avec Curchid. On ne put s'entendre :

ALI-PACHA.

Milosch voulait que la Servie conservât ses armes ; le pacha acceptait toutes les conditions, excepté celle-là qui rendait toutes les autres incertaines. Milosch, irrité, se lève pour remonter à cheval ; Curchid ordonne qu'on l'arrête : les janissaires se jettent sur lui ; mais Ali-Pacha, ce lieutenant de Curchid que Milosch avait vaincu et renvoyé avec des présens au visir, s'interpose courageusement entre les spahis et Milosch : il représente à Curchid que Milosch est venu au camp sur la foi de sa parole ; qu'il s'est engagé par serment à l'en faire sortir sain et sauf ; qu'il mourra plutôt que de souffrir qu'on porte atteinte à la liberté de l'homme auquel il a dû la vie. La fermeté d'Ali-Pacha impose au visir et à ses soldats ; il reconduit Milosch hors du camp. « Milosch, lui dit-il en le quittant, puissiez-vous désormais ne vous fier à personne, pas même à vous ! Nous avons été amis ; nous nous séparons aujourd'hui, et pour toujours. » Milosch s'éloigna. Des négociations ouvertes avec Maraschli Ali-Pacha furent plus heureuses : les armes furent accordées. Des députés serviens allèrent à Constantinople, et revinrent au bout d'un mois, porteurs d'un firman de paix conçu en ces termes : « De même que Dieu a confié ses sujets au sultan, de « même le sultan les confie à son pacha. » Le pacha rentra dans Belgrade, et les chefs serviens vinrent faire leur soumission par l'entremise de Milosch. Les forteresses restaient entre les mains des Turcs ; les Serviens s'imposaient eux-mêmes ; l'administration était partagée entre les deux partis ; un sénat national se rendait à Belgrade auprès du pacha ; Ali, aimé des Serviens, remplaçait à Belgrade Soliman-Pacha, leur ennemi, qui fut rappelé par le Grand-Seigneur. Un tel état de choses ne pouvait durer ; les collisions étaient inévitables. Milosch, toujours chef de sa nation, demeurait à Belgrade auprès d'Ali-Pacha, comme une sentinelle vigilante, toujours prêt à donner à son peuple le signal de la résistance ou de l'attaque.

Ali chercha à obtenir par l'adresse le désarmement qu'il n'avait pu obtenir par la force : il s'adressa à Milosch en le conjurant d'obtenir les armes du peuple. Il répondit que lui et ses amis étaient prêts à déposer leurs armes, mais qu'il lui était impossible de les arracher aux paysans. Le pacha, indigné, suscita contre lui le président de la chancellerie servienne, Moler, et le métropolitain Nikschwitz ; mais les gardes de Milosch s'emparèrent de ces deux conspirateurs en plein conseil, et forcèrent le pacha lui-même, en vertu de son pouvoir exécutif, à les mettre à mort. L'audace des Serviens s'accrut par cette faiblesse du pacha. Milosch sortit de Belgrade, et, pour échapper aux piéges de tout genre dont les Turcs et ses rivaux parmi les Serviens l'environnaient, se renferma dans le village fortifié de Topschidor, à une demi-lieue de Belgrade. En 1821, une tentative nouvelle eut lieu contre l'autorité et la vie de Milosch. Les deux weyvodes qui l'avaient dirigée furent exécutés. On soupçonna le pacha d'en avoir été l'instigateur, et l'animosité s'accrut entre les deux nations. Cependant les révoltes de l'Albanie et la guerre de l'indépendance de la Grèce occupaient et énervaient les Turcs. Les circonstances étaient favorables à la concentration du pouvoir national en Servie. Les peuples ne conquièrent jamais leur liberté qu'en se personnifiant dans un chef militaire. L'intérêt et la reconnaissance leur font naturellement consacrer l'hérédité du pouvoir dans celui qui a su le créer et le défendre. La monarchie est l'instinct des nations qui naissent : c'est un tuteur qu'elles donnent à leur indépendance encore attaquée. Cet instinct était plus fort en Servie, où les formes républicaines étaient inconnues. Milosch le partageait et devait en profiter. Il étendit son autorité, et rétablit à peu près la constitution de Kara-George. Il jeta entre le peuple et lui l'aristocratie des knevens, chargés de l'administration du pays. Chaque kneven a son knev ou province, et la plupart des districts ont leur obar-kneven. Milosch les nomme, fixe à son gré leur territoire et leurs attributions. Pour éviter tout prétexte aux exactions de ces knevens, ils reçoivent une solde du trésor public. Des tribunaux de première instance sont établis dans les villes et dans les villages. Un tribunal supérieur siége à Kraguzewatz. Milosch les nomme. La coutume sert de loi jusqu'à la rédaction du code que l'on prépare. Le droit de prononcer la peine de mort est réservé au chef suprême du gouvernement. Le léger subside payé par la Servie à la Porte, reste de rançon qui n'est plus qu'un souvenir de leur ancienne dépendance, passe par les mains du chef suprême, qui le délivre au pacha. Le pacha, vaine ombre d'une autorité qui n'existe plus, n'est qu'une sentinelle perdue de la Porte pour observer le Danube et donner des ordres aux Turcs qui y occupent des forteresses. En cas de guerre de la Turquie contre l'Autriche, les Serviens doivent fournir un contingent de quarante mille hommes. Le clergé, dont l'influence pouvait balancer celle de Milosch, a perdu toute prépondérance en perdant l'administration de la justice, remise à des tribunaux civils. Les popes et les moines sont soumis, comme le reste du peuple, à des châtimens corporels; ils paient les taxes communes. Les biens des évêques sont remplacés par un traitement fixe de l'état. Tout pouvoir est ainsi concentré entre les mains du chef suprême. La civilisation de la Servie ressemble à la discipline régulière d'un vaste camp, où une seule volonté est l'âme d'une multitude d'hommes, quels que soient leurs fonctions et leurs grades. En présence des Turcs cette attitude est nécessaire. Le peuple est toujours debout et armé. Le chef doit être un soldat absolu. Cet état de demi-indépendance de la Servie est encore contestée par les Turcs. Le traité d'Akerman n'a rien résolu en 1827. Une diète eut lieu à Kraguzewatz; on devait y prendre connaissance du traité d'Akerman. Milosch se leva et dit:

« Je sais qu'il s'est trouvé des gens mécontens du
« châtiment infligé par mes ordres à quelques pertur-
« bateurs. On m'a accusé d'être trop sévère et trop
« avide de pouvoir, tandis que je n'ai d'autre but que

« de maintenir la paix et l'obéissance qui sont exigées
« avant tout par les deux cours impériales. On m'im-
« pute aussi à crime les impôts que le peuple paie, sans
« songer combien coûte la liberté que nous avons
« conquise, et combien l'esclavage coûte plus cher
« encore! Un homme faible succomberait aux diffi-
« cultés de ma situation. Ce n'est qu'en m'armant
« pour votre salut d'une infaillible justice que je puis
« remplir les devoirs que j'ai contractés vis-à-vis du
« peuple, des empereurs, de ma conscience et de
« Dieu lui-même. »

Après ce discours, la diète rédigea un acte qui fut présenté à Milosch, et envoyé à la Porte, acte par lequel les Serviens, par l'organe de leurs chefs, juraient obéissance éternelle à Son Altesse le prince Milosch Obrenowitsch et à ses descendans. La Servie avait payé sa dette à Milosch. Il paie maintenant la sienne à la Servie; il donne à sa patrie des lois simples comme les mœurs, mais des lois imprégnées des lumières de l'Europe. Il envoie, comme autrefois les législateurs des peuples nouveaux, de jeunes Serviens voyager dans les grandes capitales de l'Europe, et recueillir des renseignemens sur la législation et l'administration, pour les approprier à la Servie. Quelques étrangers font partie de sa cour et lui servent d'intermédiaires avec les langues et les arts des nations voisines. La population, pacifiée et rendue aux travaux de l'agriculture et du commerce, comprend le prix de la liberté qu'elle a conquise, et grandit en nombre, en activité, en vertus publiques.

La religion, seule civilisation des peuples qui n'en ont pas dans leurs bois, a perdu de ses abus sans rien perdre de son heureuse influence; l'éducation populaire est le principal objet des soins du gouvernement. Le peuple se prête, avec un instinct fanatique, à cet effort de Milosch pour le rendre digne d'une forme de gouvernement plus avancée : on dirait qu'il comprend que les peuples éclairés ont seuls la faculté de devenir des peuples libres, et qu'il a hâte d'arriver à ce terme. Les pouvoirs municipaux, jetés dans les districts comme un germe de liberté, l'y préparent. Quelques exilés, bannis par les Turcs après la fuite de Kara-George, ou bannis par Milosch pour avoir conspiré avec les Turcs contre lui, sont encore privés de leur patrie; mais chaque jour, en consolidant l'ordre et en confondant les opinions dans un patriotisme unanime, amène le moment où ils pourront rentrer, et reconnaître l'heureuse influence du héros qu'ils ont combattu.

Dix mille Turcs occupent encore aujourd'hui les forteresses. Le prince les en chasserait aisément; tout le pays se lèverait à sa voix. Mais la présence des Turcs dans ces forteresses et leur cosouveraineté nominale n'ayant plus aucune influence fâcheuse sur la Servie, et pouvant au contraire la préserver des agitations intérieures et des intrigues du dehors, qui surgiraient inévitablement si elle était complètement détachée de l'empire ottoman, le prince, par une politique habile, préfère cet état de choses à une guerre nouvelle et prématurée. Le peuple lui sait gré de cette paix qui lui permet tous les développemens de civilisation intérieure. Il ne craint rien pour son indépendance réelle. Tous les habitans sont armés et occupent l'intérieur du pays, les villes et les villages. Le pacha réside à Belgrade ; Milosch, quelquefois à Belgrade, quelquefois dans son château à un mille de cette ville, plus souvent à Kraguzewatz. Là, il est isolé des Turcs, et occupe le point le plus central de la Servie. La nature du pays et son attitude guerrière le mettent d'ailleurs à l'abri de toute surprise.

Le prince Milosch est âgé de quarante-neuf ans. Il a deux fils dont l'aîné a douze ans.

Les destinées futures de l'empire ottoman décideront de l'avenir de cette famille et de ce peuple ; mais la nature semble l'appeler à une puissante participation aux grands événemens qui se préparent dans la Turquie d'Europe, comme dans l'empire d'Asie. Les chants populaires, que le prince fait répandre parmi le peuple, lui font entrevoir, dans un prochain avenir, la gloire et la force de la Servie, et de son ancien roi héroïque Étienne Duschan. Les exploits aventureux de ses heiduks passent de bouche en bouche, et font rêver au Servien la résurrection d'une nation slave dont il a conservé le germe, la langue, les mœurs et les vertus primitives, dans les forêts de la Schumadia.

Le voyageur ne peut, comme moi, s'empécher de saluer ce rêve d'un vœu et d'une espérance ; il ne peut quitter, sans regrets et sans bénédictions, ces immenses forêts vierges, ces montagnes, ces plaines, ces fleuves qui semblent sortir des mains du Créateur, et mêler la luxuriante jeunesse de la terre à la jeunesse d'un peuple, quand il voit ces maisons neuves des Serviens sortir des bois, s'élever au bord des torrens, s'étendre en longues lisières jaunes au fond des vallées ; quand il entend de loin le bruit des scieries et des moulins, le son des cloches, nouvellement baptisées dans le sang des défenseurs de la patrie, et le chant paisible ou martial des jeunes hommes et des jeunes filles, rentrant du travail des champs ; quand il voit ces longues files d'enfans sortir des écoles ou des églises de bois, dont les toits ne sont pas encore achevés, l'accent de la liberté, de la joie, de l'espérance, dans toutes les bouches, la jeunesse et l'élan sur toutes les physionomies ; quand il réfléchit aux immenses avantages physiques que cette terre assure à ses habitans ; au soleil tempéré qui l'éclaire, à ces montagnes qui l'ombragent et la protégent comme des forteresses de la nature ; à ce beau fleuve du Danube qui se recourbe pour l'enceindre, pour porter ses produits au nord et à l'orient ; enfin à cette mer Adriatique qui lui donnerait bientôt des ports et une marine, et la rapprocherait ainsi de l'Italie ; quand le voyageur se souvient de plus qu'il n'a reçu, en traversant ce peuple, que des marques de bienveillance et des saluts d'amitié ; qu'aucune cabane ne lui a demandé le prix de son hospitalité ; qu'il a été accueilli partout comme un frère, consulté comme un sage, interrogé comme un oracle, et que ses paroles, recueillies par l'avide curiosité des popes ou des knevens, resteront, comme un germe de civilisation, dans les villages où il a passé ; il ne peut s'empêcher de regarder pour la dernière fois avec amour les falaises boisées et les mosquées en ruines, aux dômes percés à jour, dont le large Danube le sépare, et de se dire en les perdant de vue : J'aimerais à combattre, avec ce peuple naissant, pour la liberté féconde ! et de répéter ces strophes d'un des chants populaires que son drogman lui a traduits :

« Quand le soleil de la Servie brille dans les eaux « du Danube, le fleuve semble rouler des lames de « yatagans et les fusils resplendissans des Monténé- « grins ; c'est un fleuve d'acier qui défend la Servie. « Il est doux de s'asseoir au bord et de regarder pas- « ser les armes brisées de nos ennemis.

« Quand le vent de l'Albanie descend des mon- « tagnes et s'engouffre sous les forêts de la Schu- « madia, il en sort des cris, comme de l'armée des « Turcs à la déroute de la Morawa ; il est doux ce « murmure à l'oreille des Serviens affranchis ! Mort « ou vivant, il est doux, après le combat, de reposer « au pied de ce chêne qui chante sa liberté comme « nous ! »

FIN DU TOME SEPTIÈME.

TABLE

DU TOME SEPTIÈME.

	Pages.
Souvenirs, impressions, pensées et paysages. — Jéricho.	1
Gethsemani, ou la mort de Julia.	47
Peuplades du Liban. — Les Maronites.	98
Les Druzes.	108
Les Métualis.	115
Les Ansariés.	116
Paysages et pensées en Syrie.	129
Les ruines de Balbek.	141
Vers écrits à Balbek.	166
Damas.	204
Retour à Bayruth et départ pour les cèdres de Salomon.	251
Départ de Jaffa.	500
Constantinople.	528
Notes sur la Servie.	455

FIN DE LA TABLE.

www.ingramcontent.com/pod-product-compliance
Lightning Source LLC
Chambersburg PA
CBHW060225230426
43664CB00011B/1561